KB190806

개혁신학의 뿌리

츠빙글리를 읽다

세움북스 는 기독교 가치관으로 교회와 성도를 건강하게 세우는 바른 책을 만들어 갑니다.

세움
클래식
0 6

개혁신학의 뿌리
츠빙글리를 읽다

초판 1쇄 인쇄 2020년 1월 20일
초판 1쇄 발행 2020년 1월 25일

지은이 | 주도홍
펴낸이 | 강인구

펴낸곳 | 세움북스
등 록 | 제2014-000144호
주 소 | 서울시 마포구 양화로 78, 502호(서교동, 서교빌딩)
전 화 | 02-3144-3500
팩 스 | 02-6008-5712
이메일 | cdgn@daum.net

교 정 | 김태윤
디자인 | 참디자인

ISBN 979-11-87025-84-9 (03230)

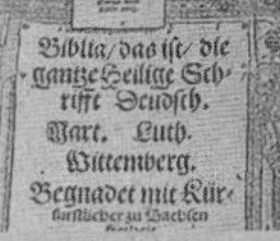

개혁신학의 뿌리

츠빙글리를 읽다

주도홍 지음

1차 자료 분석 및 해설로 읽는
종교개혁자 츠빙글리의 생명신학, 성례신학, 공공신학

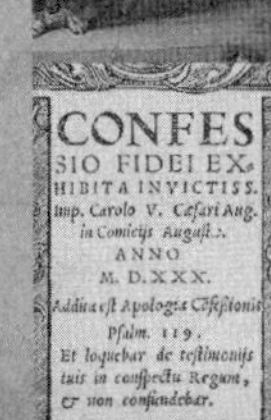

SHIRE
New Hampshire
Hampstead
Haverhill
Salisbury
Plumb Island
Methuen
Andover
Bradford
Ipswich
Dunstable
Dracut
Rowley
Wenham
E S S E X
Topsfield
N C E
O F
Groton
Middleton
Beverly
Salem
Billerica
Woburn
Lynn
MIDDLESEX
W O R
Rutland
Bolton
Lexington
Medford
Malden
Charlestown
Cambridge
Boston
Roxbury
Dorchester
Milton
Leicester
C E S T E R
Marlborough
Dedham
Medfield
Weymouth
Hingham
H U S E T T S
B A Y
Stoughton
Braintree
Scituate
Sutton
Walpole
Abington
Wrentham
Bellingham
Marshfield
Duxbury
Easton
Norton
Kingston
Plymouth
Raynham
Berkley
Middleborough
R H O D E
Plympton
Rehoboth
Dighton
Providence
B R I S T O L
I S L A N D
Barrington
Freetown
Rochester
Wareham
Coventry
Warwick
Dartmouth
BUZZARD BAY
Tiverton
P R O V I
Canterbury
Portsmouth
Greenwich
Falmouth
Exeter
Newport
KINGS COUNTY
Richmond
Elizabeth Islands
South Kingston
Westerly
Chilmark
Gay Head

RECOMMENDATION

추천의 글

개혁신학의 근원 츠빙글리를 다층 다면적으로 보여줘

한국의 개신교회, 특별히 장로교회의 역사신학적 뿌리는 어디에 있을까요? 일반적으로 사람들은 개신교의 뿌리를 1517년 루터에게서 찾습니다. 중세 로마가톨릭에 반하여 종교(교회)개혁의 깃발을 든 사람이 루터라고 여겨져 왔기 때문입니다. 물론 이것은 역사적 사실입니다. 우리나라에서도 2017년에 종교개혁 500주년 기념식을 전 교회적으로 다양하게 시행했습니다. 어찌 보면 일반 교인들에겐 루터의 종교개혁 깃발이 전부인 듯 여겨집니다. 심지어 웬만한 기독교학자들도 그렇게 생각합니다. 그러나 좀 더 자세히 들여다보면 그리 간단하지는 않다는 사실을 곧 알게 됩니다. 나의 오랜 친구이며 동료인 역사신학자 주도홍 교수님의 의미 있는 목소리에 귀를 기울인다면 모든 것이 좀 더 분명해지기 때문입니다. 넓은 의미로 종교개혁은 루터로부터 시작되었다고 할 수 있지만, 그것은 어디까지 시작에 불과했고 개혁 운동이 신학적 작업과 함께 나아가면서 지역적 신학 색깔을 띠게 되었습니다. 독일에서는 루터의 신학이 주류를 이루게 되었으나 독일 이외에 유럽에서는 루터와는 다른 독특한 신학이 두드러지게 됩니다. 이른바 "개혁신학"이라는 독특하고 중요한 신학 흐름의 발전입니다. 그 대표적인 인물과 신학이 스위스에서 츠빙글리를 중심으로 한 개혁신학입니다. 1519년, 그러니까 1517년의 루터의 개혁 운동과는 별도로 스위스에는 새로운 유형의 개혁 운동이 시작되었고, 훗날 영미는 물론 오세아니아 장로교 개혁신학의 뿌리가 됩니다. 달리 말해 중세 로마가톨릭에 반하여 시작된 개신교 운동은 크게 두 진영으로 분리 확대되는 과정을 거치게 되는데, 하나는 루터 신학이고 다른 하나는 개혁신학이라 할 수 있습니다. 서로를 이종사촌으로 이해하면 좋으리라 생각합니다. 루터 신학이 하나의 신앙고백으로 단일한 대오를 형성하고 있다면 개혁신학은 다양한 신학적 특색을 과시하며 다층적 대오를 형성하고 있기 때문입니다. 지역적으로 루터교회와 신학이 독일국가와 독일인을 정점으로 전 세계적으로 퍼져있다면, 개혁교회는 스위스, 프랑스, 영국, 네덜란드 등 어찌 보면 동시다발의 다국적 꽃다발을 이루면서 전 세계의 개혁/장로교 전통을 이어가고 있습니다.

이 책에서 원숙한 역사신학자 주도홍 교수님은 개혁신학의 근원에 스위스 종교개혁과 츠빙글리(1484-1531)가 있음을 다층 다면적으로 보여주고 있습니다. 먼저 그는 츠빙글리의 일차적 사료(史料)들을 완독하고 그의 신학적 입장과 목회적 마인드를 츠빙글리의 글에서 읽어내어

현대 독자들을 위해 명료하고 담백하게 펼쳐 보여줍니다. 보여주는 방식은 스냅사진 형식입니다. 츠빙글리의 글들을 중심으로 목회자로서의 그의 인품, 행동가로서 그의 정치적 종교적 투쟁 일화, 신학자로서의 그의 사상과 신학 등을 적절하게 적출하여 스케치형식으로 담아내고 있습니다. 역사적 사실들과 사건 묘사는 단순하고 투명하게, 신학적 내용을 좀 더 해석하는 방식으로 독자들에게 친절을 베풉니다. 이런 방식으로 저자는 스위스 취리히의 개혁신학 선구자 츠빙글리를 그려내고 있습니다. 사진이 아니라 초상화에 가까울 것입니다. 이 책 안에서 저자가 제일 많은 페이지를 할애하는 곳은 츠빙글리의 신학을 이해하는 데 가장 중요한 「67개 논제」에 관한 장입니다. 한편 루터와 츠빙글리의 신학적 견해차가 1529년 시월에 열렸던 마르부르크 대담(Marburg Colloquy)에서 대부분 해소되었으나 마지막까지도 좁혀지지 않은 채 갈등의 불꽃으로 남은 "성찬"(유카리스트)에 관한 이야기도 흥미진진할 것입니다.

이 책을 통해 독자들은 1520년 흑사병이 전 유럽을 창궐할 때 츠빙글리가 지은 감동적인 페스트 찬송에 관한 단편부터 1531년 그가 죽던 해에 남긴 「기독교 신앙선언」에 이르기까지 츠빙글리가 당시 중세의 끝자락과 새로운 시대의 여명이 휘몰아치는 격랑의 시대에 몸을 던져 신앙을 살아냈던 기록들의 단편을 엿보며 맛보게 될 것입니다. 47년의 길지 않는 인생을 활화산의 열기와 분화구의 열정으로 복음과 교회와 하나님 나라를 위해 살다가 간 츠빙글리를 오래오래 기억할 것입니다. 마지막으로 독자들은 츠빙글리가 살았던 당시의 스위스와 유럽의 정치 종교의 역학 구도(예. 로마가톨릭과 개신교 간의 1·2차 카펠 전투나 마르부르크

대담)와 같은 역사적 배경을 숙지하면서 이 책을 읽는다면 책의 진가는 진한 향처럼 오래 지속될 것입니다.

츠빙글리를 장로교개혁신학의 원조로 소개하고 그를 기리는 일에 한국에서 거의 독보적 리더십을 보여준 주 박사님의 신학적 공헌을 높이 평가하며 독자 제위와 함께 큰 박수를 보냅니다. 목회자와 신학도에게 일독을 강력하게 추천하는 바입니다.

류호준 | 전 백석대학교 신학대학원장, 교수

개혁신학의 진수를 아주 쉽게 해설

개혁교회 종교개혁 500주년 기념대회 대회장이었던 주도홍 백석대 전, 부총장님 쓴 『츠빙글리를 읽다』가 출판되는 것을 진심으로 축하합니다. 주도홍 교수는 이 책을 쓰기에 가장 적합한 분입니다. 그는 2018년부터 2019년이 개혁교회 종교개혁 500주년이 되기 때문에, 우리가 츠빙글리의 종교개혁을 기념하면서 그의 개혁신앙을 한국장로교회에 분명하게 전파할 필요성이 있음을 강조하였습니다. 그에 따라 2019년에 개혁교회 종교개혁 500주년 기념대회 위원회가 조직되어 전국을 다니며 츠빙글리의 종교개혁에 대해서 특강을 하였습니다. 그때 특강을 했던 내용을 모아 출판된 책이 『한 권으로 읽는 츠빙글리의 신학』(세움북스)입니다. 이 책은 츠빙글리의 저작을 소개하는 글 다섯 편과 그의 사상을 연구한 5편 등 10편으로 이루어져 있습니다. 이 책도 츠빙글리의 저작과 그의 사상을 알리는 데 공헌했습니다.

그렇지만 츠빙글리의 전집을 통하여 개혁교회의 아버지로서 츠빙글리의 신학 사상을 소개하는 작업은 개혁신학 위에 서 있는 한국장로교회를 위해서는 여전히 절실히 요구되었습니다. 이 소중한 작업을 대회장이었던 주도홍 교수가 수행하여『츠빙글리를 읽다』를 출판하게 되었습니다. 이 책은 서문에서 루터의 종교개혁과 구별되는 츠빙글리의 종교개혁을 소개할 필요성을 설명합니다. 츠빙글리가 루터를 종교개혁의 선구자로 인정하고 칭찬하면서도 그와는 구별된 자신의 명확한 개혁을 주장하기 때문입니다. 츠빙글리는 성경에 기초하여 교회와 국가를 동시에 개혁하기를 주장하였습니다. 그의 종교개혁이 당시 로마가톨릭교회의 속박과 굴레에서 벗어나는 "자유의 종교개혁"이었다는 점은 주목을 요합니다. 주도홍 교수는 이 책에서 츠빙글리의 작품 15개와 그의 편지들을 개혁신학 전문가의 눈으로 해설하며 개혁신학의 진수를 보여줍니다. 지금까지 한국교회에 츠빙글리의 원전은 익숙하지 않습니다. 다행히 최근 연세대학교 출판부에서『츠빙글리 저작 선집』(*Huldrych Zwingli, Schriften I-IV*, TVZ Zuerich, 1995)이 네 권으로 번역 출간되어 그의 원전에 대한 목마름을 조금이나마 해소하여 주고 있습니다. 그렇지만 전문가가 아닌 일반 성도들이 츠빙글리의 저작 선집을 읽고 이해하는 것은 쉬운 일이 아닙니다. 츠빙글리가 당시 직면했던 문제들과 그 문제를 풀어나가는 그의 논리를 따라가는 일이 쉽지 않습니다. 이러한 문제를 해결하는 책이 주도홍 교수가 출간한 이 책입니다. 이 책은 츠빙글리의 저작을 연도별로 소개하면서, 앞부분에서 작품의 시대적 배경들을 간결하고 일목요연하게 설명해줍니다. 그래서 앞부분을 읽고 나면 작품이 어떤 배경에서 무슨 목적으로 저술되었는지를 쉽게 이해할 수 있습니다. 작품을 해설한 후, 그의 작품들의 내용을 핵심적인 요점들을 집어가면서 아주 쉽게 해설하고 있습니다. 읽기 시작하면 중단하기 어려울 정도로 흡입력을 가지고 간결하고도 설득력 있게 책 전체가 전개되고 있습니다. 그러기에 이 책을 읽고 나면 츠빙글리 개혁신학의 진수를 맛보게 될 것입니다.

제가 이 책을 읽으면서 가장 감명을 받은 부분은 츠빙글리가 당시의 정치, 경제, 사회에 걸친 시대적인 문제들을 성경에 근거해 명확하게 풀어나가는 점이었습니다. 당시 시대가 직면했던 부패한 로마가톨릭에 대한 개혁의 방향을 성경과 복음의 진수에 근거해 제시하는 「67개조 논제」의 내용은 당시 취리히 도시를 개혁하고자 하는 츠빙글리 개혁의 청사진입니다. 인문주의자였던 츠빙글리를 종교개혁자로 만든 흑사병을 앓고 살아나서 쓴 「페스트 찬송」은 그의 소명의 노래입니다. 취리히에서 종교개혁이 시작되게 만든 작품이 「음식의 자유」입니다. 로마가톨릭교회가 지배하여 말씀을 들을 수 없던 시대에 말씀을 설교해야 할 필요성을 역설한 것이 「말씀의 명료성과 신실성」입니다. 「목자」는 참다운 목회자의 길을 제시합니다. 그는 오늘날 사람들이 가장 관심을 가지는 정의의 문제를 가지고 씨름합니다. 「하나님의 정의와 인간의 정의」를 어떻게 조화시키며 당시의 사회의 문제를 해결할 것인지를 읽으면, 오늘 우리 시대에 대한 새로운 안목을 얻을 수 있습니다. 그는 당시 최고의 이슈였던 십일조와 고율의 이자 문제에 대한 해결책을 제시합니다. 그는 이러한 문제들의 해결을 반드시 성경의 원리로 해결하고자 한다는 것입니다.

오늘날 우리는 다시 우리의 신앙의 의미를 묻고 있습니다. 신앙은 점점 공공의 영역과는 관계를 잃어버리고, 사적 영역으로 물러나고 있는데, 여기에 대해 츠빙글리는 그럴 수 없다고 단호하게 대답합니다. 츠빙글리의 신학은 공공의 신학입니다. 우리가 다시 하나님의 말씀에서서 하나님의 주권이 우리의 삶의 전 영역에 실현되기를 바라는 공공신학을 실천하는 삶을 살고 싶은 사람들에게 이 책은 좋은 길잡이가 되어줄 것입니다.

이은선 | 안양대학교, 한국개혁신학회 회장

공공신학을 보여주는 츠빙글리의 신학

루터와의 동시대에 종교개혁을 일으킨 츠빙글리는 루터를 위대한 종교개혁자로 존경했지만 자신을 루터주의자라 부르는 것을 거부했습니다. 그가 루터의 영향을 받지 않았기 때문입니다. 그의 표현대로 루터로부터 배운 것이 아님에도 영적인 어둠이 가득 찼던 시기에 루터와 츠빙글리가 같은 목소리를 내고, 성경을 이해하는 같은 눈을 가졌던 것은, 그들 속에서 같은 성령이 역사하셨음을 말해주고 있습니다. 둘은 이처럼 근본적으로 같은 복음을 말하고 있지만, 성찬론을 비롯해 여러 가르침과 추구하는 방향에서 차이를 보이고 있습니다. 그리고 그런 다름이 결국 우리 개신교회를 더 풍성하게 만들어주었다고 할 수 있습니다. 우리 개신교회는 루터와 츠빙글리라고 하는 위대한 교부들로부터 시작되었고, 특별히 개혁신학은 츠빙글리와 그의 뒤를 이은 칼빈의 가르침에 그 뿌리를 두고 있는 것은 주지의 사실입니다.

그렇지만 개혁신학이 절대다수인 한국교회는 츠빙글리와 그의 신학에 대해서 너무 무지하고 소홀히 해왔습니다. 그런 점에서 2014년부터 『츠빙글리 저작 선집』 4권이 번역 출판된 것은 주목할 만한 일입니다. 그리고 그 방대한 저작을 주도홍 교수님이 역사신학자의 관점에서 일목요연하게 정리하고 더구나 깊이 있는 해석을 첨가해 한 권의 책으로 내게 된 것은 한국교회 특별히 개혁교회에게는 매우 의미 있는 일이 아닐 수 없습니다.

루터와 츠빙글리의 신학의 차이가 가장 분명하게 나타나는 것은 공공의 영역에서의 교회의 역할일 것입니다. 루터의 신학은 우선 가톨릭의 왜곡된 구원교리에 대한 비판과 저항 가운데서 이신칭의로 각인이 되었습니다. 더 나아가 가톨릭교회와 그들을 옹호하는 황제와 제후들의 강력한 압박 가운데 루터는 교회와 국가가 혼합되어버린 왜곡된 상황을 비판하면서 교회의 역할과 국가의 역할을 분리하는 쪽에 너무 초점을 맞추게 되었습니다. 그러다 보니 그의 신학은 미국의 종교 분리와 유사한 두 왕국설로 흘러가게 되고, 공공의 영역에서 그리스도인을 소극적인 사람들로 만들었으며, 이로 인해 훗날 독일은 다른 서유럽에 비해 정치적으로 후진성을 면치 못하게 됩니다.

반면에 츠빙글리는 교회와 국가의 역할을 나눔에 있어서는 루터에 동의하나, 거기서 더 나아가 모든 삶의 영역 특별히 정치, 경제 등 공공 영역에서 하나님이 원하시는 정의의 문제와 그리스도인들의 정의로운 사회적 책임을 진지하게 다루고 있습니다. 심지어 루터와 달리 부패한 군주를 축출할 국민적인 저항권을 언급함으로써 매우 적극적인 사회참여의 길을 열어놓았고, 이것은 그대로 칼빈에게 이어지게 됩니다. 그리하여 그들의 신학을 충실히 좇는 개혁교회는 결코 이원론적이 아니라 통전적이고 공공성 있는 신앙 전통을 갖게 되었습니다.

이러한 츠빙글리의 신학은 국민주권주의로 인해 정치가 보편화된 오늘날 다시금 새롭게 조명을 받고 있습니다. 프라이(C.Frey) 교수는 오늘날 세계교회운동이 국가에 대한 예언자적인 사명에 눈을 뜨게 하며 다시금 츠빙글리의 가르침에 귀를 기울이게 한다고 언급하면서, 그 이유는 츠빙글리의 종교개혁이 개개인의 변화뿐 아니라 공동의 삶을 변화시키는 것을 목표로 하는 정치신학적 탁월함이 담겨 있기 때문이라고 지적합니다.

그러므로 미국의 정교분리를 좇아 신앙의 공공성을 소홀히 하였고, 최근에는 그에 대한 왜곡된 반작용으로 정치화의 길을 가고 있는 한국교회는 다시금 츠빙글리와 칼빈의 가르침에 따라 통전적인 신앙이 회복되어야 한다고 생각합니다. 그런 점에서 이 책이 한국교회의 신앙적인 건강성을 바르게 잡아줄 것을 기대하면서 적극 추천하는 바입니다.

최현범 | 부산중앙교회 담임목사, 부산기윤실 공동대표, Ph.D.

그의 시대 속에서 그의 목소리를 듣게 해주는 책

츠빙글리의 종교개혁 사상은 스위스 연방(Swiss Confederation)의 역사적 배경과 연계해서 이해해야 합니다. 또한 16세기 근세 초기 유럽의 역사적 발전과 밀접하게 관련되어 있습니다. 스위스는 이미 1291년에 오스트리아에 대항해서 형성된 스위스 연방이 모체가 되어 주위의 지역을 정복하거나 매입하거나 혹은 자유로운 연합을 통해서 성장해 갔습니다.

취리히는 1351년에 이 스위스 연방에 가입했습니다. 츠빙글리의 종교개혁 사상은 인문주의의 영향을 받아 오히려 강화되기까지 했던 그의 "애국주의(patriotism)"와 깊이 관계되어 있었습니다. 실제로 츠빙글리는 이 스위스 연방이 분열되지 말고 신앙적 갱신과 사회적 개혁을 통해서 단결할 것을 촉구했습니다. 그러므로 츠빙글리의 신학은 스위스 연방과 16세기 초 유럽이라고 하는 역사적인 문맥에서 해석되어야 더 명확한 이해를 얻을 수 있습니다. 이런 맥락에서 본서는 츠빙글리의 사상을 잘 알 수 있도록 도와주는 소중한 책입니다. 구체적으로 본서의 장점과 특징을 설명하면서 본서를 추천하고자 합니다.

첫째, 본서는 츠빙글리의 1차 자료를 중심으로 츠빙글리의 신학을 한국 독자들에게 소개하고 있는 점이 장점입니다. 만약 어떤 신학 서적이 2차 연구자료를 중심으로 이루어졌다면 그 저서의 수준과 장점을 높이 평가하기 어려울 것입니다. 그러나 본서는 독일에서 수년간 신학을 공부했던 저자가 독일어로 된 츠빙글리의 저작을 꼼꼼히 읽어가면서 연구한 결과물이라 크게 기대합니다. 주도홍 박사님은 스위스 취리히에서 출판된 네 권짜리 『츠빙글리 저작 선집』을 주 텍스트로 사용했습니다. 따라서 독자들은 본서를 통해서 츠빙글리의 생생한 목소리를 들을 수 있을 것입니다.

둘째, 본서는 어려운 신학책을 읽는 것에 익숙하지 못한 현대 독자들이 쉽게 읽어내려갈 수 있도록 저자 자신이 말한 것처럼 비교적 "쉽고 친절하게" 적어 내려간 책입니다. 전문적인 신학 서적이 일반 독자들에게 매력을 주지 못하는 주된 이유는 너무 신학적인 용어와 문체를 가지고 책이 기록되기 때문이라고 할 수 있습니다. 그러나 본서는 츠빙글리의 1차 자료를 가지고 저술하되, 현대 독자들을 배려해서 흥미 있게 읽고 이해할 수 있도록 기록되었다는 것이 장점입니다.

셋째, 본서는 츠빙글리의 초기 작품부터 시작해서 그가 세상을 떠났던 1531년까지 연대기적으로 그의 저작을 소개하고 그 신학적 의미를 해석해주기 때문에 독자들에게 매우 유익한 책이 될 것입니다. 츠빙글리의 개혁 운동은 하늘에서 떨어지거나 땅에서 솟아난 것이 아닙니다. 츠빙글리에 의하면 종교개혁은 한 개인의 신앙생활뿐 아니라, 교회와 사회와 같은 공동체에 영향을 미치는 것이었습니다. 츠빙글리가 청년기에 비엔나와 바젤에서 접했던 인문주의는 그의 종교개혁이 내면적인 개혁에서 시작해서 도덕적이고 사회적인 개혁으로 나아가는 성격이 강한 이유를 설명해 줍니다. 종합적으로 정리해 볼 때, 츠빙글리의 종교개혁 사상은 넓게 보면 스위스 연방의 역사적 발전 위에서 이해되어야 합니다. 좁게 보자면 츠빙글리의 인생의 여정을 따라서 해석되어야 합니다. 그러므로 본서에서 주도홍 박사님이 츠빙글리의 저작들을 연대기적 순서를 따라서 역사적으로 설명해 주고 있는 것은 츠빙글리를 제대로 해석할 수 있도록 도와주는 매우 훌륭한 길이 되는 것입니다.

아무쪼록 주도홍 교수님의 본서를 통해서 한국의 기독교 지성인들과 목회자들이 올바른 신앙과 역사적 개혁교회의 본질적 모습을 찾아서 한국교회가 바람직한 모습으로 회복되기를 간절히 기대합니다.

안인섭 | 총신대학교 역사신학 교수, Refo500 Asia Coordinator

장로교 뿌리를 향한 공부

한국 개신교회의 현상은 여러 가지로 특이하다. 장로교의 숫자가 개신교 중에 압도적으로 많다는 점에서 그러하다. 그리고 그 장로교가 대한예수교 장로회라고 불리는 교단 아래에 140여 개 이상으로 갈라져 있다는 점도 전 세계적으로 드문 현상이다. 성경에 대한 해석의 이유로, 교리 해석 이유로, 그 외에도 다양한 이유로 이처럼 세계 어디에도 유래를 찾아볼 수 없는 분열이 지속되었기 때문이다. 장로교 연합을 위한 여러 가지 시도가 있었으나, 현재 아직 이러한 양상은 크게 달라진 바 없다. 우리는 이러한 현실 앞에서 근본적인 물음을 던져야 하는데,

무엇보다도 장로교의 전통 위에 서 있는 교회공동체에서 공통분모가 무엇인지 고민하고 성찰할 수 있어야 한다. 그러기 위해서는 장로교의 신조뿐만 아니라, 장로교 신학 뿌리를 향한 공부가 요구된다. 그 장로교의 뿌리는 스위스 종교개혁자 훌드리히 츠빙글리이다. 그는 마르틴 루터와 칼빈 사이에서 잘 알려지지 않은 종교개혁자이지만 두 사람 못지않게 비중 있게 다루어져야 할 종교개혁자이다.

츠빙글리는 자연사했던 루터나 칼빈과는 달리 종교개혁을 반대했던 가톨릭 진영과 불가피한 전투에서 47세라는 비교적 이른 나이로 전사했기 때문에 상대적으로 저술 활동을 할 시간적 여유가 그렇게 많이 없었다. 그가 남긴 글들도 차분한 상황에서 학문적으로 쓴 글이 아니라, "상황 신학"의 산물이었다. 전염병이 만연했던 중세기, 그 자신도 흑사병에 걸렸다가 살아남았던 체험으로부터 그는 종교개혁자로 새롭게 거듭나게 되었다. 그리고 이후 사회, 정치적으로 복잡하고 다양한 현안이 가득했던 배경 가운데 취리히에서 종교개혁을 이끌어가면서 그때 그때 사안에 따라서 그의 신학적 견해를 편지, 설교와 호소문의 형태 등으로 다양하게 풀어나갔다. 그것이 바로 개혁신학의 교의적, 윤리학적 토대를 놓게 되는 귀중한 자료가 된 것이다.

츠빙글리 전문가인 일련의 스위스 신학자들은 츠빙글리의 중세 독일어로 된 책을 1995년에 현대 독일어로 새로 번역하고 학문적인 각주를 달아 발간하였었다. 바로 이 전집이 연세대학교 대학출판문화원에서 『츠빙글리 저작 선집』 1~4권이 2014년과 2018년 사이에 번역되어 출판되었다. 츠빙글리의 1차 자료를 우리 말로 대해 볼 수 있게 된 것이다. 그런데 여전히 독자들에게 다가가기엔 무게감과 부피가 꽤 되고 내용도 쉽지 않다. 인스턴트 제품과 인터넷의 속도감에 익숙한 오늘날의 독자들에게는 이러한 전집의 내용을 차분히 앉아 읽을 수 있는 시간적, 정신적 여유가 없을지도 모르겠다. 혹은 그 어떤 이유로라도 이 전집을 먼저 읽을 수 없는 그러한 독자들에게 이 전집을 좀 더 쉽게 이해할 수 있게 하고 문턱을 낮추어 주는 친절한 시도가 나오게 되었다. 주도홍 교수님이 츠빙글리의 이 귀중한 역작들을 원전과 비교하면서 풀어주셨고 쉽게 읽어나갈 수 있도록 해 주셨기 때문이다. 장로교 분열의 역사로 얼룩진 우리나라에서 개혁신학의 뿌리를 정직하게 다시 마주하도록 애쓰신 귀한 결과물이다.

츠빙글리는 개신교 신학의 교리적 주춧돌을 놓았을 뿐 아니라, 시민공동체의 정치적 책임 의식과 공동체적 의식을 고양하는 사회, 경제 윤리적 관점에서도 개신교 신학 윤리의 토대를 놓은 귀중한 신학자이다. 코로나 사태로 인류는 모든 영역에서 삶의 새로운 방향성의 전환을 시도해야만 한다. 교회도 이 행진에서 결코 예외일 수 없다. 경제적 이윤추구의 극대화의 문제성과 성장의 한계를 절실히 깨닫고 하나님 앞에서 모두가 겸허하게 우리 삶의 무자비함을 돌아보고 진정한 회개의 기회로 삼아야 할 이 시간에 그의 신학적 유산을 우리말로 쉽게 접할 수 있도록 정리된 이 책이 많은 독자에게 다가가기를 바라는 마음 간절하다.

정미현 | 연세대학교 연합신학대학원 교수

하나님 중심의 신학을 보여줘

마르틴 루터는 1517년에 비텐베르크 성 교회 정문에 95조 반박문을 붙이며 종교개혁의 불을 지폈다. 그는 로마가톨릭의 신학과 실천이 어떠한 면에서 부패했는지 성경에 근거해 잘 드러내며 루터주의 개신교를 이루어내었다. 츠빙글리는 1519년 1월 1일 토요일 취리히의 "그로스뮌스터교회"에서 마태복음 첫 설교를 하였다. 교회력을 따라 주어진 본문으로 설교(lectio selecta)를 했던 천주교 사제들과 달리 그는 성경의 한 권을 강해하는 설교(lectio continua)를 하였다. 그는 헬라어 성경에 근거해 말씀으로 말씀을 해석하였고, 이 설교는 자연스럽게 당시 사제들의 잘못된 신앙 형태와 성경해석을 크게 드러내었다. 이러한 설교는 취리히를 비롯한 스위스의 여러 지역에 큰 영향을 미치며 종교개혁으로 이어졌고, 이후 제네바의 칼뱅을 통해 완성도는 더욱 높아졌다. 헤르만 바빙크는『개혁교의학 1권』에서 개혁주의 교의학은 츠빙글리로부터 시작한다며 루터주의 개신교와 개혁주의 개신교의 차이에 대하여 이렇게 말한다.

> 그 차이가 아마도 가장 잘 표현된 것으로서 개혁파는 '신론적으로', 루터파는 '인간론적으로' 사고한다는 것이다. 개혁파는 역사적 정황에 머무르지 않고, 하나님의 생각, 하나님의 영원한 작정에까지 오른

> 다는 것이다. 그런 반면 루터파는 구원 역사의 중심에 자신의 입장을 취하고 하나님의 작정을 깊이 캐내려는 필요를 느끼지 않는다. … 전자가 제기한 일차적이고 가장 중요한 질문은 하나님이 어떻게 영광을 받으시는가에 반해, 후자는 인간이 어떻게 구원에 이르는가다. … 개혁파는 회고하기를 모든 것을 하나님의 작정으로 돌리고 사물들의 '왜냐하면'의 원인을 뒤따라 추적하고, 또한 전망하기를 모든 것을 하나님의 영광에 소용되게 하기까지는 쉬지 않았다. 루터파는 '~라는 것' 사실에 만족하고 믿음으로 얻은 구원을 즐겼다(박태현 역, 248쪽).

츠빙글리는 "나는 루터적이 아니라 복음적이다"라고 말하였다. 개혁주의는 루터주의를 넘어서서 사람이 아니라 하나님을 드러내려고 했고, 모든 현상의 원인을 근본까지 추적하였다. 이렇게 츠빙글리로부터 시작된 개혁교회 종교개혁 500주년 기념행사를 주도홍 교수님은 신학자들과 목사들을 독려하여 뚝심 있게 2019년에 진행하였다. 그 기념행사가 의미가 있었던 것은 신학자들 중심의 학문 토론이 아니라, 전국의 지역 교회를 찾아 일반 성도들이 이해하도록 쉽고 재미있게 진행하였고, 실천적 적용을 제시했다는 것이다.

신학자들이 집약된 내용을 학문 용어로 학자들에게 전하는 것보다 일반 언어로 쉽고 재미있게 전달하는 것이 더 어렵다. 주 교수님은 이러한 일을 이번 책에서도 일관되게 하고 있다. 츠빙글리의 저작을 원전으로 읽고, 그것들을 학문적 용어가 아니라 대중의 용어로 전달하였고, 500년 전의 저작이 현대에 어떤 의미가 있는지 실천적 적용도 드러내었다. 그는 교수로 재직 중에도 하나님의 말씀과 사랑이 현실에 적용되는 일에 계속적 관심을 보였다. 어떤 신학자보다 남북 교류와 통일이 가능하도록 성경적 접근법과 대안을 탐구하여 제시하였고, 많은 통찰을 안겨주었다. 이 책도 이러한 통찰을 독자들에게 안겨줄 것이기에 기쁜 마음으로 일독을 권하며, 앞으로도 계속하여 주 교수님을 통하여 많은 저작과 실천이 이루어지기를 바란다.

정요석 | 세움교회 담임 목사, Ph.D.

—∘—∘—∘—

개혁신학의 뿌리를 찾아가는 새로운 모험

주도홍 교수님의 저서『츠빙글리를 읽다』는 16세기 스위스 종교개혁자 츠빙글리의 개혁신학을 그가 직접 저술한 원문에 근거해 독자들이 이해하기 쉽게 풀어낸 역작이다. 이 책은 오늘날 한국교회가 츠빙글리의 개혁신학을 연구해야 하는가에 대한 근본적인 이유를 매우 명쾌하게 설명하면서 시작한다. 저자 주도홍 교수님은 평생 목회 현장을 결코 떠난 적이 없다. 목회와 신학이 깊이 어우러진 신학자의 길을 걸어가면서, 개혁교회 경건주의, 복음적 통일신학 연구에 천착하며, 괄목할 만한 연구성과를 보여주었다. 더 나아가 최근 몇 년간 츠빙글리 연구의 불모지였던 한국교회 안에서, 개혁교회의 뿌리를 찾아가는 새로운 모험을 시도했다. 그가 보여준 츠빙글리 연구의 성과는 지난날 그가 천착했던 개혁교회 경건주의와 복음적 통일신학 연구와 결합하여 새로운 기독교 신앙의 역동성을 잘 보여주고 있다. 그의 츠빙글리 연구는 단지 한국장로교회 안에만 국한되지 않는다. 전체 한국교회, 한국 사회와 남 · 북한 대립의 극복을 통하여 평화 정착을 향한 성경적 복음의 창의적 해석과 실천을 요청한다.

저자 주도홍 교수님은 한국교회와 신학계의 츠빙글리 연구의 선구자로서 츠빙글리 연구를 통해 바로 이 사실을 증언한다. 그는 이 책 서문에서 말한다. "츠빙글리에게 개혁은 말 그대로 종교의 개혁으로 끝나지 않으며, 모든 삶의 총체적 개혁이었다. 츠빙글리의 신학은 한마디로 공적 삶(public life)까지를 포함한다." 저자가 평생 붙들고 살았던 신학적 화두는 참된 의미의 성경적 실천의 삶이었다. 그가 지난날 천착했던 개혁교회 경건주의, 복음적 통일신학 연구는 바로 이 사실을 증언한다. 이제는 츠빙글리 연구를 통하여 우리에게 다시 올바른 복음 증인의 삶을 살도록 촉구하고 있다.

결론적으로 츠빙글리가 말하는 하나님의 섭리는 가장 뛰어난 피조물인 사람에게 주어진 하나님의 사랑이며, 놀라운 하나님의 은혜다. 하나님의 섭리가 죄로 인해 죽음에 떨어진 사람에게 다시 찾아온 십자가의 사랑을 가능하게 했다. 우주 안에 존재하는 인생의 생사화복은 하나님의 섭리 안에 있다. 하나님의 섭리를 믿고 신뢰하며 살아가는 사람은 확실히 참 평화를 누리는 구원받은 성도이다. 이처럼 츠빙글리는 하나님의 섭리를 사랑의 메시지로 기꺼이 들려주기를 원하는 신실한 설교자였다.

조용석 | 안양대학교 HK+ 사업단 연구교수

PREFACE

머리말

늦은 감이 없지 않다! 아니 너무 늦었다! 어떻게 개혁신학이 주류를 이룬다는 한국교회 140년의 역사에서 이제야 개혁신학의 원조인 스위스 종교개혁자 츠빙글리의 글들이 한국인의 손을 거쳐 처음으로 한국에 소개된다는 말인지! 최근 손에 꼽을 정도로 몇몇 책이 그의 신학을 부분적으로 소개하고 있지만, 1차 자료에 근거해서 츠빙글리의 신학 전체를 여과 없이 있는 그대로 소개하는 한국 저자의 책은 처음이다. 그것도 그의 종교개혁이 1519년 시작된 지 500년 만에 말이다. 그러기에 부족하여도 이 책을 시작으로 츠빙글리 연구가 한국에서도 본격화되기를 원하는 마음 간절하다.

이 책은 제목이 말하는 그대로 츠빙글리를 그의 저서를 통해 바로 소개한다. 츠빙글리의 저서를 직접 읽고, 그의 사상을 이해하면서 독자가 그를 직접 만날 수 있도록 다리를 놓고 있다. 본서는 츠빙글리를 향한 딱딱한 학구적 연구서라기보다는 1차 자료를 읽어가면서, 21세기 독자들에게 쉽고 친절하게 16세기 츠빙글리를 소개하고자 했다. 역사적 연구는 사료

(史料)인 1차 자료를 차분히 이해하는 일이 전제되어야 한다. 여기로부터 비로소 그 어떤 다른 연구가 시작되기 때문이다. 2차 자료를 쉽게 가져올 수도 있겠지만, 1차 자료를 근거로 제시할 수 없는 연구는 말 그대로 참고서일 뿐이다.

종교개혁 제1세대 츠빙글리는 아쉽게도 오늘날 한국교회에는 낯선 인물이다. 신학교 교회사 강의 시간에도 츠빙글리는 그냥 지나치거나, 간단한 소개로 끝내는 인물에 속한다. 그가 루터에 이어 제2의 종교개혁자, 개혁신학의 근원지 스위스의 종교개혁자이며, 개혁교회 아버지임에도 그렇다는 사실이다. 21세기 들어서도 츠빙글리를 향하는 한국교회의 무관심은 여전히 달라지지 않는데, 한국의 개혁신학은 종교개혁의 제2세대인 제네바의 종교개혁자 칼빈에게 집중할 뿐, 그 외 인물들은 그저 조연이다. 게다가 한국 개혁신학은 영국 청교도 신학에서 자신의 뿌리를 찾고 있다.

필자는 개혁신학의 역사적 출발점에 있는 츠빙글리를 한국에 소개하고 싶었다. 한국의 독자들이 16세기 츠빙글리를 1차 자료를 통해 역사적으로 만날 수 있고, 그의 개혁신학을 더욱 가까이 인식했으면 하는 갈망 때문이었다. 개인적으로 2019년 맞이한 정년과 2020년 초 시작한 팬데믹 코로나19가 아이러니하게도 나에게 그의 저서를 차분히 읽을 수 있는 시간을 제공했다. 솔직히 대학에 몸담고 있을 땐 적지 않은 양의 강의와 보직으로 인해 시간의 여유가 없었다. 더구나 쉽지 않은 16세기 츠빙글리의 저작을 역사적으로 이해한다는 일은 결코 간단한 일이 아니기 때문이다. 나의 츠빙글리 읽기는 감사하게도 「기독교 연합신문』에 2년 이상 연재하였으며, 개인 페이스북에도 종종 그 내용을 함께 소개하였다. 스위스 취리히에서 발행된 4권으로 된『츠빙글리 선집』(*Huldrych Zwingli, Schriften I-IV*, TVZ Zuerich, 1995)를 텍스트로 읽어가면서, 그의 사상을 쉽고 명료하게 소개하고자 하였다. 2019년 개혁교회 종교개혁 500주년을 맞이하면서, 연세대학교 대학출판문화원에서 나온『츠빙글리 저작 선집 1–4』의 한국어 번역도 참고할 수 있었다. 그래도 인용문은 필자가 직접 원문을 번역한 것이다. 독자들이 츠빙글리의 글을 가능한 한 직접 대할 수 있도록 인용문에 마음을 담았다. 감사하게도 교수 정년 즈음하여 만난 개혁교회 아버지 종교개혁자 츠빙글리는 하나님이 나에게 보내주신 은혜의 큰 선물이었다.

추천의 글로 부족한 책을 빛내주신 사랑하고 존경하는 여러 동역자들께 진심어린 감사를 드린다. 세움북스의 대표 강인구 장로님과 수고한 모든 분들께 감사를 드린다. 하나의 바람이 있다면, 이 책을 주일 오후예배, 수요예배, 금요기도회 또는 소그룹에서 함께 읽으며 종교개혁 기독교 고전에 대한 역사적 읽기를 하며 은혜를 나누길 바란다. 하나님께 감사를 드린다. 그 사랑을 잊지 않을 것이며 하나님께 감사를 드린다. Soli Deo Gloria!

2020년 10월 17일
성거산이 바라보이는 천안집 다락방에서
둘째 손자 Evan 성우의 출생을 기뻐하며
주 도 홍

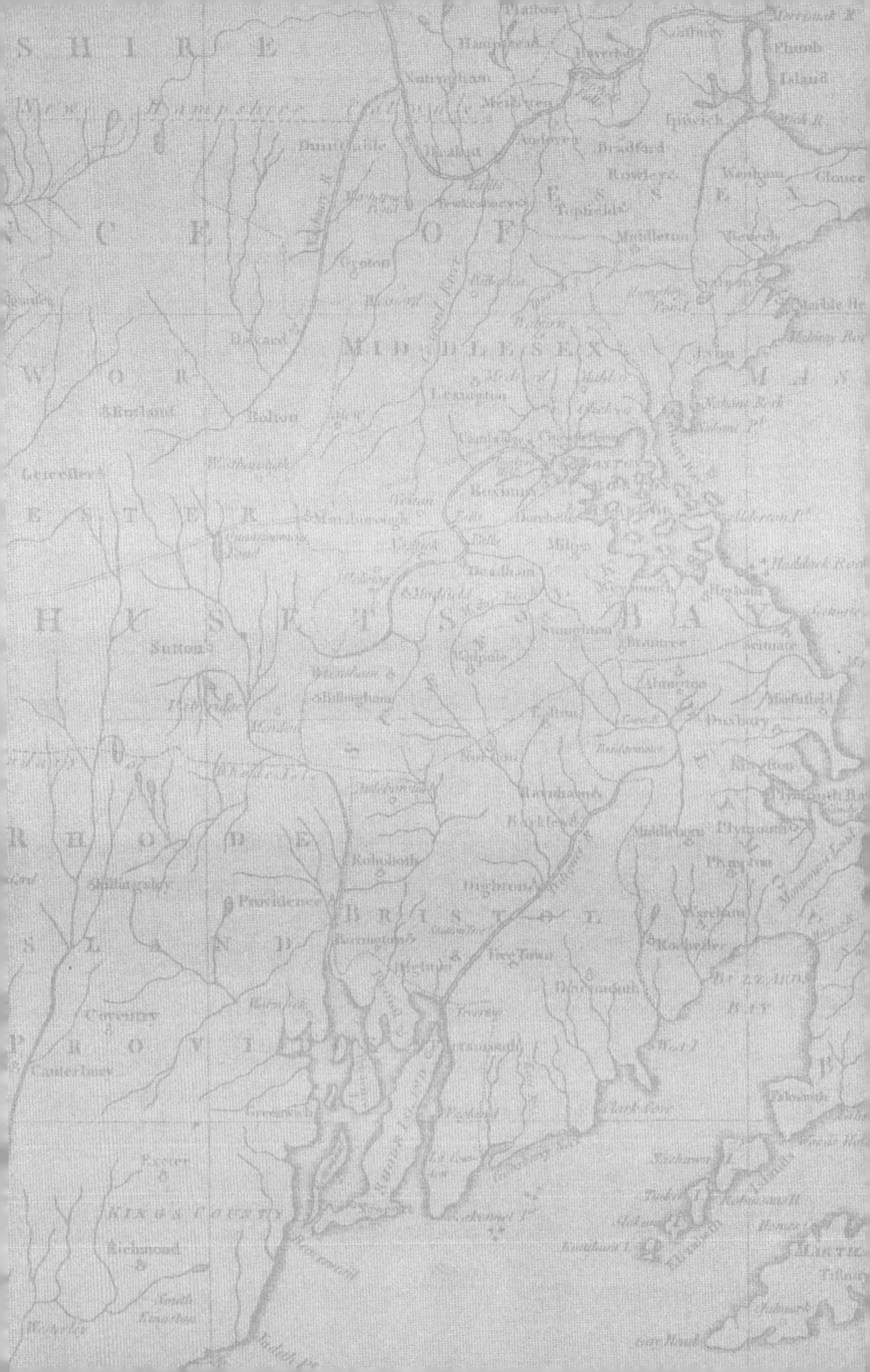

SHIRE
New Hampshire
Haverhill
Newbury
Plumb Island
Ipswich
Bradford
Rowley
Wenham
Topsfield
Middleton
Andover
Dunstable
Groton
Harvard
Rutland
Bolton
C E
O F
MIDDLESEX
W O R
Lexington
Lynn
Marble Head
Cambridge
Charlestown
Boston
Roxbury
Dorchester
Milton
Leicester
E S T E R
Marlborough
Dedham
Weymouth
Hingham
Medfield
H U S E T T S
BAY
Sutton
Stoughton
Braintree
Scituate
Walpole
Bellingham
Mendon
Abington
Marshfield
Duxbury
Kingston
Norton
Attleborough
Raynham
Berkley
R H O D E
Middleborough
Plymouth
Plimpton
Rehoboth
Dighton
Providence
BRISTOL
Wareham
I S L A N D
Barrington
Free Town
Rochester
Dartmouth
BUZZARDS BAY
Coventry
P R O V I D E N C E
Canterbury
Portsmouth
Falmouth
Greenwich
Exeter
KINGS COUNTY
Richmond
Elizabeth Islands
South Kingston
Westerly

CONTENTS

목차

부록 : 츠빙글리의 편지들

INTRODUCTION

서문

개혁교회 종교개혁

나는 2017년 취리히 대학교 신학과의 페터 오피츠(Prof. Dr. Peter Opitz)를 그의 연구실에서 만났다. 그는 2017년 종교개혁 500주년 기념에 냉담한 반응을 보였다. 대신 2019년 개혁교회 종교개혁 500주년을 준비할 뿐이라는 입장이었다. 순간 나는 16세기 역사를 기억하며 생각해야 했다. 나는 오피츠에게 독일 종교개혁 500주년도 그리고 스위스 종교개혁 500주년도 함께 그 역사적 의미가 있지 않은지 반문했다. 이에 대해 그는 어전히 그의 입장을 고수했다. 그렇지만 나는 이거냐 저거냐의 문제가 아니라, 이것도 저것도 하나님이 섭리하신 소중한 역사라고 생각했다. 나는 개혁신학자로서 개혁교회 종교개혁 500주년의 의미를 생각했다. 개혁교회의 역사적 뿌리를 기억하고, 정체성을 확고히 하기 위해서였다. 남의 역사를 우리의 역사로 둔갑시키거나, 대충 이해해서는 안 되기 때문이다. 다른 것은 다르다 할 수 있어야 한다. 다르기에 서로를 정죄하기보다 다르지만 서로의 차이를 말씀 안에서 인정하고 존중하며 서로가 보완해 갈 수 있다면 아름다운 것이다. 어차피 우리의 인식은 한계를 갖고 있다.

첫째, 왜 2019년 개혁교회 종교개혁 500주년인가? 2017년 루터 종교개혁 500주년으로 스위스 종교개혁 500주년을 대체할 수 없기 때문이다. 중세를 마감하고 새로운 시대 근세를 연 1517년 루터 종교개혁은 역사적으로 그 의미가 놀랍고 충분하다. 참 믿음을 일깨운 루터의 종교개혁은 제2의 교회 탄생으로 불러도 무방할 것이다. 그렇다고 루터의 종교개혁이 1519년 취리히에서 일어난 츠빙글리의 종교개혁을 대체할 수 없는데, 개혁교회는 루터교회와 분명히 다르며, 스위스는 스위스대로 하나님의 특별한 부르심에 응답하여 각자의 형편에서 종교개혁을 하였기 때문이다. 개혁신학은 다양한 상황과 문제들을 만나며 수많은 신앙고백을 통해서 표현되어, 루터교회의 하나의 신앙고백으로 일치된 신학과는 엄연한 구별이 요청된다. 개혁신학은 아주 풍부하고 다양한 신학을 보여준다. 개혁신학의 역사는 그 서술이 간단하지 않고 복잡하다.[1] 루터교회는 스위스 종교개혁을 칼빈주의(Calvinismus)라 일컬으며 못마땅히 여겼으며 이단으로까지 생각했다. 스위스 종교개

---

1 참고. Jan Rohls, *Theologie reformierter Bekenntnisschriften*, Goettingen 1987. "Eine Theologie reformierter Bekenntnisschriften sieht sich anders als ihr lutherisches Gegenstueck mit mehreren Problemen konfrontiert. Zum einem gibt es kein offizielles Korpus, sondern nur verschiedene Privatsammlungen reformierter Symbole. Und zum anderen existert kein kritische Ausgabe von Bekenntnistexten, die den Umfang aelterer Editionen erreichte."(서문에서)

혁이 30년 전쟁이 끝난 1648년 베스트팔렌 종교 화해에서 "개혁교회" 종교개혁으로 인정되기까지 130년이라는 긴 시간이 요구되었다. 츠빙글리, 불링어, 칼빈은 루터를 향해 하나님의 부르심을 받은 거대한 종으로 경외심을 잃지 않았다. 그렇다고 스위스 종교개혁은 루터의 관점을 획일적으로 따르지 않았고, 많은 점에서 차이를 보이는 하나님의 말씀에 입각한 개혁신학을 형성했다.[2]

둘째, 츠빙글리는 잊힌 종교개혁자, 개혁교회 아버지이다. 다르게는 카톨릭과 루터파 양편으로부터 오해된 종교개혁자이기도 하다. 어쨌든 개혁신학은 츠빙글리와 함께 시작한다.[3] 그렇다면 츠빙글리 연구를 이제부터라도 차분히 시작해야 한다. 말할 것도 없이 요구되는 것은 사료(史料)에 근거한 사실 확인이다. 그저 앞선 연구를 인용하거나 그 누구의 입장을 무분별하게 가져올 때 나타나는 위험성이 적지 않다. 무엇보다 츠빙글리는 성찬 이해에서 루터와의 사이에서 다른 입장에 선 종교개혁자였다. 츠빙글리는 스위스 취리히의 종교개혁자이면서 루터의 환영을 받지 못한 "다른 영을 가진" 인물이었다. 루터 신학은 인간론으로, 개혁신학은 신론으로 출발하며, 전자는 인간의 축복으로, 후자는 하나님의 영광으로 끝을 맺는다. 전자는 유대주의와 행위 구원에 대적하며, 후자는 이교주의와 우상 숭배에 맞서 싸운다.[4] 츠빙글리를 향

2 헤르만 바빙크, 『개혁주의 교의학』, 김영규 역, (서울: 크리스천다이제스트, 1998), 207 이하: "개혁주의교의학".

3 헤르만 바빙크, 『개혁주의 교의학』, 209.

4 헤르만 바빙크, 『개혁주의 교의학』, 208-209.

한 루터의 가혹한 부정이 특히 후대 독일 신학자들의 연구에 어떤 영향을 주었을지를 어렵지 않게 추측할 수 있다. 거기다 개혁신학을 단지 칼빈주의로 이해하는 협의의 연구에서 나타나는 경향은 그 역사성을 바라보지 못하고 있다. 칼빈의 신학이 형성되기까지 앞선 츠빙글리의 신학의 긍정적 영향을 부정할 수 없음에도, 츠빙글리와의 경솔한 선긋기를 시도하는 점이다. 다양성을 부정해서는 안 되겠지만, 먼저 츠빙글리는 개혁신학의 선구자임을 인정해야 한다. 사람이 다르듯 그들의 생각과 신학이 같을 수 없다. 오히려 다름은 조화와 균형을 위해 바람직하다. 자연이 하나의 나무, 하나의 꽃으로만 채워져 있다면 얼마나 밋밋하고 이상할까! 앞선 연구를 답습하는 정도로 결코 신학의 성숙을 기대할 수 없다. 분명 세계교회사가 츠빙글리를 3대 종교개혁자 중 한 사람으로 일컫는다면, 개혁신학에 서 있는 한국교회는 어떻게 츠빙글리가 그토록 인식되고 있는지, 그에 맞는 평가를 신중히 할 수 있어야 하겠다.

셋째, 츠빙글리는 실천적-성경적 종교개혁자이다. 그는 모든 삶을 성경적으로 바라보며 성경적으로 형성하려 애썼다. 하나님의 말씀 성경이 지나치는 그 어떤 한 치의 예외적 삶은 개혁교회의 아버지 츠빙글리에게 상상할 수 없다. 교회와 정치 분리 등 이원론, 두 왕국론은 츠빙글리에게는 낯선 것이다. 츠빙글리에게 개혁은 말 그대로 종교의 개혁으로 끝나지 않으며, 모든 삶의 총체적 개혁이었다. 츠빙글리의 신학은 한마디로 공적 삶(public life)까지를 포함한다. '개혁신앙의 원형'으로 일컫는 1523년 발표된 「67개조 논제」는 취리히 종교개혁의 로드맵이 되었으며, 스위스 종교개혁의 길잡이가 되었다. '츠빙글리 사상의 핵심 고백서'라고 불리는 「67개조 논제」는 그리스도를 교회와 사회생활 가운데 밝히 드러내며, 크리스천의 개인윤리와 사회윤리를 성경에 근거해 세우고자 했다. 츠빙글리는 친구 슈타이너(W. Steiner)에게 보낸 편지에서 「67개조 논제」를 "우리 사회에서 일어난 수많은 뜨거운 논쟁점들의 집합체"라고 일컬었다. 츠빙글리의 종교개혁과 함께 종교개혁에는 새로운 유형이 나타났는데, 그것은 개개인을 변화시키는 것뿐 아니라 공동체의 삶을 변화시키는 것을 목표로 하고 있다(Chr. Frey)는 것이다. 언젠가부터 이원론에 빠진 한국교회는 이 점을 츠빙글리로부터 배웠으면 한다. 사실 한국에 복음을 가져온 초대 선교사들은 복음 전파와 함께 모든 삶을 복음으로 변혁하려는 강한 의지와 실천을 하였던 사람들이었다. 츠빙글리의 글은 성경 인용으로 가득하다. 그의 글은 성경적이다. 교부 사상의 인용까지도 조심스러워한다. 그 예로 「67개조 논제」, 「목자」를 들 수 있으며, 많은 성경 인용으로 넘친다.

츠빙글리와 루터

거대한 역사 종교개혁을 독일 루터의 개혁으로만 이해가 충분할까? 사실 루터를 비텐베르크 종교개혁자로, 츠빙글리를 취리히의 종교개혁자로, 칼빈을 제네바의 종교개혁자로, 낙스(J. Knox, 1514?–1572)를 스코틀랜드의 종교개혁자로 명명함에는 그만큼 16세기 종교개혁이 지역과 인물에 따라 고유성을 가지고 있다는 말일 것이다. 유독 루터의 종교개혁을 종교개혁의 모든 것으로 인식한다는 것은 일방적이라 하지 않을 수 없을 것이다. 그런 맥락에서 츠빙글리의 역사적 이해는 특히 장로교가 다수인 한국에서는 늦었지만, 요구되는 일이라 하겠다. 츠빙글리는 『67개 논제에 대한 해제』(1523)[5]에서 루터와의 자신과의 관계를 밝힌다. 츠빙글리는 루터를 "하나님의 성실한 종"(des weidlichen diener gottes), "매우 특별한 하나님의 전사"(ein treffenlicher streyter gottes)로 일컬으면서도, 자신을 루터주의로(luterisch) 규정하는 것에는 사실이 아님을 밝히며 동의하지 않는다. 어떤 이유에서 츠빙글리는 자신이 루터주의자가 아닌지를 신학적 차이를 들어서 그리고 역사적으로 조목조목 밝힌다. 특히 츠빙글리가 이해할 수 없는 일이 "우습게도" 벌어지고 있는데, 성경적으로 또는 하나님의 말씀을 따라 그리스도의 가르침을 그대로 전할 경우에도 사람들이 자신을 루터 추종자로 부르는 일이다. 루터를 알지도 못하는 사이에 자신이 오직 성경을 따라 행한 일들을 보고 루터주의로 부른다는 것이다. 그럴 바에 츠빙글리는 차라리 바울주의(Paulisch)로 불러달라고 한다.[6]

> 교황 추종자들이 나를 '루터주의'(lutherisch)로 부르는 것을 원하지 않습니다. 나는 그리스도의 가르침을 루터에게서 배운 것이 아니라, 하나님 말씀 자체에서 배웠기 때문입니다. … 비록 루터를 살아있는 모든 사람 중에서 가장 높게 평가하고

---

5 Huldrych Zwingli, *Schriften II*, Zuerich 1995.

6 Huldrych Zwingli, *Schriften II*, 174.

있음에도 불구하고, 왜 내가 '루터주의'라고 불리는 것을 싫어하고, 나의 주님 그리스도인으로 불리기를 원함을 잘 이해하기를 바랍니다. 나는 주님을 위해 싸우기를 원하는데, 주님이 나에게 그 사명을 부여했기 때문입니다. … 루터와 나와의 지리적 거리가 엄청나게 떨어져 있음에도 불구하고 우리 둘이 가르치는 그리스도의 가르침이 마치 약속이나 한 듯이 똑같다는 사실을 사람들에게 보여주라는 것입니다. 그렇다고 나의 위치를 루터와 같은 위치에 두려고 하는 것이 아닙니다. 사람은 모두 하나님의 소명대로 행하기 때문입니다.[7]

츠빙글리는 자신이 왜 루터파가 아닌지를 여섯 가지로 밝힌다. 첫째, 츠빙글리는 자신이 독일의 종교개혁자 루터를 알기 전에, 앞서 오직 성경의 원리를 실천했다. 다르게는 루터가 독일에서 1517년 종교개혁을 일으키기도 전에, 1516년 아인지델른에서 사역할 때 오직 성경에만 기초하여 그리스도의 복음을 설교하기 시작했다고 고백한다. 둘째, 츠빙글리는 교부의 성경해석을 경계하기 시작했다. 물론 아인지델른 목회 당시 교부의 성경해석에 심하게 의지했었지만, 아인지델른 수도원장이었던 게롤드제크(D. v. Geroldseck)가 교부의 성경해석에 자주 화를 내는 것을 보면서 교부들이 "성경을 완전히 잘못 해석하고 있다는 사실을 분명히 깨닫기 시작"했다. 셋째, 츠빙글리가 중세교회와는 차별화

7 Huldrych Zwingli, *Schriften II*, 177–178.

된 오직 성경을 만방에 알리는 시점은 1519년이었다. 1519년 1월 1일 취리히 그로스뮌스터 교회에서 마태복음 시리즈 강해 설교가 결정적이었다. 넷째, 츠빙글리는 마태복음 주석에서 주기도문 해석을 루터보다 앞서 출판했다. 다섯째, 교황청에서 취리히로 특사로 보낸 추기경들은 루터를 이단으로 정죄하기 전에는 츠빙글리를 루터주의자로 정죄하지도 부르지도 않았다. 여섯째, 츠빙글리는 자신을 루터주의자라고 일컬음을 받기보다는 차라리 바울주의자 아니 그리스도의 말씀을 선포하는 그리스도인이라고 호소한다.

츠빙글리에게 루터는 "매우 특별한 하나님의 전사"이며 지난 천 년 이래 그와 같은 사람이 이 땅에 없을 정도로 성경을 온 힘을 다해 연구한 인물로 평가한다. 교황제도가 생긴 이래 루터처럼 용기 있게 로마 교황을 공격한 사람은 없었다는 것이다. 그러면서도 츠빙글리에게 루터의 가르침은 전혀 새로운 것은 아니었고, 영원히 변하지 않는 하나님의 말씀 속에 있는 내용, 곧 하늘의 보물을 전달할 뿐이었다. 츠빙글리는 자신을 루터주의로 불리는 것에는 반박하면서도 루터의 역사적 가치에 대해서는 인정하였다.

> 내가 1519년 취리히에서 설교하기를 바로 시작했을 때, 존경하는 기관장들과 수도원장과 주교좌 성당 참사회원들에게 분명히 내 생각을 천명했습니다. 하나님의 도우심으로 마태복음을 설교할 계획이지만, 가치 없는 사람이 세운 전통을 전혀 따르지 않을 것인데, 그렇다고 그것이 나를 오류로 이끌지도

시험에 들게 하지도 않을 것입니다. 나는 그해 초 요한의 날에 취리히로 갔습니다. 우리 중에 누구도 루터가 면죄부에 대한 책자를 썼다는 사실 외에 루터에 대해서 더 아는 사람이 없었습니다. 그런데 루터의 책자 내용은 전혀 새로운 것이 아니었습니다. 내 상담자이며 스승이었던 비엘(Biel) 출신 비텐바흐(T. Wyttenbach) 박사가 바젤에 머무르기 얼마 전, 물론 나는 거기에 없었지만, 자신의 논문을 발표했는데, 그 글을 통해 나는 '면죄부가 사기'라는 사실을 이미 잘 알고 있었습니다. 따라서 당시 루터의 저서는 마태복음에 관한 내 설교에 거의 도움을 주지 못했습니다. 그러나 처음부터 하나님 말씀을 듣기를 열망하는 사람들이 모두 마태복음에 관한 설교에 예외 없이 몰려들었고, 나 역시 그런 상황에 놀라지 않을 수 없었습니다.[8]

자유의 개혁자

츠빙글리는 평화주의자이다. 종교개혁자 츠빙글리의 개혁은 분명한 문제 의식과 개혁 방향, 그 목표를 확실히 알되, 무리하지 않고 시간을 갖고 기다리며 폭력을 멀리하고 사랑을 갖고 질서를 따라 안정적이고 평화로운 방법을 택하고 있다. 츠빙글리는 순리적이며 단계적이고

8 Huldrych Zwingli, *Schriften II*, 173.

질서정연한 설득력 있는 개혁을 강조하며, 혼란과 무질서를 가져오는 과격함과 서두름은 성공적 개혁을 어렵게 하는 장애물임을 알았다. 츠빙글리는 모든 것을 가능케 하고 실패가 없는 하나님의 사랑 안에서 하나님의 말씀을 따라 작은 발걸음으로 교황제도를 서서히 무너뜨리기를 원했다. 서로 격려하며 인내하되, 목표를 향해서는 용감하고 단호하게 나아가야 했다. 게다가 개혁의 대상이 되는 당사자들, 곧 주교들, 수도원장들, 고위성직자들이 노골적으로 개혁에 반대하지 않고 회개하는 마음으로 침묵으로나마 동조하기를 조심스럽게 기대하며, 그들이 폭압적이지 않고 하나님을 두려워하는 마음을 갖기를 원했다. 개혁을 폭력적으로 막으며 반대하는 성직자들에게는 엄한 응징이 있을 것을 분명히 했다. 츠빙글리에게 "해방자" 예수와 모세는 모델이었는데, 모세에게는 40년이, 예수께는 33년이라는 시간이 인내와 기다림으로 주어졌다는 것이다. 츠빙글리는 개혁의 끝에서 형제 사랑과 평화를 덤으로 얻기를 원했다. 수술은 성공적으로 끝냈으나, 가장 중요한 생명을 잃게 되는 식의 비극은 피하고자 했다.

> 그러기에 누구도 성직자들이 자연스럽게 죽을 때까지 그렇게 오랫동안 참고 기다려야 하느냐고 유감을 표명해서 안 됩니다. 어떤 일이든 그에 맞는 시간이 필요합니다. 적절한 시간이 소요되지 않으면, 어떤 일도 안정된 가운데 평화롭게 달성할 수 없습니다. 평화적으로 수도원장과 고위성직자들의 엄청난 사치를 규제할 수 있으며, 누구도 거기서 제외되어서는 안 됩

니다. … 어떤 일이든 그리스도의 마음과 하나님을 두려워하는 마음을 가지고 임할 때, 어떤 일이든 무리하지 않고, 순수하게, 엄격하고 객관적으로 일 처리를 하게 됩니다. 사랑은 모든 것을 가능하게 하고, 실수하지 않게 합니다(고전 13:7-8).[9]

독일 에어랑엔 대학교의 교수 함(Berndt Hamm)은 츠빙글리의 종교개혁을 "자유의 종교개혁"(Reformation der Freiheit)으로 명명했다.[10] 이는 종교개혁자 츠빙글리가 복음이 성도들을 얼마나 놀라운 자유로 불렀는지를 역설하며 가르쳤다는 말이다. 자유(libertas)는 종교개혁자 루터, 츠빙글리, 칼빈에게 더할 수 없는 중요한 개념이지만, 츠빙글리에게는 더욱 그랬다. 그들이 외쳤던 자유는 오직 믿음으로 얻어지는 죄로부터 자유, 율법의 굴레가 아니라 자유하게 하는 복음의 누림, 거대 교회 권력인 교황권으로부터의 자유였다.

1522년 츠빙글리는 중세교회가 지켜오던 사순절의 금식 전통을 깨는 설교와 글을 세상에 내놓으며, 자유의 종교개혁을 시작하였다. 츠빙글리가 여기서 가져온 성경은 마태복음 11: 28 "수고하고 무거운 짐 진 자들아, 다 내게로 오라 내가 너희를 쉬게 하리라"였다. 금식은 자유로운 선택이어야 한다. 하나님은 성도에게 자유롭게 음식을 선택하여 먹을 권리와 자유를 주셨는데, 중세교회는 교회법을 만들어 성도들에

9 Huldrych Zwingli, *Schriften I,* 412-413.

10 Berndt Hamm, *Zwinglis Reformation der Freiheit*, (Neukirchen, 1988).

게 불필요하고 힘든 짐을 지게 했다. 츠빙글리는 이러한 억압을 깨뜨려 성도를 하나님이 주신 자유로 불러내고자 했다. 츠빙글리에게 교회법은 성경과 일치할 때만 유효했다. 초대교회와 교부들의 전통까지도 성경에 근거해 비판적으로 검토해야 했다. 사람이 먹는 어떤 음식도 사람을 더럽히지 않는다. 그리스도인의 자유에 반해 공간과 시간을 제한하는 것은 주인이신 그리스도를 대적하는 것이다. 우리 주님은 안식일의 주인이시다.

> 금식하기를 원하십니까? 그렇다면 그렇게 하십시오! … 나는 그것을 그리스도인들의 자유로운 선택에 맡겨 놓겠습니다. 일하지 않을 때 많이 금식할 것이며, 당신이 자주 잘못된 습관으로 유혹하는 음식을 먹지 말아야 합니다.[11]

츠빙글리에게 발견되는 중요한 자유가 있는데, 중세교회의 철학적 신학인 스콜라주의로부터의 신학적 자유이다. 츠빙글리는 이성의 지배를 받는 철학적 신학을 성령의 신학으로 전환할 것을 역설하였다. 철학이 끝나는 곳에서 하나님을 인식하는 신학이 시작되는 것이지, 사람의 이성과 지혜로 신학을 하는 게 아니라는 것이다. "하나님 없는 모든 고전어와 학문은 꾀와 비열을 통한 감언이설과 같은 것"이기에[12] 츠빙글

---

11 Huldrych Zwingli, *Schriften I*, 41.
12 Huldrych Zwingli, *Schriften I*, 419.

리는 성령께서 우리의 눈을 열어줄 때 하나님의 말씀을 바로 깨닫게 된다고 확신했다. 츠빙글리에게 성령의 조명은 말씀 이해에 결정적이다.

> 철학자들과 스콜라신학(die scholastische Theologie)이라고 일컫는 철학에서 가져온 모든 지식은 여기서 무너져야 합니다. 그 신학은 인간적 기준을 떠받는 단지 학문(eine Wissenschaft)에 불과하기 때문입니다. 만약 사람들이 그러한 신학으로 완전히 넘어갔을 경우 사람들은 외견상 확실한 것처럼 보이는 그러한 지식에 따라 신학이 정리되고 변화되어야 한다고 생각합니다. 그렇지만 철학자가 사라진 곳에서 신학자는 시작합니다. 사람들은 사람의 지식을 잘 배운 사람이 하나님의 교리를 훨씬 더 잘 판단할 수 있다고 공개적으로 말하고 싶어 합니다. 그것은 마치 우리의 인간적인 이성의 빛이 하나님의 명확성을 압도하고 밝혀낼 수 있다고 믿는 것입니다.[13]

츠빙글리는 교부신학을 맹목적으로 받아들이지 않았다. 그들 역시 언제나 성경의 판단을 받아야 했다. 츠빙글리는 교부의 오류가 성경해석에서 나타나고 있다고 밝히며, 중세교회가 교황의 권위를 초대 교부에게 두는 것에 동의하지 않았다.

---

13 Huldrych Zwingli, *Schriften I*, 147.

빛이 비치면, 그곳은 어둠이 사라집니다. 성령의 바람이 불어 오면, 위선의 모든 부스러기와 허세는 날아가고, 새로운 꽃들이 만발할 것입니다. … 복음은 사람에게서가 아니라, 하나님으로부터 온 것으로 사람의 이성으로 해석할 수 없다는 사실을 모든 사람이 깨닫게 합니다.[14]

츠빙글리는 잘못된 기도로부터의 자유도 말한다. 기도하는 자들이 벗어나야 할 두 가지로, 기도를 물질적 요청으로 이해하는 것, 하나님께서 기도의 양에 따라 보상하는 그 어떠한 공로로 이해하는 태도이다. 소리 내어 입술로만 하는 기도는 하나님에 대한 모독이고, 조롱이다. 츠빙글리에게 그리스도는 율법의 굴레로부터 믿는 자를 자유하게 한다. 말할 것도 없이 율법은 하나님에게서 나온 것으로 정의와 선의 영원한 원천으로, 하나님의 정의와 선에 대한 규칙이며 기준이다. 문제는 죄에 빠진 인간이 그 율법의 요구를 따라가지 못한다는 것이다. 츠빙글리에게 영원한 계명은 하나님을 사랑하고 이웃을 사랑하는 것이다. 중세교회 성도들에게 수도원 삶은 중요한 경건의 기준이었다. 수도자처럼 살아야 바른 신앙인이었다. 이에 대해 츠빙글리는 이의를 제기하며 수도원으로부터의 자유를 외쳤다. 수도복, 여러 종교적 상징물, 삭발 관습을 위선과 가면으로 정죄하였다. 사람들은 성직자들이 어떤 형태로든지 일반 교인들과 구별이 필요하다고 하는데, 이것이

---

14 Huldrych Zwingli, *Schriften II*, 54–55.

야말로 '마음의 위선', '위선자들의 가면'이라는 것이다. 힘써야 할 것은 예수께서 가르치신 서로를 향한 섬김, 사랑, 겸손이다. 츠빙글리에게 수도원은 폐지되어야 하며, 그리스도인은 '단순한 그리스도인'이 되어 모두가 평등한 위치로 주를 섬김이 마땅하다. 츠빙글리는 성욕과 결혼을 성경적으로 이해하며 중세교회의 가르침에서 벗어날 것을 요청하였다. 결혼은 하나님이 모든 사람에게 주신 권리이다. 하나님은 돕는 배필 하와를 아담에게 주셨는데, 이는 "아담 이후 모든 남성은 여성의 도움이 필요하다"라는 의미이다. 순결하게 사는 것은 하나님의 선물이지만, 하나님이 그렇게 살도록 한 사람들만이 가능하다. 한 예가 고자이다. 일반인들에게는 성적 욕망을 허락하셨다. 성적 욕망을 절제할 수 없는 사람은 마땅히 결혼해야 한다.

> 결혼을 원하는 성직자들은 인간쓰레기 같은 존재가 아니고, 귀한 크리스천입니다. … 쓰레기 같은 존재는 성관계를 포기하지 않으면서, 동시에 결혼하지 않으려는 사람들입니다. 결혼 생활을 선택하려는 사람들은 오히려 건전한 사람들입니다.

츠빙글리는 성도들이 중세교회의 고해성사로부터 자유 할 것을 가르친다. 야고보서 5:16을 제시하며 서로 죄를 고백하며 서로 기도해 주는 관계가 바람직하다. 신부에게 하는 고해성사보다 하나님께 직접 고하는 세리의 짧은 참회가 훨씬 귀하다. 오직 예수 그리스도가 우리의 죄를 없이 하는 것이지, 그 어떤 참회 수단으로도 죄를 없이 할 수 없다. 참회 제도는 하나님을 모독하는 행위이다. 그리스도의 공로를 사람의 공로로 돌리려는 시도로서 명백히 잘못이며, 그리스도의 영광을 빼앗는 행위로 하나님을 모독하는 짓이다. 츠빙글리는 잘못된 성례 이해로부터의 자유를 내세운다. 루터와 격론에 이르기까지 했는데, 이는 츠빙글리만의 독자성으로 이해할 수 있다. 1526년, 1529년 츠빙글리가 루터의 성례 이해와는 명확하게 다른 입장을 제시하여, 결국 루터교회와 스위스 개혁교회 사이에 역사적 긴장이 시작되어야 했다. 루터는 츠빙글리를 "교회를 어지럽히는 자"(Schwaermer)로까지 불렀다. 츠빙글리에게 중요한 것은 성찬에서 무엇을 먹느냐가 아니라, "우리를 구원하시기 위해 자기 생명을 바치신 하나님의 아들을 믿는 것"이다. 츠빙글리는 성령의 조명을 강조하며, "이것은 나의 몸이다"라는 말을 영적 · 성례적으로 이해하며, 그 어떤 음식을 먹고 마시느냐보다는 "우리를 구원하시기 위해 자기 생명을 바치신 하나님의 아들을 믿는 것"에 있다. 예수 그리스도는 우리가 그의 육체를 먹음으로써 그 무엇을 얻을 수 있다고 강조한 적이 없다. 중요한 것은 요한복음 6:54-56의 말씀처럼 우리가 예수 그리스도를 믿는 것이다. 성찬은 믿는 것이지 먹는 것이 아니다. 예수께서 말씀하신 대로, 십자가에서 이루신 그 죽음을 기념하고 감사하면 충분하다. 성경은 그 어디에도 그 몸을 먹을 때 우리의 죄가 용서받는다고 약속하지 않았다.

> 우리는 단지 설명하고 명령하는 말씀을 믿는 것으로 충분합니다. 그러니까 우리는 성찬식을 통해서 그를 기념하라고 한 것

을 믿고 그를 기념하면 됩니다. 그러나 우리는 그리스도의 실제의 몸이 죄를 사해 주기 위해 제공된다는 것을 절대 믿어서는 안 됩니다. … 이 사실을 수긍하지 않으면 우리는 그리스도인이 아니라, 루터의 추종자일 뿐입니다.

맺는말

지금까지 츠빙글리의 개혁교회 종교개혁을 생각했다. 무엇보다 츠빙글리는 독자적 종교개혁자다. 특히 루터와의 관계에 있어서 뿐 아니라, 성경해석에 있어서 츠빙글리의 독자성을 확인할 수 있었다. 그렇다고 츠빙글리가 루터를 귀한 하나님의 종으로 인정하지 않은 것은 아니다. 하나님은 독일에서 루터를 사용하셨듯이 츠빙글리를 스위스에서 불러내어 소중하게 사용하셨다. 개혁신학의 뿌리인 그의 「67개조 논제」는 츠빙글리의 사상을 일목요연하게 보여주는데, 과연 개혁신학이 무엇인지를 알려면 그의 「67개조 논제에 대한 해설」을 알아야 한다. 자유의 종교개혁자는 평화와 일치를 잃지 않으며 성도의 진정한 자유에 이르기를 추구했다. 츠빙글리는 크리스천은 자유로 부름을 받았음을 외쳤다. 그렇다고 츠빙글리는 이 땅에서 천국의 온전한 자유(absoluta libertas)를 향유 할 수 있다고 기대하지 않았다. 천국 자유로의 여정에 그리스도인은 순례자일 뿐이다. 크리스천은 여전히 망가진 세상에서 죄악과 부단히 싸워야 한다. 다르게는 자유를 향한 싸움이다. 죄악의 종노릇에서 벗어나 자유로 초대받은 크리스천들은 다시는 종노릇 하지 않아야 하는 자유인이다. 종교개혁자 칼빈의 말대로 크리스천이 자유를 바로 알지 못하면 양심은 거의 매사에 망설이게 되고, 자주 주춤거리거나 지체하며, 항상 동요하고 걱정에 시달리게 될뿐 아니라, 그리스도의 복음도 바로 알 수 없다.

한국교회, 특히 한국장로교회가 할 일은 먼저 개혁교회 종교개혁을 역사적으로 바로 인식하여 개혁신학의 정체성을 확고히 하는 일이다. 그럴 때 미래지향적으로 한국교회는 시대적 사명을 분명히 감당하게 될 것이다. 공적 신학인 츠빙글리의 실천적 신학을 바로 이해하여 세계 유일한 분단의 땅에서 한국교회는 분명한 복음의 기치를 내세우며 교회의 역할을 감당할 수 있어야 하겠다.

페스트 찬송

1520

흑사병에 걸리다

츠빙글리는 본인이 직접 흑사병에서 나음을 입었고, 그 무시무시한 흑사병의 굴레에서 벗어난 후 하나님의 소명에 확신을 가져 더욱 적극적으로 종교개혁자로서 역할을 감당하였다. 그의 흑사병 찬송가는 그러한 츠빙글리의 모습을 잘 묘사한다. 흑사병은 16세기 사람들의 치가 떨릴 정도로 무서운 죽음의 전염병이었다. 당시 약도 없을 때, 한번 흑사병이 도시를 쓸고 가면, 인구의 반 이상이 무참히 죽어가야 할 정도였으니, 가공할만한 죽음의 검은 사자였다. 1519년 8월 츠빙글리가 사는 취리히에도 페스트가 퍼지기 시작했다. 요양을 마치고 목회지 취리히로 돌아왔던 츠빙글리는 1519년 9월 초 결국 흑사병에 걸렸다. 몇 개월

사경을 헤매던 츠빙글리는 다행히 1520년 초 구사일생으로 살아났다.

소명 찬송

그 무시무시한 죽음의 병에서 살아나온 츠빙글리는 자신의 고통스러웠던 경험을 기억하면서 음악적 재능을 살려 하나의 찬송을 썼는데, 그 곡이 1520년 중순으로 추측되는 「페스트 찬송」이었다.[1] 1522년 취리히 찬송가는 이 찬송을 "흑사병의 공격을 받은 츠빙글리를 통해 만들어진 교회 찬송가"라고 설명하고 있다. 전문가들은 이 찬송을 "종교개혁 시대에 발표된 가장 뛰어난 그리고 가장 아름다운 작품이며 동시에 교회음악이라는 좁은 범주에 포함되지 않는 창작물 중에 하나"라고 평가하며, 특별하고 창조적으로 츠빙글리의 뛰어난 예술성을 보여준다고 격찬하였다. 물론 츠빙글리는 이 작품에 앞서 1510년 '처음 황소 이야기', 1516년 '미로에 대한 교훈 시'로 시인의 재능을 보였다. 츠빙글리는 「페스트 찬송」에서 종교개혁자로 소명 받은 후 자신에게 찾아오는 수많은 시련을 극복함을 그 무서운 죽음의 전염병 흑사병으로부터 이겨내는 과정과 비교하며 비유적으로 묘사한다. 츠빙글리는 흑사병으로부터 천만다행으로 살아난 후, 하나님이 자신을 종교개혁자로 부르셨다고 확신하였다. 츠빙글리는 페스트로부터 생존할 수 있었던 것은 죽음을 이기신 오직 그리스도의 치유 때문으로 고백했다. 「페스트 찬송」은 그러기에 츠빙글리의 신앙고백이며, 츠빙글리의 경험적 신학으

1 Huldrych Zwingli, *Schriften I*, 1–11 : "Das Pestlied."

로도 이해할 수 있다. 무엇보다 '페스트의 노래'는 하나님의 위로와 도움이 주제로, 하나님의 은혜를 간절히 갈망하며 부르는 찬송이라 할 것이다. 아울러 승리한 자의 감사의 찬송이기도 하다.

찬송 시

1552년 발행된 콘스탄츠 찬송가에 실린 가사를 중심으로 '페스트 찬송'을 부분적으로 소개하며 살펴본다. 츠빙글리는 이 찬송 시에서 로마서 9:20-21, 시편 102:5, 로마서 8:18, 요한복음 15:5과 빌립보서 2:13을 가져오고 있다.

> 주 하나님, 위로하소서. 이 위기에서 도와주소서. 죽음이 문 앞에 와 있습니다. 그리스도여, 친히 죽음과 싸워주소서. 당신은 죽음을 이기셨습니다. 당신에게 간절히 부르짖습니다. … 내가 한참 살아 일해야 하는 날에 내가 죽는 것이 당신의 뜻인지요? 당신의 뜻이라면 기꺼이 받아들이겠습니다. 거부하지 않을 것입니다. … 이제 마지막이 가까이 왔습니다. 내 혀는 굳어졌고, 더는 한마디 말도 할 수 없습니다. 제 감각은 완전히 굳어버렸습니다. 그렇다면 지금은 당신이 저를 위해서 계속해서 싸움을 계속할 시간입니다. … 저를 회복시켜주십시오. 주 하나님, 저를 회복시켜주십시오. 제가 다치지 않고 돌아왔습니다. 그렇습니다. 만약 당신이 이 땅에 있는 저를 더는 죄의 불꽃이 사로잡지 못할 것이라고 믿으실 때, 내

입술은 항상 그렇듯이 순전하고 아낌없이 당신을 향한 찬양과 당신의 가르침을 그 어느 때보다도 더욱 선포할 것입니다. … 저는 이 세상의 폭압과 폭력에 맞서서 그 어떤 두려움도 없이, 천국에서 받을 상을 바라보면서 당신의 도움만을 의지하여 인내할 것입니다.

음식으로부터의 자유

1522

금식 전통 깨다

1522년 3월 23일 사순절에 츠빙글리는 취리히에서 중세교회가 그토록 중요하게 생각하는 금식 전통을 깨는 설교를 했다. 츠빙글리는 하나님이 허락하신 음식을 누가 과연 특정한 기간에 성도들에게 음식을 금할 권리를 가지고 있다는 말인지 반문하며 분노를 터뜨렸다. 하나님은 성도에게 자유롭게 음식을 선택하여 먹을 자유, 권리가 주었다. 설교는 마태복음 11:28 "수고하고 무거운 짐 진 자들아, 다 내게로 오라 내가 너희를 쉬게 하리라"를 본문으로 하였다. 츠빙글리는 중세교회가 여러 가지 규례로 성도를 괴롭히며, 불필요하고 힘든 짐을 지우는 일에 안타까워하며, 잘못된 굴레에서 벗어나 성도들을 하나님이 주신 자유로 불러내고자 하였다. 츠빙글리는 비진리와 잘못된 교회의 관습으로부터 진리 위에선 자유로 성도들을 불러낸 자유의 개혁자였다. 1522년 부활절을 지나 4월 16일 츠빙글리는 설교의 인쇄본을 세상에 뿌렸는데, 츠빙글리의 종교개혁 사상으로 큰 반향을 일으킨 최초의 글이었다. 이에 콘스탄츠 주교는 5월 24일 목양 서신을 통해 성직자와 일반 성도들에게 츠빙글리의 주장에 조심하여 물들지 말며, 그 주장을 멀리할 것을 경고하였다.

츠빙글리는 교회법에 관해 네 가지로 입장을 제시하였다. 첫째, 교회법은 그 근거가 오직 성경이어야 한다. 둘째, 교회의 전통은 성경과 일치할 때만 유효하다. 셋째, 성경에 근거하지 않은 교회의 규례는 폐기되어야 한다. 넷째, 그 어떤 교회의 권위라도 예외 없이 성경의 권위에 순종해야 한다.

이처럼 츠빙글리는 확실한 음성으로 성경에 근거한 자유를 설명하였다. 그리스도인들은 모든 음식을 먹을 수 있다. 모든 음식을 먹되 시간적 · 공간적 제약은 없다. 자유로운 금식을 막지 않는다. 초대교회 교부의 전통일지라도 성경에 근거해 비판적으로 검토해야 한다. 믿음이 연약한 자들을 향한 배려와 인내를 잃지 않아야 하는데, 그들이 복음을 잘 알 수 있도록 우선 도와야 한다. 금식이 선행(善行)일 수 없다. 하나님이 기뻐하시는 것은 오직 우리의 믿음이다.

9가지 입장

츠빙글리는 음식에 관한 9가지 세부적 입장을 제시한다.

1. 어떤 음식도 사람을 더럽힐 수 없는데, 감사하며 적당하게 먹을 때다(마 15:17).
2. 하나님은 모든 것을 깨끗하게 창조했고, 금한 음식은 없다(행 10:9–16).
3. 모든 것을 할 수 있으나, 모든 것이 유익하지 않다(고전 6:12–13).
4. 음식으로 우리를 하나님 앞에 세우지 못한다(고전 8:8).
5. 양심에 꺼리지 않는다면, 모든 고기를 먹을 수 있다(고전 10:25).
6. 먹고 마시는 일로 사람을 판단해서는 안 된다(골 2:16).
7. 하나님께서 지으신 모든 것을 감사하는 마음으로 받으면 버릴 것이 없다(딤전 4:1–5).
8. 이미 깨끗한 자에게는 모든 것이 깨끗하나, 더러운 자들에게는 깨끗한 것이 하나도 없다(딛 1:10).
9. 오직 복음의 은혜로 강해져야 한다(히 13:9).

어떤 사람은 인간의 노력과 업적으로 하나님의 나라가 임할 것으로 생각하지만, 이는 유치하고 천한 세상 원리일 뿐이다. 아무리 성령의 이끌림을 받는 금식이라 할지라도 성도는 자유로운 존재라는 사실을 잊지 않아야 한다. 안식일 역시 사람을 위해 있으며, 성도는 언제나 음식에 매인 적이 없다. 노동의 강도 또는 유무에 따라 금식의 강도와 횟수도 조절할 수 있으며, 사정에 따라 자유롭게 각자 금식을 결정할 수 있다.

> 만약 당신이 기꺼이 금식하기를 원하십니까? 그렇다면 그렇게 하시오! … 나는 그것을 그리스도인들의 자유로운 선택에 맡겨 놓겠습니다. 만약 고기를 먹지 않으려고 하면, 고기를 먹지 마십시오. 일하지 않을 경우, 당신을 게으름뱅이로 만드는 음식을 많이 빈번히 금식할 것입니다. … 오, 너무 똑똑한 위선자여! 당신은 하나님이 자유롭게 살도록 허용한 것을 파괴하고 있으며, 위험하게 만들 수 있다는 사실을 믿습니까? … 당신이 그리스도적 양심으로 행동하려 한다면, 당신은 꼭 이것을 해야 합니다. 만약 당신의 믿음의 영이 당신에게 금식하도록 명령한다면, 당신은 금식할 수 있습니다. 같은 시간에 당신의 이웃은 그가 가진 그리스도인의 자유를 누리도록 해야 합니다. 그렇지만 당신이 하나님의 계명을 어겼을 경우 당신은 하나님을 두려워해야 합니다.[2]

설교자의 역할

크리스천의 음식에 관한 자유를 말하며, 츠빙글리는 과연 복음을 전하는 설교자, 영혼의 위로자인 목회자의 역할에 대하여 말한다. 설교

2 Huldrych Zwingli, *Schriften I*, Zuerich, 1995, 39–40.

자는 성경을 근본적으로 철저하게 연구하여, 반짝이는 진리의 그 빛을 가지고 어두워진 혼돈의 세상 가운데 들어가 밝혀주어, 무지와 깨닫지 못한 가운데 불의를 행하지 않도록 해야 한다.[3] 만약 금식 기간이라고 해서 고기를 먹는 사람들을 불의를 행하는 부랑자로 취급한다면, 목자의 침묵은 양들을 보호하지 않고, 모른 체하며 죽이는 결과를 가져오기 때문이다. 분명한 것은 설교자가 성경 복음의 음성을 확실히 들려줘야 한다는 것이다.

사도들에게는 없는 규정

츠빙글리는 결론적으로 과연 사람이 음식을 못 먹게 할 수 있는 권한이 있는지에 대해 16가지로 정리하며 글을 마감한다. 그중 몇 가지를 들춰내면 다음과 같다. 모든 성도를 대변하는 하나의 교회공동체는 자원하는 마음으로 축제의 날과 한시적으로 금식을 허락할 수는 있다(kann). 그렇지만 그러한 금식은 모든 공동체 일원에게 일괄적으로 적용해서는 안 되며, 영구불변한 법으로 만들 수 없다(darf). 신명기 4:2, 신명기 12:32이 하나님이 명령한 말씀에 그 무언가 한 마디라도 더하거나 빼서는 안 된다고 하나님이 말하고 있기 때문이다. 구약에 그 무엇을 가감할 수 없는 것처럼 신약에도 그 무엇을 가감해서는 안 된다. 갈라디아서 5:1을 따라 그리스도께서 우리를 해방하여 자유를 누리게 하셨으니, 그러므로 굳게 서서 다시는 종의 멍에를 메지 말아야 한다. 바

3 Huldrych Zwingli, *Schriften I*, 21.

울 서신은 어디에서도 특정 음식을 제한하지 않았기에, 그것을 뛰어넘어 주제넘게 가르치는 사람은 저주를 받아야 마땅하다. 크리스천은 사랑의 계명 외에는 어떤 계명에도 매여 있지 않기에 이웃 사랑의 계명을 깨지 않는 한 자유롭게 음식을 먹을 수 있다. 금식 계명은 성도의 자유를 빼앗아가는 폭력과 다름이 없다. 요한복음 16:12에서 그리스도께서 아직 할 말이 많다는 것은 그 어떤 무거운 계명을 지우려는 것이 아니라, 진리의 영 보혜사가 오면 모든 것을 가르쳐 주실 것(요 16:13)을 말하는 것이다. 그때가 오면 성령께서 가르쳐 무지를 벗어나 모든 것을 밝히 깨닫게 된다. 만약 요한복음 16:12이 후대 교회가 만들 규정들이었다면, 앞선 사도들은 모두 죄를 지었을 것이다. 주의 제자들, 사도들은 그 어떤 교회 절기, 금식 규정, 성인 숭배, 수도원 규정도 만들지 않았기 때문이다.[4]

츠빙글리는 끝에 종합하여 말한다. 사도행전 10:15을 따라 하나님이 깨끗하다고 말한 것을 사람이 더럽다고 할 수 없으며, 안식일은 사람을 위해 있는 것이지, 사람이 안식일을 위해 있지 않다는 것이다. 교회의 높은 지위에 있는 성직자라도 성경에 어긋나는 규정을 선포해서는 안 된다. 만약 그럴 때 권한을 넘어서는 불법을 저지르기에, 그들은 마땅히 처벌을 받아야 한다. 그렇다고 폭력을 써서는 안 된다(마 24:49).

4 Huldrych Zwingli, *Schriften I*, 71–73.

하나님 말씀의 명료성과 신실성

1522

영적 굶주림

츠빙글리가 1522년 9월 6일 세상에 발표한 이 글은, 본래 츠빙글리가 적대자들의 반대에도 불구하고 취리히 외텐바흐(Ötenbach)에 위치한 수녀원에서 행한 설교였다. 수도자만을 대상으로 하지 않았으며, 취리히 시의회 지도자들을 향한 개혁의 요청이었다. 무엇보다 츠빙글리가 안타까워한 것은 도미니쿠스 수도 규칙에 얽매어 하나님의 말씀을 바로 듣지 못하는 영적 굶주림이었다. 영적 기아는 결국 사람들의 영혼을 죽인다. 수도원의 규칙을 고수하려는 자들에 맞서, 폐지하려는 츠빙글리는 성경만이 신학과 신앙생활의 확실하고 명료한 기초라고 주장하였다. 하나님의 말씀은 진실하며 믿는 자들을 결단코 속이지 않기에, 그 말씀 위에 교회는 모든 것을 세워야 한다. 특히 츠빙글리는 이 글의 제목에서 "선한 마음으로" 주목할 것을 요청한다. 1522년에 제시된 글의 제목은 나중에 발간된 글의 제목「하나님 말씀의 명료성과 확실성 또는 속이지 않음에 관하여」(Von Clarheit vnd gewuesse oder vnbetrogliche des worts gottes)와는 차이를 보인다. 츠빙글리는 교부 아우구스티누스의 입장에 서서, 성경해석은 인간의 자의적 판단에 맡길 수 없고, 우리 안에 하나님 형상의 회복으로 인해, 성령의 조명으로 우리의 눈을 열어줄 때며, 성경을 바로 깨닫지 못하는 것은 성령께서 그 뜻을 알려주지 않을 때다. 하나님의 말씀은 믿는 자에게 생명을 주지만, 믿지 않는 자들에게 죽음을 가져다주는 양날의 칼과 같다.

성령의 조명

하나님 말씀은 인간적 가르침이나 지시 없이 완전히 이해할 수 있는데, 오직 성령의 빛 안에서 하나님의 말씀을 깨닫게 하고, 말씀 속에서 역사하는 성령만이 가능하게 만들기 때문이다(요 1:4; 시 36:10). 츠빙글리는 우리가 받은 것, 이해하는 모든 것이 하늘에서 오는 것이라면, 어떤 사람도 우리에게 아무것도 줄 수도, 이해시킬 수도 없다고 말하며, 하나님의 가르침을 이해하고 깨닫는 것은 오직 하늘에서 내려오는 것이라 한다. 우리가 가진 인간의 약점 때문에 하늘의 진리를 깨달을 수 없다. 하나님의 말씀은 성령의 역사로 그 어떤 인간적인 조작이나 덧붙임 없이 '분명하고', '확실하게' 그리고 '정확하게' 가르친다. 그 이해가 인간적인 논리나 확증에 의한 것이라면, 이는 하나님의 가르침이 아니라, 사람의 가르침이 된다. 츠빙글리의 요절이라 부를 수 있는 요한복음 6:65의 말씀대로, 하나님 아버지께서 허락하여 주신 사람이 아니고는, 그 누구도 아버지께로 올 수 없다. 츠빙글리는 성경에 나오지 않은 교황제도 '베드로의 의자'를 단호히 부정하는데, 그들은 단지 성경 밖 증인들과 교부의 말을 인용하고 있기 때문이다. 사람은 하나님의 은사를 성령을 통해서 알게 되는 것이지, 인간의 유창한 말이나 지혜로 깨닫게 되는 것이 아니다. 츠빙글리는 성령께서 우리의 눈을 열어 가르칠 수 있도록 골방에서 조용한 가운데 기도할 것을 강조한다. 스콜라주의가 강조하는 철학 대신, 기도를 통한 성령의 역사가 츠빙글리의 말씀 이해에 결정적이다.

> 철학자들과 스콜라신학(die scholastische Theologie)이라고 일컫는 철학에서 가져온 모든 지식은 여기서 무너져야 합니다. 그 신학은 인간적 기준을 떠받는 단지 학문(eine Wissenschaft)에 불과합니다. 만약 사람들이 그러한 신학으로 완전히 넘어갔을 경우 사람들은 외견상 확실한 것처럼 보이는 그러한 지식에 따라 신학이 정리되고 변화되어야 한다고 생각합니다. 그렇지만 철학자가 끝나는 곳에서 신학자는 시작됩니다. 사람들은 사람의 지식을 잘 배운 사람이 하나님의 교리를 훨씬 더 잘 판단할 수 있다고 공개적으로 말하고 싶어 합니다. 그것은 마치 우리의 인간적인 이성의 빛이 하나님의 명확성을 압도하고 밝

혀낼 수 있다고 믿는 것입니다.[5]

12가지 말씀 지침

츠빙글리는 요약하여, 어떻게 사람들이 하나님 말씀을 깨닫게 되는지, 어떻게 하나님의 영의 조명을 받은 말씀인지를 아는지, 어떻게 설교자가 하나님 말씀을 훼손하는지, 하나님의 진리를 순수하게 바로 가르치는지, 또는 개인적 열의로 인하여 하나님 말씀을 더럽히지 아니한지를 일반 성도가 이해할 수 있도록 12가지로 설명한다. 일반 성도의 관점에서 성경해석을 판단할 수 있도록 내리는 은혜로운 지침이라 하겠다. 아마도 츠빙글리는 이 12가지를 설교하며, 깊은 은혜를 스스로 체험했으리라 생각한다. 츠빙글리가 반복해서 가져오는 독일어 어휘가 쉬퓌렌(spüeren)인데, '성령의 역사를 감지하고 느끼다'라는 표현을 쓰고 있는 점이다. 츠빙글리의 성령의 신학이 여기서 분명해진다.

1. 모든 이는 내면 깊은 곳에서 하나님을 찾아야 한다. 그래서 하나님 안에 있는 사람은 인간 자신의 지혜와 능력을 자랑하는 옛사람을 죽여야 한다.
2. 옛사람이 죽고 내쫓김을 당할 때, 하나님은 그 안에서 자비롭게 그 심령에 오셔서, 풍성하도록 그가 오직 하나님만 믿

5 Huldrych Zwingli, *Schriften I*, 147.

고 신뢰하게 한다.

3. 그럴 경우, 넘치는 기쁨을 체험하게 되며 한량없는 위로를 받는다. 이때 성도의 입에는 하나님의 말씀이 가득하게 된다. 시편 68:29과 고린도전서 10:12을 따라, 나의 주인이신 하나님, 우리를 굳세게 하시고, 우리를 붙드셔서 넘어지지 않게 하소서! 라고 고백한다.
4. 하나님은 누구도 간과하지 않으며, 높은 지위에 있는 사람도 마찬가지이다. 바울을 부르신 하나님은 아나니아를 통해 바울에게 말씀을 주셨다(행 9:15).
5. 하나님의 말씀은 권세자의 교만을 물리치시고, 겸손한 자로 만든다(눅 1:52; 3:5).
6. 하나님 말씀은 가난한 자를 향하시고, 그들을 도우시며, 위로를 잃어버린 자들과 의심하는 자들을 강하게 한다.
7. 하나님 말씀은 자신의 유익을 구하지 않는다. 그리스도는 제자들에게 복음을 전하기 위해 떠나는 제자들에게 돈 자루나 주머니를 갖지 말라고 하셨다(누가 10:4).
8. 하나님 말씀은 강퍅한 자들이 하나님을 두려워하게 하며, 겸손한 자들이 하나님 안에서 안식을 누리게 한다. 설교자는 바로 이러한 말씀을 전하는 자이다. 그렇지만, 자신의 유익을 추구하는 자, 인간의 규칙을 옹호하려는 설교자는 거짓 예언자이다. 그러한 설교자는 복음을 너무 나약하게 전하는 것이다.

9. 하나님 말씀이 당신을 새롭게 하고, 당신이 하나님을 더 사랑하도록 새로운 출발을 하도록 이끄는 것을 감지한다면(Spuerst du, …), 그것은 하나님이 하시는 것이다.

10. 당신이 하나님의 은혜와 영원한 구원을 확신하도록 느낀다면, 이는 하나님이 하시는 것이다.

11. 하나님 말씀이 당신을 작게 그리고 왜소하게 만드는 것을 깨닫는다면, 그러면서도 하나님이 당신 안에서 커진다면, 이는 하나님이 하시는 것이다.

12. 하나님을 두려워함(die Furcht Gottes)이 당신을 슬프게 하지 않고, 점점 더 당신을 기쁘게 만든다고 느낀다면, 이는 하나님 말씀과 성령이 당신 안에서 역사하는 확실한 표시이다. 하나님은 바로 이러한 그의 영을 성도 안에 주시기를 원한다! 아멘.[6]

---

6 Huldrych Zwingli, *Schriften I*, 153–154.

「67개조 논제」에 대한 해설

1523

스케치

Vßlegen vnnd gründ
der schlußreden oder

Deß walt Gott.

1523년 1월 29일 츠빙글리는 취리히 시의회와 600명의 참석자 앞에서 「67개조 논제」를 발표하였다.[7] 정확하게 제목을 한글로 하면, "츠빙글리가 1523년 1월 29일 공포한 명제 또는 조항의 해설과 논증"으로, 「67개조 논제」라는 말은 들어있지 않다. 「67개조 논제」는 '개혁신학의 원

---

7 Huldrych Zwingli, *Schriften II*, Zuerich, 1995. 약 550쪽인 2권 전체가 67조 해제이다. "Auslegung und Begruendung der Thesen oder Artikel, 1523".

형'으로 일컫는데, 오직 복음에 근거해 교회가 어떻게 개혁되어야 할지를 내용으로 한다. 「67개조 논제」가 무엇보다 강조하는 바는, 예수 그리스도가 복음의 총체와 본질이며, 하나님의 아들이며, 하늘 아버지의 뜻을 우리에게 알게 하신 분으로서, 그의 무죄함이 우리를 죽음에서 구하셔서 우리를 하나님과 화목하게 하셨다는 것이다. 「67개조 논제」는 당시 신앙적, 교리적으로 혼란에 빠진 16세기 초 스위스 취리히 교회의 갈 길을 위해 취리히 교회 목사 츠빙글리가 당면한 문제들을 조목조목 길지 않게 오직 성경에 근거해 바른 신앙의 원리를 제시한 것이다. 후대는 「67개조 논제」를 루터의 1517년 발표된 95조와 비교하기보다는, 1530년 공포된 루터교의 신앙고백인 「아우구스부르크 신앙고백」과 비교할 정도로 수준을 높이 평가한다. 취리히 시의회는 「67개조 논제」를 교회개혁의 원리로 받아들여, 그들이 가야 할 종교개혁의 방향으로 확정하여, 취리히 종교개혁의 로드맵으로 삼았으며, 스위스 종교개혁의 길잡이가 되었다. 한마디로, 「67개조 논제」는 여러 가지로 혼란에 빠진 스위스 교회가 그리스도를 따라가야 할 길을 분명히 제시하였다.

「67개조 논제」는 항목마다 간단명료하게 요지를 다룬다. 간단한 서문, 1-16조는 종교개혁의 근본이며 원리인 성경에 관해, 17조는 교황에 관해, 18조는 미사에 관해, 19조에서 21조까지는 성자의 중보기도에 관해, 22조는 선행에 관해, 23조는 성직자의 재산에 관해, 24조는 금식에 관해, 25조는 순례를 위한 공휴일에 관해, 26조는 수도복, 복장 그리고 휘장에 관해, 27조는 수도회, 교파에 관해, 28-29조는 성직자의 결혼에 관해, 30조는 순결 서약에 관해, 31-32조는 파문에 관해, 33

조는 불의한 재산에 관해, 34–43조는 정부에 관해, 44–46조는 기도에 관해, 47–49조는 스캔들에 관해, 50–56조는 죄 용서에 관해, 57–60조는 연옥에 관해, 61–63조는 성직에 관해, 64–「67개조 논제」는 폐습의 종결에 관해 말하고, '오직 성경'을 강조하며 간단하게 맺는다. 특징적으로 1–16조에서 성경 하나님의 말씀에 관해 가장 앞서 그리고 가장 길게 말하고 있으며, 정부에 관해(34–43조) 10조에 걸쳐 길게 할애하고 있다.

개혁의 원리

「67개조 논제」 중 주목할 부분은 츠빙글리가 먼저 제시하는 1–16조이다. 이 16조에서 츠빙글리는 하나님의 말씀 성경만이 교회개혁의 근본이고 방향이며 원리임을 천명한다. 오직 하나님의 영감 된 성경이 「67개조 논제」의 근원이라는 선언이다. 「67개조 논제」는 오직 성경에 근거해 제시되고, 만약 어느 한 부분이라도 성경을 오해하여 제시되고 있다면, 그 부분을 자신에게 가르칠 때 기꺼이 잘못을 받아들이겠다고 언급한다. 1조는 중세교회의 성경에 대한 이해를 반박하며 길을 연다. "복음은 교회의 검증 없이는 아무것도 아니라고 말하는 모든 사람은 오류를 범하고 하나님을 모독한다."[8] 교회의 확증 없이도 성경은 살아 역사하는 하나님의 영감 된 말씀이라는 입장이다. 교회가 복음을 복음 되게 하는 것이 아니라, 복음이 성령의 역사로 복음을 자증한다.

---

8 Huldrych Zwingli, *Schriften II*, 20.

복음의 총체를 짧게 요약하면, 하나님의 참 아들인 우리의 주님 그리스도 예수가 그의 하늘 아버지의 뜻을 전하며, 그의 무죄를 통해 우리를 사망에서 구원하며, 우리를 하나님과 화목하게 함이다.[9]

바른 교회

츠빙글리는 바른 교회를 성경을 기준으로 제시한다. 성경이 말하는 것은 말하고, 성경이 말하지 않는 것은 침묵한다. 츠빙글리에게 교회는 예수를 머리로 모시고 지체로서 하나님의 자녀로 살아가는 자들의 공동체이다. 교회가 "그리스도의 가톨릭(보편)교회"(Christi Ecclesia catholica)가 되길 츠빙글리는 기꺼이 원하는데(8조), 머리 되신 예수가 없는 그리스도의 몸의 지체란 상상할 수 없고, 교황을 머리로 하는 중세교회를 부패한 교회로 정죄한다(9–12조). 중세교회가 바른 교회로 변화하는 방법은 하나님의 은혜로 진리의 빛 가운데로 나오는 것으로, 머리 되신 예수 그리스도의 진리가 교회를 옳은 길과 영생으로 인도한다. 인간이 만든 그 어떤 것이라도 영생을 얻는데 조금도 유익을 주지 않는다(13–16조). 그리스도만이 유일하고 영원한 최고의 사제이기에, 본인 스스로 최고의 사제로 일컫는 교황은 그리스도의 권세와 능력에 대적하는 자로 정죄해야 한다(17조). 미사는 결코 제사일 수 없으며, 모든 믿는 자들의 죄악을 위해 십자가를 지신 주님의 영원하시고 온전한 희생을 다시 기억하는 것이며, 그리스도께서 행하신 그 구원을 향한 하나의 확증이

9 Huldrych Zwingli, *Schriften II*, 28.

다(18조). 그리스도만이 우리의 의로서, 그리스도 때문에 얻어진 업적은 선이지만, 우리로부터 행해진 그 어떤 업적도 선이지 않다(22조).

음식으로부터 성도는 제약이 없기에 언제든지 어떤 음식이라도 먹을 수 있다. 교황청의 '치즈 또는 버터 서신'은 하나의 거짓이다(23조). 시간과 장소가 크리스천에게 종속되지, 거꾸로 크리스천이 종속되지 않는다. 그 어떤 기간, 또는 특별한 장소를 향해 행해지는 성지순례는 기독교인의 자유를 도둑질하는 오류이다(25조). 하나님께서 허락하시고 금하지 않은 모든 것은 옳기에, 성직자를 포함한 모두의 결혼은 정당하다(28-29조). 불의로 얻어진 재물은 전 소유주에게 다시 돌려줄 수 없을 때, 수도원 등 교회에 주는 것은 타당하지 않고, 가난한 자들에게 주는 것이 옳다(33조).

세속권력

「67개조 논제」에서 주목할 부분은 세속권력이다(34-43조). 츠빙글리 자신이 처한 당시 취리히 상황을 보여주는데, 영적 권력이란 근거가 없지만(34조), 세속권력은 그리스도의 교리와 삶에서 볼 때, 힘과 비준을 갖는다(35조). 교회가 행하는 재판권은 마땅히 세속정부의 것이어야 한다(36조). 세속 권세도 예외 없이 하나님의 뜻을 따르는 그리스도인으로 구성되어, 사형선고까지도 하나님의 분노를 사는 일이 없어야 한다(37-40조). 하나님과 함께 다스리는 나라는 가장 견고한 최고의 나라이지만, 인간의 뜻으로 다스리는 나라는 가장 악하고 가장 연약한 나라이다(43조).

죄 용서

저자 츠빙글리가 「67개조 논제」에서 세 번째로 많은 양으로 언급하는 주제는 죄 용서다(50–56조). “하나님은 우리 주 예수 그리스도를 통하여 인간의 죄를 용서하신다”(50조). 하나님 외에 인간의 죄를 용서한다는 사람은 하나님의 영광을 가로채는 것이기에 교황의 사죄권은 우상의 전형이다(51조). 고해성사는 죄 용서가 아니고, 하나의 조언일 뿐이다(52조). 누구든지 돈을 받고 죄를 용서한다는 사람은 분명히 사탄의 종이다(56조). 연옥에 대해 성경은 아무것도 말하지 않는다(57조). 만약 하나님께서 침묵하고 있다면, 우리도 마땅히 그렇게 입을 다물어야 한다(59조). “만약 마음의 긍휼 때문에 죽은 자를 위해 하나님이 은혜를 베풀기를 기도한다면, 나는 그러한 행동을 정죄하지 않는다.” 그런데 물질을 탐하여 거짓말을 한다면, 그거야말로 인간적이지도 않고, 마귀적이다(60조).

최초 교의학

츠빙글리가 1523년 1월 29일 ‘개혁교회 신학의 원형’이라고 일컫는 「67개조 논제」를 발표했을 때,[10] 콘스탄츠 주교 파버(J. Faber)와 튀빙엔의 플란츠(M. Plantsch) 등 반대자들은 공개적으로 ‘그리스도의 복음과 사도

10 H. Zwingli, “Uslegungen, und gruend der schlussreden oder artikel durch Huldrychen Zwingli Zuerch uf den XIX tag jenners im MDXXIII jar usgangen.” in: *Huldreich Zwingli's Werke*, Erste vollstaendige Ausgabe durch durch Melchior Schuler und Joh. Schulthess, erster Band, Zuerch 1828, 169–424; 한국어 번역, 훌트라이히 츠빙글리 지음/ 임걸 옮김, 『츠빙글리 저작 선집 2』, (서울: 연세대학교 대학출판위원회, 2018).

들의 가르침에 근거를 두고 있지 않으며, 진리에 맞지 않는다'라고 반박했다. 이에 츠빙글리가 본인의 저서 중 가장 분량이 많은 「67개조 논제에 대한 해설」을 5개월 보름 동안 집필하여, 1523년 7월 14일 취리히 시민에게 헌정하며 세상에 내놓았다. 이 해설서는 반대자들의 논리를 꺾고, 본인의 입장을 성경적으로 공고히 하며, 궁극적으로는 하나님의 가르침과 영광을 밝히 드러내기 위해서였다. 해설서를 세상에 내놓기 위해 츠빙글리는 밤낮없이 글 쓰는 일에 매달려야 했다. '최초 개신교 교의학', '츠빙글리 사상의 핵심 고백서'라고 불리는 「67개조 논제」에서 츠빙글리는 교회와 사회생활 가운데 그리스도가 밝히 드러내기를 원하며, 크리스천의 개인윤리와 사회윤리를 성경에 근거해 바로 세우고자 했다. 이것은 츠빙글리가 친구 슈타이너(W. Steiner)에게 보낸 편지에서 말하는 대로 "우리 사회에서 일어난 수많은 뜨거운 논쟁점들의 집합체"이다.

다섯 관계

「67개조 논제」는 다섯 관계를 보여준다. 하나님과 사람, 죄, 루터, 교회, 윤리이다(U. Gaebler). 츠빙글리의 윤리는 루터보다 훨씬 강하게 칭의론에 근거하는데, 믿음은 사람을 의롭게 만들 뿐 아니라 의롭게 살도록 만든다. 성경은 츠빙글리에게 모든 신학을 세우는 최고의 기준점이며, 가장 최상의 권위이다. 츠빙글리 신학의 근거는 두 가지로 '오직 그리스도', '오직 성경'이다.

> 나는 많은 하나님의 친구들로부터 강력한 요청을 받았습니다. 모든 사람이 알 수 있도록 나의 논제들을 분명하고 정확한 하나님 말씀을 바탕으로 근거를 밝혀줄 것을 말입니다. 그래서 나는 이 일을 말씀의 영광을 위해 해야만 했습니다. 나의 논제 중 몇몇은 그리스도 자신이 직접 한 말 그대로입니다.[11]

츠빙글리에게 있어, 복음은 이사야 6:1을 따라 마음이 상한 자를 위로하고, 포로 된 자에게 자유를 선포하고, 갇힌 자에게 해방을 선포한다. 참으로 이상한 것은 사람들이 구원과 평화를 원하지도 않고, 그냥 노예로 남아 있기를 원한다는 사실이다. 츠빙글리는 그들 안에 효모처럼 번져 그들을 변화시키는 생명의 복음을 들려주어야 했다.

> 신앙인은 형제가 불신앙 가운데 사는 것을 볼 때 마음의 평안을 누릴 수 없습니다. 그렇지만, 그를 불신앙에서 건져내면, 그는 비로소 하나님 말씀에 대적하지 않게 됩니다.[12]

성령과 성경

츠빙글리는 1조에서, 중세교회가 말하는 '교회의 인준을 받지 않은

---

11 Huldrych Zwingli, *Schriften II*, 14.

12 Huldrych Zwingli, *Schriften II*, 18.

복음은 아무 가치가 없다'라는 말은 하나님을 모독하는 것이라고 반박한다. 성령 스스로 증거하는 하나님 말씀 성경이기에, 복음을 바르게 이해하기 위해 "하나님으로부터 하나님의 사람임을 검증받은 사람"이어야 하는데, "절대적으로 하나님이 그 사람을 인도했느냐(요 6:44), 그에게 진리를 알려주었느냐에 따른다"라고 말한다. "따라서 사람이 승인하는 것은 그리스도를 인식하는 데 아무런 도움이 되지 못합니다." 츠빙글리는 요한복음 14:26과 16:13을 가져오며, 완전한 진리는 오직 성령으로 오는데, 그리스도를 바르게 인식하는 사람은 모두 하나님에게서 배운 것이지, 사람에게 배운 것이 아니다.[13]

제2조에서 말하는 복음의 핵심은 복음서와 바울 서신에 근거해 예수 그리스도가 하나님의 참 아들로서 우리에게 하나님의 뜻을 전하며, 십자가에서 죽음으로 죄인 된 우리를 구원하며, 하나님과 우리를 화목하게 하심이다. 그리스도가 우리에게 오신 세 가지 목적은, 우리를 죄에서 구원함이며, 하나님의 참사랑을 보여주고, 하나님이 우리에게 요구하는 일이 무엇인지를 가르치기 위함이다. 복음서는 바로 이런 내용으로 가득하며, 이웃을 위한 크리스천의 삶을 가르치는데, 짧게는 산상수훈인 마태복음 5-7장이 "가장 아름다운 표현들"로 제시한다. 하나님을 어떻게 높일 것인가에 대해서는 요한복음 5-6장이 잘 보여준다. 그리스도는 과거, 현재, 미래의 모든 사람을 축복으로 인도하는 유일한 길이다(3조). 예수는 휘장인 그의 육체를 십자가에서 찢으시고, 우리에

13 Huldrych Zwingli, *Schriften II*, 23.

게 살길을 열어주었다. 예수는 하나님의 집을 다스리는 위대한 제사장이다. 츠빙글리가 여기서 제시하는 성경은 에베소서 1장, 고린도전서 15:22, 요한복음 6:47, 에베소서 2:14 그리고 히브리서 11:39–40이다.

양의 문

제4조는 그리스도가 양들이 드나드는 유일한 문임을 제시한다. 이를 위해 츠빙글리가 제시하는 성경은 요한복음 10:1–11이다. 도둑은 양들을 훔치고 죽이고 파괴하려고 오지만, 문이신 그리스도를 통할 때 양들은 생명을 얻으며, 풍성한 꼴을 얻는다. 츠빙글리가 참 목자와 영혼의 살인자를 구분하며, 제시하는 성경은 마태복음 6, 15:3–20, 베드로후서 2, 사도행전 20:28–31이다. 이 말씀에 근거해 츠빙글리는 실제로 누가 영혼의 살인자인지를 확인할 것을 제안한다.

특별하게 5조는 장문이다. 츠빙글리가 5조에서 말하는 주제는 복음과 다른 가르침을 똑같이 여기거나, 혹은 더 중요하게 가르치는 사람들의 오류이다. 그들의 오류는 한마디로 그들이 복음이 무엇인지를 모르는 것이다. 츠빙글리는 그들의 오류를 세 가지로 열거한다. 첫째, 복음은 이성에서 나오며, 사람의 이성으로 그 복음의 타당성이 인정받는다. 복음은 언제든지 새롭게 생성된다. 둘째, 교황의 성경해석이 기준이다. 셋째, 복음에는 허점이 많아 그 허점 많은 복음을 온전하게 한 자들이 교부들이다.

츠빙글리는 그들 오류의 근거를 창세기와 더불어 외경 시락 15:14–17을 가져온다. 그들 양심의 눈이 멀었기 때문인데, 문제는 그러한 자들이 순수한 그리스도인들을 망가뜨리기에, 츠빙글리는 그들의 잘못을 찾아내려 한다. 불순종으로 선악과를 먹은 자들과 후손은 아담과 함께 모두가 죽음의 장소에 존재한다. 성령의 은혜가 그들에게 생명을 불어넣을 때까지 그들은 필연적으로 죽음 속에 계속 머물러야 한다. 오직 하나님의 아들을 통해서만 생명을 얻는다(요 1:4, 9–10). 그들은 스스로 그 어떤 인식에 도달할 때, 율법의 노예가 된다. 율법은 사람을 살리지 못한다. 하나님의 영이 모든 사람을 생명으로 인도한다.

> 죽음으로부터 오는 첫 번째는 우리로부터 하나님을 볼 수 있는 가능성을 강탈당한다는 것입니다. 이것이 죽음의 실제입니다. 그와 더불어 죽음의 근거인 죄가 없어지는 것은 오직 생명의 능력으로만 가능합니다. 따라서 우리는 하나님 은혜의 역사를 깨닫게 됩니다. 벌써 이전에 사망했던 우리를 그 아들을 통해서 살려낸다는 사실에서입니다. 그 아들은 생명 그 자체이기 때문입니다.[14]

교부신학의 오류

츠빙글리는 5조에서 교부신학의 성경해석 오류를 지적한다. 무엇보다도 중세교회가 교황의 권위를 교부들로부터 가져오고 있다는 사실

---

14 Huldrych Zwingli, *Schriften II*, 41.

이다. 츠빙글리에게 교황은 적그리스도이며, 교부들 역시 많은 모순을 가지고 있는 사람들이다. 츠빙글리가 강조하는 바는 성경해석에 있어서 사람의 이성은 거짓투성이이지만, 하나님의 영이신 성령이 해석의 주인이라는 점이다.

> 빛이 비치기 시작하면, 어둠이 사라집니다. 성령의 바람이 불면, 위선의 모든 부스러기와 겉껍질은 날아가 버리고, 새로운 꽃이 피어납니다.[15] 사람이 하나님의 영을 성경해석의 주와 해석자로 인정하지 않으며, 성경의 의미를 말씀의 주인이신 주께 구하지 않고, 거짓투성이인 사람에게서 찾으려고 할 때, 그 순간 사람이 나타납니다. 그렇지만 내게 모든 사람이 깨달았으면 하는 소망이 있습니다. 복음은 사람에게서 온 것이 아니라, 참 신이신 하나님으로부터 온 것이기에, 사람의 이성으로 해석할 수 없으며, 나아가 복음은 인간을 참된 복으로 인도하는 온전하고 실수가 없는 가르침이라는 사실입니다.[16]

6조는 그리스도가 모든 세대의 인도자와 대장임을 설명하며, 그리스도 예수의 사역, 가르침, 삶은 모든 인간적 판단을 넘어선다고 말한다. 7조 역시 오직 그리스도 안에서 사람들이 생명을 얻게 되며, 그리

---

15 Huldrych Zwingli, *Schriften II*, 54.

16 Huldrych Zwingli, *Schriften II*, 58.

스도는 모든 믿는 사람들의 영원한 구원과 머리가 됨을 말한다. 츠빙글리는 요한복음 15:5에 근거해 그리스도가 없다면 모든 사람은 죽은 존재이고 절대 무능한 존재라고 말한다.

교회 정의

8조는 교회가 무엇인지를 두 가지로 설명한다. 먼저, 교회를 공동사회 또는 공동체로, 그런 후 믿는 자들끼리 가깝게 모이는 거룩한 보편교회(*ecclesia catholica*)라 부른다.

첫째, 교회는 "주 예수를 향한 공동의 믿음 안에서, 그리고 그 믿음 위에 세워진 사람들 모두의 공동체"이다.[17] "교회는 물세례 즉 그 목욕 안에서 하나님의 말씀을 통하여 정결하게 된 사람들입니다. 그리스도 안에서 머물러 있는 한, 교회는 어떤 흠이나 부족함이 없는 거룩하고 나무랄 데 없습니다." 둘째, 교회공동체를 뜻하는데, "불편함이 없이 서로 오고 가고 함께 모여서 하나님의 말씀을 듣거나 배울 수 있는 사람들"이다.[18] 교회는 보편 교회(*ecclesia catholica*)로서 요한계시록 21:2를 따라 그리스도의 신부인데, 독일어로는 일반 모임(die allgemeine Versammlung)으로 "한 하나님의 영을 통해서 한 믿음을 가진 모든 사람의 공동체"이다.[19] 이들은 거룩한(sanctus) 공동체로서 공의롭게 살아간다. 거룩한 성도의 교제, 정의로운 신앙인들 또는 그리스도인들의 교제라는 말이다.

---

17 Huldrych Zwingli, *Schriften II*, 64.

18 Huldrych Zwingli, *Schriften II*, 66.

19 Huldrych Zwingli, *Schriften II*, 68.

지상 교회는 성령과 믿음의 빛 가운데 주어진 시간 함께하지만, 보이지 않습니다. 하나님이 주신 순전한 믿음 안에서 모이지 않은 사람들이나, 완전히 그리스도를 머리로 하는 몸에 속하지 않는 사람들은 그리스도의 교회 안에 속하지 않은 사람들입니다. 유일하신 한 분 하나님과 단 한번의 세례가 있는 것처럼, 하나의 믿음만이 있습니다. … 그리스도 대한 순전한 믿음을 가진 자가 또한 성령을 소유합니다. 성령은 나눌 수 없으며, 누구도 그 하나의 성령 안에서 다른 두 믿음을 가질 수 없습니다. 한 성령 안에서 살아가는 모든 진실한 신앙인은 자신들의 믿음과 모든 소망을 성령이 지시하는 다르지 않은 유일한 선에만 둡니다.[20]

츠빙글리는 과연 성령 안에 있는 자인지, 아닌 자인지를 확인하는 방법을 제시하는데, 오직 성경만을 진리의 규범으로 받아들이는지, 아니면 그 외 어떤 것을 추가하는지를 확인하면 알 수 있다는 것이다.

하나님 말씀을 여러분의 인도자로 여기고, 하나님 말씀 안에서 분명하게 규정하는 것 외에 다른 어떤 것도 덧붙이지 않는다면, 성경은 여러분의 선생이 됩니다. 바로 그때 하나님의

20 Huldrych Zwingli, *Schriften II*, 70.

영은 여러분 안에 있습니다.[21]

중세교회의 오류

중세교회의 잘못된 교리는 정확한 성경해석을 통해 폐지되어야 한다. 예를 들면, 츠빙글리는 로마교회의 최고의 우두머리로 만든 주교제도와 교황제도는 성경에 근거해 폐지되어야 할 오류라고 주장한다. 그리스도가 교회의 머리이기 때문이다.

츠빙글리는 11조에서 중세교회의 오류를 일곱 가지로 제시한다. 첫째, 교황이 교회의 머리라고 한다. 둘째, 교황이 왕, 영주, 귀족 등 모든 자 위에 군림한다. 셋째, 믿는 자들은 하나님께 배워야 한다고 하면서, 주교 회의를 통해서만 검증받는다. 넷째, 구원은 믿음으로 얻기에 아무렇게나 살아도 된다고 한다. 다섯째, 사람이 만든 가르침과 규정으로 하나님을 예배하려는 모든 것. 여섯째, 사람들에게 돈을 받지 않고는 복음을 전하지 않는다. 일곱째, 하나님의 이름은 무시되고, 사람들의 이름이 높임을 받는다.

12조는 물질적으로 타락한 교회를 고발한다. 겉으로 사랑을 외치나, 그들의 목적은 돈 보따리이다. 요한복음 16:13을 근거로, 성령이 하나님의 말씀을 통해 하나님의 뜻을 깨닫게 하며, 사람들을 하나님께로 인도하고 하나님 안에서 새롭게 한다(13조).

21 Huldrych Zwingli, *Schriften II*, 71.

우리의 견해, 사유, 업무에 있어 온전히 자신을 비우고, 정결하고, 자아 부인을 통해 자아를 버릴 때, 우리는 하나님께로 나아가고 하나님 안에서 새롭게 변화합니다. 하나님을 향한 소망 안에서 유일한 신뢰가 있습니다. 이런 식으로 우리는 하나님 안에서 변화를 받습니다. 이러한 사역은 어떤 육체가 아니라, 하나님의 영이 하십니다.[22]

오직 복음

크리스천은 언제 어디서나 그리스도에 대한 구원의 복음을 선포하고, 그리스도의 말에 귀를 기울여야 한다. 교부의 말이 아니라, 철학자의 말이 아니고, 오직 복음이 선포되어야 한다(14조). 구원은 복음을 믿음이고, 저주는 복음을 믿지 못하는 불신앙이다. 복음을 믿을 때, 구원과 함께 성령의 영감으로 참 진리를 깨닫게 된다(15조). 사람이 만든 교리와 규정이 구원에 아무런 도움이 되지 못함을 복음은 가르치며, 복음은 '하나님이 자신의 독생자를 통해 전해 준 모든 것'이다(16조). 반대로 사람을 통해서 주어지는 그 어떠한 것도 복음일 수 없다. 그리스도가 오신 후에 율법은 사라지고, 성령을 따라 살아가는 자유가 주어졌다. 물론 이 자유는 믿는 자들에게만 주어질 뿐이며 율법은 여전히 불신자들에게 유효하다. 믿음으로 구원에 이른 자들은 율법의 그 어떤 정죄도

---

22 Huldrych Zwingli, *Schriften II*, 83.

받지 않는다.

> 역시 믿는 자들을 위해 율법은 그리스도를 통해 폐지되었습니다. "하나님의 영이 있는 곳에 자유가 있기 때문입니다"(고후 3:17). 믿음이 있는 곳에 역시 하나님의 영이 있습니다(비교. 요 6:63). 따라서 진정한 믿음이 있는 그곳에 자유가 있습니다. … '영으로 사는 삶'이란 논리와 육의 영향, 곧 인간적 속성으로부터 떠나게 되고, 오직 하나님의 영을 신뢰하며 사는 삶입니다. 이제 온전히 주 예수 그리스도를 신뢰하는 이들은 더는 율법의 정죄를 받지 않습니다. 이 근거에 서서 나는 동시에 말합니다. 생명을 주시는 성령의 법, 모든 것을 살리는 성령을 통한 그의 가르침과 지시가 그리스도 안에서 나를 자유하게 했습니다. … 성령은 율법 위에 계시기에, 그가 계시는 곳에 율법은 이제 필요하지 않습니다. 믿음이 있는 곳에, 역시 성령이 계십니다.[23]

17조는 그리스도만이 모든 믿는 자들의 유일한 머리, 영원한 최고의 대제사장임을 강조한다. 그가 죄인들을 구원하기 위해 희생제물이 되셨기 때문이다. 로마교회가 내세우는 교황은 여기에 속하지 않을 뿐 아니라, 하나님이 성경 어디서도 교황을 하나님의 대리자로 말하고 있지

---

23 Huldrych Zwingli, *Schriften II*, 93–94.

않다. 로마교회가 내세우는 성경 구절들은 근거가 될 수 없다. 교황의 수위권은 사람이 만든 제도이기에 사람이 마땅히 폐기함이 옳다. 도리어 가장 앞서거나 높은 사람이 되려면, 제일 먼저 다른 사람을 섬기고 높이는 사람이 되어야 한다. 믿음에 대해서 교황은 실수가 없다는 말은 역사를 통해서 교황들이 얼마나 많은 오류를 범했는지를 볼 때, 이는 헛소리일 뿐이라고 츠빙글리는 말한다.

> 가장 높은 위치에 마땅히 계셔야 할 분은 오직 그리스도이기에, 누구라도 자신이 이런 흉내를 내는 자는 바로 적그리스도입니다.[24]

미사는 무엇인가

18조는 주로 히브리서에 근거해 미사에 대한 정의를 내리며, 희생제사로서의 오해를 바로 잡는다. 미사는 그리스도가 우리를 위해서 하신 구원을 기억하며, 확신시키는 일이어야 한다. 그리스도의 십자가의 죽음은 모든 죄인을 위한 완전하고, 유일한 희생제물로서 결코 미사에서 반복될 수 없다. 구약에서 드려지는 제사장의 제물과는 전혀 다른 성격의 것이다. 츠빙글리는 성례(*sacramentum*)에 대해 언급하며, 가톨릭교회가 내세우는 신품성사, 견신례와 종부성사를 비성경적으로 반대

---

24 Huldrych Zwingli, *Schriften II*, 129.

한다. 무엇보다 하나님의 말씀을 통해서 이를 증명할 수 없기 때문이다. 츠빙글리는 중세교회가 왜 성례에서 이러한 오류를 가지게 되었는지를 두 가지로 설명한다. 교황청이 억지로 법, 질서, 규정을 만들어서 반복하여 자신들의 종교관습을 지킬 것을 강요해서 속임수가 시작되었으며, 미사가 하나의 희생 제사라는 생각을 강요해서다.

루터를 말하다

츠빙글리는 루터가 말하는 계약(Testament)으로서의 성례에 대해서 동의하면서, 자신이 말하는 기억으로서의 성례는 다른 관점으로 말한 것임을 집중적으로 밝힌다.[25] 루터는 성찬의 내적 특성과 본질에 대해서, 츠빙글리는 성찬의 외적 사용과 방법, 그리고 성찬식의 진행에 대해 정의를 내렸기 때문에 표현은 다르지만 둘 사이에는 그 어떤 모순도 없다고 말한다. 과연 후대가 츠빙글리의 이 말을 그대로 받아들였는지가 궁금하다. 어쨌든 츠빙글리는 루터의 '계약'을 받아들이며, 자신의 기억 또는 회상(ein Wiedergedaechtniss)의 예식으로서의 정의를 기꺼이 내려놓을 수 있음을 밝힌다.

> 그러기에 '계약'(Testament)이라 부름은 언약인 그리스도의 육체와 피의 본성, 특성, 본질을 제시합니다. 그래서 성찬에 대한 내 정의를 접겠습니다. 그러나 '기억'이라는 말은 우리가

---

25 Huldrych Zwingli, *Schriften II*, 163ff, 171–180.

성찬식을 행하는 관습에서 온 것입니다. 우리는 단 한 번 우리를 위해 일어난 그 일을 기억하기 위해, 먹고, 마시며 그것을 행합니다. 단지 나는 그것을 '희생제물'이라고 주장하는 사람들의 생각을 반박하기 위해서, 하나님 말씀을 그대로 따라 '기억'이라고 부른 것입니다.[26]

츠빙글리는 어떤 자세로 '거룩한 식사' 성찬식에 참여해야 하는지를 말한다. 곧 성찬의 참여 조건이다. 당시 교회는 회개와 고해성사를 하고, 죄 없는 사람이 성찬식에 참여해야 한다고 하는데, 이를 츠빙글리는 잘못이라고 반박한다. 츠빙글리에게는 성찬에 참여하는 사람들의 마음가짐이 중요한데, 주님이 요구하는 마음과 하나 됨이어야 한다.

주님이 성찬을 통해서 목표로 하는 것 그 이상의 것을 깨닫는다면, 그로부터 우리는 주님이 원하는 앞서는 합당한 사람들이 되는 것입니다.[27]

성경을 전체적인 맥락에서 읽을 줄 알아야 하는데, 성찬에 참여하면서 잘못을 범하는 자들, 자신들이 죄가 없다고 생각하는 사람, 죄를 가진 채 회개 없이 성찬을 영혼의 도피처로 아는 자, 죄 없는 인간이 있을

---

26 Huldrych Zwingli, *Schriften II*, 164.
27 Huldrych Zwingli, *Schriften II*, 167.

수 없는데도 불구하고 죄 없이 성찬에 참여하라고 하는 자들이다.

> 하나님의 눈으로 볼 때, '그리스도의 살과 피'란 믿는 영혼들을 위한 현재와 대가의 구원과 보증이라는 사실입니다. 이것은 하나님의 영을 통해서 압니다. 하나님의 영은 사람들의 마음에 믿음을 부릅니다. 그럴 때 사람은 먼저 새 생명을 얻습니다. 제자들이 뭔가 오해했던 그런 육체는 전혀 소용이 없습니다. 그리스도가 제자들에게 했던 말씀은 그들의 생명과 영의 담보입니다.[28]

18조에서 츠빙글리는 독일 종교개혁자 루터에 대해 적지 않은 분량으로 자신과의 관계를 밝힌다. 츠빙글리는 루터를 "하나님의 유능한 종"(den tuechtigen Diener Gottes),[29] "성경을 열정을 갖고 철저하게 연구한 탁월한 하나님의 투사"(ein vorzueglicher Gottesstreiter)로[30] 일컬으면서도, 츠빙글리 본인을 루터주의자로 명명하는 것에는 사실이 아님을 밝히며 동의하지 않는다.[31] 왜 츠빙글리 본인이 루터주의자가 아닌지를 신학적 차이를 들어서 그리고 역사적으로 조목조목 밝힌다. 특히 츠빙글리가 이해할 수 없는 일이 "우습게도" 벌어지는데, 성경적으로 또는 하나님

---

28 Huldrych Zwingli, *Schriften II*, 170.

29 Huldrych Zwingli, *Schriften II*, 171.

30 Huldrych Zwingli, *Schriften II*, 174.

31 Huldreich Zwingli, Huldreich *Zwingli's Werke, erste vollstaendige Ausgabe durch Melchior Schuler und Joh. Schulthess*, Erster Band, Zuerich 1828, 249ff; Huldrych Zwingli, *Schriften II*, 172 이하.

의 말씀을 따라 그리스도의 가르침을 그대로 전할 경우에도 사람들이 자신을 루터주의로 부르는 일이다. 루터를 알지도 못하고, 그의 글을 읽지도 않았는데도 거기다 그 어떤 관계도 없었는데, 자신이 오직 성경을 따라 행한 일들을 보고 루터주의라 부른다는 것이다.

> 교황 추종자들이 나를 루터주의로 일컫는 것을 나는 원하지 않습니다. 나는 루터로부터 그리스도의 가르침을 배운 것이 아니라, 하나님 말씀 자체에서 배웠습니다. … 내가 루터를 살아있는 그 어떤 사람보다 가장 높게 평가하고 있음에도 불구하고, 나를 루터주의로 일컫는 것을 동의하지 않은 이유를 사람들이 기꺼이 이해해 주기 바랍니다. 나아가 하나님과 사람 앞에서 밝힙니다. 나는 루터에게 단 한 글자의 서신 교환도 없었습니다. 물론 루터 역시 나에게 단 한 글자의 편지도 쓰지 않았습니다. … 루터와 나와의 지리적 거리가 큼에도 불구하고 우리 둘이 가르치는 그리스도의 가르침이 그 어떤 약속도 없이 똑같다는 사실을 모든 사람에게 보여주라는 것입니다. 그렇다고 이런 식으로 나를 루터와 같은 위치에 두려고 하는 것은 아닙니다. 하나님이 부르신 대로 사람은 행하기 때문입니다.[32]

---

32 Huldrych Zwingli, *Schriften II*, 177–178.

루터주의가 아니다

츠빙글리는 본인이 루터주의가 아닌 이유를 여섯 가지로 밝힌다.

첫째, 츠빙글리는 자신이 독일의 종교개혁자 루터를 알기 전에. 아니 앞서 오직 성경의 원리를 실천했다. 다르게는 루터가 독일에서 1517년 종교개혁을 일으키기도 전에, 1516년 아인지델른에서 사역할 때 오직 성경에만 기초하여 그리스도의 복음을 설교하기 시작했다. 둘째, 츠빙글리는 교부의 성경해석을 경계하기 시작했다. 아인지델른 목회 당시 교부의 성경해석에 심하게 의지했었지만, 아인지델른 수도원장이었던 게롤드제크(D. v. Geroldseck)가 교부의 성경해석에 자주 화를 내는 것을 보면서 교부가 "성경을 완전히 잘못 해석하고 있다는 사실을 분명히 깨닫기 시작"했다. 셋째, 중세교회와는 차별화된 '오직 성경'을 츠빙글리가 만방에 알리는 시점은 1519년이었다. 1519년 1월 1일 토요일 취리히 그로스뮌스터 교회 담임목사 취임 예배에서 시작한 마태복음 설교가 결정적이었다. 넷째, 츠빙글리는 마태복음 주석에서 주기도문 강해집을 루터보다 앞서 출판했다. 다섯째, 교황청에서 취리히로 특사로 보낸 추기경들은 루터를 이단으로 정죄하기 전에는 츠빙글리를 루터주의로 정죄하지도 부르지도 않았다. 여섯째, 츠빙글리는 자신을 루터주의로 일컬음을 받기보다는 바울주의 아니 그리스도의 말씀을 선포하는 그리스도인이라고 불리기를 원한다.

앞에서도 언급했지만, 츠빙글리에게 루터는 "탁월한 하나님의 투사"이며 지난 천년 이래 그와 같은 사람이 이 땅에 없을 정도로 성경을 온 힘을 다해 연구한 인물로 평가한다. 교황제도가 생긴 이래 루터처럼 용기 있게 로마 교황을 공격한 사람은 없다. 그러면서도 츠빙글리에게 루터의 가르침은 전혀 새로운 것은 아니었고, 영원히 변하지 않는 하나님의 말씀 속에 있는 내용, 곧 하늘의 보물을 전달할 뿐이었다. 츠빙글리는 자신을 루터주의로 일컫는 것에는 반박하면서도 루터의 역사적 가치에 대해서는 인정하기를 주저하지 않는다.

> 내가 1519년 취리히에서 강해 설교를 시작할 때, 존경하는 각 기관장과 수도원장과 주교좌 성당 참사회원들에게 명확하게 밝혔습니다. 하나님의 도우심으로 마태에 의해 기록된 복음을 설교할 계획인데, 가치 없는 인간적 전통을 무시할 것이며, 이것 때문에 나를 오류에 빠뜨리고, 시험에 드는 일 없을 거라고 밝혔습니다. 같은 해 요한의 날에 취리히에 왔을 때, 우리 중 아무도 루터가 면죄부에 대한 글을 썼다는 사실 외에, 그에 대해서 조금의 새로운 것을 전하는 사람이 없었습니다. 그런데 루터의 면죄부 글은 전혀 새로운 것이 아니었습니다(Lug und Trug). 나는 이미 오래 전 비엘 출신 토마스 비텐바흐(Th. Wyttenbach) 박사가 쓴 학위 논문을 통해서 면죄부가 사기라고 알고 있었습니다. 비텐바흐는 나의 멘토이며 존경받는 신실한 선생이었습니다. … 따라서 당시 루터의 글은 시작되는 내 마태복음 강해 설교에 아주 미미하게(sehr wenig) 도움을 줄 뿐이었습니다. 이렇게 마태복음 강해설교가 시작되었을 때 처음부터 예외없이 하나님 말씀을 듣기를 갈망하는 사람들

모두가 몰려들었습니다. 나 역시 그런 상황에 흥분을 금할 수 없었습니다.[33]

성인 중보기도

19조, 20조는 유일한 중보자 예수 그리스도를 내세운다. 츠빙글리는 예수 외에 그 누구도 죄인들의 중보자가 될 수 없다고 잘라 말한다. 츠빙글리는 성인 중보기도를 "감히 완벽하게 정죄했던 첫 번째 사람"으로 본인을 내세운다.[34] 성인들의 중보기도를 츠빙글리가 강하게 정죄함은 신앙 영웅의 명예를 추락시키려 하는 것은 아니고, 성인 숭배 사상과 그들의 중보기도를 성경 그 어디에서 말하고 있지 않기 때문이다. 사람들이 성인들에게 기도하기보다는 살아 계신 하나님께 기도할 때, 그들은 주님이 얼마나 사랑이 많은지 체험하게 되고, 주님을 더욱 가까이 알게 됨을 츠빙글리는 강조한다. 그렇게 될 때, 그들은 진정으로 하나님을 알게 되며, 하나님을 떠날 수 없게 된다. 츠빙글리는 성인 숭배를 우상 숭배로 정죄한다.[35]

결코 성인들이 하나님과 함께 안식과 기쁨을 누리고 있는 것을 내가 의심한다거나 마치 죽은 후에 영생이 없는 것처럼 내

33 Huldrych Zwingli, *Schriften II*, 171.

34 "ich aber habe als erster gewagt, die Fuerbitte der Heiligen gaenzlich zu verwerfen"(200)

35 Huldrych Zwingli, *Schriften II*, 200.

가 말하려고 한다고 생각해서는 안 될 것입니다. … 심지어 거짓 학자들은 성인들의 중보기도를 통하지 않고는 그 누구도 하나님에게 갈 수 없다고 주장할 정도가 되었습니다. 그래서 사람들은 더욱 성인들의 공로를 의지하게 되었고, 창조주보다는 피조물을 더 신뢰하게 되었으며, 하나님에게만 돌려야 할 영광을 피조물에게 돌리게 되었습니다. 이런 행동이야말로 그 자체가 우상숭배입니다.[36]

츠빙글리는 하나님 앞에 인간의 공로나 선행을 과연 내세울 수 있는지를 물으며, 성인들의 공로나 업적을 내세우고 그들의 공로를 힘입으려고 하는 것 자체가 하나님 앞에서 범죄라고 단언한다. 먼저는 하나님 앞에서 우리의 공로가 과연 무슨 의미가 있느냐를 반문하는데, 다르게는 하나님이 우리에게서 행하신 일을 우리가 한 일로 변조한 잘못을 범하는 것이기 때문이다. 분명한 것은 의로운 성인들이 그 어떤 조그마한 일도 자기들이 한 것처럼 결코 말한 적이 없다는 점이다.

우리의 업적뿐 아니라, 성인들이 행한 일도 다르지 않습니다. 성인들의 업적들이 단순히 그들의 것이 아니었기에, 성인들이 행한 일들이 선한 것입니다. 그 어떤 선한 것도 사람에게서 나오지 않습니다. 그런데 우리가 선한 것이 사람에게서 왔다

---

36 Huldrych Zwingli, *Schriften II*, 203.

고 착각한다면, 그것은 사람으로부터 온 것이 아니라, 하나님으로부터 온 것입니다.[37]

이 정도 선에서 츠빙글리는 믿음이 무엇인지를 말한다. 믿음은 공로를 내세우지 않고, 오직 하나님의 은혜라고 정의한다. 오직 하나님이 하신 일이라고 고백한다. 믿음은 점점 자라고 커지는데, 처음에는 어떻게 되는지 알지 못하나, 싹이 나고, 이삭을 내고, 다음에 알곡이 된다. 믿음도 이렇게 자라 열매를 맺는데, 그 믿음은 오직 하나님에게만 속한 것이기 때문이다. 하나님의 역사로 믿음이 자라나기 때문이다. 성도의 믿음의 성장은 인간의 인지를 떠나 하나님 말씀이 믿음 안에서, 그리고 삶의 변화를 통해서 드러난다.

> 믿음은 그 무엇을 인간의 공로로 여기는 것을 거부합니다. … 인간의 영혼 속에 믿음이 마음에 뿌려지면, 믿음은 증가하고 자랍니다. 믿음은 인간의 것이 아니라, 하나님께 속한 것입니다. … 믿음이 자라는 만큼, 선행은 그만큼 늘어납니다. 당신 안의 하나님이 거대해질수록, 선한 역사가 당신 안에서 그만큼 더욱 커지게 됩니다. 하나님이 모든 선한 일의 영원한 능력이 되고, 불변의 활동이기 때문입니다.[38]

---

37 Huldrych Zwingli, *Schriften II*, 210–211.

38 Huldrych Zwingli, *Schriften II*, 216–217.

츠빙글리는 성경과 교부학 연구를 통해 성인들의 중보기도가 비역사적이며 비성경적이라고 못 박는다. 특히 중세교회가 성인 중보기도의 근거를 몇몇 교부의 글에서 가져오고 있는데, 그는 전혀 동의하지 않는다. 첫째, 성경이 성인 중보기도를 전혀 말하고 있지 않다. 둘째, 성인 중보기도에 대해 교부들은 '아주 조금' 언급하거나, "전혀"(gar nichts) 언급하지 않고 있다. 셋째, 만약 어떤 교부가 성인 중보기도에 대해 말할지라도 "전혀 설득력이" 없는데, 그들이 성경적 근거를 제시하지 않기 때문이다. 넷째, 만약 교부들이 성인 중보기도에 대해 성경 구절을 근거로 제시하는 경우, 원문으로 이해할 때 "그들이 주장하는 뜻과는 전혀 관련이 없었다." 다섯째, 교리화되었을 경우, 성경적 뒷받침이 없다. 도리어 그들이 내세운 교리와는 반대되는 성경 구절만 발견할 수 있다. 무엇보다 예수 그리스도만이 우리들의 불쌍한 영혼의 유일한 보물이기 때문에 그 외 다른 데서 인간의 위로를 찾아서는 안 된다는 것이다.[39]

중보기도

21조에서 츠빙글리는 중보기도의 유익성을 강조하며, 중보기도는 오직 살아있는 사람들이 서로를 위해 기도할 때 유효하다는 것이다. 주님이 가르치신 주기도문 역시 살아있는 사람에게만 적용되는 것이며, 살아있는 사람들은 서로를 위해서 기도해야 한다는 사실을 잘 보여준

---

39 Huldrych Zwingli, *Schriften II*, 254–255.

다.[40] 이는 중세교회가 행했던 사자(死者)를 위한 기도를 염두에 둔 말이다. 츠빙글리는 성인들의 중보기도에 관한 성경 구절은 단 한 군데도 찾을 수 없다고 재차 강조한다. 츠빙글리는 기도를 "하나님을 향한 영혼의 도약(Aufschwung)이며 영혼의 위를 향한 바라봄(Aufblicken)", 한편으로는 믿음의 표시이며, 다른 한편으로는 우리의 필요를 향한 순수한 간청으로, "오직 믿음으로 부르짖는 절박함"으로 정의한다.[41] 흥미롭게도 츠빙글리는 다양하게 많은 성경 구절을 가져오면서, 앞선 신앙 선배의 기도 이해를 인용한다. 오랜 시간 길게 기도하는 중언부언을 금하며, 기도는 하나님을 향한 찬양과 경배이고, 우리가 절실히 필요로 하는 것에 대한 절대 믿음의 요청이라고 이해한다. 간절한 기도는 하나님을 향한 절대 신뢰가 전제되어야 하는데, 마태복음 6:7-13을 근거로 볼 때, 많은 말이 필요하지 않다는 것이다. 기도할 때 많은 말을 하지 말라는 츠빙글리의 강조는 여러 번 반복된다. 많은 말보다는 진심으로 하나님을 신뢰하는 마음으로 그리고 자주 다가가는 태도가 요구된다. 하나님은 구하기 전에 무엇이 필요한지를 아시기 때문이다.

주기도

예수가 가르치신 기도는 몇 가지로 정리되는데(21조), 기도할 때 많은 말을 하지 말 것, 쉬지 말고 기도할 것, 쓸데없는 말을 함부로 내뱉

40 Huldrych Zwingli, *Schriften II*, 260.
41 Huldrych Zwingli, *Schriften II*, 261.

지 말 것이다. 예수는 중복 기도와 건성으로 하는 기도를 비판한다. 츠빙글리에게 기도하는 자들이 조심해야 하는 것은 두 가지다. 먼저 기도를 물질적인 요청으로 이해해서는 안 되며, 다음으로 기도의 양에 따라 하나님이 보상해야 할 그 어떤 공로로 이해해서는 안 된다. 예수께서 가르치신 주기도문에 근거해, 츠빙글리는 무작정 떠벌리는 기도를 하지 말 것, 많은 말을 하지 말 것을 강조한다. 츠빙글리에게 진정한 기도는 마음으로 하는 기도이다. 입술로만 하는 기도는 하나님에 대한 모욕이고, 조롱이다(마 15:8). 츠빙글리는 주기도문의 죄 용서에 대한 부분을 설명하면서 중요한 언급을 한다. 아무리 주기도문이 당신에게 익숙해져 있다 할지라도, 그 대목에서 양심의 가책을 느껴야 한다는 것이다.

> '하나님은 내가 내 원수를 대하는 태도 이상 나를 더 잘 대해 주지는 않을 것이다'라는 사실입니다. … 이 세상에서 근본적으로 우리 자신이 믿음이 있는지 없는지를 시험할 수 있는 기도와 우리 자신을 완전히 인식하게 만드는 기도는 주기도문 이외에 다른 것이 없다는 결론을 알게 되었습니다.[42]

츠빙글리에게 참된 기도는 "영으로 존재하는 하나님을 우리의 영혼으로 부르는 것"이며, 인간을 겸손으로 인도하며, 인간은 기도할 때 비로소 진정한 자아를 알게 된다는 것이다. 츠빙글리의 기도 생활 내지는

---

42 Huldrych Zwingli, *Schriften II*, 264–265.

다른 기도 이해를 보여주는데, 주목을 요청한다.

> 게다가 첫째로 교회에서 큰 소리로 또는 옹알거리는 낮은 소리로 하는 모든 수다쟁이 기도(Plappergebet)는 사라지고 있습니다. 인간의 영혼이 진정으로 하나님과 대화하기를 원한다면, 차라리 홀로 있는 곳이 더 낫습니다. 그리스도 역시 그것을 정확하게 알았습니다. 그래서 주님은 하늘에 계시는 하나님과의 둘만의 조용한 대화를 위해 후미진 골방을 선호 했습니다. … 따라서 알아야 할 것은 사람들 앞에서 소리쳐 기도하는 것은 순전한 위선(reine Heuchelei)입니다.[43]

물론 츠빙글리는 성령의 인도로 아주 오랫동안 기도할 수 있다고 말한다. 오랫동안 기도하는 일은 매우 힘든 일이나, 성령의 진리 안에서 오랫동안 기도할 수 있다. 츠빙글리에게 바른 기도는 성령 안에서만 일어날 수 있다.

> 그러나 성령의 진리 안에서 사람들은 오랫동안 경건(기도) 시간을 가질 수 있습니다. 하나님의 영광에 대해서 묵상하면서 그의 은혜를 감사하고, 우리의 몸과 영혼의 부족을 깨닫고, 자아를 내려놓고, 오직 하나님의 긍휼을 신뢰하고, 날마다 참

---

43 Huldrych Zwingli, *Schriften II*, 267.

다운 성도의 삶을 살려고 결단할 때, 이런 식으로 매달릴 때 사람들은 오랫동안 기도에 매달릴 수 있습니다. 그러한 참된 기도는 성령의 역사로만 가능합니다. 그러나 단어를 반복하고 중언부언하는 수다 기도는 오래 유지될 수 없습니다.[44]

끝으로 츠빙글리는 잘못된 기도가 우상 숭배에서 나오기에, 바르게 기도할 때 우상 숭배는 사라진다고 믿는다. 대표적 잘못된 기도는 중세 교회가 드리는 성인에게 하는 중보기도이다.

율법의 폐기

22조는 예수 그리스도가 우리의 의임을 밝힌다. 오직 그리스도로부터 온 것은 선하나, 사람에게서 온 것이라면 선한 것이 아니다. 츠빙글리는 율법과 복음의 관계를 제시한다. 분명한 것은 츠빙글리에게 하나님은 영원하고 유일하며 결코 변함이 없는 선으로 모든 선의 근원이며, 하나님의 뜻은 정의와 선의 영원한 원천이다, 율법이 하나님에게서 온 것일 때, 분명히 그것은 선하다. 율법은 하나님의 뜻을 나타내는 것이고, 정의와 선에 대한 변함없는 규칙이고 기준이다. 문제는 그 율법을 따라 살지 못하는 것이다.

츠빙글리에게 율법은 폐기되었는가? 믿는 사람은 율법의 억압에서 해방된 사람으로, 율법의 심판을 두려워하지 않는다. 성도는 "오직 하

44 Huldrych Zwingli, *Schriften II*, 268.

나님이 영원히 실천하라고 명령한 선한 일만을 염두에 두고" 살며, "특정한 시대에만 실천하라고 명령한 그 형식적인 의식들을 장난으로 여기고, 교황 추종자들이 주장하는 공허한 의식들을 결코 중요한 것으로 생각하지 않"는다. 그렇지만 믿음의 사람들은 하나님의 뜻이 나타난 계명을 "하나님 의지의 형식"으로 여기고, 사랑으로 실천한다. 반면, 불신의 사람들은 그 "계명을 증오"한다.[45]

> 믿는 자는 사랑으로 계명을 지키지만, 불신자는 도리어 그 계명을 미워합니다. 성도는 계명을 자신의 능력으로 지키는 것이 아니며, 하나님이 성도가 행하는 일 가운데 사랑과 결단으로 역사합니다. 그래서 믿는 자는 알게 됩니다. 자신의 모든 행동과 업적들이 아무것도 아니며, 오직 하나님의 사역을 통해서 일어나는 일들이라는 것입니다. 때론 성도는 하나님의 일과 의지를 실천하지 못할 때도 있지만, 아니 하나님의 계명을 어겼을지라도 절망하지 않는데, 그의 구원은 오직 예수 그리스도라는 사실입니다.[46]

---

45 Huldrych Zwingli, *Schriften II*, 279.
46 Huldrych Zwingli, *Schriften II*, 279.

영원한 계명

하나의 질문은 츠빙글리에게 어떤 계명이 영원한지다. 그 영원한 계명은 마태복음 22:37–39의 말씀으로, 하나님을 사랑하고 이웃을 사랑하라는 명령이다. 어떤 계명은 하나님을 사랑하라는 계명에 속하며, 어떤 계명은 이웃을 사랑하라는 계명에 속하는데, 츠빙글리에게 종교의식 계명들은 하나님을 사랑하라는 계명에 속하지 않는다.

> 종교 의식(Riten)들이 하나님께 영광을 돌릴 수 있는 것이었다면, 하나님은 예언자 이사야와 에스겔을 통하여 그것들을 정죄하지 못하도록 했을 것입니다.[47]

츠빙글리의 율법 이해는 네 가지로 종합된다. 첫째, 정의와 선을 원하시는 하나님의 뜻은 영원하다. 둘째, 하나님의 뜻에서 나온 율법은 영원하나, 문제는 우리가 그것을 온전히 지키지 못한다. 셋째, 하나님의 뜻은 영원하며, 우리는 하나님의 은혜로 그 뜻을 추구한다. 넷째, 그리스도는 우리의 의가 된다.

목회자의 사유재산

23조는 성직자가 세상의 부를 향하여 어떤 자세를 가져야 할지를 말한다. 가난하셨던(눅 9:58) 예수는 성직자들이 따라야 할 모범이다(요

---

47 Huldrych Zwingli, *Schriften II*, 279.

13:15). 예수의 나라는 이 세상에 속한 것은 아니었고(요 18:36), 세상의 부와 권력은 예수께는 관심의 대상이 아니었을 뿐 아니라, 예수는 이를 무시하기까지 했다. 성직자들이 그리스도의 이름으로 부와 재산을 쌓는다면, 그리스도를 배반하는 자이며, 위선자이고 "그리스도가 명령한 것을 대적하여 거꾸로 사는 것을" 인식하지 못하는 "바보"다. 츠빙글리는 말과 행동으로 그리스도를 선포하고 순종하는 신실한 종들이 많다는 긍정적 사실을 잊지 않는다. 불신자들은 그리스도를 따르는 가난한 자들을 "너희는 참 무능한 사람들"로 비난하는데, 이러한 비난은 기독교 초기부터 있어 온 사실이다. 그렇지만 그리스도의 가난과 겸손보다 더 확실한 모범은 없다. 가난과 겸손은 참 성직자들에게 필히 요구되는 표식이다.[48]

> 그리스도가 이 땅에 오시지 않았다면, 악마는 나쁜 사람을 만드는 일을 했을 것입니다. 악마가 행한 제일 나쁜 짓은 하나님의 이름으로 부를 쌓으라고 가르친 것입니다. 모든 죄악은 여기로부터 나옵니다. 그러나 하나님의 아들이 악마의 사역을 부수고 없애기 위해 이 땅에 왔습니다(비교. 요일 3:8).[49]

---

48 Huldrych Zwingli, *Schriften II*, 282ff.

49 Huldrych Zwingli, *Schriften II*, 284.

그리스도인의 자유

제24조는 음식에 관한 중세교회의 규례 「치즈-버터 서신」에 대해 언급하며, 이 서신을 하나님이 요구하지도 않는 일을 의무화한 교황청의 오류로 정죄한다. 순전히 인간적 가르침과 규범에 근거해 만들어졌기 때문이다. 츠빙글리는 국가법과 사회법을 이와 같은 기준으로 평가하지 않는다. 츠빙글리가 인간적인 계명으로 낙인찍는 이유는, 그것이 하나님의 명령과 말씀에 어긋나기 때문이다. 사람이 취하는 그 어떠한 음식도 사람을 더럽히지 않는다(막 7:18). 하나님께서 감사함으로 먹도록 음식을 만들었는데, 사람의 생각과 양심이 더러워져 잘못을 범하고 있다. 그러기에 몇몇 음식을 못 먹게 금지한 「치즈-버터 서신」은 교황청의 사기인데, 이 역시 돈을 벌기 위한 일종의 수단이라는 것이다.

제25조는 그리스도인의 자유에 반해 시간과 공간을 제한하는 사람들은, 그 주인이신 그리스도에게 대적하는 것이라고 말한다. 예수 그리스도는 성전보다 크신 분, 안식일의 주인이다. 성경은 특정한 장소가 은혜를 받기 위해 요구된다고 말하지 않는다. 츠빙글리는 그 어떤 특정 장소를 은혜의 장소라고 말하는 사람들을 "참으로 어리석은 사람들"로 일컬으며, 이는 "하나님을 제한하고 옭아매는 것"이며, "하나님의 은혜를 결박하는 것이고, 하나님의 은혜의 본질을 은폐하는 것"이라고 비판한다. 이들이야말로 예수가 말한 것처럼 "나쁜 그리스도인"이며, "적 그리스도인"이다(마 24:24-26).

하나님을 장소와 시간에 묶어버리는 것은 그리스도인들에게 주어진 자유를 빼앗는 것입니다. 크리스천이 하나님으로 가는 길을 막을 뿐 아니라, 인간의 필요를 위해 기꺼이 쓰여야 할 시간을 사람 위에 두는 행위입니다.[50]

수도원 폐지

26조는 "하나님이 가장 싫어하는" 위선에 대해 말하는데, 위선은 "하나님에 대한 신성모독"이다. 위선은 "사람들 앞에서 원래의 자신 모습보다 더 잘난 것처럼 행동하는 모든 것"으로 하나님 앞에 내세울 수 없다(욥 13:16). 위선은 "하나님의 말씀에 대적하는 … 속임수"로 회칠한 무덤과 같다. 츠빙글리는 하나님을 "순수하고 거짓이 없는 선함, … 진리"로 부른다. 위선은 "우리가 생각하는 것보다 훨씬 더 사악하고 위험한 죄악"이기에, 위선자는 "구원받을 희망이 없는 사람"이다. 문제는 본인도 모르게 위선이 죄악으로 마음에 자리 잡을 수 있다.

각 사람은 본인이 믿음에 굳건히 서 있는지, 본인의 정원에 위선의 잡초가 자라고 있는지, 매일 스스로 살펴야 합니다. 악마가 성도의 신앙을 오류로 유혹할 수 없을 때, 악마는 위선과 함께 찾아와 사람을 곤경에 빠뜨립니다. 그래서 악마는 인간

50 Huldrych Zwingli, *Schriften II*, 292.

을 이전보다 더 나쁘게 만듭니다.[51]

츠빙글리는 위선의 일환인 수도복, 종교적인 여러 상징물, 삭발 관습은 일종의 가면으로 정죄하며 폐지되어야 한다고 주장한다. 예수는 경건한 체하는 바리새인과 서기관들의 외형과 상징을 "어리석은 것"으로 제거했기 때문이다(마 23:5–7). 이에 해당하는 것들이 사제복장, 십자가 상징물, 성가대 가운, 삭발이다. 사람들은 성직자들은 어떤 형태로든지 일반 교인들과는 구별이 될 수 있어야 한다고 하는데, 츠빙글리는 바로 이러한 마음이 위선이라는 것이다. 예수께서 가르쳐준 위대해지는 방법은 서로를 섬기는 사랑과 겸손이다(요 13:35).

> 하나님이 주목하는 경건은 겉이 아니라, 인간의 마음입니다. 그러나 여러분은 사제복과 종교적 표식을 통하여 경건을 보여줍니다. 마치 하나님이 사람들의 중심을 볼 필요가 없는 것처럼 말입니다. 그렇지만 하나님은 여러분의 의복을 통해 이미 여러분이 누군지 정확히 아십니다. 가면을 쓴 자들이고, 위선자라고 말입니다.[52]

27조는 같은 맥락에서 수도원 폐지를 주장한다. 하나님을 아버지로

---

51 Huldrych Zwingli, *Schriften II*, 294–295.
52 Huldrych Zwingli, *Schriften II*, 296–297.

모신 모든 크리스천은 형제요 자매일 뿐이다. 그러기에 이 세상에 사는 형제자매들을 함부로 아버지로 불러서는 안 된다(마 23:9). 여기에 육신의 아버지를 일컫는 것은 아니다. 츠빙글리가 말하는 아버지란 한 예로 수도원장을 아빠(Abba)로 부르는 것이다. 물론 신부와 교황도 이에 속한다. 츠빙글리는 신실한 그리스도인들에게 "이제 이단 같은 수도회를 떠나십시오", "수도복을 벗어버려야 합니다"라고 말하며 수도원의 폐지를 강력하게 요구한다. 수도회에 입회하는 것을 "매우 끔찍한 결정"으로 불의, 죄, 위선, 속임수와 거짓으로 규정하며, 차라리 모든 믿는 자들의 형제와 자매로서 "단순한 크리스천"이 되어 "모든 기독교 공동체에서 평등한 위치로" 있어야 할 것을 주장한다. 이런 맥락에서 츠빙글리에게 수도자 성 프란치스코나 도미니쿠스는 중요한 교훈을 준다.

> 그리스도는 사람이 하나님이 되어 가르치는 것, 과장해서 사람을 아버지라고 부르는 것을 원하지 않습니다. 하늘에 계신 아버지가 유일한 아버지입니다. … 본인 스스로 아버지로 불리는 것을 즐기는 자, 또한 그런 자들을 아버지라고 부르는 사람은 모두 하나님을 대적하는 자들이며, 그리스도의 영광과 질서를 깨뜨리는 사람입니다.[53]

---

53 Huldrych Zwingli, *Schriften II*, 300.

성욕과 결혼

1524년 공개적으로 결혼했던 츠빙글리는 28조에서 모든 사람에게 부여한 결혼의 권리를 주장한다. "하나님이 허락했거나, 금지하지 않은 모든 것은 정당"하기 때문이다. 하나님은 결혼을 금하지 않았으며, 오히려 결혼할 것을 훨씬 강하게 권하는데, 하나님은 세상을 창조하실 때, 아담에게 돕는 배필, 여성을 주었는데, 이는 아담 이후 모든 남성은 여성의 도움이 필요하기 때문이다(창 1:28). 29조는 인간의 성욕과 결혼에 대해 다룬다. 츠빙글리는 독신의 삶은 하나님의 은사이지만, 하나님이 그렇게 살도록 한 사람들만이 가능한 것이라고 말한다. 여기에 해당하는 사람이 고자인데, 그들은 하나님에게서 그런 능력을 받은 사람들이다. 하나님은 일반인들에게는 성적 욕망을 허락했다. 성적 욕망을 제어할 수 없는 사람은 마땅히 결혼해야 한다. 하나님은 우리가 성욕을 절제하면서 사는 것을 원하지 않는다. 문제는 성적 욕망을 절제로 위장하는 사람들인데, 그들이 결혼하지 않는다면, 결국 그들은 죄를 짓게 된다는 것이다. 마태복음 19:4-6을 근거로 츠빙글리는 영예로운 결혼에 대한 두 가지 입장을 제시한다. 첫째, 하나님이 남자와 여자로 창조했다는 사실에서 독신의 삶을 강요할 수 없다. 둘째, 결혼제도는 하나님이 세우신 것이기에 금해서는 안 된다. 위선자들이 성적 절제를 가르치고 있는데, 츠빙글리는 그들을 "바로 악마 자체"라 부른다. 그러기에 악마야말로 결혼을 최초로 금지했는데, 이는 최초로 결혼제도를 세우신 하나님을 대적하는 행위다. 마태복음 19:10-12에 따르면 결혼은 성직자, 수도사, 수녀를 막론하고 모든 사람에게 해당한다. 타오르는 욕정으로 절제할 수 없으면 결혼해야 한다. 그렇지 않으면 결국 죄를 짓게 된다. 곧 "결혼은 욕정을 위한 하나의 치료 약이며, 도움이다."[54] 츠빙글리는 디모데전서 3:4와 디도서 1:5-6을 통해서도 당시의 상황을 예로 들며 결혼에 대한 적극적 입장을 개진한다. 목사는 마땅히 한 아내의 남편이 되어야 함에도, 사제들이 성욕을 제어하지 못해 남녀관계로 얻어진 많은 아이가 "공동체 안에서 인정받지 못한 사람들로" 살아가는 것을 안타까워한다. 만약 이러한 현실을 무시하고 "어리석은 사제가 이에 이의를 제기할 경우" 그는 마땅히 "자신의 아이들과 함께 추방당해야 한다."

> 보십시오. 어떻게 바울의 말이 처음부터 마태복음 19:10-12에서 말하는 그리스도의 가르침과 일치하는지. 아내 없이 살 수 있는 남자, 곧 정욕이 사라진 그냥 몸을 가지고 살 수 있는 고자의 은사를 하나님이 주셨다면, 이는 좋은 것입니다. 그러나 남성이 여성과 성적 관계를 하기를 원한다면, 그는 이리저리 매춘행위를 하지 말고, 자신만의 여자와 마땅히 결혼해야 합니다. 바울은 여기서 '각 사람'이라고 말하면서, 성직자나 어떤 인간도 제외하지 않습니다.[55]

54 Huldrych Zwingli, *Schriften II*, 312.

55 Huldrych Zwingli, *Schriften II*, 310-311.

츠빙글리는 당시 독신 성직자의 공공연한 매춘행위를 들추면서, 로마교회가 그러한 사실을 목격하면서도 성직자 결혼을 금하는 것을 이해할 수 없었다. 특히 당시 성직자들이 어쩔 수 없이 독신을 유지하고 있는 이유를 두 가지로 제시한다. 첫째, 힘 있는 성직자가 경제적 이익을 추구하기 때문이다. 둘째, 주교들의 분노가 두려워 자신들의 진실을 숨기고 있다.[56]

> 결혼을 원하는 성직자들은 괴팍한 날라리가 아니고, 존경받아야 할 신자입니다. … 괴팍한 날라리는 여자와의 성관계를 포기하지 않으면서, 그러나 결혼은 하지 않으려는 사람들입니다.[57]

서원하지 말라

30조는 "유치하고 바보스럽게 약속하는" 순결 서원에 대해 말한다. 성적 순결은 인간에게 달린 것이 아니라, 하나님에게 달린 것이기 때문이다. 하나님이 그렇게 만들지 않은 사람이 순결 서원을 하는 것은 어리석고 바보 같은 짓이다. 순결 서원은 맹세해서는 안 되는 것을 약속

---

56 츠빙글리는 1523년 이 글을 쓴 다음 해 1524년 40세의 나이로, 독일의 종교개혁자 루터는 그 1년 후인 1525년 42세의 나이로 당시의 많은 비난을 감수하면서 결혼하였다. 이는 중세교회의 잘못된 전통을 깨뜨리며 종교개혁 신학과 정신을 몸으로 보여준 실례라 할 것이다.

57 Huldrych Zwingli, *Schriften II*, 313.

하는 무모한 짓이다. 순결 서약을 받는 수도원장은 죄를 짓는데, 최소한 자신들의 경험을 통해서 그러한 서약을 지킬 수 없다는 사실을 알기 때문이다. 그러한 자들이야말로 뻔히 알면서도 경고보다는 "마치 양심이 죽은 마부들"처럼 다시 잘못된 길로 이끄는 자들이다. 그들이 "자신은 과거에 고통스러운 갈등이나 유혹이 전혀 없었던 것처럼, 거짓말이나 위선적인 태도"를 취한다. 물론 츠빙글리는 성적 욕망으로부터 자유롭게 된 사람들이 없지 않는데, 그것 역시 하나님의 은혜라고 인정한다.

> 가장 거대한 위선자만이 결혼의 영예와 그리스도적 가르침에 대적하여 개처럼 목소리를 높입니다. 그러나 하나님의 말씀으로부터 교육을 잘 받은 사람은 그러한 위선을 내려놓게 됩니다.[58]

수도자 서원

특히 츠빙글리는 하나님께 하는 약속인 서원(Geluebde)은 예수 그리스도가 하나님과 영원히 화해할 수 있는 유일한 희생 제물로 바쳐진 이후 "완전히 폐기"되었다고 본다. 서원은 "오직 희생 제물과 관계된 것"으로, 수도원 서원은 성경적 근거를 찾을 수 없다. 츠빙글리는 수도원의 세 가지 서원인 순종(Gehorsam), 순결(Enthaltsamkeit), 가난(Armut)을 "위선

58 Huldrych Zwingli, *Schriften II*, 315.

과 우상 숭배"로, 수도복과 그들이 지니는 여러 형상들을 "오물"이라 정죄한다.

순종은 "오직 하나님에게 순종하라."라는 말이지, 사람을 대상으로 하는 것은 아니다. 그러기에 수도원에서 강요하는 순종은 인간적인 순종으로 "하나의 위선이고 새빨간 거짓이고 하나님의 계명을 어긴 것"이다. 츠빙글리는 가난한 삶으로 하나님을 칭송하는 가난 서원을 우상 숭배로 정죄한다. 알고 보면 재물이 그들에게 하나님이기 때문이다. 인간에게 나온 업적이나 행위를 선한 것이라 말할 수 없다. 단지 하나님으로부터 온 것은 선하다.

순결(금욕) 서원은 하나님이 허락하신 것을 인간의 의지로 지키지 않은 행위로 역시 우상 숭배이다. 츠빙글리에게 서원은 하나님의 은혜를 망각한 공로 사상으로 구원에 대하여 알지 못하는 무지로부터 나온다. 한마디로 불신앙에서 서원이 나오고, 서원을 통해 구원에 이르러 하기에, 결국 서원은 그리스도를 대적하는 악한 죄다. 믿음은 오직 하나님의 은혜를 의지하나, 서원은 인간의 능력에 기대기에, 츠빙글리는 서원을 우상 숭배이며, 불신앙으로 정죄한다.

> 사람들이 전적으로 주 예수 그리스도만 신뢰할 때, 사람들은 그제야 정확히 깨닫게 될 것입니다. 수도복과 그 외 다른 외적인 것에 소망을 두는 것이 불신앙이라는 점입니다. 또한 그리스도 외에 구원을 위한 다른 길은 없다는 것을 깨닫게 될 것입니다. 아울러 그리스도를 구석에 밀치고 앞서려는 모든 이들

은 도둑이라는 사실입니다. 그래야 사람들은 오직 그리스도를 따라 십자가를 지려고 할 것입니다. 그렇게 되면 인간의 서원은 주제 넘치는 교만이고, 하나님을 조롱하고 무시하며, 인간을 높이는 잘못입니다.[59]

출교

31조는 단지 교회공동체가 그리스도의 의지와 뜻을 살펴 영적 감독자인 목회자와 더불어 선고하는 출교 명령(Kirchenbann : 파문)에 대해서 말한다. 특히 츠빙글리는 당시 일반적으로 행해지는 힘 있는 한 개인 주교, 수도원장, 교황이 행하는 출교를 인정하지 않는다. 츠빙글리에게 출교 명령은 교회공동체의 권리로 매우 신중히 행해져야 하는 이유를 제시한다. 첫째, 성경은 교회 공동체에게 출교할 수 있게 그 권위를 부여한다. 둘째, 교회 책벌의 대상은 죄지은 사람에게 해당한다. 그러나 공개적으로 피해를 주지 않은 죄는 회개하고 용서할 것을 요청한다. 빚을 진 사람에게 교회는 그 죗값을 물을 수 없는데, 물질의 빚은 죄가 아니기 때문이다. 셋째, 출교는 공개적으로 물의를 일으킨 때 해당한다. 넷째, 은밀한 죄를 지은 출교 대상자에게는 은밀하게 권면하는 것이 옳다. 다섯째, 공적으로 물의를 일으킨 사람이 교회의 경고를 거부할 경우 그를 교회의 재판정에 공개적으로 세워 출교할 수 있다.

59 Huldrych Zwingli, *Schriften II*, 319.

어떤 일 개인도 출교를 명할 수 없습니다. 그 문제의 본인이 교회의 경고를 거부했을 경우, 그가 속한 교회공동체 이외에는 아무도 그를 공개적으로 출교할 수 없습니다. 따라서 분명한 것은 교회공동체가 재판장이며 감독관입니다.[60] 이제 분명한 것은 어떤 사람에게 출교를 명하는 것은 한 개인의 권한이 아니라, 오직 개 교회공동체의 권한에 속한 것이라는 점입니다. 이는 고린도전서 5:1-8에서 사도 바울을 통해 가르치는 결정과 말씀입니다.[61]

이처럼 츠빙글리는 바울 서신을 근거로 출교에 대해 분명히 가르친다. 첫째, 교회공동체에 공공연하게 알려진 죄를 범한 사람을 공적으로 출교할 수 있다. 둘째, 출교는 개개인에게 주어진 권한이 아니고, 교회공동체에 속한 권한이다. 셋째, 아무리 공공연한 죄를 지었을지라도 회개할 때 구원을 받는다. 넷째, 한 개인의 죄악이 공동체에 누룩처럼 번져 다른 사람을 타락에 빠뜨린다는 사실을 기억해야 한다. 다섯째, 성적 죄, 도둑질, 우상 숭배 등은 출교를 통해서 처벌해야 한다. 여섯째, 교회공동체는 출교 받은 사람일지라도 회개한다면 출교를 해제하여 다시 받아들여야 한다.

32조는 출교를 오용하는 자들을 경고한다. 범죄자를 하나님의 눈으

60 Huldrych Zwingli, *Schriften II*, 329.

61 Huldrych Zwingli, *Schriften II*, 332.

로 바라보고 불쌍한 힘없는 양을 잡는 수단으로 출교를 오용해서는 안 된다. 하나님이 용서하지 못할 죄인들이 없다. 그러나 현실은 억울하게 출교를 당한 사람들이 있다. 출교는 범죄자를 전체 교회공동체 앞에 세워 모욕을 주는 것이기에, 이를 오용할 때 악하고 잔인한 것이다. 세상 법정도 범죄자에게 공개적으로 창피를 주는 일을 삼가고 있다. 한 예로, 가난한 자들을 가난 때문에 출교 명령을 내리는데, 이는 잔인할 뿐 아니라, 절망을 주는 악한 관습이다. 교회가 출교를 굳이 해야 하는 것은 눈감을 수 없는 공개적인 범죄이어야 한다. 요한계시록 2:27을 따라 출교해야 하는데, 곧 "그리스도의 철 채찍"(die eiserne Rute Christi)을 교회는 사용할 수 있어야 하는데, 몸은 부서질지라도 형제를 죄로부터 치유하고 영적으로 살리기 위함이다.

불로소득

33조는 중세교회가 탈취한 재산, 불의한 재산을 다룬다. 빼앗은 재산이 원소유자에게 돌아갈 수 없을 때, 교회, 수도원, 사제, 수사, 수녀의 몫이 되어서는 안 되고, 가난한 사람들에게 가야 타당하다(눅 16:9). 여기서 말하는 불의한 재산이란 강도 행위나 도둑질로 남의 재산을 빼앗은 경우, 또는 그렇게 해서 헌금을 교회에 한 경우를 말하는데, 문제는 원소유자를 찾지 못할 경우이다. "사제들과 바리새인들이 하나님 자녀들의 것을 달콤한 말로 속여 빼앗아 … 하나님의 계명을 어기는 것"으로, 성직자들은 빼앗은 이웃의 재산을 반드시 돌려주어야 한다. 츠빙글리는 선한 양심으로 살아갈 때 부자가 되기는 매우 힘들다고 본다.

그런데도 불의한 방법으로 형성된 부임을 분명히 알 경우, 그 부를 가난한 자들에게 나누어주어야 한다. 하나님은 불의한 청지기에게는 진정한 보물인 그리스도의 말씀과 교훈 그리고 그분의 지혜를 맡기지 않는다.

> 여러분이 부정하게 부를 본인의 것으로 가져오면, 어떻게 여러분에게 진리의 재화를 믿고 맡길 수 있겠습니까! 따라서 결론적으로 말씀드리면 본래 '여러분의 몫'이란 사람이 태어날 때부터 주어진 것으로, 하나님을 바르게 아는 것이며, 그 하나님만을 우리의 보물로 간주하는 것입니다.[62]

츠빙글리는 불의한 재산이 매우 다양한 모습으로 존재한다고 본다. 투기 등 불로소득으로 얻어진 재산도 불의한 재산이다. 이자로 얻은 재화도 여기에 해당하는데, 그들은 물가를 크게 올리기 때문이다. 23조에서도 언급했던 것처럼, 정당하지 못한 돈은 가난한 사람들에게 마땅히 돌려주어야 한다. 이에 대해 츠빙글리는 성경적 근거를 찾을 수 없을 땐, 일반법에 의존하여 입장을 제시한다.

> 사람들이 불의한 재화를 하나님께 바쳐서 정당한 재화로 둔갑시키려 한다면, 그러한 짓은 하나님을 모독하는 죄이며, 하나

---

62 Huldrych Zwingli, *Schriften II*, 344.

님을 침묵하게 만들기 위함이며, 하나님을 동일 강도로 만들려는 것입니다.[63]

목사와 세금

34조는 성직자의 권력에 대해 다룬다. 교회의 권력은 그리스도의 가르침에서 어떤 근거도 찾을 수 없다. 교회의 권력이란 영적인 일들을 결정하며, 세상을 다스릴 권한이다. 교회가 가져야 할 것은 세상 권세가 아니라, 어린아이와 같은 겸손이다. 하늘나라에서 큰 자는 아이처럼 자기를 낮추는 자이다. 마음과 행위에서 최고로 겸손한 사람, 남을 가장 잘 돕는 사람, 가장 성실하고 가장 순수한 사람이 하늘나라에서 가장 큰 자이다(마 18:4). 구체적으로 교황과 주교들이 교회의 가장 높은 자리에 있다는 말은 전혀 성경적 근거가 없을 뿐 아니라, 그러한 교만과 탐욕에서 회개하지 않는다면, 그들은 하나님의 나라에 들어갈 수 없다. 베드로전서 5장은 장로들에게 지배하려 하지 말고, 서로 복종하여 양 떼들의 모범이 될 것과 겸손의 옷을 입을 것을 당부한다. 성직자는 양 떼를 지배하려 하거나 그들 위에 군림하지 말고 그들을 돌보고 섬기는 자가 되어야 한다. 목사들은 그 어떤 세상의 권력을 가져서도 안 된다. 만약 목사들이 세상 권력을 갖기를 원한다면, 목사직을 포기해야만 한다. 동시에 두 직을 다 수행할 수 없다. 만약 성직자가 권력을 가

---

63 Huldrych Zwingli, *Schriften II*, 346.

진 자로서 재산과 권력을 오용하게 될 때, 하나님을 욕되게 하기 때문이다.

35조에서 츠빙글리는 성직자의 세금 면제를 "매우 거대한 포악한 행위"(eine grosse Tyrannei)로 규정하는데, 함께 살아가는 공동체에 손해를 끼치는 행동이기 때문이다. 목사들도 함께 살아가는 이웃들처럼 세금의 의무를 마땅히 이행해야 한다.

> 요약하면, 그리스도의 가르침에 의하면, 이 세상 누구도, 일반 신앙인이 함께 감당하는 국가 공권력이 부과하는 과업에서 예외일 수 없습니다. 만약 정치 권력이 이 사람, 저 사람에게 과세를 면한다면, 그것은 공동체 전체를 위해 불이익을 주지 않고는 이루어질 수 없습니다. 이러한 예외 규정들이 시간이 지남에 따라서 어떤 결과를 가져올지에 대해 사람들은 쉽게 예측할 수 있을 것입니다.[64]

36조는 세상 법정에 성직자들이 관여할 수 없음을 분명히 한다. 다르게는 성직자의 재판권 행사는 명백하게 금지되어 있다. 성직자들은 재판관이 되어서는 안 되고, 정의로운 재판이 이루어지도록 가르쳐야 한다. 예수 그리스도 역시 어려움 가운데 있는 사람들을 받아주며 위로하고 도와주었지만, 재판관 노릇을 하지 않았다(눅 12:13–14). 그렇다면

---

64 Huldrych Zwingli, *Schriften II*, 354–355.

그리스도를 따르는 종들도 같아야 한다. 성직자들이 국가권력과 대립각을 세우는 모습은 하나님의 뜻이 아님을 분명히 한다. 더욱 기억해야 할 것은 국가권력자가 기독교인일 경우에는 그들의 판결이나 다스림을 기꺼이 받아들여야 한다. 문제는 그들이 거짓된 그리스도인들일 경우인데, 더 악할 수 있다.

37조는 그리스도인과 세상 권력과의 관계를 다룬다. 사람은 누구나 위에 있는 권세에 복종해야 한다. 모든 권세는 하나님으로부터 온 것이기 때문이다. 크리스천은 왕들과 높은 지위에 있는 다스리는 자들을 위해 기도해야 한다(딤전 2:1-2). 크리스천의 기도는 불신 권력자들을 위해서도 예외이지 않다. 이는 믿는 자들이 평화롭고 조용한 생활을 하기 위함이다. 이런 맥락에서 츠빙글리는 취리히 시민들의 평화를 위한 기도를 강조한다. 츠빙글리는 당시 교회 세력과 세상 권세 사이에서 자신의 경험을 털어놓는다.

1520년 로마교회를 떠나다

당시 교황 특사들과 추기경, 그리고 주교들이 츠빙글리의 설교를 막으려 온갖 노력을 다했지만, 취리히 성도들의 적극적 후원으로 츠빙글리의 설교를 막지 못하였다. 당시 많은 돈(연금)으로 교황청은 츠빙글리를 회유하였지만, 츠빙글리는 1517년 그 돈을 포기했고, 3년 후 1520년에는 연금 수령을 포기한다는 각서를 자필로 썼다. 물론 츠빙글리는 자신의 전환이 1516년까지는 이루어지지 않았음을 고백한다. 1520년 각서를 쓴 후 로마교황청은 츠빙글리의 관계 단절이 본격화되었음을 알아차렸다. 그런 후 그들은 그 각서를 공개하였으며, 이를 근거로 츠빙글리를 취리히 시로부터 추방할 수 있다고 믿었다. 그렇지만 취리히 시의회는 그들의 검은 의도를 알아차렸고, 이에 동의하지 않았다. 시의회는 츠빙글리에게 잘못이 없다고 선언하였다.[65] 특히 츠빙글리는 취리히의 용병제도에 대해 분명한 입장을 제시했다. 츠빙글리는 쉬지 않고 취리히의 무고한 젊은이들을 전쟁터에 보내 피를 흘리게 하면서까지 외국의 돈을 벌어들이는 행위는 정의롭지 않기에, 교황의 권력이나 교회의 권력에 맞서서라도 용병협정을 맺어서는 안 된다는 주장을 확고히 견지했다. 츠빙글리의 입장은 먼저는 하나님의 뜻을 따르는 것이며, 자신의 조국 스위스를 가슴 깊이 사랑하기 때문이었다. 용병을 반대했던 츠빙글리는 기꺼이 그리스도의 가난을 택하고자 했고, 교황의 막강한 권력과 화려함을 거부하였다. 이 대목에서 츠빙글리는 베드로전서 2:13-17을 가져온다.

> 우리는 말할 것도 없이 자유합니다. 그러나 그 자유로 악을 덮고 가리는 겉옷으로 사용해서는 안 됩니다. 도리어 하나님의 종들다운 모습을 보이는데, 그 자유를 사용해야 합니다. 모든 사람을 존중하며, 이웃을 형제처럼 대하고, 하나님을 경외하며, 왕과 세우신 자들을 공경해야 합니다.[66]

---

65 Huldrych Zwingli, *Schriften II*, 362ff.

66 Huldrych Zwingli, *Schriften II*, 366.

바른 통치자

38조는 세상 통치자의 폭정에 대해 말한다. 츠빙글리가 여기서 말하는 폭군은 교황청과 교황청을 지지하며 불법을 자행하는 권력자들이다.

> 만약 하나님께서 세우신 권력자가 그리스도인이 아니며, 하나님의 뜻에 반대되는 것을 명할 때, 그리스도인들은 하나의 원칙을 가지고 있습니다. 그것은 사람보다 하나님에게 더 복종하는 것입니다(비고. 행 5:29). 물론 그리스도를 믿는 영주들은 하나님의 뜻에 반대되는 그 어떤 것을 가능한 아주 적게 명령하도록 해야 할 것입니다.[67]

특히 츠빙글리는 "적 그리스도적 교황 추종자"인 세상 권력자가 루터의 종교개혁에 반대하여 취한 행동을 폭정으로 규정한다. 아무리 그리스도의 복음을 바르게 전할지라도 그들은 "루터의 복음" 또는 "루터파"라 정죄하고 비난하면서 모든 힘을 다해 박해하고 있다는 것이다. 물론 츠빙글리는 자신이 전한 그리스도의 가르침을 "루터의 복음"으로 불리는 것을 원하지 않았지만, 죽음을 각오하고라도 "폭군의 미친 짓"을 "그리스도의 담대한 군병이 … 세상의 악과 폭력을 … 몸으로" 막아야 한다고 주장한다(딤후 2:3). 당시 로마교회에 반기를 들고, 로마교회 추종자 영주들의 반대편에 서야만 했던 종교개혁자 츠빙글리는 자신에

---

67 Huldrych Zwingli, *Schriften II*, 368.

게 닥친 위험이 죽음의 문턱까지 가까이 왔음을 모르는 바가 아니었다.

기독교 국가

39조는 악한 군주들이 불법을 자행할 때, 그리스도인들은 사람보다 하나님에게 순종해야 하기에, 기독교인 군주들은 하나님의 뜻을 따르는 법의 통치자가 되어야 마땅하다. 그렇지 않을 때 백성들은 폭동을 일으키게 된다. 정의로운 군주 자신이 하나님의 뜻에 맞게 통치하는지를 확인하는 두 가지가 있다. 첫째, 하나님의 말씀과 규율에 가감하지 않고 함부로 판단하지 않는지. 둘째, 성령으로 사람의 마음에 심은 자연법을 따라 모두를 형제자매로 여기며 서로를 섬기는지. 그렇지만 문제는 사람들이 망가진 자연 속에 살면서 "절반의 정의"를 실천할 뿐이라는 사실이다. 그러기에 통치자는 악을 쳐부수며, 탐욕을 저지르고 있는 자들을 응징하기 위해 존재해야 한다(딤전 1:8-11). 권력자는 어쩔 수 없이 '하나님 앞에 서 있는 악인'으로 죄악을 막는 자로서 존재한다. 세상에서는 순수한 정의는 있을 수 없기에, 재판관은 본질적 선을 추구하는 자여야 하고, 이웃 사랑의 자연법을 따라 판단하려 노력해야 한다. 재판관은 이기적 동기를 가져서는 안 되고, 하나님의 뜻을 마땅히 순종해야 한다. 진정한 통치자는 백성들이 정의로운 하나님을 이해할 수 있도록 이끌어야 한다. 츠빙글리는 복음의 원리에서 다스려지는 기독교 국가를 가장 이상적인 국가로 제시한다.

그러기에 확실한 것은 그리스도의 복음이 백성에게 선포되는

> 것을 원하지 않는 권력자는 악한 폭군입니다. 그들은 백성이 눈을 뜨는 것을 두려워하고, 참지 못합니다. 그러한 그들이야말로 교만하고 소유욕에 취해 있으며 악당들이기 때문입니다. … 그러나 그 어떤 가르침보다 그리스도의 가르침이 국가를 선하고 평화롭게 더 잘 도와줄 수 있는 가르침은 세상에 없습니다. 그리스도의 가르침을 통해서 하나님이 세우신 권세자는 지혜롭게 되고, 영적으로 되며, 모든 것을 제대로 다스리게 됩니다. 신하들도 무엇이 더 선하고 평화로운 것인지를 깨닫고, 더욱 그것을 열망하게 되며, 사랑 가운데서 기쁨으로 일합니다.[68]

츠빙글리는 통치자가 마땅히 가야 할 길을 몇 가지로 제시한다. 첫째, 하나님의 말씀에서 인간의 정의를 찾는다. 둘째, 인간의 법을 하나님의 말씀에 상응하는 법으로 만든다. 셋째, 본인을 그 정당한 법으로 악한 자를 처벌하는 자로 인식한다. 넷째, 믿는 자들을 형제처럼 대하며, 불의에서 보호한다. 다섯째, 잘못된 믿음과 교만에 빠지지 않도록 그들의 영혼을 돌본다(히 13:17; 벧전 5:1-3). 이 점에서 성직자와 통치자는 업무에 있어서 공통점을 가진다. 로마서 13:3-4를 인용하며, 츠빙글리는 통치자를 "하나님의 일꾼", "하나님의 진노를 집행하는 사람"으로 일컫는다.

---

68 Huldrych Zwingli, *Schriften II*, 379.

40조는 사형 선고에 대해 다룬다. 권력자는 오직 법에 근거해 사형 선고를 내릴 수 있지만, 사사로운 감정을 따라 사람을 죽인다면 폭력 살인자가 된다. 이는 하나님의 법(출 3:20)에 위반되는 악행이다. 그 누구라도 법적 근거 없이 사람을 죽일 수도 없으며, 죽여서도 안 된다. 하나님은 죄인들이 회개하기를 바라지만, 그럴 희망이 없다면, 공적 분노를 일으킨 악한 사람은 격리해야 하는데, 법에 근거해 공적으로 죽일 수 있다. 이렇게 하여 공동체가 사라지는 것보다 한 지체가 사라지는 것이 더 낫다는 것이다.

지도자와 공공선

권력을 가진(롬 13:4) 권력자는 진실해야 하며, 백성을 보호하고 돌보며 도움을 주어야 한다(41조). 대신 백성은 정치가에게 물질적으로 보상해야 한다. 그렇지만 많은 부를 소유한 권력자는 자신의 부로 사는 것이 정의롭다. 소크라테스처럼 그들은 공공선을 추구하며 사는 모범이어야 한다. 권력자는 세금을 거둘 때, 일반 정의에 맞는 기준을 따라야 한다. 로마서 13:5-7에 따라, 백성은 마땅히 의무를 다하며, 두려워해야 할 이를 두려워하며, 존경해야 할 이를 존경해야 한다. 츠빙글리는 공권력을 가진 사람들을 "하나님을 향한 영적 직분자" 곧 '하나님의 종'(leiturgoi)이라는 것이다.[69]

츠빙글리는 부의 분배를 언급하는데, 부를 소유한 자의 자발적 동기

69 Huldrych Zwingli, *Schriften II*, 385.

에 의해 나눌 때 그 기쁜 분배가 하나님의 뜻이라고 말한다. 부유한 자들에게 무조건 남에게 주라고 강요하지 않고, 그들 스스로가 결정한 일로 할 것을 하나님은 말씀하신다. 만약 이에 반대되는 강요나 빼앗는 행동은 하나님의 계명을 어기는 것으로 도둑질과 다름없다.

> 모든 사물의 공동체적 소유(비고. 행 2:44)는 더욱이 하나님의 뜻입니다. 그러나 하나님은 소유자들에게 남에게 주라고 강요하지 않고, 본인 스스로 결정하도록 하십니다. 따라서 당신도 소유자에게 그렇게 하도록 강제할 수 없고, 그의 소유를 억지로 빼앗을 수 없습니다. 만약 당신이 이와 반대로 행동한다면, '너는 마땅히 도둑질하지 말라!'는 하나님의 계명을 어기는 것입니다. 하나님이 인간의 모든 소유를 기쁨으로 기꺼이 내놓고 함께 서로 사는 삶을 우리로 깨닫게 해줄 경우, 우리는 사도시대 초대교회처럼 그 누구도 강제하지 않고 서로의 것을 공동으로 나누면서 함께 살게 될 것입니다.[70]

이에 반대되는 행위, 공동의 소유(Allgemeinbesitz)를 주장하면서 이를 이행하지 않은 자를 "모레 구덩이에 또는 채석장에 묶어 놓고 강제 노동을 시키거나 시범적으로 사형에 처하는" 식의 억지와 강요를 츠빙글리는 바른 법질서에 반하는 "참으로 염치없는 오용"(den unverschaemten

---

70 Huldrych Zwingli, *Schriften II*, 386.

Missbrauch)으로 강하게 반대한다. 그러면서 츠빙글리는 "이런 식으로 당신은 자유의지를 통해 잘못을 범해서는 안 됩니다!"라고 경고한다.[71]

폭군을 제거하라

츠빙글리는 41조에서 "마치 8월에 날뛰는 벼룩처럼 수많은" 악한 군주에 대해 분명한 경고를 잊지 않는다. 츠빙글리는 그들을 "강도를 하고, 사기를 치고 도둑질을 하고 사람을 죽이고", "국민의 동의도 없이 자기 멋대로 국민에게 세금을 부과"하면서, "엄청난 사치와 놀이, 술잔치와 매매춘, 난장판 연회와 전쟁과 엄청난 옷값과 인건비, 또한 비싼 외국 풍속의 도입 비용과 사치스러운 보석 비용 등으로 국민 세금을" 낭비하는 자들로 비난한다. 츠빙글리는 당시 권력자들이 "단지 돈 긁어모으는 자와 사기꾼과 착취자"로 그리고 "셀 수 없는 불의로" 완전히 망가졌음을 고발하며 질타한다.[72] 부를 소유한 자는 자진하여 나누어야 하지만, 강제로 나누도록 한다거나 빼앗아서도 정의롭지 않다. 츠빙글리는 자원하는 마음으로 나눌 때, 서로 형제가 되어 정의로운 분배가 이루어지길 바란다. 불의한 권력자 폭군을 하나님의 뜻에 따라 사람들은 제거할 수 있다고 말한다(42조). 츠빙글리에게 통치자는 백성의 손에 의해 선출되어야 한다. 한 예로, 왕의 아들이라는 이유로 통치자가 되는 것은 위태롭다. 그가 폭군, 바보라면 또는 어린이라면, 어떻게 그

---

71 Huldrych Zwingli, *Schriften II*, 386–387.
72 Huldrych Zwingli, *Schriften II*, 387ff.

를 국가의 주인으로 인정할 수 있겠는가! 권력자는 공의로 백성을 다스려야 하고, 그는 스스로 바른 삶의 모범을 보여주어야 한다. 츠빙글리는 구약의 예를 들며, 교만한 통치자를 그대로 둔다면 모든 백성이 그와 함께 하나님의 심판을 받게 된다고 말한다. 잘못된 권력자를 제거하는 일은 츠빙글리에게 그렇게 어려운 일이 아니다. 방법은 폭력이 아니라, "완전히 다른 방법"인데, 평화로운 선거를 통해서이다. 폭군을 만날 때, 사람들은 먼저 사실을 모든 백성에게 알려야 하고, 그런 후 모든 백성이 일치단결하여 폭군을 제거해야 한다. 폭군이 무력으로 이를 제압하려 할 때는 정의를 위해 죽음을 각오해야 한다. 이와 반대되는 행동으로 악한 통치자를 눈감아 줄 경우 하나님의 심판을 각오해야 한다. 이처럼 츠빙글리의 악한 군주를 향한 태도는 16세기의 상황에서 볼 때 앞선 것이며 민주적이라 평가할 수 있는데, 이러한 자세는 성경에 근거한다. 역사적으로 볼 때, 취리히의 종교개혁이 백성의 뜻과는 다르게 통치자들의 반대로 저지될 경우를 염두에 둔 츠빙글리의 각오를 보여준다 하겠다. 어쨌든 츠빙글리가 바로 이 대목에서 복음에 입각하여 강조하는 바는 정의, 평화 그리고 기쁨이다(롬 14:17). 온 백성이 한마음으로 폭군을 제거하는 것이 하나님의 뜻이다.

> 만약 당신이 어려운 길을 가려고 하지 않거나, 그러한 모험을 하려고 하지 않는다면, 어쩔 수 없이 폭군을 견뎌야 합니다. 그러면 결국 당신은 그와 함께 심판을 받을 것입니다. 심판하시는 하나님의 손은 언제나 가까이 뻗쳐올 것입니다. … 만약

> 현재 왕위 계승자가 폭군이라면, 어떻게 개인이 그를 무너뜨릴까요! 곧 폭동을 유발할 것입니다. … 하지만 백성 모두가 단결하여 그 악한 폭군을 물리쳤다면, 이는 하나님의 뜻을 이루는 것입니다. … 그러나 당신이 일치된 의견을 찾을 수 없다면, 당신은 폭압의 고통을 계속 짊어져야 하며, 끝에는 그 폭군과 함께 당신도 하나님의 심판을 받을 것입니다.[73]

구약을 근거로, 츠빙글리는 어떻게 교황청을 대적하여 싸워야 할 것인지를 밝힌다(43조). 교회개혁을 위한 싸움에서 잊지 않아야 할 것은 하나님의 말씀을 따르는 일이다. 반석이신 예수 그리스도 위에 굳건히 서서 교황 추종자를 대적하여 바른 교회를 위해 싸울 때, "살든지 죽든지, 하나님은 자신의 말씀으로 항상 승리"하도록 할 것을 츠빙글리는 확신한다.

만약 여러분이 하나님의 우정과 사랑에 머물 때, 하나님은 우리 안에 그리고 그 안에 우리가 있게 됩니다. 그리고 종국에는 하나님 스스로 문제를 대적하여 싸우도록 맡기십시오. 하나님은 우리에게 도움과 능력이 됩니다. 그래서 한 사람이 천 명 또는 이만 명을 부술 것입니다(비교. 신 32:30). 그리스도가 여러분에게 부여한 그 자유 안에 머무르면서, 적그리스도가 주는 종살이의 멍에 아래 놓이지 않도록 하기 바랍니

---

73 Huldrych Zwingli, *Schriften II*, 393–394.

다(비교. 갈 5:1).[74]

바른 기도와 찬양

츠빙글리는 바른 기도와 찬양에 대해 말한다(44-46조). 목소리를 높이는 기도와 찬양을 부정적으로 보며, 소리를 내지 않고 하나님께 영과 진리로 하는 기도를 진정한 기도로 이해한다. 구약에서 입술을 움직이지 않고 마음으로 하는 모세와 한나의 기도를 모범으로 제시하며, 특별한 장소가 아닌 모든 곳에서 성령과 진리로 하나님께 기도해야 한다. 예수 역시 영과 진리로 드리는 기도를 가르쳤다.

> 우리가 기도하기를 원하면, 우리는 골방에 가서 우리 뒤의 문을 잠그고, 아무도 모르게 숨어서 우리의 하늘 아버지에게 부르짖어야 합니다. 그리스도가 책망했던, 공개된 곳에서 모든 기도를 하려는 사람들은 위선자들입니다. 위선자들처럼 그들은 이미 그들의 상을 받았습니다. … 자신의 행동을 세상 사람에게 보이려는 사람은 위선자이며, 그러한 행동이 바로 위선(Heuchelei)입니다.[75]

앞에서 언급했던 기도를 향한 입장과 다르지 않게, 소리 내어 부르

74 Huldrych Zwingli, *Schriften II*, 396.
75 Huldrych Zwingli, *Schriften II*, 397-398.

는 찬양에도 츠빙글리는 부정적이다. 츠빙글리는 "유대인처럼 목소리가 아니라, 작은 방에서 마음으로 하나님께" 부르는 찬양을 주장하며, "시편을 웅얼거리고 외우는 대신에 읽고 해석"하기를 원한다. 찬양을 향한 츠빙글리의 입장은 독특하다 하지 않을 수 없는데, 16세기 당시 교회 성가대의 웅얼거리거나 빽빽거리는 라틴어 시편 찬송에 대한 부정적 인식 때문이다. 츠빙글리는 당시 찬양의 문제를 세 가지로 제시한다. 첫째, 한 사람도 이해하지 못한다. 둘째, 성가대 구성원 본인들도 "노래 부르고 있는 시편의 한 구절도 이해하지 못하고" 있다. 셋째, 성경적 근거를 제시할 수 없다.

츠빙글리는 큰 소리로 부르는 찬양을 단지 보상을 얻기 위한 것으로 평가절하하는데(46조), 그들이 원하는 보상이란 명예와 물질이라는 것이다. 츠빙글리는 그러한 찬양을 미끼로 사람들을 교회로 불러 모으는 일과 비싼 돈을 주고받는 행위를 정죄한다. 기도와 찬양은 그 대상이 하나님이기에 하나님과의 긴밀한 관계 속에서 바르게 이루어질 것을 츠빙글리는 강조한다. 바른 기도는 바른 찬양으로, 틀린 기도는 틀린 찬양으로 연결되는데, 찬양은 곡조 있는 기도라고 할 수 있다. 만약 기도와 찬양의 대상이 사람이 되면, 불순한 것이 끼어들기에 이를 엄격히 경고한다.

> 바보스럽게도 그들은 여태까지 결코 바른 기도를 배우지 못했습니다. 만약 그들이 뜻 없는 찬양으로 자신들을 혼란스럽게 할 때, 그것을 견디지 못하게 되었다면, 그들의 반응은 옳은 것이 되었을 것입니다. 유치하게도 그들은 무엇을 노래하

> 는지, 그 의미를 이해할 수 없을 때도 아이처럼 노래하고 노래 듣기를 기꺼이 즐깁니다.[76]

엄숙한 예배

츠빙글리는 16세기 당시 교회 예배 중 행해지는 비단으로 만든 유니폼을 입은 성가대의 합창, 춤, 율동과 공연 등 예술 행위가 유치하기에, 아모스 5:23을 인용하며 없앨 것을 강하게 요청한다. 이러한 "유치한 행위는 많은 땀과 노력을 필요로" 하고 있기 때문이다. 이를 츠빙글리는 "위선적인 것들", "우상 숭배"로서 "범죄행위"라 일컫는다. 무엇보다 그들의 추구가 하나님의 영광이 아니라, "헛된 명성, 쾌락, 물질을 추구하기 때문"이다. 이렇듯 츠빙글리는 "교회에서 들리는 소란스러운 소리를 금지"한다. 대신에 잘 훈련받은 목회자들이 요구된다. 그들을 통해 하나님의 말씀을 성실하게 알려주는 일이 요구된다. 한마디로 말해, 츠빙글리는 경건한 목회자의 신실한 성경 강해가 잔잔히 전달되는 조용한 예배를 원한다.

> 내용 없이 떠들어대는 소리여, 이제 떠나가라! 나는 떠나가는 너를 슬퍼하지 않아. 너는 나에게 좋은 일을 하지 않을 것을 정확하게 알고 있어요. 대신 이제 참되고 은밀한 내면의 기

---

76 Huldrych Zwingli, *Schriften II*, 400.

도를 기다려요. 성도의 마음을 하나님의 말씀으로 깨우는 기도입니다. 물론 그 기도는 단지 꽤 짧은 탄식입니다. 인간이 스스로 깨우침을 받고, 나아가 하나님이 그에게 말하는 것을 듣게 되는 기도입니다. 게다가 소망하는 것은 공동의 기도입니다. 모든 크리스천이 교회에서나 작은 기도실에서 공개적으로 함께 말하는 그런 공동의 기도를(gemeinsames Gebet) 기대합니다. 자원하는 마음으로 그 어떤 대가 없이 행해져야 합니다. 정확히 알기로는, 하나님께서 그 어떤 약속을 내리시는 기도를 기뻐합니다.[77]

목회자의 결혼

47조는 교회가 어떻게 공분을 일으키는 스캔들을 다룰 것인가를 다룬다. 츠빙글리는 공적 분노를 샀던 당사자를 향한 공개적 모욕을 주는 행위를 비성경적이라 금한다. 그리스도인들이 남을 정죄하는 교만에 빠져서는 안 되며, 함부로 다른 사람 위에 군림하거나 상대를 무시하는 행동을 해서는 안 되기 때문이다. 문제는 어떻게 당사자를 공동체에서 조심스럽게 배제할 것인지이다.

츠빙글리는 교회 안 스캔들을 세 가지로 정의한다. 첫째, 이웃을 죄로 유인한다. 둘째, 이웃이 뻔뻔하게 죄를 짓게 한다. 셋째, 믿음이 약

77 Huldrych Zwingli, *Schriften II*, 402.

한 사람들에게 죄가 아닌 것을 죄라고 강요한다. 한 예로, 성직자가 결혼하지 않은 채 내연의 처와 살며 아기를 낳는 일이 당시의 스캔들이었다. 이는 어머니의 자궁에 있을 때부터 아기에게 치욕을 주는 큰 죄이다. 츠빙글리는 이 문제를 해결하는 방법은 모든 사람이 사제의 결혼을 정의로운 일로 지지해야 한다는 것이다. 중세교회는 사제들의 결혼이 큰 죄라고 오도하며, 혼인을 금했다.

> 단지 하나님의 피조물을 업신여기는 자들로부터 죄 없는 어린 이들이 오명을 뒤집어썼습니다. 물론 그 오명은 하나님 자신이 하신 일이 아닙니다. 그러기에 마땅히 모든 사람은 정당하게 사제의 혼인을 지지해야 합니다. 그럴 때 사람이 하나님의 피조물 위에 수치를 끼얹어 모욕하는 거대한 죄를 극복하게 되는 것입니다.[78]

츠빙글리는 믿음이 약한 자들이 무지 가운데 죄짓지 않도록 성숙한 신앙으로 인도하는 일도 교회의 중요한 사명임을 일깨운다(48조). 특히 목회자들이 공분의 대상이 되지 않아야 하는데, 이를 위해 기억해야 할 일들이 있다. 첫째, 목회자들은 죄를 멀리한다. 둘째, 바르게 설교하고 가르친다. 셋째, 믿음이 약한 자들이 사람이 만든 법 때문에 불쌍한 양심이 학대당하지 않도록 한다. 넷째, 오직 하나님의 말씀에 순종하여

---

78 Huldrych Zwingli, *Schriften II*, 403–404.

정의, 평화 그리고 기쁨이 넘치도록 한다. 다섯째, 하나님의 말씀을 합리적으로 정확하게 이해한다. 여섯째, 잘못된 인간적 전통을 깨는 것을 두려워하지 않는다. 목회자들은 복음적 자유를 누리되, 믿음이 약한 자들이 시험에 들지 않도록 그들을 참고 용납하되, 끊임없이 그들을 가르쳐 바른 복음의 진리로 깨워야 한다. 그 예가 성직자들의 결혼과 부부생활에서의 성관계이다.

49조에서 츠빙글리는 성직자의 결혼을 금지하는 대신 돈을 주고 하는 매춘을 허용하는 큰 죄를 당시 교회가 범하고 있다고 고발한다. 그러는 사이 온 세상에 매춘이 뻔뻔하게 가장 큰 사회의 악습으로 자리하게 되었다는 것이다. 이는 처벌 받을 짓이며, 비난받아야 할 악이다. 16세기 성직자의 "부끄러워 할 줄 모르는 매춘행위"는 그 어떤 근거를 제시하기보다는 "오직" 츠빙글리 자신의 주관적 판단에 근거하고 있다는 것이다. 어쨌든 이러한 문제를 해결하기 위한 대안으로 츠빙글리는 바울 서신을 근거로 성직자의 결혼을 적극적으로 권한다.

> 오 하나님! 그는 그렇게도 잘 가르치면서도 어떻게 그토록 악한 삶을 살까요? 아니 그는 그토록 멋지게 복음을 전하면서도 어떻게 그는 그토록 수치스러운 행위를 하는 것일까요? 그러기에 나는 그가 서술하는 것보다 그 사실이 더 나쁘고 악하다고 추측합니다. … 위선자는 하나같이 누가 뒤질세라 성직자의 독신생활에 대해 너 나 할 것 없이 열변을 토하며 위선을 떨었는데, 알고 보면 그것은 어린이 동화보다도 못하는 것이었

습니다. 될 수 있는 한 빨리 성직자 독신을 중단해야 합니다.[79]

우상숭배 사죄권

츠빙글리는 교황의 사죄권을 "그리스도의 말씀을 완전히 왜곡"한 것으로 정죄한다(50조). 이를 향한 츠빙글리의 입장은 이사야 43:25-27을 인용하며 단순명료한데, 죄는 오직 하나님을 대적하는 것으로, 하나님 외에 그 어떤 사람이 지은 죄를 용서할 수 없다. "하나님만이 우리를 바르게 인도하고 양육하며 돌보고 치유하고 구원하는 그 유일한 선이기 때문이다."[80]

츠빙글리는 하나님의 죄 용서에 대하여 다섯 가지로 말한다. 첫째, 하나님은 죄 용서를 통해 새롭게 한다. 둘째, 하나님은 인간의 어떤 공로 때문이 아니라, 자신을 위하여 죄를 온전히 용서한다. 셋째, 의로우신 하나님은 의로운 사람을 자신 앞에 두기를 기뻐한다. 넷째, 하나님은 죄가 어떻게 인간을 무능하고 더럽게 하는지를 보여준다. 다섯째, 하나님은 하나님과 백성 사이에 섰던 중재자 모세와 선지자들까지도 예외없이 범죄했음을 보여준다.

중세교회가 마태복음 16:19에 근거해 사죄권을 주장하는 것은 성경을 오해하거나 곡해한 것이다. 이러한 일들은 복음서를 통해 볼 때, 예

---

79 Huldrych Zwingli, *Schriften II*, 411-412.
80 Huldrych Zwingli, *Schriften II*, 412.

수와 제자들 사이에서도 빈번히 일어났는데, 그중 대표적인 말씀이 "이 반석 위에 내 교회를 세울 것이다"이다. 츠빙글리는 아우구스티누스의 설교(마 16:18)를 인용하며 교황이 범한 오류를 정정한다. 교회의 기초는 예수 그리스도 밖에 그 어떤 다른 기초는 없다. "진정한 바위인 예수 그리스도가 모든 믿는 자들의 기초"이다. 반석이신 예수 그리스도를 믿는 자들은 굳건한 바위 위에 서게 되고, 베드로처럼 바위와 같은 사람들이 된다. 교회공동체를 굳건한 바위이 되신 그리스도 위에 세운 것이지, 그 어떤 사람 위에 교회를 세운 것이 아니라는 말이다. 츠빙글리는 교부의 글에 의지하여 베드로에게 주어진 천국의 열쇠는(마 16:19) 해방과 용서와 새로운 세계를 연다는 상징적(bildhaft) 개념으로 이해한다. 그리스도와 사도들이 사람들에게 복음 선포를 통해 그들을 죄로부터 해방하고, 하나님과 화해하고, 닫혀있던 영생을 다시 활짝 열어 받아들였기 때문이다.[81] 곧 마태복음 16:17–8은 베드로에게 관련된 말씀이지만, 실제로는 예수를 믿는 모든 자에게 주어진 약속이다. 츠빙글리는 그 열쇠를 다른 무엇이 아니라, "순수하고 왜곡되지 않는 복음의 말씀을 전하는 설교"로 해석한다.[82]

> 확실한 것은 베드로나 다른 어떤 제자들에게도 전권이 주어지지 않았다는 것입니다. 이 일은 주님의 부활 후에 비로소 일어

---

81 Huldrych Zwingli, *Schriften II*, 421.
82 Huldrych Zwingli, *Schriften II*, 427.

났습니다. 그 때 그리스도는 모든 제자에게 그리고 역시 우리에게도 약속된 열쇠를 주었습니다(비교. 요 20:20-23). 그리스도는 그 열쇠를 베드로에게만 주지 않았습니다. 그렇게 약속한 적이 없기 때문입니다.[83]

51조는 오직 하나님이 사람의 죄를 용서할 수 있는데, 사람이 죄를 용서할 수 있다고 하는 것은 하나님의 영광을 가로채는 우상 숭배이다. 거기다 병 고침의 은사, 기적은 오직 하나님의 사역이다. 하나님의 사역을 인간의 사역으로 둔갑시키는 것이야말로 하나님을 모욕하는 것이다. 그런 맥락에서 52조에서 츠빙글리는 고해성사를 "죄 용서가 아니라, 하나의 조언을 구하는 것(ein ratforschung)", 영적 상담으로 이해한다. 츠빙글리는 사제를 찾아 하는 고해성사를 통해 죄용서의 확신이 내적으로 강해진다는 주장을 일축하는데, 성경적 근거가 없기 때문이다. 성경 어디에도 죄 용서를 상징하는 것으로 사제를 찾는 고해성사를 찾아볼 수 없는데, 이것은 그리스도가 만든 제도가 아니기 때문이다. 중세교회가 고해성사의 근거로 열 명의 나병환자 이야기를 가져오는데, 이는 잘못으로 그 어떤 것도 타당하지 않다. 유일하게 사마리아 사람은 주님께로 되돌아갔는데, 주님이 그의 병을 고쳐주셨기에 주님께 감사하러 갔을 뿐이다.[84]

---

83 Huldrych Zwingli, *Schriften II*, 424.
84 Huldrych Zwingli, *Schriften II*, 438.

> 사제를 찾는 것은 단지 하나의 조언을 구하는 것 이상이 아닙니다. 우리는 고해성사를 이렇게 이해했으면 합니다. 많은 사람이 자신들이 한 잘못으로 양심에 가책을 받을 때, 그것을 어떻게 용서받을 수 있을지 모릅니다. 이런 사람들은, 말라기 2장 7절에 나오는 말씀처럼, 구원의 수단과 도움을 받으러 바로 그때 사제들을 찾습니다. … 그러나 이때 사제들은 조심해야 합니다. 죄인들이 갖는 두려움을 가라앉히고 없애기 위해, 죄인들에게 단지 하나의 반창고 정도 붙여주는 일을 해야 합니다. 다시 말해, 사제는 그리스도 예수를 통해서 온전히 하나님만을 도피처로 삼아야 한다고 마땅히 가르쳐야 합니다.[85]

고해보다 회개를

츠빙글리는 성도들이 고해성사로부터 자유로울 것을 가르친다. 야고보서 5:16을 가져와 서로 자신의 죄를 고백하고, 서로를 위해 기도하는 관계가 바람직하다고 말한다. 신부에게 하는 고해성사보다 하나님께 직접 고하는 세리의 짧은 참회가 훨씬 소중하다. 하루에 한 번 우리의 죄에 대해서 깊이 묵상해야 할 것이며, 성경에 나오는 세리처럼 하나님께, "오, 주님, 나는 죄인이로소이다. 내 죄를 용서하소서!" 호소함이 훨씬 훌륭하다. 요약하면, 츠빙글리에게 고해성사는 하나의 조언으

85 Huldrych Zwingli, *Schriften II*, 440.

로 이해하며, 세리처럼 자신의 죄를 인정하며 하나님께 드리는 진심 어린 참회가 바람직하다.

츠빙글리는 중세교회의 다양한 참회 제도를 사람이 정한 것으로 일종의 교회 관습으로 평가절하한다(53조). 중세교회가 죄를 씻는 수단으로 만든 장황한 기도, 성지순례, 그 어떤 의례 등은 죄 용서를 통한 구원에는 전혀 가치가 없다. 죄인들의 구원은 오직 예수 그리스도를 믿음으로 이뤄지는 것이지, 다른 그 어떤 참회 수단으로 죄를 없이할 수 없다. 예외적으로 츠빙글리는 고린도전서 5:1-5에 나오는 출교에 대해서는 그 의미를 부여하는데, 출교는 악한 행위를 중단시킨다. 출교 자체는 회개행위가 아니다. 그렇지만 출교를 당한 자가 참고 견디면서 진정으로 회개하면, 출교를 해제할 수 있다. 굳이 참회 제도가 그 어떤 의미를 갖는다면, 츠빙글리에게는 죄에 대한 경고이다. 특히 중세교회가 고해성사를 참회 제도로 가져오면서 돈을 모으는 축재의 수단으로 삼았는데, 츠빙글리는 그들이야말로 "악한 자들"이라고 공격한다.[86]

츠빙글리는 참회 제도에 반해 오직 그리스도의 십자가가 인류의 죄를 사하셨다고 선포한다(54조). 이런 맥락에서 중세교회의 참회 제도는 하나님을 모독하는 행위이다. 그 어떤 죄도 없으신 분만이 인간의 악한 죄를 없앨 수 있기에, 세상 죄를 지고 가는 하나님의 어린 양(요 1:29)이신 예수 그리스도의 십자가의 죽음을 통해 구원이 성취되었다(사 53:4). 그의 죽음이 온 세상을 살릴 뿐이다. 츠빙글리는 그리스도의 공로를 사

86 Huldrych Zwingli, *Schriften II*, 447.

람의 공로로 돌리려는 시도인 사제들의 죄용서는 명백히 잘못이며, 그리스도의 사역과 은혜의 영광을 피조물이 빼앗는 것으로 하나님을 모독하는 것이라고 단언한다.

> 그리스도께서 은혜로 준 것과 거저 준 것을 앞서 팔아먹는 것이고, 그것은 게하시의 행동과 같은 것입니다(비교. 왕하 5:20-17). "거저 받았으니, 거져주라"는 그리스도의 말씀을 지키지 않는 것입니다(마 10:8).[87]

열쇠 권력

츠빙글리는 성경에 근거해 소위 일컫는 '열쇠 권력'(die Schluesselgewalt)이라고 일컫는 중세 로마교회의 특별 사면권(die Absolution)을 강력하게 비판한다(55조). 츠빙글리는 당시 고위성직자가 큰돈을 받은 대가로 자신들이 정한 '용서할 수 없는 죄'를 당장에 사하는 행위를 추악한 죄로 정죄한다. 특별 사면은 셀 수 없을 정도의 많은 돈을[88] 벌어들이기 위한 교황청 사업으로 "하나님을 모독하는 행동"이며 "하나님의 집 안에서 일어나는 그 혐오스러운 일"로 "쳐다만 볼 수 없고 참을 수도" 없기에 "공개적으로 알려야"만 했다. 츠빙글리는 마태복음 12:31-32가 말

87 Huldrych Zwingli, *Schriften II*, 448.

88 Huldrych Zwingli, *Schriften II*, 474.

하는 용서 받지 못할 성령 모독죄를 누가복음 12:9–10에 근거해서 하나님을 부인하는 불신앙으로 정의한다. 그런데도 이러한 불신앙을 제외하고 용서받지 못할 죄가 있다고 말하는 것은 "사기"이다. 예수 그리스도를 믿을 때, 모든 죄는 용서함을 받는다. 그러기에 믿음의 확신이 없는 사람이 굳이 사제에게 가야 하는 이유는 올바른 구원의 말씀을 배워 그 진리를 깨닫기 위해서이다.

> 그러기에 불신앙이 성령을 대적하는 죄입니다. 성령에 의해 이끌림을 받을 때 믿음은 일어납니다. 성령에 의해 인도함을 받지 않는 사람은 믿지 않습니다. 그는 하나님의 진노 아래 있고, 그는 하나의 부서진 그릇입니다. 그런데 하나님은 그런 자에게 자신의 공의를 드러냅니다(비교. 롬 9:22–23).[89]

연옥 조작

츠빙글리는 상대적으로 길게 연옥(Fegefeuer)에 대해 언급한다.[90] 물론 츠빙글리는 연옥에 대해 매우 단호한데, 성경은 연옥에 대해 아무것도 말하지 않기 때문이다.[91] 따라서 우리는 연옥에 대해 알지 못한다고 말해야 한다. 성경은 사후 천국과 지옥 외에 다른 것을 말하지 않기

---

89 Huldrych Zwingli, *Schriften II*, 450.

90 Huldrych Zwingli, *Schriften II*, 455–474.

91 Die war heilig geschrift weisst ghein fegfuernach disen zyten.(402)

에, 연옥에 대해 "자의적으로" 말하는 것은 허구이고 거짓이다. "그런 식으로 그들은 성경에 폭력을 행사합니다."[92] 츠빙글리는 교황 추종자들이 주장하는 연옥에 대한 그들의 성경해석을 조목조목 반박한다. 첫째, 마태복음 13:32[93]을 가져와 오는 세상에서도 죄를 용서받을 수 있다고 하는데, 이는 성령을 거스르는 죄가 이 세상에서나 오는 세상에서도 "결단코 용서받을 수 없다."라는 말을 오해한 "완전히 바보 같은 짓"이다. 둘째, 마태복음 5:25–26을 가져와 "길"을 인생으로, "감옥"을 연옥으로 해석함은 "명백한 오류"이다. 츠빙글리는 이 말씀을 법정 소송을 하지 말 것으로, 고린도전서 6:7을 소송을 제기하지 말고 차라리 그것을 감수할 것을 권면으로 이해한다. 셋째, 마태복음 18:23–35를 가져와 츠빙글리는 35절 "여러분이 진심으로 자신의 형제자매를 용서해 주지 않으면, 하늘 아버지께서도 여러분에게 그와 같이하실 것이다."라는 말씀을 결론으로 이해하지만, 당시 교황 추종자들은 진 빚을 모두 갚기 전까지, 하나님이 연옥에 가두어 놓을 것이라고 해석한다는 것이다. 츠빙글리에게 이는 유치한 생각이며 해석이다. 넷째, 연옥의 근거로 가져오는 위경 마케베오 하서 12:44–46은 츠빙글리에게 근거가 될 수 없다. 한마디로 위경은 "공인되지 않는 … 불확실한 문서"로 "아무것도 증명할 수 없"다. 츠빙글리는 연옥의 근거로 위경을 가져오는 사람을 "올바른 이성을 가진 사람"으로 생각하지 않는다. 다섯째, 교황 추

---

92 Huldrych Zwingli, *Schriften II*, 465.

93 또 누구든지 말로 인자를 거역하면 사하심을 얻되 누구든지 말로 성령을 거역하면 이 세상과 오는 세상에서도 사하심을 얻지 못하리라.(마12:32)

종자들이 고린도전서 3:10-15를 연옥과 선한 업적에 연관시키는 점을 반대한다. 츠빙글리는 이 본문은 결코 인간의 공로나 업적에 대해 말하지 않고, 오직 믿음의 반석 위에 세워진 집을 설명한다고 믿으며, 그들의 말을 "모두 일종의 동화"로 치부한다.

결론적으로 츠빙글리가 연옥을 믿지 않는 이유는 하나님이 연옥에 대해 아무 말도 하지 않음에 근거를 둔다. 연옥을 내세우는 것은 그리스도를 통한 구원의 의를 부정하는 "헛소리"이며, "십자가의 능력을 무시"하는 행위로 "그리스도의 고난이 가지는 무한한 은혜와 능력을 모독하는 것"이며, 저주를 받아야 마땅하다. 나사로와 야이로의 딸이 죽어 하나님이 다시 살리셨는데, 그 사이 그들이 어디에 있었는지 성경은 공개적으로 말하지 않는데, 이는 하나님 사역의 은밀성이다. 그것까지를 알려는 모습은 "부끄러움을 모르는 짓"(58조)이며, 죽음 이후에 대해 아는 체 함은 "직권남용"으로 인간으로서 주제넘은 사기이다(59조).

> 그래서 신학자들이 말하는 연옥은 믿음의 능력에 반하는 것입니다. 믿는 사람은 누구든지 이미 구원받았으며, 그에게는 멸망도 정죄도 없습니다. 이와 반대로 믿지 않는 사람은 구원받지 못합니다. 물론 그는 거룩하게 될 수도 없고, 하나님의 마음에 흡족해질 수 없습니다(비교. 히 11:6). 그래서 다음처럼 물음에 답할 수 있습니다. 한 사람이 믿고 죽었다면, 그는 구원을 받고, 믿지 않고 죽었다면, 그는 정죄를 받습니다. 그 사이에는 아무것도 존재하지 않습니다. … 연옥을 통해 사람이 하

나님께 갈 수 있다고 하면, 그리스도가 굳이 세상에 올 필요가 없었을 것입니다.[94]

60조는 믿음이 약한 자를 생각하며 죽은 자를 위한 기도에 대해 말한다. 츠빙글리는 하나님은 산 자들의 기도를 들으시고, 죽은 자들에게 은혜를 베푼다는 사실을 부정하지 않는다. 분명한 사실은 믿는 자가 죽어 하나님께로 가지만, 불신자는 죽어 심판을 받는다. 츠빙글리에게 전혀 알 수 없는 일은 죽은 자들이 처한 상황이 산 자들의 기도를 통해 바뀔 수 있는지이다. 돈을 받고 하는 연옥에 있는 자들을 위해 하는 기도는 비성경적으로 사기이며, 아무런 의미가 없다. 꾸며낸 연옥 교리로 돈을 탐하는 자들은 하나님의 심판을 자초했다.

목회자 존경

츠빙글리는 안수 때 사제들에게 나타난다는 그 어떤 지워지지 않는 표식을 인정하지 않은데(61조), 성경 어디에도 그런 표시에 대해 말하지 않기 때문이다. 츠빙글리에게 목회자는 하나님 말씀의 선포자이며, 영혼 구원에 대한 감독자이다. 그가 직분을 잘 감당하면 칭찬을 받지만, 그렇지 못하면 교회는 그를 해고해야 한다. 그럴 경우, 그는 사제가 아니다. 이 원리는 츠빙글리에게 좋은 시장, 나쁜 시장을 나눌 때의 기준과 다르지 않다. 그리스도가 부여한 사명을 망각하고, 자신의 욕망과

---

94 Huldrych Zwingli, *Schriften II*, 467.

명예만을 채우려는 사제는 역시 사제가 아니다. 그러기에 안수 때, 사제들의 영혼에 새겨진다는 표식은 몹쓸 사람들이(딛 1:10) 꾸며낸 말에 불과하다.

성경에 근거해 츠빙글리는 성직자가 누구인지를 말한다(62조). 성직자는 "하나님 말씀을 선포하는 사람"으로, "정확하게 말해서 나이가 적당하고 존경할만한, 진실한 사람"이어야 한다. 이를 위한 이해의 배경으로는 디도서 1:5-9를 가져온다. "한 교구 또는 공동체에서 나이가 많고 가장 행동이 바르고 진실한 사람을" 하나님의 말씀을 선포하는 자로 선발해야 한다. 주의해야 할 것은 사제는 신분을 말하는 것이 아니라, 행해야 할 직분을 말한다는 점이다. 츠빙글리에게 사제란 결코 신분을 말하는 것이 아니다.

교회공동체가 목사를 함부로 대해서는 안 되고, 존경하고, 마땅히 그들의 생활을 책임져야 한다(63조). 문제는 당시 사제들이 존경받지 못하고, 받은 사례로 생활이 되지 않을 때, 엉뚱한 데로 눈을 돌려 생활비를 충당할 수 있는 방법을 찾았다는 것이다. 당시 가난한 사제들은 전혀 받지 못하거나 돼지 한 마리조차 키울 수 없을 정도로 아주 적은 사례비를 받았는데, 츠빙글리는 두 가지 이유를 말한다. 그들은 아주 능력이 없는 사람들이거나 아주 연약한 사람들이어서였다. 결과 만들어진 것이 다양한 헌금이다. 구체적으로 열거하면, 연미사 헌금, 장례미사 헌금, 참회 헌금, 영혼 구원 기부금, 속죄 헌금, 제물 헌금, 제단과 교회 봉헌 헌금, 정기 헌금이다. 수많은 헌금은 결국 사제들이 굶어 죽지 않기 위해 생활비를 벌어야 하는 상황에서 짜낸 아이디어라는 것이다. 이는 교황이나 주교들이 허락하는 사악한 일들로서 "하나님이 눈물을 흘리는 일"이 되었다.[95] 츠빙글리는 성경에 근거해 사제들에게 적절한 생활비 지출을 "교회공동체의 의무"로서 이행할 것을 호소한다.

> 그러나 신실한 크리스천은 본인들의 복음 설교자들에게 그들의 생활비를 드립니다. 그러면 그들 중 많은 설교자가 더러운 일에서 손을 뗄 것이고, 하나님의 순전한 말씀의 전파에 다시 집중할 것입니다.[96]

불필요한 공회

64조는 공의회를 통한 교회의 직권남용을 언급한다. 공의회가 하나님의 말씀에 반하여 잘못을 저질러 왔음을 폭로하며, 어떻게 이 문제를 해결해야 할 것인지를 밝힌다. 츠빙글리는 하나님 나라에 대한 정의로 말을 연다. "시간과 영원 사이에 존재하는 하나님 나라는 다른 무엇이 아니라 성령 안에서 누리는 공의, 평화 그리고 기쁨이다"(비교. 롬 14:17).[97] 죽음을 이기시고 두려워 떠는 제자들에게 평화를 기원했던 예수는 하나님 나라를 잘 보여준다. 이런 맥락에서 츠빙글리는 당시 많은 갈등을 통해 원치 않게 폭력이 일어날 수 있는 상황에서 하나님 나라의

---

95 Huldrych Zwingli, *Schriften II*, 484.
96 Huldrych Zwingli, *Schriften II*, 484.
97 Huldrych Zwingli, *Schriften II*, 485.

평화를 위해 정의롭고 그리스도인답게 행동할 것을 요구한다. 많은 적폐와 악이 만연해 있는 상황에서도 어떻게 평화를 유지할 것인지는 단순한 문제는 아니다. 이를 위해 츠빙글리는 미래를 위한 안전 대책을 제안하였다. 여기서 츠빙글리가 언급하지 않을 수 없었던 것은 교회 최고 의결기관인 공의회(Konzil, concilien)이다. 오만한 주교들이 그곳에서 하나님의 말씀에 어긋난 결정들을 해왔는데, 공의회가 하나님의 말씀에 폭력을 저질러 왔다고 비난하며, 진리 판단의 최종 기준은 오직 하나님의 말씀임을 제시한다. 바로 하나님의 말씀 외에 그 어떤 재판관도 필요 없다.

> 신실한 크리스천 여러분, 공의회가 필요하지 않고, 순전한 하나님의 말씀이 필요할 뿐입니다. 하나님 말씀 안에 모든 분명하고 명확한 것이 있습니다. 사람들이 하나님 말씀에 폭력을 가하는 순간, 신실한 하나님의 종들은 온전히 하나님 말씀에 하나의 힘도 남김없이 몰두하였습니다. 그리고 기꺼이 하나님의 말씀을 바른 순서를 따라 하나님 말씀의 본질을 설교했습니다.[98]

---

98 Huldrych Zwingli, *Schriften II*, 490.

목회자의 청빈

츠빙글리는 성직자의 잘못을 해결하는 구체적 방법을 두 가지로 제안한다. 과도한 성직자의 수를 획기적으로 줄이는 것과 사제들의 부를 교회의 절차에 따라 처리하는 것이다. 한 예로, 유산을 교회에 남기라는 요청은 성직자들이 은밀히 욕심을 채우는 짓이라고 비난한다. 교회는 죽어가는 자들에게 오직 하나님 말씀인 성경에 근거해 복음을 전해야 한다. 교황 추종자는 영혼이 구원받기 위해서 교회에 유산을 기부하라고 명령하기까지 하는데, 이는 거짓말이며 도적질이다. 죽어가는 자들이 자신의 유산을 정말로 물질이 필요한 자들, 곧 가난한 자들에게 줄 수 있도록 교회가 받아서는 안 된다. 츠빙글리는 믿는 자들에게 재산이 의미하는 청지기의 사명을 강조한다. 하나님이 살아있는 동안 재산의 관리를 맡기셨으며, 유산은 가난한 자들에게 나누어 주어야 하는데, 이는 하나님을 기쁘시게 하기 때문이다.

> 당신은 살아 있는 동안 잠시 소유하는 재산을 자신의 소유물로 여겨서 안 됩니다. 당신은 단지 관리자로 세웠을 뿐입니다. 재산을 가난한 자들에게 분배해 주어야 합니다. 그것이 하나님을 기쁘게 하는 일입니다. 부족이 없는 사람들에게 재산을 주어서는 안 됩니다. 그런 사람들에게 재화를 나누어 준다면, 그 돈을 허비할 것입니다. 그들은 귀한 재화를 쓸데없

> 고 무의미한 교회 치장에 사용합니다.[99]

비폭력적 진리 싸움

종교개혁자 츠빙글리는 주의 진리를 위해 싸울 때 폭력을 사용해서는 안 된다는 사실을 분명히 한다(65조). 평화주의자 츠빙글리는 폭력이 아닌 성경을 가지고 주의 진리를 위한 싸움이 행해져야 한다고 당부한다. 폭력이 어쩔 수 없이 꼭 필요한 경우에는 국가권력이 이를 행사할 수 있어야 하는데, 특히 상대가 하나님의 가르침을 조롱하고 거부하고 조작할 경우가 그렇다.

> 그러나 그것은 폭력으로 행해서는 안 됩니다. 그들의 무지를 객관적으로 증명하고 난 후, 피타고라스(Pythagoras)의 방법을 써서 그들이 침묵하도록 가르쳐야 합니다.[100]

66조에서 츠빙글리는 고위성직자들에게 마태복음 3:10에서 말하는 도끼가 이미 나무 뿌리에 놓여있다는 말씀과 함께 무겁게 경고한다. 그들이 십자가를 의지하지 않고 돈을 의지하기 때문이다. 거짓말을 하는 대신, 그들은 마땅히 그리스도의 말씀을 겸손히 받아들여 순종해야 한

99 Huldrych Zwingli, *Schriften II*, 492.
100 Huldrych Zwingli, *Schriften II*, 493.

다. 슬픈 현실은 높은 권력자가 이권 때문에 하나님의 말씀을 받아들이지 못하고 있는 점이다. 그래서 역으로 역사가 이뤄지는데, 하나님 말씀의 능력이 가난하고 힘없는 사람들에게 먼저 역사하여, 아래로부터 시작하여 높은 지위에 있는 사람들에게로 올라가 위선자들을 위협하는데, 곧 아래로부터의 개혁이 이뤄진다는 것이다. 결국 그렇게 그들이 하나님의 말씀을 받아들이게 되는데, "가장 부드러운 자들이 위선자들의 원수"로 드러나게 된다.[101]

세례 없이 죽은 아이

마지막 「67개조 논제」에서 츠빙글리는 몇 가지 문제, 이자, 십일조 그리고 유아세례를 받지 못한 채 세상을 떠난 아이들에 대해 다룬다. 물론 이 문제가 간단하지 않음을 안 츠빙글리는 기꺼이 토론하며 본인 입장을 개진한다. 이자 심지어 고리대금일지라도 국가 공권력이 허락하는 한 재화를 빌린 자들은 갚아야 하는 의무가 있다. 중요한 것은 하나님의 분노를 사지 않는 이자가 되어야 한다. 십일조는 역사에서 심각한 오용이 일어났음을 언급한다. 무엇보다도 십일조가 성직자들의 탐욕을 채우는 수단으로 전락했는데, 츠빙글리는 양심적 성직자의 청빈이 문제를 해결할 수 있다고 본다. 츠빙글리는 유아세례를 받지 못한 채 죽은 아이들이 지옥에 간다고 설교하는 것, 그들을 교회 공동묘지에 묻히지 못하게 하며 공개적으로 그들의 부모를 험한 말로 모욕하는 행

---

101 Huldrych Zwingli, *Schriften II*, 494.

동을 교만으로 정죄한다. 하나님만이 아시는 구원의 문제를 인간이 판단했기 때문이다. 더 나아가 그가 가난하고 아이를 잃어버린 부모들의 심정을 헤아리며 그들의 편에 서 있다는 사실인데, 츠빙글리가 긍휼의 사람이었음을 본다.

오직 성경

마무리 '변론과 증언'에서 츠빙글리는 본인의 「67개조 논제」 모두가 오직 하나님의 말씀에 근거를 두었음을 다시 밝힌다. 혹시 하나님의 말씀을 바로 깨닫지 못하고 도를 넘어 남을 정죄하고 상처를 주었다면, 언제든지 본인의 생각을 정정할 용의가 있음도 잊지 않는다. 그리고 혹시 상대에게 잘못을 했다면, 직접 사과할 용의가 있음도 숨기지 않는다. 무엇보다 츠빙글리는 그리스도의 가르침을 가지고 누구에게도 상처를 주거나 폭력을 행사하지 않기를 바라기 때문이다. 그렇지만 츠빙글리는 언제든지 오직 성경을 근거로 입장이 개진되어야 함을 분명히 밝힌다. 결코 그리스도의 진리가 훼손되지 않기를 츠빙글리는 소원한다. 교부신학이 근거가 되는 것도 츠빙글리는 조심하는데, 진리의 기준은 '오직 성경'(*sola scriptura*)이기 때문이다. 츠빙글리는 아주 힘있게 '오직 성경'이 무엇을 의미하는지 설명하며, 자신의 지금까지의 긴 글을 겸손하게 그러나 분명하게 마감한다.

> 나는 나의 오류를 그 어떤 사람의 교훈이나 규범에 의해서가 아니라, 오직 하나님으로부터 온 영감 된 성경에 의해서 받아

들일 것입니다. 나에게 성경의 뜻을 증거로 제시할 때 교부 문서와 함께 제시하지 말고, 성경 자체와 함께 제시해야 합니다. 나는 성경의 모호한 부분을 어떤 착상이나 쓸데없는 헛소리를 근거로 하지 않고, 오직 성경을 가지고 명확하게 설명했습니다. 게다가 나는 깨달은 성경의 뜻을 다시 성경의 도움을 받아 증명합니다. 다시 말하면, 성경이 나와 모든 사람의 재판관이 되어야만 합니다. 사람이 하나님 말씀의 재판관이 되어서는 안 됩니다. 그리고 진리 되신 그리스도의 말씀이 사람에 의해서 억압받지 않게 되길 소망합니다. 게다가 이를 통해 불쌍한 죄인들인 우리에게 그의 은혜와 영광이 점점 더 찬란하게 나타나길 바랍니다.[102]

102 Huldrych Zwingli, *Schriften II*, 498.

하나님의 정의와 사람의 정의

1523

전환 1523년

스위스 종교개혁자요, 개혁교회의 아버지 츠빙글리에게 1523년은 전환점이었는데, 취리히 시의회가 츠빙글리의 종교개혁을 제도적으로 인준한 해였기 때문이었다. 츠빙글리는 신앙과 생활 전반에 관한 새로운 규칙들을 발표해야 했다. 그 가운데 시민들의 경제적 삶에 직접적인 영향을 준 것이 세금 문제였다. '이제 취리히는 무정부 상태와 폭동이 일어날 것이다'라는 소문이 돌 정도였으니, 츠빙글리는 설교와 글을 통해 이 문제를 다루어야만 했다. 츠빙글리는 개혁신학 사회윤리 내지는 기독교 윤리를 확립하기 위해 준거로 오직 성경을 가져왔다. 츠빙글리가 제시한 성경은 요한복음 6:44 "나를 보내신 아버지께서 이끌어 주지 아니하시면, 아무도 내게 올 수 없느니라."였다. 사람이 하나님의 정의에 이르려면 하나님께서 이끌어 주셔야 한다는 츠빙글리의 신앙고백이 제시되고 있다.

> 얼마든지 우리를 비난하는 적대적인 말들이 많이 있을 것입니다. 그렇지만 그러한 말들은 그리스도의 가르침에 기반을 두지 않았고, 전혀 다른 데서 나온 것입니다. 참고 기다려야만 하는 것은 능력의 하나님 말씀이 개입하여 적대적인 그들을 물리치고 우리가 승리할 것입니다. 사람들이 하나님의 능력을 볼 수 있도록 반드시 저항해야 합니다.[103]

1523년 6월 24일 세례 요한의 날 베른(Bern)에서 츠빙글리는 "하나님의 정의와 사람의 정의에 관하여"(Goettliche und menschliche Gerechtigkeit)라는 제목으로 설교하여 뜨거운 호응을 받았고, 그에 힘입어 일주일 후 6월 30일 그 설교가 인쇄되어 세상에 나왔다. 츠빙글리는 설교를 베른 시(市)에 헌정하였다.[104] 글을 통한 츠빙글리의 의도는 다섯 가지였다. 첫째, 그저 중세교회의 전통을 고수하려는 입장에 이의를 제기한다. 둘째, 모든 인간의 법을 폐지하려는 극단주의자들을 거부한다. 셋째,

---

103 Huldrych Zwingli, *Schriften I*, (Zuerich, 1995), 160.

104 Huldrych Zwingli, *Schriften I*, 155–213 Goettliche und menschliche Gerechtlichkeit und wie diese sich zueinander verhalten. Eine Predigt Huldrych Zwinglis, gehalten 1523 am Tag Johannes Taefers.

경제, 정치에 관해 성경은 언급하지 않는다는 관점에 동의하지 않는다. 넷째, 복음에 근거해 교회의 질서를 유지한다. 다섯째, 성경은 귀족 내지는 농부 한 편만을 대변하는 일방적 정의가 아니다.

츠빙글리는 하나님의 정의와 인간의 정의를 나누어 설명한다. 첫째, 원죄에 빠진 인간은 믿음을 통한 구원이 전제될 때 하나님의 정의에 이른다. 둘째, 하나님의 정의에 이르기 위해 인간이 그 무엇을 해야 하는 의무는 없다. 셋째, 인간의 정의는 사람들이 더불어 살기 위한 요구되는 여러 가지 법으로 하나님의 뜻에 따라 적용한다. 넷째, 그 법을 행사하는 정치권력은 인간의 양심에 관계되나, 복음전파에는 그 어떤 강제력도 가지지 않는다. 다섯째, 정치권력이 규범으로 하는 인간의 법은 하나님 말씀에 순종한다.

좌절의 저편에 있는 복음

츠빙글리의 글에 대한 평가는 갈리는데, '탁월한 사회 윤리적 답변'으로 높이기도 하고, '적당한 타협'으로 평가절하하기도 한다. 이러한 엇갈린 평가는 츠빙글리에게만은 아니고, 루터와 칼빈에게도 없지 않은데, 츠빙글리의 경우 한 예로 글의 헌정사가 엇갈린 평가의 출발점으로 작용하지 않았나 생각한다.

> 당신은 이 글을 통해서 보게 될 것입니다. 그리스도의 복음이 결코 세상 권세에 적대적인 것이 아니며, 이 땅의 재화의 문제에 관해서도 갈등과 불화를 일으키는 것이 아니라는 것입니

다. 그 세상 권세가 그리스도적일 때, 다시 말해 하나님이 세우신 규범을 따른다면, 그 권력을 견고히 하고 바른 길을 가도록 하며 백성과 하나 되도록 이끈다는 것입니다.[105]

하나님의 정의는 하나님 말씀 성경을 통해서 알 수 있기에, 츠빙글리는 아주 빈번하게 성경을 가져와 하나님의 의를 설명한다. 하나님은 모든 깨끗함, 모든 올바름, 모든 정의, 모든 선의 원천으로서 의롭다. 정의 자체이신 하나님은 모든 근본 의의 원천이다. 하나님은 우리에게 명령하신 그대로 존재하는 분이다. 문제는 죄에 빠진 인간은 하나님의 정의에 다가갈 수 없다는 사실이다. 하나님께서 자신의 독생자 예수 그리스도를 십자가에 내주어 그를 믿는 자들이 하나님께 다가갈 수 있는데, 이 소식이 바로 복음이다. 사람은 오직 구원자 예수 그리스도를 통하여 하나님께 나간다. 궁극적으로 츠빙글리에게 하나님의 의는 우리를 위해 십자가를 지신 예수 그리스도로서, 복음은 인간의 죄와 절망의 반대편에 있다.

하나님의 의

츠빙글리는 하나님의 정의를 10가지로 제시한다. 츠빙글리가 제시하는 하나님의 정의는 설교를 듣는 베른 시민들의 구체적 삶을 염두에 두고 있어, 현학적이거나 추상적이지 않고 실질적이다. 학자들이 이러

105 Huldrych Zwingli, *Schriften I*, 160.

한 단순하고 현실적인 츠빙글리의 정의를 유치한 것으로 치부할 수 있지 않을까 하는 조바심이 없지 않다. 츠빙글리의 글은 치열한 종교개혁의 역사적 정황을 그리고 설교를 들었던 일반 교인들을 대상으로 한 츠빙글리의 의도를 파악하는 것이 요구된다. 츠빙글리는 철저하게 성경적 근거 위에서 중세교회가 내세웠던 업적 신앙 내지는 공로에 의한 의에 대항하여 하나님의 정의를 구체적으로 설명한다. 하나님의 의는 인간의 그 어떠한 노력 없이 넘치도록 용서하는 온전한 초월적 용서이다(롬 5:6-11). 살인을 금할 뿐 아니라, 화내지 않는다(마 5:22). 도살장으로 끌려갈지언정, 소리치지도 소송과 다툼도 하지 않는다(사 53:7; 마 12:19). 모든 더러운 욕망을 떠나있다(마 5:28; 창 2:24; 마 19:5-6). 인간의 모든 맹세를 금한다(마 5:37). 그 어떤 대가를 바라지 않고 가진 것을 기꺼이 준다(눅 6:35; 마 6:26). 원수를 사랑하고 박해하는 사람을 위하여 기도한다(마 5:44). 남의 것을 탐내지 않고 훔치지 않으며, 모든 것을 거저 내주며, 우리의 더러운 죄악을 치유한다(출 20:15,17). 악한 말과 해치는 말을 하지 않는다(마 12:36). 이웃을 자신과 같이 사랑하여 우리를 위해 자신을 내어주었다(요 15:13; 마 23:8; 갈 4:5).

> 하나님의 명령은 교황추종자가 말하는 것처럼 하나의 조언이나 충고가 아닙니다. 우리가 그것을 꼭 지키도록 요구한 하나님의 실제적 계명입니다. 하나님은 그분이 우리에게 요구한 대로, 그렇게 우리가 죄가 없으며, 정결하고, 흠이 없이 하나님에게 갈 수 있게 만들었습니다. 하나님의 뜻은 그의 말씀 외

에 그 어느 다른 곳에는 있지 않습니다. 그의 계명은 바로 하나님의 영원한 뜻의 계시입니다. 이러한 하나님의 계명에 복음이 포함되어 있음을 절대로 잊어서는 안 됩니다. 복음이란 하나님이 우리에게 지킬 것을 요구했던 계명, 하나님의 뜻을 다 이루신 본인의 아들을 우리에게 보냈다는 사실입니다. 그는 우리의 모든 죄의 값을 청산하고 하나님에게 나아갈 수 있도록 하는 구속자입니다.[106]

하나님의 의를 설명한 후 츠빙글리는 인간의 좌절에 대해 언급한다. 인간은 하나님의 말씀을 순종하려고 온 힘을 다하면 다 할수록, 하나님의 기준에 못 미치는 좌절에 시달린다. 놀라운 사실은 그 좌절과 함께 믿는 자들의 영혼에 가장 큰 기쁨이 찾아오는데, 그 순간 우리의 도움이신 그리스도께서 우리의 잘못을 회복시켜주고 그의 자비를 베풀어 주시기 때문이다. 우리가 온 힘을 다해서 하나님을 사랑한다면, 세상의 어떤 피조물도 우리의 마음을 사로잡을 수 없다.

포장된 의

인간의 의는 포장된 의로 불완전하다. 인간의 율법은 그들의 악한 행위를 고려해서 주어졌다. 사람들의 가장 악한 불의를 막기 위해서 율법이 존재하기에, 율법을 지킨다고 해서 하나님 앞에 의로운 것은 아니

---

106 Huldrych Zwingli, *Schriften I*, 169.

다. 다만 그는 벌 받지 않는 권리를 얻은 것이다. 여기서 츠빙글리는 갈라디아서 3:12 "율법의 규정을 지키는 사람은 그 일로 살 것이다."를 가져온다. 츠빙글리는 내적 인간을 겨냥하는 신적 율법과 외적 인간을 겨냥하는 인간적 율법으로 나눈다, 신적 율법을 온전히 지키는 자는 아무도 없기에, 오직 그리스도를 통하여, 그를 믿음으로 은혜로 의롭게 된다. 그러나 외적 인간에게 주어진 율법은 인간의 외적 정의와 관계된 율법이다. 외적 율법인 "도둑질하지 말라"는 내적 율법인 "남의 것을 탐내지 말라"와 함께 묶인다. 남의 것을 마음으로 탐내면서도 훔치지 않았다면 그는 사람들 앞에서 바른 사람으로 인정받지만, 그가 하나님 앞에서 악한 사람인 것은 남의 것을 탐내었기 때문이다. 이렇듯 세상에서는 거대한 탐욕을 가진 자들이 정의로운 사람으로 인정받는다. 단지 악한 행동으로 표출되지 않았기 때문이다. 그러기에 하나님 앞에서 모든 사람이 도둑이고 악한 자이다. 겉으로 드러난 도둑은 그들의 악한 마음을 실제 행동으로 옮긴 사람들일 뿐이다.

하나님의 정의를 기준으로 평가하면, 인간 모두는 악한 사람들입니다. 하나님만이 우리 속에 숨겨진 악행을 알듯이, 유일하게 하나님이 하나님의 정의를 판단합니다. 하나님의 정의는 우리가 하나님의 독생자가 우리를 위해 죽었다는 사실을 아무 의심 없이 믿을 때, 하나님의 아들을 통해서 우리에게 선

물로 주어집니다.[107]

불완전의

츠빙글리는 인간적 정의를 "어리석고 불완전한 정의"로 규정한다. 하나님 앞에서 실제로 악한 사람일지라도 겉만 보고 사람들은 진실한 사람으로 인정하지만, 인간은 본래 죄로 인해 부패한 존재이다. 그러기에 자신을 진실하고 의로운 사람으로 드러내는 것이야말로 "포장된 정의"로서 거대한 죄악이다. 이런 맥락에서 츠빙글리는 사람의 정의를 정의라고 말할 가치가 없다고 잘라 말한다. 부정할 수 없는 사실은 하나님이 그 인간적 정의를 어쩔 수 없이 한계를 지닌 사람들에게 주셨다는 사실이다.

하늘에 계신 아버지는 본인이 요구하는 신실함과 정의대로 사람들이 살 수 없는 사실을 너무나도 잘 알고 있습니다. 그는 사람들이 기쁘고 친절하게 서로 함께 살 수 있도록, 유용하고 선한 규칙들을 주셨습니다. 그는 "도둑질하지 말라, 간음하지 말라, 거짓말하지 말라, 사람을 죽이지 말라, 거짓으로 증언하지 말라"(출 20:13–6) 등 계명을 주었습니다. 그런데 만약 우리가 "당신은 마땅히 이웃을 자신을 사랑한 것처럼 사랑하라"라는 계명만 잘 지킨다면, 위에서 말한 다른 모든 계명이 우리에게 필요 없습니다. 그 사랑의 계명을 지키지 않으니, 하나님은

107 Huldrych Zwingli, *Schriften I*, 173.

그밖에 다른 계명들을 우리에게 줄 수밖에 없었습니다.[108]

공직자

츠빙글리는 하나님이 어떻게 하나님의 정의를 기준으로 인간적 정의를 세웠는지를 설명한다. 하나님은 인간적 의의 한계 때문에 서로 용서하며 분쟁을 막고 이웃과 평화롭게 살도록 사람들을 다스리는 통치자와 재판관을 세웠는데, 그들은 하나님의 종이며 사람들의 훈육관이다. 그러기에 사람들은 마땅히 그들의 정의에 순종해야 한다. 하나님의 정의는 살인하지 말라, 화내지 말라는 인간적 정의로 제시되어, 죽음에는 죽음으로, 생명에는 생명으로, 눈에는 눈으로, 폭력에는 폭력으로 벌을 주게 했다. 그러한 벌을 받지 않는 인간일지라도 하나님 앞에는 의로운 인간이 아니고, 단지 통치자가 줄 수 있는 벌로부터 자유로울 뿐이다. 하나님 앞에서 인간이 의로운 자로 인정받기 위해서는 오직 믿음으로만 가능하다.

> 오직 믿음만이 사람을 의롭게 만들며, 그 믿음을 통해서만이 인간이 원초적으로 부패했다는 사실과 구원받을 수 있음을 깨닫습니다. 바로 그런 믿음이 인간에게 있음을 판단하는 것은 오직 하나님입니다. 어쨌든 인간은 하나님의 정의에 비해 초라하고 훨씬 낮은 차원의 인간적 정의를 꼭 지켜야만 합니

---

108 Huldrych Zwingli, *Schriften I*, 174–175.

다.[109]

자연법인 인간의 의는 그리스도의 구원을 통해서 이웃을 자신처럼 사랑하라는 적극적인 사랑법으로 바뀌었다. 인간적 의가 이웃에게 무언가 선한 것을 해줄 수 없는 것은 사람의 정의가 이기심으로 가득하기 때문이다. 그러기에 인간의 정의는 진정한 공동체를 형성할 수 없다. 인간의 의는 "더럽고 부정한 옷과 같다"(사 64:6)라는 것이다. 의로운 사람처럼 보일지라도 하나님 앞에서 인간은 매우 악한 존재이다. 그러기에 인간에게는 권력자의 감시가 필요한데, 공권력은 사람들이 동물적이고 비이성적 삶이 되지 않도록 예방하는 역할을 한다. 이런 맥락에서 츠빙글리는 하나님의 정의와 인간의 정의를 분명하게 나눈다.

인간 의의 7 속성

츠빙글리는 인간 의를 7가지로 제시한다.

1. 인간의 정의는 하나님의 정의에서 나온 것이지만 불완전하다.
2. 인간의 정의는 타락한 인간의 본성을 고려한 것이다.
3. 타락한 인간의 본성과 욕망은 하나님을 찾지 않는다.
4. 타락한 인간은 하나님의 뜻을 따르려 하지 않는다.
5. 사람들의 욕망은 그 자체로 하나님의 형벌이다.

109 Huldrych Zwingli, *Schriften I*, 180.

6. 인간의 정의는 사람을 거룩하게 하지 아니한다.

7. 인간의 정의는 잘 지켜도 하나님이 기뻐하는 사람이 되는 것은 아니다.

이러한 인간적 정의를 근거로 츠빙글리는 끊임없이 하나님의 정의를 사람들에게 선포하고 설교할 것을 요청한다. 사람들이 먼저 하나님의 나라와 의를 구해야 하기 때문이다. 사람의 정의에 머물러서 안 되는 것은 사람의 정의는 매우 불충분하고, 거짓과 위선으로 가득하기 때문이다. 궁극적으로 그리스도가 우리의 한계를 극복하여 하나님의 정의에 도달할 수 있게 한다.

근거 없는 교황권

츠빙글리에게 말씀이 육신이 되신 예수 그리스도, 우리의 죄악을 대속하신 그리스도의 사랑은 우리를 새사람으로 만들고 하나님께로 나아가게 한다. 그럴 때 인간의 무기력은 극복되고 하나님의 은혜를 경험하게 된다. 이때부터 사람들은 진정으로 주의 복음을 전하게 된다. 구체적으로 사람의 정의는 국가권력 곧 공권력으로 정의할 수 있는데, 이에 반해 행동하는 사람은 하나님과 사람에게 죄를 짓는 것으로 의롭지 못하다. 당시 종교 권력인 교황청은 그 어떤 근거도 성경에서 찾을 수 없다는 것이다. 굳이 인정한다면, 그들은 하나님의 종, 하나님의 비밀을 맡은 청지기이며 하나님의 말씀의 선포자이고, 근원적으로 이웃을 섬기는 자이다. 세계가 종교 권력인 그에게 순종할 근거가 어디에도 없다. 그리스도는 그 누구도 세상 권력인 공권력의 지배에서 벗어나는 것을 인정하지 않았다. 인간은 감독자가 필요한 존재로서, 그들의 권력은 하나님에게서 나온 것이다. 사람들은 하나님이 세우신 모든 질서에 순종해야 한다(벧전 2:13-14). 문제는 당시 모든 수도회, 신앙공동체는 자신들의 "독특한" 규칙을 갖고 하나님이 부여한 세상 공권력에 순종하지 않았는데, 공권력은 그들의 신성한 영역을 침범해서는 안 된다는 것이다. 그 결과 교회는 사회에 있어야 할 화합과 평화를 깨뜨리며 잘못된 길을 갔다고 츠빙글리는 지적한다. 츠빙글리에게 사람의 의인 세상 권력, 곧 경찰은 "하나님의 일꾼"이다. 그러기에 국민은 그들이 일할 수 있도록 마땅히 세금을 내야 한다.

> 세상 권세는 각 사람에게 유익을 주려고 세운 하나님의 일꾼(eine Dienerin Gottes)입니다. 만약 당신이 나쁜 일을 저지를 때에는 두려워해야 합니다. 그는 공연히 칼을 차고 있는 것이 아닙니다. 그는 하나님의 일꾼으로서 악행을 하는 자에게는 엄한 처벌을 집행하는 사람입니다. 그러므로 사람들은 그러한 벌이 무서워서 아니라, 양심을 위해서 복종해야 합니다. 같은 이유로 여러분은 또한 세금을 바칩니다. 그와 더불어 그들은 하나님의 일꾼으로서 바로 자신들에게 주어진 과업을 이행하게 됩니다. 그러므로 모든 사람은 마땅한 의무를 이행해야 합니다. 세금을 바쳐야 할 이에게는 세금을 바치고, 관세를 내야 할 이에게는 관세를 내고, 두려워하고 존경해야 할 이에게

는 그렇게 해야 합니다. 위에서 바울 사도가 명확하게 로마서 13:1-7에 말한 대로 말입니다.[110]

타락한 국가권력

츠빙글리는 사람의 의인 국가권력을 향한 이해를 종합적으로 제시한다. 모든 공권력은 하나님이 주신 것이기에 사람들은 이에 순종해야 한다. 그러나 부패한 권력의 문제가 없지 않음도 부정하지 않는다. 그들은 폭력으로 하나님의 말씀과 그리스도인의 자유를 침해한다. 교황이 마음에 들지 않는 사람들을 억누르는 잘못을 범하는데, 한 예가 복음적으로 살기 시작한 수사들과 수녀들을 다시 '양심의 감옥'인 수도원으로 돌아갈 것을 강요하는 것이다. 정치가들이 사람의 양심과 영혼을 지배할 수 없다는 분명한 사실을 그들은 알면서도 어기고 있는데, 그들이야말로 교황의 옹호자로서 네로 황제 같은 폭군들로서 궁극적으로 망할 것을 예언한다.

츠빙글리는 바울 서신을 가져와 사람의 정의가 얼마나 빈약한 것인지를 설명한다. 앞에서 언급한 그대로, 공권력은 밖으로 드러나지 않은 악한 사람들은 처벌할 수 없는데, 단지 드러난 악한 행위를 처벌할 뿐이다. 인간적 정의를 판단하는 기준은 하나님의 말씀과 그리스도의 가르침으로, 겉으로 드러난 정의만을 가르치는 것이 아니라, 내면적

110 Huldrych Zwingli, *Schriften I*, 189-190.

정의와 완전함이 무엇인지 가르치며 동시에 무엇이 악이고 무엇이 선인지를 가르치기 때문이다. 한 예로 츠빙글리는 성직자의 결혼을 드는데, 16세기 당시 사회법과 종교법이 아직 분리되지 않고 함께 가고 있음을 보여준다. 유럽 사회를 향한 로마 교황의 힘이 얼마나 막강했는지를 제시한다. 교황은 엄청난 폭력으로 성직자의 결혼을 금하고 있는데, 이는 교황 권력이 공권력을 빈번하게 잘못 이용하고 있다는 것이다. 결혼에 대한 츠빙글리의 적극적 태도는 교황과는 성경 이해가 다름을 보여주는데, 교황청은 이해관계에 따라 성경을 짜 맞추며 왜곡하고 있다는 것이다.

> 하나님 말씀이 그 문제를 언급하고 있다면, 그 말씀은 마땅히 모든 논쟁을 한순간에 잠재우게 됩니다. 만약 하나님 말씀이 그 문제에 대해서 아무것도 말하지 않고 있다면, 누구도 첨예한 문제에 뛰어들려 해서는 안 됩니다. "우리는 마땅히 하나님 말씀에 그 어떤 것도 가감해서는 안 되기 때문입니다"(신 4:2; 12:32)[111]

국가권력은 정의로운 사람들을 칭찬해야 하고 보호해야 하며 죄 없는 약자들의 편에 서야 한다. 하지만 당시 공권력은 교황청의 편에 서서 임무를 소홀히 했고 사회의 불만을 불러일으켰다고 츠빙글리는 말

---

111 Huldrych Zwingli, *Schriften I*, 195.

한다. 국가가 공권력을 가지고 악한 자를 처벌하는 것은 "하나님에 대한 봉사"로서 사람이 평화롭게 살기를 원하시는 하나님의 뜻을 이루는 것이며 악한 사람들로부터 약한 자를 보호하는 것이다. 이런 맥락에서 왕들과 높은 지위에 있는 사람들을 위해 기도하는 것은 백성들의 본분이다. 불행한 일은 권력자들이 교황청의 시녀로 전락해 하나님의 죄 없는 어린 양들을 처벌하는데, 정의로운 권력자들은 성경이 심하게 책망하는 일들을 마땅히 피해야 한다. 그렇지만 교황과 그 밑에 있는 사람들은 절대로 위에 언급한 세속 권력자에는 포함되지 않은데, 예수님은 성직자가 칼을 차고 다니는 것을 허용하지 않았기에, 그들은 마땅히 칼을 칼집에 꽂아야 할 뿐 아니라 무기로 사용될 수 있는 지팡이마저도 가지고 다니지 말아야 한다. 교황은 섬기는 자이지 지배하는 권력자가 아니다. 바울 서신을 따르면, 세상 권력자들은 하나님의 종으로서 불의를 행하는 자들을 "아주 엄격하게 벌주는 하나님의 종"으로서 자신들에게 부여한 의무를 이행해야 한다. 악한 자들은 그들을 두려워하며, 선한 자들은 그들로부터 사랑을 받아야 한다. 그들은 죄에 넘치는 과한 벌을 주어서는 안 되며, "범죄행위에 따라서 명백하고 정확한 처벌을" 해야 한다. 칼을 가진 세상 권력자에게 순종해야 하는 것은 그들이 무섭기 때문이 아니라 양심을 위해서이다. 크리스천은 함부로 공권력에 간섭하려 해서는 안 되는데, 예수님 역시 이러한 태도를 보였다(눅 12:14). 예수님은 빌라도에게 "내 나라는 이 세상에 속한 것이 아니오"(요 18:36)라고 하며, 제자들이 세상 공권력에 반하여 대항하는 것을 원하지 않았다. 예수는 자신의 어머니가 황제에게 세금을 마땅히 낼 것을 요청했다(막 12:17).

> 그리스도인들은 평화 가운데 안정된 삶을 누리기 위해서 인간의 정의를 통하여 사람을 지키는 세상 공적 권력자에게 순종해야 합니다. 공권력을 가진 사람들이여! 당신들은 하나님의 뜻에 역행하는 그 어떤 것도 만들지 말며, 오직 정의로운 것과 선한 일을 지켜야 합니다. 그렇지 않으면 당신들은 사람들의 양심을 파괴하게 됩니다. 그렇지만 당신들의 명령에 순종하지 않는 양심 있는 사람들이 있습니다. 그들은 양심에 반하는 행동을 하는 당신들에 대해서 분노할 것입니다.[112]

세금과 사회 정의

츠빙글리는 사유 재산을 하나님의 심판을 받을 죄로 일컫는다. 사유 재산은 하나님이 모든 사람에게 값없이 거저 주신 것을 각자의 소유물로 만들었기 때문이다. 츠빙글리는 사유 재산으로 축적된 온갖 부를 불의한 것으로 여기는데, 크리스천은 하나님으로부터 받은 재화를 하나님의 뜻을 이루는 데 사용해야 한다는 것이다. 부자가 되었다는 것은 부를 하나님의 뜻을 따라 사용하지 못했다는 것으로, 하나님보다 돈을 더 가치 있는 것으로 여겼다고 간주한다. 하나님은 사유 재산이 있는

---

112 Huldrych Zwingli, *Schriften I*, 198–199.

곳에서 폭동이나 불의가 일어나지 않도록 "남의 것을 탐내지 마라", 더 나아가 "남의 것을 도둑질하지 마라"는 "아주 기본적인 계명"을 주셨으며, "사람의 공동체를 유지하기 위하여 하나님은 우리가 빚진 사람들에게 돌려주라고 명령한다."[113]

츠빙글리에게 세금 납부는 사회 정의를 위해서 일하는 사람들(공직자)의 생활을 위해서 마땅히 행해야 하는 의무이다. 문제는 권력자들이 너무 많은 세금을 징수할 경우인데, 보호해야 할 사람들에게 과하게 짐을 지워 결국 당시 교황 무리처럼 하나님이 없는 사람들로 전락했다는 것이다. 츠빙글리의 권력 남용을 향한 입장은 성도답게 인내하는 것으로, 하나님이 그러한 상황에 개입하실 때까지 인내해야 한다는 것이다. 그러기에 마땅히 잘못을 범한 권력자들은 회개하여 하나님의 벌을 피함이 옳다. 그렇지만 당시 회개해야 할 많은 고위 공직자들이 회개하지 않을 때, "하나님은 반드시 그들을 심판할 자를 멀리서 불러"온다고 츠빙글리는 말한다. 츠빙글리는 재화를 팔고 살 때 내는 판매세, 성직자들이 토지 소유를 주장하며 요구하는 십일조세, 땅에서 나오는 온갖 부산물에 대한 소작료 그리고 고리대금에 대하여 성경에 근거해 입장을 제시한다. 츠빙글리는 하나님의 정의에 근거해 소작료를 불의한 것으로 규정한다. 역사적으로 볼 때, 소작료는 세속 제후들이 자신들의 이익을 위해 제안하고, 그것을 콘스탄츠 공회와 바젤 공회가 인정함으로써 만들어졌다. 이러한 악법을 마땅히 꾸짖어야 할 "사기꾼 같은 사

---

113 Huldrych Zwingli, *Schriften I*, 200.

제들” 때문에 1/10 토지 사용료와 빌려준 돈에 대한 이자도 받기에 이르렀다는 것이다. 그래서 공권력이 인정하는 이자에 대한 협정문이 만들어지기에 이르렀고, 이 규칙마저도 지키지 않아 사회평화를 깨뜨리게 되었다는 것이다. 츠빙글리는 협정문에 근거해 5%까지의 이자만 인정하였는데, 문제는 사람들이 협정문마저 지키지 않은 채 높은 이율의 고리대금을 받기에 이르렀다는 것이다. 바울 서신에 근거해 츠빙글리는 하나님의 정의에서 볼 때, 마땅히 그 어떤 대가도 기대하지 않고 어려운 사람들에게 그냥 빌려주어야 하는데, 욕심에 눈이 가린 사람들은 하나님의 완전한 정의에 대해 알기를 원하지 않을 뿐 아니라, 인간의 정의도 무시한 채 더 큰 불의에 빠져들었다. 그들은 15% 내지는 20%의 높은 이자를 요구하는 “하나님 앞에서 사악한 사기꾼”이 되기에 이르렀다. 츠빙글리는 고리대금을 불의한 것으로 규정하며, 공권력은 백성들을 부정직하게 대우하며 복리를 요구하는 불의한 거래를 허용해서는 안 되며, 이러한 거래를 하는 신앙인과 채무자를 처벌할 것을 요청한다. 고리대금을 취하는 대부업은 “하나님을 거역하는 행위”로 공권력은 더 큰 악을 낳지 않도록 마땅히 개입해야 한다. 그렇지 않을 때 무서운 폭동으로 변할 수 있다고 경고한다. 츠빙글리는 바울 서신에 근거해 세금을 모든 사람의 의무로 받아들인다. 마땅히 크리스천은 두려워할 자를 두려워하며 존경할 자를 존경해야 한다. 특히 츠빙글리는 성직자의 면세를 다른 사람들의 손해 없이는 조금도 가능하지 않은 일로 생각한다. 성직자의 면세는 그 어떤 근거도 없음을 분명히 하며, 하나님 말씀을 근거로 논증한다. 무엇보다 츠빙글리는 더불어 사는 삶을 이룩할 수 있도록 성직자도 공동체를 위하여 마땅히 세금을 내어야 한다라고 주장한다.

요약

글의 끝에 가서 츠빙글리는 하나님의 정의와 사람의 정의를 종합한다. 가장 높고 완전한 선이신 하나님은 모든 피조물이 하나님의 창조를 그 어떤 대가 없이 누리도록 했다. 하나님은 욕망의 대상이 될 수 없을 뿐 아니라, 하나님처럼 인간은 마땅히 온전해지도록 노력해야 한다. 하나님 앞에 설 때 사람은 순수하고 깨끗하며 아름다워야 한다. 인간의 주인은 하나님이며, 동시에 이웃을 위해 사는 자가 되어야 한다. 인간은 먼저 하나님의 나라와 의를 추구해야 하고, 욕심과 명예와 쾌락에 사로잡혀서는 안 된다. 인간은 하나님의 의에 도달할 수 없기에 겸손하게 기본적인 계명을 지키며, 계명의 틀 안에서 서로 사이좋게 살아야 한다. 늘 부족한 인간에게 결정적으로 요구되는 것은 십자가에서 우리를 위해 돌아가신 아들의 은혜, 곧 복음이다. 분명한 것은 인간은 하나님의 정의를 따라야 함에도, 인간은 그렇게 살 수 있는 능력이 없는 타락한 존재라는 사실이다. 하나님은 하나님의 말씀과 공권력을 인간에게 주었는데, 인간이 동물처럼 되지 않고 타락하지 않도록 하기 위함이다. 마땅히 순종해야 할 하나님의 말씀으로부터 인간은 어떻게 행동해야 의로워지는지를 배운다. 공권력은 절대로 하나님 말씀 위에 군림해서는 안 되며, 겉으로 나타난 범죄만을 처벌한다. 공권력은 법률을 가지고 인간의 이기심에서 나오는 폭력을 사용하지 못하도록 막아, 악한 행동을 길들인다. 공권력을 통해 처벌해야 할 덧붙인 죄목은 하나님을 비방하거나 비난하는 죄이며, 남의 것을 강탈하거나 도둑질 한 죄와 살인죄는 교수형으로 엄히 처벌해야 한다. 공권력은 법 집행을 통해서 하나님을 두려워하게 하며, 기독교적 삶의 증진에 목적을 두어야 한다. 공권력은 하나님의 뜻을 찾는 일에 우선적이어야 한다. 내적 신앙의 문제를 공권력은 처벌할 수 없다. 하나님 말씀을 왜곡하는 교황에 대적하는 사람을 처벌해서는 안 된다. 오직 하나님의 판단에 달려 있기 때문이다. 한 예로 수도원 생활을 굳이 지킬 필요가 없음을 깨닫고 탈퇴하는 행위를 처벌해서는 안 된다. 공권력은 신앙 양심의 자유를 마땅히 인정해야 한다. 논의해야 할 점은 사유 재산을 불의로 규정한 츠빙글리의 입장인데, 사유 재산에 관한 입장이 동료 스트라스부르의 부처, 후계자 불링어, 제네바의 칼빈과 더 나아가 이후 개혁신학이 어떠했는지 함께 살펴야 한다. 어쨌든 '개혁교회의 아버지' 츠빙글리의 이 글은 21세기 우리에게도 많은 점에서 교훈하는 바가 적지 않다.

> 유한한 인간의 재화 때문에 사람 상호 간의 관계를 결코 부서뜨려서는 안 됩니다. 하나님 말씀의 빛 안에서 볼 때 허용돼서는 안 되는 불의가 인간을 괴롭힌다면 오직 정당한 국가권력으로 불의를 바르게 잡아야 합니다. 그리스도께서 강하게 비판하고 있는 것을 우리는 결코 용납해서는 안 됩니다. 국가권력은 하나님의 뜻에 맞지 않는 모든 모순을 철폐하기 위해서 불꽃 같은 눈을 가지고 주시해야 합니다. 오랫동안 아무런 제

재도 받지 않고 진행되어온 불의를 참아온 사람들의 인내는 갑자기 이성을 잃은 맹목적 폭동으로 바뀔 수 있습니다.[114]

114 Huldrych Zwingli, *Schriften I*, 208.

SHIRE
New Hampshire
Salisbury
Haverhill
Ipswich
Andover
Bradford
Rowley
Dunstable
Dracut
Wenham
Beverly
Topsfield
Middleton
Salem
Marble Head
Groton
Billerica
Woburn
Lynn
Harvard
MIDDLESEX
Lexington
Malden
Nahant Rock
Cambridge
Charlestown
Boston
Roxbury
Dorchester
Milton
Rutland
Bolton
Leicester
Marlborough
Dedham
Weymouth
Hingham
Medfield
Stoughton
Hanover
Scituate
Sutton
Walpole
Abington
Bellingham
Uxbridge
Easton
Duxbury
Norton
Kingston
Plymouth
Berkley
Middleboro
Plimouth
Plympton
Rehoboth
Dighton
Providence
Swanzey
Freetown
Wareham
Rochester
Dartmouth
Warwick
Tiverton
Coventry
Portsmouth
Canterbury
Greenwich
Little Compton
Exeter
Newport
Richmond
South Kingston
Westerly
Falmouth
Elizabeth Islands
WORCESTER
MASSACHUSETS BAY
RHODE ISLAND
BRISTOL
PROVIDENCE
KINGS COUNTY
BUZZARDS BAY
MARTHA'S

어떻게 아이들을 교육할 것인가

1523

츠빙글리의 교육사상

1524년 종교개혁자 츠빙글리는 자녀가 있는 과부 안나 라인하르트(A. Reinhard)와 결혼하였다. 츠빙글리는 1522년부터 그녀와 사귀었는데, 그녀에게는 1517년 세상을 떠난 전 남편과의 사이에서 1509년 얻은 아들 게롤드(Gerold M. von Knonau)가 있었다. 의붓아들 게롤드와 츠빙글리의 관계는 매우 좋았다. 츠빙글리는 1523년 14살 게롤드에게 길지 않은 이 글을 헌정하였는데,[115] 자녀교육의 장본인이었던 연인 안나에게

115 Huldrych Zwingli, "Wie Jugendliche aus dem gutem Haus zu erziehen sind 1523", *Huldrych Zwingli Schriften I*, (Zuerich, 1995), 215–241; 훌트라이트 츠빙글리, 『츠빙글리 저작 선집 1』, 임걸 역, (서울: 연세대학교 대학출판 문화원, 2014), 268–289.

결혼 전 전해주고 싶은 말이었다 하겠다. 게롤드는 1531년 카펠 전투에서 츠빙글리와 함께 안타깝게도 세상을 떠나고 말았는데, 그때 게롤드는 22살이었다.

개혁자 츠빙글리에게 교육개혁은 중요한 관심사로서 새로운 신앙에 따를 바른 지식을 갖춘 사람을 양성하는 일이었다. 이 글은 츠빙글리의 신앙적 윤리교육을 근간으로 하는 교육사상을 유일하게 함축적으로 보여주고 있어, 빈번히 인용된다. 당시 인문주의는 고전을 통해 전인적(全人的) 인격교육의 중요성을 전문지식의 함양보다는 정신적 덕목의 함양에서 찾았으나, 츠빙글리의 교육사상은 일종의 신앙교육으로 차별성을 갖고 있다. 첫째, 하나님과 그의 섭리는 모든 사물의 원천이며, 예수는 완전한 인간의 모형이다. 둘째, '원전으로 돌아가라'(*Ad fontes*)를 강조하여, 원전을 원어로 읽는 능력을 함양하여 윤리적 원형이신 예수를 정확히 인식해야 한다. 셋째, 신앙에 바로 선 국가의 구성원으로서 크리스천, 목회자의 사회 참여와 비상시 참전까지를 요청하는데, 후자는 논란이 없지 않다.

글은 게롤드를 위시한 청소년들을 상대로 1523년 8월 1일 취리히의 야콥 케포리누스(J. Ceporinus, 1499–1525)의 추천의 글과 함께 소개되고 있다. 케포리누스는 쾰른, 비엔나, 잉골슈타트에서 공부한 후, 스위스 언어학자, 인문주의, 신학자로서 1522년부터 취리히에서 히브리어와 헬라어를 가르쳤고, 1523년 도미니쿠스 수녀 출신 엘리자베트와 결혼을 했으나, 2년 후 취리히에서 26세의 이른 나이에 세상을 떠났다. 케포리누스는 취리히 교구 학교의 교사로서 츠빙글리로부터 임명장을 받았다. 게롤드의 선생이며 츠빙글리의 절친인 인문주의자 로리티(H. Loriti, 1488-1563)의 친구이기도 한 케포리누스는 "위대한 사람 츠빙글리"를 강조한다. 그는 츠빙글리를 "그리스도의 이름 따라 존재가 규정되고 그 본질에 따라 만들어진, 다시 말하면 그리스도인으로 살기 위해서 결단한 사람"으로 평가하면서, 이 츠빙글리의 글이야말로 "젊은이들을 그리스도에게로 인도하는 … 선물"로서 "받은 은혜를 원저자인 유일하신 그리스도에게" 돌릴 것을 요청한다. 젊은이들에게 하나님이 원하시는 것이 무엇인지를 글은 분명하게 보여주고 있다는 것이다. 케포리누스는 섬세한 영혼을 가지고 있는 젊은이의 3가지 규칙을 제시한다. 그것은 첫째, 어떻게 하나님과 관계를 맺어야 하는지, 둘째, 어떻게 본인 자신과의 관계를 맺어야 하는지, 셋째, 어떻게 타인과의 관계 속에서 살아야 하는지에 관한 것이다.

하나님과의 관계

첫 번째 교훈은 츠빙글리가 사랑하는 성경 구절 요한복음 6:44, 로마서 10:17과 함께 시작된다. 첫 교훈은 하나님과 관계이다. 하나님과 관계는 하나님이 친히 사람을 자신에게로 인도함이 전제된다. 사람은 하나님께로 나아갈 수 있는 능력이 없기에 사람을 하나님께 인도하는 이는 하나님이시며, 하나님의 영이신 성령께서 사람의 속을 변화시켜 바른 관계를 형성한다. '우리가 할 수 있는 것은 없다'는 완전한 무력함이 하나님과의 우리의 관계에서 무엇보다 중요하다. 그렇지만 하나님과의 관계가 형성되면, 하나님은 우리가 아무 일도 하지 않도록 가만

두지 않으시고 반드시 선한 일을 하도록 인도한다. 하나님과 바른 관계가 유지되기 위해서 하나님, 말씀, 믿음, 성령 그리고 기도가 요구된다. 하나님은 사람과 관계를 맺기를 원하는데, 하나님은 '자신의 작품'을 그냥 버려두지 않으시는 분으로, 츠빙글리는 이를 하나님의 섭리(die Vorsehung Gottes)라 부른다.

> 청년들은 알게 될 것입니다. 하나님의 섭리는 모든 것을 주관하며, 질서 있게 하며, 보존한다는 것입니다. … 하나님은 모든 것을 끝까지 돌본다. 우리가 분명히 확신할 수 있는 것은 하나님의 섭리는 공중 까마귀도 먹이고 들의 백합화도 아름답게 입히는 것처럼(눅 12:24), 사람의 영혼뿐 아니라, 사람의 육체가 필요로 하는 모든 것을 채워줍니다.[116]

하나님의 기쁜 섭리

츠빙글리에게 인간을 위한 하나님의 섭리를 깨닫는 것은 너무도 요구된다. 사람들이 하나님의 섭리를 온전히 의지해서, 하나님이 사람들의 주인이 될 때, 사람들은 온갖 추악한 병으로부터 자유를 누리게 된다. 하나님은 우리의 모든 질병을 치료하는 의원이 되기에 사람들은 우리의 영혼이나 육체가 병들었을 때 병이 낫기 위해 하나님께 기도해야

116 Huldrych Zwingli, *Schriften I*, 224.

한다. "복음의 비밀"인 하나님의 섭리를 청년의 때에 깨닫는 일이 하나님과의 관계의 출발점이다. 이 출발점에 서기 위해 마음의 욕심을 버리고 청결한 마음을 가진 순수한 사람이 되어야 한다(시 15:1–2; 마 5:8). 문제는 세상의 더러운 욕망에 포로 된 "악의 덩어리"인 우리가 어떻게 순수할 수 있는지이다.

> 그래서 우리는 하나님에게 항복할 수밖에 없으며, 그의 은혜에 우리 자신을 던질 수밖에 없습니다. 이때 복음의 빛이 비친다. 그리스도는 비참한 죄에 사로잡힌 우리를 구원하였기 때문입니다. … 무엇보다 그는 불신 가운데 절망하고 있는 우리의 양심을 바로 세워줍니다. 그는 그 양심에 확실한 소망을 불어넣어 그 즉시 우리를 행복하게 합니다. 그리스도 자신은 악한 모든 욕망의 더러움에서 완전하게 자유로운 분이십니다. … 그는 우리들의 비참과 고통을 진실로 자신이 친히 짊어지셨습니다(사 53:4). 그런 후 그리스도는 그들에게 절대 흔들리지 않는 믿음을 갖는 사람들을 행복하게 만듭니다(마 10:22). 누구든지 하나님이 그리스도를 통해서 비참한 사람들에게 값없이 부여한 이 선물을 믿는 사람은 구원을 받으며, 그리스도와 함께 유산의 상속자가 됩니다(비교. 롬 8:17).[117]

117 Huldrych Zwingli, *Schriften I*, 226–227.

내면의 정립

믿음으로 하나님과 바른 관계를 정립한 후, 자신의 내면을 아름답게 만들고 질서 있게 정리하는 일이 요구된다. 자신의 영혼이 올바르게 정돈된 사람은 다른 사람을 비로소 가르칠 수 있다. 츠빙글리에게 성경은 삶의 기본이며 출발이다. 영혼의 정리 정돈은 하나님의 말씀을 주야로 묵상할 때(시 1:2) 가능하다. 츠빙글리에게 말씀의 바른 이해는 원어 성경을 히브리어와 헬라어로 이해함을 전제로 한다. 츠빙글리에게 라틴어를 포함한 고전어 능력은 성령의 선물이다(고전 12:10). 원어로 성경을 이해할 때 요구되는 선결 요건은 위험한 교만, 지배욕, 논쟁, 속임수 등을 버리고(골 2:8), 대신 믿음과 순전한 마음이다. 다양한 성경 속 인물들은 바른 삶을 보여주는 모범인데, 예수 그리스도는 "모든 덕목에 있어서 가장 완전한 인생의 모범"이다. 어느 인간도 온전하신 예수 그리스도를 따라갈 수는 없는데, 무엇보다 예수 그리스도의 말과 침묵을 따라야 한다. 젊은이는 경솔한 언어 습관 대신 "가장 귀중한 권면"으로서 침묵을 배워야 한다. 젊은이는 어른들에게서 훌륭한 점과 함께 좋은 언어 습관을 배워야 한다. 물론 어쩔 수 없이 츠빙글리도 여성의 침묵을 "가장 아름다운 명예"로 묘사하는데, 츠빙글리 역시 그 시대의 아들임을 보여주고 있다.

여성에게 평생 아름다운 최고의 명예는 침묵인 것처럼 청년의 이성과 언어가 확신이 들 때까지, 타인에게도 분명한 확신을 줄 때까지 청년은 먼저 특정한 기간 침묵하라는 것만큼 최고의 권면은 세상에 없습니다.… 청년은 자신의 가벼운 언어 습관인 수다를 마땅히 억제해야 합니다. 만약 청년이 적절하게 말하는 것을 원하지 않고 함부로 말하려 한다면, 나는 그가 말하는 그 자체를 금할 것입니다.[118]

바른 생활

츠빙글리는 피해야 할 잘못된 언어 습관에 대해서 수사학적 관점에서 언급한다. 너무 빠르게 또는 너무 느리게 말한다거나, 강조할 내용임에도 변화가 없고, 말이 너무 단조롭다거나, 너무 흥분해서 말하고, 내용과는 관계없이 표정에 변화가 없으며, 항상 같은 동작과 몸짓, 과도한 표정, 손짓 그리고 몸짓으로 말하는 모습은 멀리해야 한다. 진실하고 단순하며 절제된 행동으로 말해야 한다. 말하는 자는 감동보다는 진리를 밝힘에 우선권을 두어야 한다.

바른 식습관을 가져야 하며, 포도주를 과도하게 마시지 않아야 한다. 과도한 음주는 노화 현상과 다양한 병을 얻어 마음의 균형과 평화를 잃어버리게 한다. 음식을 단순하게 먹어야 하고, 특별하고 과도한 육식을 탐하지 말아야 한다. 배고픔을 극복해야 하겠지만, 포식은 건강에도 해롭다. 빈번한 금식도 몸을 괴롭히는 행위로 옳지 않다.

절제할 줄 모르는 화려한 옷차림과 명품으로 치장하는 사람, 날마다 새 옷을 입고 뽐내는 사람은 어리석은 자로 진정한 그리스도인이 될 수 없다. 마구간 구유에 오신 그리스도를 이해할 수 없을 뿐 아니라, 헐벗고 굶주리고 있는 이웃을 모른 체하는 잘못을 저지른다. 결혼을 전제로

118 Huldrych Zwingli, *Schriften I*, 231.

사랑해야 하고, 결혼할 때까지 서로의 관계를 진실하게 유지해야 한다.

가장 추악한 병

츠빙글리는 청소년이 돈을 사랑하는 일을 금하며 강하게 정죄한다. 돈과 명예에 대한 욕심은 버려야 한다. 만약 돈과 명예에 사로잡힌다면 그리스도인이 아니다. 돈을 향한 끝없는 욕망은 "가장 추악한 병"으로 모든 왕국, 국가, 도시를 피폐하게 만들고 뿌리까지 파괴한다는 것이다. 16세기 당시 취리히에서도 돈에 대한 욕망이 공동체를 어렵게 하고 있었음을 보여주는데, 그렇다고 츠빙글리에게 오늘 21세기의 자본주의는 분명 아직은 낯선 개념이다.

우리 크리스천 청년이 돈의 욕망에 사로잡혀 있다면, 그는 그리스도인이 아닙니다. 돈에 대한 욕망은 한 사람뿐 아니라 여러 사람을 타락하게 만듭니다. 그 욕망은 꽃피는 왕국도 몰락시키고, 힘 있는 그 어떤 도시도 피폐하게 만들고, 돈에 대한 욕망에 사로잡히면 그 어떤 왕국도 뿌리까지 망가뜨립니다. 만약 돈에 대한 욕망이 한 영혼의 도성(die Burg der Seele)을 사로잡으면, 그는 더 아무것도 하지 못합니다. 돈에 대한 끝없는 욕망은 가장 추악한 병입니다. 그 병은 얼마나 강력한지! 만약 우리가 그리스도를 따라갈 때, 오직 그를 통해서만이 그 병을 이길 수 있습니다. 그리스도가 이런 병을 치료하는 일 말고, 어떤 다른 일을 이 세상에서 했겠습니까?[119]

---

119 Huldrych Zwingli, *Schriften I*, 234.

남을 위한 삶

츠빙글리가 강조하는 삶은 자유로운 영혼의 이웃을 위한 삶이다. 사람은 다른 사람을 위한 존재라는 인식이다. "우리는 우리 자신을 위해 이 세상에 태어나지 않고, 모든 사람을 위한 모든 존재가 되기 위해 이 세상에 태어났기 때문이다"(고전 9:22). 츠빙글리에게 경고하는 삶은 자신만을 위해 편안하고 안락한 삶을 추구하는 것이다. 하나님의 형상을 따라 지음을 받은 사람은 위험에 처할지라도 이웃을 위해 최선을 다하므로 하나님의 영광을 위해 그리고 조국을 위해 산다. 사람은 명예욕을 항상 조심해야 하는데, 순수한 목적에서 떠나기 때문이다. 기뻐하는 사람과 함께 기뻐하고, 슬퍼하는 사람과 함께 슬퍼할 수 있어야 한다(롬 12:13). 그러면서도 절제를 잃지 않아야 한다. 존경할 자를 존경하며, 비난받을 자를 경멸해야 한다. 이웃이 어려움에 처하게 될 때 첫 번째로 달려가 도움을 주는 사람이 되어야 하고, 동시에 끝까지 도움을 주는 마지막 사람이어야 한다. 부모를 항상 공경하며, 순종해야 한다. 불신 부모에게라도 무례히 행동해서는 안 되며, 가장 공손한 태도로 대화하고 제안하되, 그들이 받아들이지 않을지라도 다투지 말고 조용히 떠나야 한다. 인간관계에서 모욕을 모욕으로 갚으려 하지 말고, 너무 억울해서 참을 수 없다면 법으로 하면 된다. 타인을 향한 훈계는 사랑을 가지고 친절하게, 사려 깊게 이루어질 때, 상대방과 더욱 가까워질 수 있다. 진리를 추구하는 태도는 일관성이 있고 매우 단호해야 하며 "진리 편에 굳세게 서 있어야 한다." 이웃에게는 간교와 거짓을 멀리하고, 두 마음을 멀리하며 진실만을 말해야 한다. 예수 그리스도는 이 모든 교훈의 시작이며 끝이다.

> 만약 젊은 사람이 최선을 다해 순수하게 그리스도를 자신의 마음에 받아들이면, 그 순간 그리스도 자신은 그 젊은이의 삶의 규범이 됩니다. 그 젊은이가 바르게 행동하면, 그는 세상에서 절대로 흔들리지 않으며 교만하게 행동하지 않습니다. 그는 매일 영적으로 성장할 것입니다. 그는 매일 겸손해지는 자신을 보게 될 것입니다.[120]

120 Huldrych Zwingli, *Schriften I*, 240.

목자

1524

품위 있는 설교자

스트라스부르의 종교개혁자 독일인 카스파 헤디오(Caspar Hedio, 1494–1552)는 1519년 츠빙글리의 설교를 "품위 있고, 학식이 깊으며, 무게감이 느껴지고, 풍요롭고, 파고들며, 복음적이고, 초대교회의 취지로 우리를 인도하는 명료한" 설교라고 찬사를 아끼지 않았다. 1524년 3월 26일 취리히 크리스톱 프로샤우어 출판사에서 발간된 츠빙글리의 『목자』는 쪽수가 매겨지지 않은 76쪽 분량의 소책자로 원제목은 짧지 않았다. Der Hirt. Wie man die waren Christlichen hirten und widerumb die valschen 'erkennen/ouch wie man sich mit inen halten soelle. 번역하면, 『목자. 어떻게 참 그리스도적 목자들과 엉터리들을 구별할 수 있는지 어떻게 그들을 대해야 하는지』이다. 본래 이 글은 1523년 10월 28일 제2차 '취리히 논쟁' 마지막 날 교회의 앞에서 츠빙글리가 원고 없이 행한 아침 설교였다. 수많은 성경 구절을 인용하는 본 설교는 중세 교황교회에 대항하여 츠빙글리의 성경적이며 실천적 설교론, 목회론, 직분론, 교회론을 보여주는 투쟁적이며 개혁적 목자 이해라 하겠다.

1523년 1월 제1차 취리히 논쟁을 이끌었던 친구 요아킴 바디안(J. Vadian)과 인쇄업자 프로샤우어의 제안으로 츠빙글리는 이듬해 1524년 3월 조금은 서둘러 책으로 출판하였다. 그래서인지 같은 해 가을 츠빙글리는 '진정한 목자의 결론'을 추가하여 제2판을 냈는데, 책 표지에 제시되는 성경은 마태복음 11:28과 요한복음 10:11이다. 이 성경 구절은 츠빙글리가 좋아하는 말씀으로 중세교회 규율 때문에 당시 성도들이 얼마나 수고하고 무거운 짐을 지고 있는지를 가슴 아파했음을 보여준다. 표지에 제시되는 목차는 "헌정사/가르침, 삶 그리고 예언과 목회가 일치되는 그리스도가 모범인 바른 목자/거짓 목자/마지막 권고 : 참 목자와 거짓 목자"의 순서로 이루어져 있다.

당시 교황청은 자기들을 대적한 종교개혁에 맞서 여러 조치를 하달하였는데, 복음적 설교를 금할 것, 설교 중 사회적 · 경제적 · 신앙적 또는 정치적 비판을 금할 것 등이었다. 그렇지만 종교개혁자 츠빙글리는 이 글을 통해 투쟁의 의지를 더욱 강화하였다. 오늘 보면 그 내용은 특별한 것도 아니지만, 복음의 바른 선포만이 침체에 빠진 교회공동체를 변화시키고 새롭게 한다는 것이었다. 목자의 영적 역할 뿐 아니라, 사회 정치적 역할까지를 폭넓게 제시하는 츠빙글리의『목자』는 당시 스위스의 상황을 잘 반영하고 있으나, 21세기 독자들에게도 주는 메시지가 분명하다. 츠빙글리는 이 책을 아펜첼(Appenzell) 지역의 참 목회자 야콥 슈르탄너(Jakob Schurtanner)에게 헌정하였다.

헌정사

1524년 3월 26일 "하나님 안에서 사랑하는 형제"이며, "하나님이 그들 가운데 시작하고 완성할 훌륭한 작품"(빌 1:6)인 주교 슈르탄너에게 보낸 약 6쪽의 헌정사는 매우 개혁적이고 하나님의 섭리를 향한 확신에 차 있다. 츠빙글리는 고대 히에로니무스도 알고 있고, 당시 기독교인들이 즐겨 읽었던 그러나 잊힌 헬라어로 된『헤르마스의 목자』를 언급하면서, 자기의 시대에도 그러한 책이 있었으면 하고 바라면서, "어리석고 약한 자" 자신이 이 일에 친히 뛰어들었다고 고백한다. 츠빙글리는 어려운 목회직을 흠 없이 수행하기 위해서 인간적 능력보다는 하나님이 주는 능력이 필요하다는 사실을 분명히 하고, 양의 머리를 한 거짓 목자가 누구인지를 밝혀내고자 글을 썼다고 말한다. 츠빙글리는 "복음을 확실하고 직설적으로 설교하는 소수의" 참 목자까지를 부인하는 것은 아니라고 조심스러움을 보인다. 츠빙글리는 자신을 참 목자 중 한 사람이라고 자평하며, 위장한 늑대들이 자신의 말과 행동을 못마땅하게 여기며, 죄악을 전혀 회개하지 않고 자신을 살인자, 도둑놈, 배반자라고 부르며 이단으로까지 규정할지라도, "영혼의 모든 살인자(마

10:28)의 원수로 남아 있길 원"한다. 그들을 대적한 츠빙글리의 태도는 매우 단호하며, 그의 언사는 거칠기까지 하다. 츠빙글리는 세상 제후들과 결속한 종교 지도자들의 물질적 타락, 일반 백성들을 착취하는 악한 행동을 강하게 질타한다. 끝내는 하나님이 개입하여 이러한 죄악을 종결지으며, 죽음의 구렁텅이에서도 구원하실(시 102:20) 하나님의 섭리를 츠빙글리는 확신한다.

> 그들에게 채찍과 매와 몽둥이를 들어야 합니다. 겉으로 겸손하게 보이는 그들이 쓴 위선의 가면을 제거하고 그들에게 가식 없는 순전한 진리를 보여주어야 합니다. 그로 인해 그들이 잠잠해진다면 여러분들은 적어도 용감한 크리스천을 그들의 손아귀에서 지켜내야 함을 알게 됩니다. 그럴 때 그들의 못된 권력 남용이 사라질 것입니다.[121]

츠빙글리는 비진리에 선 그들을 물리치고 치유하며 새롭게 하면서 변화시키는 수단은 오직 하나님의 말씀임을 확신한다. 하나님의 말씀이 선포될 때 그들은 특별히 하나님을 경외하는 사람들로 변하며, 그들이 가졌던 나쁜 이기심은 사라진다고 자신의 과거 경험을 통하여 믿는다. 그 경험이란 취리히가 하나님의 말씀에 근거해 용병제도를 철폐한 것이었다. 츠빙글리는 하나님의 말씀이 인간의 실생활까지를 변화시

---

121 Huldrych Zwingli, *Schriften I*, 251.

킴을 알고 있었다. 헌정사는 슈르탄너가 더욱 강력한 톤으로 개혁에 동참할 것과 츠빙글리 자신을 위한 강력한 기도를 부탁하며 끝난다.

> 어린 양들을 잡아먹으려는 늑대의 이빨에 대항하여 강하고 담대하게 싸우시오. 그리고 당신의 어린 양들이 당신에게서 떨어지지 않도록 잘 보호하십시오. 무엇보다도 여우 교황 새끼를 주목하시오. 그들은 할 수만 있다면 늑대처럼 어린 양을 잡아먹을 것입니다. 그들은 방해 공작하는 일과 불성실에 익숙합니다.[122]

목자

츠빙글리의 설교 '목자'를 들었던 처음 청중은 "수백의 목회자와 가장 학식이 뛰어난 사람들"이었다. 츠빙글리는 신구약에 근거해 "하나님의 말씀에 갈급한 사람들"에게 목자의 직분에 관해 "강한 말과 사명감을 가지고" 설교하였다. 하나님은 목자이며, 우리는 양 떼, 구원자 예수 그리스도는 목자이며, "진정한 우리들의 목장이고 초원"인데, 무지와 유혹이라는 인간적 가르침의 어두운 데서 우리를 하나님의 지혜와 빛으로 불러내었기 때문이다. 하나님의 아들은 우리를 자유로 인도하였다. 목자의 직분과 과제는 하나님 말씀이 보여주는 참 목자이신 예수

122 Huldrych Zwingli, *Schriften I*, 254.

를 본받아 하나님의 양들을 돌보는 것이다. 성경에 나오는 예언자와 사도들도 완전하지 않지만 역시 목자의 모범이다. 츠빙글리는 양들이 거짓 목자를 확실히 분별하기를 기대한다. 거짓 예언자들을 향한 츠빙글리의 바람은 그들이 변화되든지 아니면 성직에서 떠나는 것이다. 목자는 두 가지 결과를 보이는데, 사람을 더욱 타락시키기도 하며, 아니면 사람을 죄에서 구원한다. 참 목자는 영적 싸움에 직면하고, 적들의 음모와 함정에 노출되어 가족이 함께 어려움을 당한다(눅 2:33-35). 하나님에게 속한 진정한 목자는 육의 부모마저도 떠나 하나님의 일에 몰두한다(눅 2:41-52; 마 10:34-35, 37). 츠빙글리가 제시하는 참 목자를 보여주는 성경 말씀은 마태복음 16 : 24-26, 누가복음 9 : 23-24 등이다.

목자의 자격

츠빙글리는 목자의 주요 자격을 네 가지 기준으로 제시한다.

첫째, 목자는 날마다 자기를 부인하고 십자가를 지고 주를 따른다. 매일 십자가를 지는 사람으로 그 어느 것도 자기 능력이나 자기 지식으로 해서는 안 되고, 오직 하나님의 말씀만을 기준으로 행동한다. 육은 진실과 정의에 대해 매우 잘 알고 잘 처리하기를 원하지만, 육은 본래 매우 불완전하다는 사실을 인식해야 한다. 목자는 자신을 비우고 난 후, 자신을 하나님으로 채우는 사람이다.

둘째, 목자는 성령을 받아야 한다(요 20:22). 예수 그리스도는 약속의 성령을 받기 전에는 예루살렘을 떠나지 말라고 했고, 실제로 "그런 일이 기쁘고 놀랍게"(행 2:26) 일어났으며, 비로소 사도들은 말씀을 전하기 시작했다. 목자는 자신이 양육을 받았던 그대로 자기에게 주어진 양 떼를 인도하고 양육해야 한다.

셋째, 목자는 그리스도를 따라 회개의 설교를 한다(마 4:17). 세례 요한도 회개의 설교로 사역을 시작했다(마 3:2). 인간은 소망이 없음을 알 때 회개할 수밖에 없으며, 어떠한 존재인지를 모를 때 회개하지 않는다. 목자는 오직 구원을 또는 오직 복음을 선포해야 한다. 츠빙글리에게 복음은 확실한 하나님 은혜를 선포하는 복된 소식이다. 자기부정으로 이끄는 분명한 죄 인식은 하나님의 은혜의 능력을 사모한다. 예수님은 자신의 이름으로 죄를 용서받는 회개가 모든 민족에게 전파되어야 한다고 말했다(눅 24:47). 복음과 회개는 별개가 아니다. 죽음에 이르는 죄 인식이 생명의 복음을 기쁨으로 받아들인다. 그런 후 목자는 양들이 이제는 더러운 오물에 빠지지 않도록 철저히 살핀다.

넷째, 목자는 옛사람을 벗고 새사람을 입어야 한다(엡 4:22-24). 곧 주님이신 예수 그리스도를 옷 입어야 한다. 목자에게 가장 중요한 것은 가르친 바를 삶으로 실천하는 것이다. 가르친 대로 살지 않는다면 위선이다. 입으로는 안다고 하지만, 행동으로 부인하는 것이다(딛 1:16). 믿음이 약한 성도가 상처를 입는 것은 목사 자신이 가르치는 대로 살지 않을 때다. 목자는 작은 옷을 걸친다거나 수사들처럼 모자가 달린 옷을 입어 자기를 숨겨서는 안 된다. 목자는 자기 생각과 이론을 따라 살면 안 되고, 하나님의 말씀대로 살아가야 한다. 위선이 없는 그리스도만이 목자의 참 모범이시다. 그리스도는 양들을 위해 자기 목숨을 바쳤던 참 목자이다.

> 목자는 우리가 좋다고 생각하는 그것을 모범으로 설명해서는 안 됩니다. 하나님이 우리에게 가르치고 지키기를 요구하신 그것만을 설명해야 합니다.[123]

목양법

츠빙글리는 목자가 어떻게 양들을 양육해야 하는지를 자상하게 열거하며 가르친다. 무엇보다 하나님 말씀만 전하는 목자여야 한다.

하나님 말씀만 선포한다

목자는 하나님의 말씀만을 선포해야 한다. 사람들이 얼마나 심각한 죄악에 빠져있는지, 그 죄악과 함께 인간이 얼마나 비참한지를 가르치고, 오직 하나님의 은혜로 구원을 받아 행복할 수 있음을 전해야 한다. 목자는 죄악의 비참, 예수 그리스도의 구원, 성도의 행복을 가르친다. 죄악에 빠진 상태로는 행복에 이를 수 없기에 예수 그리스도를 통한 하나님의 구원이 요구된다.

> 만약 사람들이 지금까지 육에 매여 저주 가운데 살았지만, 영적 축복과 하나님 은혜의 증거를 믿음 안에서 받아들이고 하나님의 자녀가 되면, 비로소 새로운 피조물로서(비교. 갈 6:15)

---

123 Huldrych Zwingli, *Schriften I*, 264.

당장 하나님의 뜻에 따라 살아갈 수밖에 없게 됩니다(비교. 벧전 4:2). 그러기에 목자는 치유 받은 사랑스러운 양들이 필연코 다시 병들지 않도록 해야 합니다. 이 모든 것은 오직 하나님의 말씀으로 가능하기에, 목자는 모든 다른 것보다 우선순위로 하나님 말씀을 가르쳐야 합니다.[124]

죄악을 공격한다

인간의 비참한 죄악과 하나님의 은혜를 선포한 목자는 인간의 모든 사악한 행위를 여지없이 공격하고, 그 어떤 위협에도 흔들려서는 안 된다. 목자는 아무리 높고 견고한 성일지라도 하나님의 말씀에 대항하는 모든 것을 완전히 무너뜨려야 한다(렘 1:9; 고후 10:4-5) 여기서 우리의 모범은 그리스도이다. 그리스도는 사제들의 위선과 탐욕이 이스라엘을 잘못된 길로 이끌었고, 목자 없이 유리하는 이스라엘을 만들었음을 매우 슬퍼했다. 츠빙글리는 교황청과 교황의 추종자들이 이런 모습을 재현하고 있음을 직시했다. 그들은 본인들의 욕망과 지위를 유지하기 위해 물질적 탐욕, 전쟁과 강도, 파괴와 살인 등 온갖 범죄를 자행하며, 세상 재판권까지를 소유한 채 하나님의 말씀을 바로 선포하는 주의 종들을 재판이나 심문도 없이 고문을 잔인하게 자행하면서 핍박하고 있다. 이럴 때 선한 목자를 위한 유일한 도움은 하나님과 그의 말씀이

124 Huldrych Zwingli, *Schriften I*, 264.

다.[125]

양들을 위해 목숨을 바친다

목자는 양들을 위해 목숨을 버릴 준비를 언제든지 해야 한다(요 10:11). 이를 향한 모범은 예수 그리스도이다. 그리스도는 물욕, 명예욕, 위선을 강하게 비판했다(마 23:1–36). 목자는 그 어떤 권력에도 맞서 주의 양 떼를 위해 지키며 싸운다.

> 그리스도 양 떼의 모든 목자는 하나님의 진정한 말씀과 그를 향한 믿음 때문에 고난 가운데 처해 있다면, 참 목자는 그러한 양들을 위해 일어나야 합니다. 그 상대가 알렉산더 대왕, 율리우스 시저 황제, 교황, 왕, 성주, 그 어떤 높은 권력자이든지, 그들을 대적하여 말하는 데 주저하지 말아야 합니다. 권력자들은 오히려 하나님의 말씀을 거부하고, 정의롭고 공정하기보다는 그들 밑에 있는 정직한 백성들을 괴롭힙니다. 이미 모든 그들의 악한 행위가 밝히 성경에 드러나 있습니다.[126]

목자는 정치권력자들이 바른 길에서 벗어날 때 모른 체 그냥 지나쳐서는 안 되고, 반드시 그들의 잘못을 지적해야 한다. 츠빙글리는 다윗

---

125 Huldrych Zwingli, *Schriften I*, 268.
126 Huldrych Zwingli, *Schriften I*, 269.

을 꾸짖었던 선지자 나단, 여로보암을 저주했던 선지자, 이스라엘 왕 아합에게 다가가 거짓 우상 숭배에 대적했던 엘리야 선지자를 예로 들며, 목자는 악에 대한 침묵을 절대 변명할 수 없다고 말한다. 세계는 죄악에 물들어 있는데, 목자가 그 세상을 꾸짖지 않는다면, 왜 세상은 목자를 필요로 하는지 츠빙글리는 반문한다. 세상 권력자들은 결국 진리를 말하는 설교자들을 핍박하게 되는데, 목자는 세상 권력을 두려워하지 말고, 하나님에게 복종해야 한다(행 5:29). 목자는 순종의 사람이다. 순종은 "가장 위대한 예배"로서 하나님의 말씀을 인간의 판단과 생각에서 왜곡하지 말고, 오직 하나님 말씀을 그대로 따르는 것이다. 목자는 양들을 어정쩡 양다리를 걸치게 해서는 안 된다.

> 모리배 같은 모든 교황 추종자들이 하나님의 말씀에 맞지 않은 본인들의 규정, 교리, 판단에 따라서 말할 때, 우리는 그들이 말하는 모든 경우를 하나님 말씀을 가져와 정확하게 맞서야 합니다. … 우리는 하나님 말씀에 반대되는 것을 행하기보다는 차라리 죽음을 택하는 것이 낫습니다. 우리가 하나님의 말씀을 청종하여 그 말씀에서 벗어나지 않도록 하는 것만큼 하나님의 마음을 기쁘시게 하는 것은 그 어떤 것도 없기 때문입니다.[127]

---

127 Huldrych Zwingli, *Schriften I*, 273.

악한 군주를 대적한다

목자는 마음대로 전쟁을 일으키려는 군주를 꾸짖어 상상 이상의 엄청난 피해를 가져다주는 전쟁을 막아야 한다. 목자는 모든 악을 대적해야 한다. 츠빙글리는 예언서를 읽으면 읽을수록, 세상 권력자들과 세상 악한 자들과의 영원한 싸움을 보는데, 그렇다면 목자는 언제든지 이들의 악을 고발하고 마땅히 책망해야 한다(사 1:23). 예언자 아모스는 그들을 "살진 소"라고 부르며 책망했다(암 4:1). 세례 요한 역시 헤롯왕을 책망해 결국 목 베임을 받아 처형당했다. 이처럼 목자는 악한 지도자를 대항하여 싸우되 그가 변할 때까지 싸움을 멈추지 말아야 한다. 츠빙글리는 권력자들의 권력 남용을 방지하기 위해 뽑은 공무원을 "목자"라 부르며, 그 목자와 파트너십을 가질 것을 주문한다.

> 만약 정부가 목자의 일을 도와준다면, 힘든 짐들을 탈 없이 평화롭게 제거할 수 있을 것입니다. 그러나 정부가 도와주지 않는다면 그는 목숨까지도 걸고 일해야 하며, 그는 그 어떤 다른 도움이나 구조를 기대하지 말고 오직 하나님께 기대해야 합니다. 분명하게 깨어 있는 일과 저항하는 일은 목자가 꼭 해야 합니다.[128]

목자가 세상 권력과 싸울 때 훌륭한 무기가 있는데, 그리스도가 그

---

128 Huldrych Zwingli, *Schriften I*, 279.

의 제자들을 위해서 준비한 "그리스도의 무기고"이다. 그것은 그리스도께서 제자들을 파송할 때 주었던 말씀들 마태복음 10:7–10, 마가복음 6:7–13, 누가복음 9:1–6; 10:4–7을 통해 알 수 있는데, 오직 그리스도를 의지하는 것이다. 그렇지만 이리 떼 가운데 보냄을 받은 목자는 언제든지 핍박을 받을 각오를 해야 한다. 목자는 언제나 강력한 갑옷을 준비해야 한다. 하나님을 위해 죽기를 각오하는 사람은 실패하지 않는다. 그 무엇도 우리를 그리스도 안에 있는 하나님의 사랑에서 끊을 수 없기 때문이다(롬 8:38–39).

사랑을 실천한다

사랑은 목자의 덕목 중 가장 앞선 것으로 하나님의 양들을 목양할 때 꼭 필요하다. 거룩한 사랑은 목자를 교만에서 멀어지게 한다. 사랑의 목자가 되기 위해 늘 하나님 안에 살고 하나님을 불러야 한다. 하나님은 사랑이시기 때문이다(요일 4:16). 무엇보다 하나님의 사랑이 가장 고귀한 아들 예수 그리스도를 통해 우리를 구원하시고, 소명의 목자로 부르셨기 때문이다(요 6:44).

> 유일한 하나님을 향한 사랑만이 목자를 움직이는데, 그때야 비로소 목자는 기꺼이 자신을 부인하며, 그 어떤 주머니나 자루와 의지할 지팡이 하나 없이도 기꺼이 부모를 떠나며, 권력자에게 구금과 고문을 당하고, 거짓으로 기소를 당하며, 죽음에 이르기까지 자신을 내맡깁니다. 이는 그 어떤 상황에도 흔

들리지 않는 하나님에 대한 신뢰가 없다면 그 사랑은 존재할 수 없습니다.[129]

보상을 기대하지 않는다

바른 목자는 세상에서 그 어떤 보상을 기대하지 않는다. 믿음은 이미 우리에게 주어진 보상이기 때문이다. 종들은 보상을 기대하나, 아들은 보상을 기대하지 않는다. 하나님의 아들이라면 자유롭지 못한 종들처럼 보상을 바라는 것이 아니라, 아버지의 집에서 성실하게 일하는 아들은 "그리스도의 상속자"(롬 8:17)로서 오직 아버지 하나님의 영광만을 추구한다.

거짓 목자

마태복음 7:15–16처럼 하나님은 빈번히 자세하게 거짓 예언자(Propheten)에 대해 말하는데, 이들이 바로 거짓 목자다. 문제는 양의 탈을 쓴 굶주린 이리 같은 거짓 목자에 대해서 사람들이 알려고 하지 않는다는 것이다. 거짓 목자는 매우 논쟁적이고 오직 교황에게 충성심을 보이는 자들이며, 돈을 탐하고 신부의 말을 순종하라고 강조하면서 큰 부를 쌓고 진정한 회개와 참회에는 관심이 없는 자다. 그들은 마리아에게 재물을 바쳐야 한다고 말하고, 부자와 권력자의 자녀들이 수도원

---

129 Huldrych Zwingli, *Schriften I*, 286.

에 들어와 많은 돈을 헌금하여 큰 이득을 보기를 원한다. 한마디로 거짓 목자는 그리스도의 은혜를 자신들의 부의 축적을 위한 이기적 목적으로 악용한다. 그들은 하나님을 두려워하지 않고, 그들의 호화스러운 삶이 사라지는 것을 두려워할 뿐이다.

디모데전서 3:1–7과 디도서 1:5–9을 보면, 대조해서 거짓 목자를 통해 참 목자를 알 수 있다. 츠빙글리는 분명하게 드러나는 성직자들의 성적 방탕에 대해 말하며, 결혼하지 않는 사제들을 거짓 목자로 비난한다. 술독에 빠진 자, 허풍쟁이, 광신자, 복장과 생활이 방탕한 자는 거짓 목자이다. 가난한 자를 돕지 않는 자도 거짓 목자이지만, 이럴 때 조심스럽게 판단해야 하는데, 자신이 스스로 가난한 사제일 경우다. 교리에 대해 무지한 자, 악한 사제들의 불의에 대항하지 못하는 경우도 참 목자일 수 없다. 무엇보다 목자는 자신의 양들을 신앙적으로 양육해야 한다(딛 1:6). 가정을 잘 다스리는 자가 목자의 자격을 갖는다. 성령의 은사를 지닌 청년 디모데와 같은 사람이 목자가 되어야 한다(딤전 4:12–14). 그리스도의 말씀에 근거할 때(마 7:17–20) 거짓 목자를 분별할 수 있다.

> "열매를 보고 알리라"(마 7:17–20)는 그리스도의 말씀대로 거짓 목자들을 실지로 찾아낼 수 있습니다. 자못 쭉정이를 갖고, 알곡을 버리지 않기 위해(마 13:29), 하나님의 열매와 사탄의 열매를 구별하는 방법을 알아야 합니다. … 앞서 참 목자에 대해 그리스도의 말에서 분명하게 언급한 것처럼 거짓 목자란

마음에서 우러나온 참믿음이 없는 사람들이고, 하나님을 사랑하지 않는 사람들입니다(벧전 1:8). 그들의 불신앙은 그들의 행동에서 분명하게 드러납니다.[130]

거짓 목자는 "굶주린 늑대"처럼 목회를 이용해서 본인의 형제와 친족에게 특혜를 주는 자이다. 참 목자는 부모 형제 친척을 떠나야 하고(마 10:37), 교회 재화는 가난한 사람의 것이다. 거짓 목자는 자기만을 사랑하고, 자기의 삶에 몰입되어 있다. 거짓 목자는 사람들을 전쟁의 광기로 몰아가며, 양들이 처한 고통과 어려움에 동참하지 않는다. 그러기에 늑대와 같은 사람을 목자라고 부르는 것은 "사기"이다. 거짓 목자는 왕과 백성의 죄를 비판하지 않고 모른 체, 방관하는 자이다. 목자는 세상 군주들이 쓰는 방법을 사용해서는 안 되고(마 20:25-26), 지팡이나 여행용 자루, 돈주머니를 가져서는 안 된다.

늑대들은 그렇지 않습니다. 어려운 이웃을 도우라는 것을 백성은 익히 알건만, 부끄러운 줄도 모르는 구걸 행각을 통해서 거둔 돈으로 하는 이웃을 향한 자선은 안중에 없습니다. 그저 그 돈으로 자신들의 사치와 방탕을 유지할 뿐입니다. 온 세상을 폭동의 수렁에 빠뜨릴 수 있기에, 마땅히 그러한 교황 추종자들을 더는 돕지 않습니다. 거짓 목자 교황 추종자들은 그런

130 Huldrych Zwingli, *Schriften I*, 298.

태도를 향해 '소요를 충동질하는 것'으로 일컫습니다.[131]

거짓 목자 식별법

츠빙글리는 늑대 같은 거짓 목자를 식별하는 12 기준을 명료하게 제시한다.[132]

1. 하나님의 말씀을 순전하게 가르치지 않는 자
2. 하나님의 말씀을 가르치지 않고, 인간의 생각을 가르치는 자
3. 하나님의 영광을 위하지 않고, 사람의 이익과 영광, 교황권의 존속을 위해 말씀을 가르치는 자
4. 말씀을 가르친다고 하면서도 악한 정치인의 폭정을 방관하며, 비판하지 않고, 도리어 그들에게 아부하는 자
5. 말씀을 가르치지만, 행함이 없는 자이며 행위로 말씀을 허무는 자
6. 가난한 자들을 멀리할 뿐 아니라, 그들을 착취하고 억압하는 자를 모른 체하는 자
7. 목자의 직분을 가졌으면서도 세상 통치자처럼 군림하는 가장 사악한 늑대

131 Huldrych Zwingli, *Schriften I*, 302.

132 Huldrych Zwingli, *Schriften I*, 302–309.

8. 갖은 방법을 다해 물질을 탐하면서, 하나님의 사랑과 경외를 가르쳐주지도 실천하지도 않는 늑대
9. 창조자 하나님 대신 피조물을 섬기도록 이끄는 자
10. 표적과 기적을 일으키고, 점을 치면서 하나님의 길에서 떠나게 하는 자
11. 교황을 이 땅의 신으로 부르며, 그에게 존경과 영광을 바치는 자
12. 자신의 꿈과 환상을 전하고 하나님의 말씀을 전하지 않는 거짓 예언자

그러나 지금은 진리의 빛이 다시 밝혀져, 곳곳에 퍼져있는 늑대들을 쉽게 보고 찾아낼 수 있게 되었습니다. 믿음의 백성은 마땅히 하나님을 대적해서는 안 되며, 늑대들의 감옥에서 벗어나야 합니다. 여기서 문제가 되는 것은 그 어떤 물질적 피해가 아닙니다. 그들이 하나님의 말씀을 조작하고 가둬 놓고 있다는 것입니다. 거짓 목자들은 하나님 말씀을 왜곡하고 침묵하도록 만듭니다. 강퍅한 마음, 권력 수단, 속임수를 가지고 복음이 선포되지 않도록 한다거나, 만약에 복음이 선포되더라도 교만한 인간의 교리가 섞이도록 만들었습니다.[133]

133 Huldrych Zwingli, *Schriften I*, 303-304.

교회의 정의

거짓 목자는 그리스도 피로 세운 교회에 대해서 말하면서도, 그리스도의 말씀 밖에서 교회에 대해서 말하는 모순을 보인다. 교황교회는 일종의 동호회(Verein)일 뿐, 믿는 자들의 총체(die Gesamtheit der Glaubenden)로 그리스도의 신부로 고백할 수 없다. 츠빙글리는 교회를 두 가지로 정의한다. 첫째, 교회는 그리스도를 믿고 구원을 확신하는 모든 사람이다(마 16:18). 곧 교회는 그리스도를 믿는 모든 사람이다. 둘째, 교회는 지상에 존재하는 각각 지체 교회공동체(jede einzelne Kirchegemeinde)이다. 교회는 모든 현지 교회이며, 그리스도 몸의 지체다(고전 1:2).

성경해석과 교부

교황 추종자가 교회의 분열을 가슴 아파한다면, 이는 재정적 손실 때문이다. 교황이나 주교라는 직책이 중요하지 않고, 바른 신앙이 교회를 성장하게 한다. 하나님의 양들에게 중요한 것은 풍성한 하나님의 말씀이며, 교회는 하나님의 말씀의 풍성한 목장이 되어야 한다. 사람은 하나님의 입에서 나온 말씀으로 산다(마 4:4). 츠빙글리에게 하나님의 입으로 나오는 모든 말씀은 교부들의 말도 아니고, 그들의 평가로도 격을 떨어뜨릴 수 없다. 초대교회는 하나님의 말씀에 "인간적인 첨가물이나 조작" 없이 오직 하나님의 말씀으로 바로 살았으나, 당시 교회는 "교부의 해석에 따라서" 복음을 전하라고 했다. 츠빙글리는 교부들이 하나님의 말씀만을 묵상하며 해석했다면, 하나님의 말씀은 교부의 말에 우선하며, 교부의 말이 하나님의 말씀에 우선되어서는 안 된다고 주장했다.

목자를 향한 당부

츠빙글리는 신실한(treu) 목자와 거짓(falsch) 목자를 향해 '마지막 말(Schlusswort)'로 당부한다.[134] 선한 목자는 당시 겪는 고난과 시험을 놀라지 말고, 담대한 자세로 극복할 것을 당부한다. 무엇보다 하나님이 피할 길을 주시며, 거짓 목자를 정복할 길을 주시기 때문이다. 간절히 기도함으로 양 떼들을 지키고, 앞장서 싸우는 순종과 사랑의 종이 되어야 한다. 거짓 목자는 일말의 사랑과 믿음이 있다면, 회개하고 돌아와 고난에 처한 백성을 위로할 것을 요청한다. 그렇지 않을 때 그들에게 하나님의 무서운 심판이 있음을 경고한다.

> 만약 당신들이 성도들을 거짓으로부터 자유롭게 하지 않는다면, 당신들은 종국적으로 비참하게 될 것이며, 사람들은 그 비극을 마땅하게 여긴다는 것을 알게 될 것입니다. 당신들은 이미 오래전에 당신들의 고유한 사명을 부서뜨렸으며, 신뢰와 믿음을 져버렸으며, 올바른 복음의 설교자를 가두어, 잔인하게 고문하고 살해했습니다. 그와 함께 당신들은 하나님의 분노를 샀습니다. … 당신들을 경고합니다. 하나님은 거짓 목자인 당신들을 오래 참으셨습니다. 그는 당신들에게 벌을 내리실 것입니다. … 당신들의 소망을 다른 곳에 두어야 할 것입니다.[135]

---

134 Huldrych Zwingli, *Schriften I*, 309–314.

135 Huldrych Zwingli, *Schriften I*, 311–312.

스위스 연방에 대한 간곡한 경고

1524

위기를 만난 종교개혁

Ain freüntlich bitt
vñ ermanung etlicher Priester
der Aydgnoschafft/ das
man das hailig Euangelium
predigen nit
abschlahe/
noch
unwillen dar
ab empfach/ ob die
predigenden ergernus zů
vermeiden sich eelich vermähelten.
M.D.XXII.

종교개혁자 츠빙글리의 이 글은 종교개혁의 '신 신앙'(New Religion, 신교)을 배격하고, 중세의 '옛 신앙"(Old Religion, 구교)으로 돌아가려는 스위스 연방에 보낸 글로서 공격적이고 방어적이며 전략적인 성격을 띠고 있다.[136] "외국에 거주하면서 미래 조국을 걱정하며 스위스 연방에 거주

136 Huldrych Zwingli, *Schriften I*, 313–329 : "Eine Freundschaftliche und Ernste Ermahnung der Eidgenossen, 1524".

하는 사람들의 양심에 호소하는 스위스 사람", 익명의 필자로 소개되지만 츠빙글리의 선지자적이고 영적 지도자로서의 모습이 위기 가운데서 생동감 있게 드러난다. 위기에 처한 지도자의 지혜롭고 강한 모습을 보여준다.

1519년 시작된 스위스 종교개혁은 5년 후 1524년 초 시의회를 통해 저항에 부딪히게 되고, 1524년 2월 말 종교개혁에 반대하는 스위스 연방 사절단이 취리히를 항의 방문하면서 노골적으로 종교개혁에 반기를 든다. 5개 연방 우리(Uri), 슈비츠(Schwyz), 운텐발덴(Untenwalden), 루체른(Luzern)과 축(Zug)이 반종교개혁 연대를 구성하고, 1524년 4월 20일 공동성명을 발표하기에 이르렀다. 루체른 의회는 취리히 종교개혁에 반대하는 스위스 연방 동맹을 형성하여, 조상들이 가졌던 '옛 신앙'에 남아 이를 위반할 때는 처벌하기로 하였다. 그러나 취리히, 샤프하우젠, 바젤 3개 연방은 츠빙글리의 종교개혁을 지지하였다. 일주일 후 4월 27일 종교개혁자 츠빙글리는 펜을 들어, 스위스 연방을 향해 신실하고 간곡한 요청을 하였다.

츠빙글리가 다루는 주제는 스위스가 용병제도로 인해 조상들의 미덕과 업적을 버리고 세상의 부귀를 좇아 잘못된 길로 가고 있다는 것이다. 스위스 군대가 프랑스 왕과 전쟁에서 연대한 사건은 용병에 참여한 스위스 청년들의 많은 인명을 잃게 되었는데, 이로 인한 재앙은 엄청났다. 이런 상황에서 츠빙글리는 스위스의 용병제도가 어떤 점에서 옳지 못한지를 많은 성경을 인용하며 영적 지도자로서 구약의 선지자처럼 경고한다. 1524년 4월 27일 취리히 의회는 12개 모든 스위스 연방에 편지를 발송했다. 츠빙글리는 종교개혁의 정당성을 제시하며, 5개 연방이 제시한 반종교개혁 입장을 철회하여 줄 것, 타국에 의존하지 말고 보다 자주적으로 살아야 할 것을 촉구하며 "스위스 연방을 향한 신실하고 간곡한 경고"를 해야 했다.

1차 경고

츠빙글리는 용병제도의 폐해를 바로 인식하고, 이미 2년 전 1522년 5월 22일 "슈비츠 사람들에 대한 거룩한 경고"를 보내었다.[137] 1521년 스위스 연방과 프랑스는 용병동맹을 맺었으나, 슈비츠 연방은 예외적으로 이에 찬성하지 않았다. 츠빙글리는 용병 때문에 많은 스위스 청년이 전투에서 죽어가는 것을 그대로 두고 볼 수 없었다. 토겐부르크 출신 츠빙글리는 슈비츠 연방의 사람으로서 슈비츠가 외국 권력에 종속되지 않고, 자유롭고 바른 길로 나갈 것을 호소하였다. 어떤 학자들은 이 경고를 신학적인 글이라기보다는 정치적이고 윤리적인 글로 평가하지만, 필자는 이러한 이원론적 사고에 동의할 수 없다. 츠빙글리는 사람들이 하나님을 떠날 때 윤리적 타락을 가져오며, 결국 정치적이며 사회적인 악으로 드러난다고 생각한다. 츠빙글리에게 용병제도를 통해 생계를 유지하는 삶이야말로 가장 불행한 삶의 방식으로 속임수와 교만이 본질이라고 이해한다. 그러기에 용병제도를 중단하고 "성경과 하나님의 뜻에 순종하는 삶"으로 돌아와야만 한다. 용병제도를 통해

137 Huldrych Zwingli, *Schriften I*, 75–100 : "Eine goettliche Ermahnung der Schwyzer, 1522".

들어온 부끄러운 검은돈은 스위스 연방의 법질서를 어지럽히며 사악한 사회관습으로 자리 잡아 사회의 근본을 흔들어서, 결국 그 돈을 주는 외국 권력의 종노릇을 하기에 이른다. 츠빙글리가 용병제도에서 직시하는 것은 인간의 이기심, 하나님의 분노를 일으키는 전쟁, 외국 권력과의 유착에서 거래되는 검은돈, 증오와 불신으로 인한 사회관습의 악화이다. 츠빙글리는 이 글을 통해 인간의 탐욕, 정당 전쟁, 평화에 대해 그의 성찰을 제시하는데, 21세기 자본주의를 살아가는 우리에게도 시사하는 바가 적지 않다. 츠빙글리는 "하나님의 지혜와 도우심이 … 떠나지 않기를 간절히 기도"한다. 외국 권력이 용병제도를 통해 스위스 연방을 "금덩어리를 가지고 제압할" 것을 두려워하면서, "오로지 하나님을 두려워하는 마음과 귀한 스위스 연방을 사랑하는 마음에서 … 삼일 구상하여" 급하게 글을 썼다고 말한다. 글의 목적은 두 가지인데, 스위스 연방이 외국 세력을 경계하도록 함과 검은돈에 종속되지 않고 자유를 누리도록 함이다.

용병제도와 탐욕

츠빙글리가 용병제도에 대해 우려하는 가장 무서운 첫 번째 위험은 결국 사람들이 하나님의 분노와 심판에 놓이게 된다는 점이다. 그 예가 전쟁으로 외국 세력에 의해 한 나라의 법과 권리가 짓밟히는 것이다. 전쟁권은 폭력에 의해 법이 짓밟힘을 당하는 것이다. 그리스도인 츠빙글리는 전쟁권, 곧 전쟁의 폭력을 강하게 부정한다.

> 크리스천으로서 꼭 해야 할 일이라면, 전쟁을 절대로 일으켜서는 안 되는 것입니다. 그리스도의 계명에 의하면, 우리는 악하게 비난하는 사람과 박해하는 사람을 위해서 하나님께 기도해야 합니다. 우리는 한쪽 뺨을 맞으면 다른 뺨을 내밀어야 합니다. 그럴 때 우리는 하늘 아버지의 자녀들이 될 것입니다(마 5:39,44-45).[138]

두 번째 위험은 외국 세력에 의해 법질서가 망가진다는 것이다. 구체적으로는 외국 세력의 돈과 뇌물로 귀와 눈이 멀어, 자국 재산을 보호받을 수 없을 뿐 아니라, 외국 정치지도자를 섬기기 위해 자신을 잃어버린다. 공적 악에 저항하지 못하며, 공적 이익을 대변하지 못해, 결국 "돈으로 움직이는 도시"로 전락한다.

세 번째 위험은 용병으로 인해 외국의 더럽고 저급한 문화가 유입되어, 지금까지의 건전한 문화와 사회적 관습이 위협을 받게 된다. 용병으로 인한 돈의 유입은 강인한 국민성을 점차 망가뜨리고, 그저 편하고 안락한 삶과 사치스러운 삶을 추구하게 한다.

네 번째 위험은 용병제도를 통해 유입되는 돈은 결국 힘 있는 나라의 포로가 되어 속국으로 전락한다.

> 낯선 세력자에게서 오는 돈에서 자신을 지키시오! 그 돈이 우

138 Huldrych Zwingli, *Schriften I*, 93.

리를 죽일 것입니다. 가능한 한 그 돈과는 상관하지 마시오. … 만약 우리가 그러한 사회적 악을 고치지 않는다면 우리는 후에 매우 후회하게 될 것입니다. … 그리스도가 우리의 갈 길을 활짝 열어준다는 것을 우리가 기대하지 않는다면, 도대체 우리는 무엇을 가장 먼저 생각해야 합니까? … 돈과 재산을 잃어버리는 것이 여러분의 비극이 아닙니다. 사람들이 목숨을 바쳐 추구하는 세상의 물질이란 하나의 슬픈 재화에 불과합니다. 인간의 재산이란, 새를 꼼짝하지 못하게 만드는 아교처럼 사람을 잡아맵니다. 외적 도움이 없다는 것이 여러분을 불안하게 만드는 것이 아닙니다. … 진정으로 찾아야 할 것은 우리들의 소리를 들으시고 우리를 바르고 복된 길로 인도하시도록 하나님입니다.[139]

2차 경고

츠빙글리는 잘못된 길로 가는 스위스 연방을 안타까워하며 조국을 사랑하는 마음으로 간곡한 권면(Eine freundschaftliche und ernste Ermahnung)을 다시 해야 했다. 지난 조상들을 향한 츠빙글리의 감사는 넉넉하고 충분하다. 과거 스위스 연방의 조상들은 부패한 귀족을 몰아내고, 척박한 땅임에도 열심히 일해서 자급자족하며 살았으며, 아름다운 전통과 생

139 Huldrych Zwingli, *Schriften I*, 98–100.

활방식을 가지고 용감하게 외세를 몰아내고 법을 지키며 자유를 누렸으며 형제애로 하나가 되었다. 스위스는 외국에서 박해받는 자들의 피난처가 되기도 했는데, 하나님의 도움과 은혜였다고 츠빙글리는 믿는다. 그러나 16세기 스위스 연방은 방탕한 생활로 귀족 계급이 출현하고, 사치스러운 생활을 하며, 돈을 위해서 젊은 청년들을 외국에 용병으로 팔고, 근본악인 사리사욕의 추구로 외세의 종으로 전락하였다고 츠빙글리는 절규한다. 이기심, 나태, 불신, 부정 축재, 불의, 분쟁, 갈등으로 망가진 조국 스위스가 순수한 하나님의 말씀 선포를 통해 치유될 수 있기를 츠빙글리는 갈망한다. 또한 스위스의 영적 부흥을 위해 종교개혁의 정치 사회적 관심을 제시하며, 16세기 출발한 개혁교회의 역사적 정체성을 확실히 보여준다.

> 다른 모든 사람이 조국을 향하여 그러한 것처럼 사랑과 애착이 나에게 이 글을 쓰게 강요했습니다. 나는 단순히 불안정한 현실에 관해 여러분에게 알려야 한다고 생각합니다. 비록 내가 현재 나의 조국에 살고 있지 않지만, 항상 마음은 스위스 연방을 향한 생각에서 떠난 적이 없습니다. 여러분의 행복이 나의 기쁨이고, 여러분의 불행이 항상 나를 아프게 합니다.[140]

140 Huldrych Zwingli, *Schriften I*, 319.

지도자의 타락

츠빙글리는 스위스 타락의 근원에 무엇보다 인간의 이기심(Eigennutz)이 자리하고 있음을 인식했다. 외국 권력의 부정한 뇌물을 받은 스위스 정치지도자들의 꼭두각시 노릇 때문으로 파악했다. 결과 그들은 3가지 타락에 빠졌다. 첫째, 사치와 방탕이다. 부도덕한 귀족들이 사치와 방탕한 삶을 살고 있다. 둘째, 게으름이다. 스위스는 비옥한 토지임에도 불구하고 아무도 열심히 일하려고 하지 않는다. 츠빙글리는 노동관을 적극적으로 피력한다. 노동은 신성한 것으로 사람을 타락하지 않도록 만든다. 사람은 건전한 노동을 통해 생산된 곡식을 먹고 살아야 한다. 노동은 육체를 건강하게 만든다. 노동을 통해 수확한 결실은 하나님의 아름다운 창조를 기억하게 한다. 노동하는 사람은 겉으로 볼 때 하나님을 가장 닮는다. 셋째, 재물의 함정이다. 이기심이 스위스에 넘쳐서, 용병을 통해 들어오는 돈은 지도자의 눈을 멀게 해서, 쉽게 버는 돈이 가져다주는 위험성을 간과했다.

츠빙글리는 스위스의 타락 근저에 깔린 인간의 '극단적 이기심'을 문제의 근원으로 직시한다. 츠빙글리는 외국의 뇌물에 눈이 먼 지도자의 특징을 몇 가지로 제시한다. 첫째, 인간관계를 차단하여 철저하게 비밀을 지키려 한다. 둘째, 매우 방탕하고 사치스러운 생활을 한다. 셋째, 결국 뇌물 제공자의 종이 되어, 모든 재산을 빼앗긴다. 넷째, 점점 돈이 필요해 모든 젊은이를 용병으로 판다. 다섯째, 전쟁에 반대하는 복음적 설교를 비판한다. 여섯째, 전쟁을 기념하는 장소를 만들어 국민을 오도한다.

오 하나님! 저들의 눈먼 마음을 열어주소서! 그러면 그들은 자기들이 죄악을 범했음을 깨닫게 될 것입니다. 그때 그들은 하나님께 은혜를 구하게 될 것이며, 자신들의 악한 죄로부터 사함을 받게 될 것입니다. 이때 여러분에게 일치와 평화가 올 것입니다. … 바른길에서 벗어나지 않는다면, 다른 나라들은 여러분을 두려워하겠지만, 여러분은 어떤 대포도, 어떤 견고한 성도, 그리고 그 어떤 음모도 두려워할 필요가 없을 것입니다. … 제발 영리하시오. 더러운 돈 때문에 다른 주인을 섬김으로 여러분의 영혼과 육체를 파괴하지 마십시오. … 만약 누가 '어떻게 우리가 다시 하나되고, 평화를 누리고 살 수 있습니까?'라고 물으면, 답은 '이기심을 버려야 합니다.'라고 대답할 것입니다.[141]

극복해야 할 이기심

츠빙글리는 인간의 이기심이 얼마나 계약 공동체를 파괴하며, 형제 사랑을 깨뜨리는지를 강조한다. '인간에게 이기심은 어쩔 수 없지 아니한지'라고 반문할 때, 츠빙글리는 정직하게 자문자답할 것을 요청한다. 자신의 이기심이 어떤 결과를 가져오는지 물으며, 그 악이 공동체에 번지지 않도록 하라는 것이다. 하나님의 말씀이 넉넉히 선포될 때야 인간

141 Huldrych Zwingli, *Schriften I*, 327–328.

의 이기심을 물리칠 수 있다. 하나님이 없는 마음에 인간의 이기심은 찾아오고, 자신의 이익과 향락을 추구하고, 서로를 속이며, 공동체를 파괴한다. 병든 사회를 치유하는 묘약은 하나님의 말씀이다. 하나님의 뜻이 충만하게 나타나야 하기에, 츠빙글리는 하나님 말씀의 순전한 선포를 강조한다.

> 만약 여러분이 하나님의 뜻을 가장 소중한 가치로 평가하고, 그와 함께 평화롭게 그리고 서로를 향한 신앙적 순종 가운데 살아간다면, 확인하게 되는 것은 하나님의 말씀이 왜곡되지 않고, 원래의 의미가 선포되는지, 사람의 지식에 영향을 받지 않고 조작되지도 않고 분명하고 단순 명료하게 설명되는지입니다. 그럴 때 여러분은 여러분 속에 있는 근본적인 것들이 악한 속성에서부터 자유롭게 유지된다는 사실을 알게 될 것입니다. 어떤 사람들은, 하나님의 말씀을 깨닫고 나서 비로소 외국 용병으로 참가하는 것을 포기했다고 말합니다.[142]

마지막으로 츠빙글리는 잘못된 길로 향했던 스위스가 새로워지고 바른 길로 나아가기 위해서는 그 기준이 오직 하나님의 말씀이어야 함을 다시 강조한다. 하나님의 말씀이 바르게 선포될 때, 하나님의 영광이 드러나고, 사람들에게 선한 영향력을 끼치며, 교회가 말씀대로 변

---

142 Huldrych Zwingli, *Schriften I*, 329.

화되며, 영혼 구원이 일어난다. 츠빙글리에게 중요한 것은 권력자를 두려워하는 것이 아니라, 하나님을 두려워하는 것이다. 하나님을 두려워할 때, 하나님은 그의 조국 스위스를 지킬 것이라고 확신한다. 츠빙글리는 오직 하나님의 말씀이 스위스를 인도하길 바란다. 하나님을 두려워할 때 하나님의 도움이 있으며, 하나님의 도우심은 모든 위기에서 사람들을 지킨다. 그렇지만 하나님의 도우심이 없을 때, 지옥이 있고, 모든 위기와 불의가 찾아온다는 것이다.

> 따라서 하나님 말씀에 귀를 기울이십시오. 하나님의 말씀만이 여러분이 바른 길로 들어설 것입니다. 내 경고를 진심으로 받아들이십시오. 이 경고는 내 진심 어린 마음에서 그리고 친구의 우정에서 나온 것입니다.[143]

영적 타락에서 오는 사회악

종교개혁자 츠빙글리가 사회 정치적 문제인 용병제도를 영적 눈으로 바라보며, 용병제도의 근원에 어떤 문제가 함께 하는지 제시하며, 종교개혁에 반기를 드는 스위스 연방을 사회적 문제를 가져와 설득하는 점은 특이하다. 쉽게 말해 츠빙글리는 정치와 종교의 문제가 별개로 존재할 수 없음을 인식하며, 사회악은 그 근원에 영적 문제가 도사리고

143 Huldrych Zwingli, *Schriften I*, 329.

있음을 간파한다. 스위스가 왜 용병제도를 허락하는지, 그로 인해 어떤 문제가 찾아오는지를 조목조목 지적하고 호소함으로써, 개혁교회의 아버지 츠빙글리는 종교개혁의 정당성을 설파하며, 위기를 만난 종교개혁의 불씨를 다시 살려내고자 하였다.

무엇보다 용병제도로 인해 물질의 노예로 전락한 스위스를 영적 눈으로 직시하며 외쳤던 그의 선지자적 경고는 오늘의 자본주의에서 자본의 노예로 전락한 우리에게도 힘 있게 들려온다. 하나님을 잃어버린 세상은 바른 길을 잃어버린 채 사치와 방탕으로 치닫고 있는데, 16세기 츠빙글리의 경고는 우리에게도 낯설지 않다. 마치 물질주의에 빠진 오늘의 한국교회를 향해 들려주는 종교개혁자 츠빙글리의 엄숙한 경고로 받아도 문제되지 않는다. 짚어야 할 점은 츠빙글리에게 신앙과 상관없는 인간사는 없다는 점이다. 한국교회는 'Reformation'을 종교개혁 내지는 교회개혁으로 축소 번역하여 이해하지만, 그 개혁에는 정치와 교회를 분리하는 이원론적 이해가 자리하고 있지 않다. 물론 츠빙글리에게 목사와 정치인은 역할에 있어서 분명한 구별이 필요하지만, 설교자는 모든 세상을 하나님의 눈으로 바라보고 진단하여 하나님의 말씀을 세상의 회개와 바른 길을 외쳐 모든 삶에서 하나님의 영광이 충만해야 한다는 점이다.

혼란의 책임은 누구에게 있나

1524

그리스도인과 경제

'그리스도인과 경제'라는 주제에서 크리스천이 읽어야 할 가장 기본적 문서로 평가되는 글이 1524년 12월 28일 취리히에서 세상에 등장했다.[144] 취리히 종교개혁자 츠빙글리의 가장 의미 있는 사회비판 문서인 이 글은 취리히 종교개혁이 시작되어 5년이 지났을 때, 혼란의 현장에서 출생했다. 1524년 7월, 당시 스위스 연방은 농민전쟁의 발발로 긴박하게 돌아갔다. 1525년 알자스와 튀링엔 지방에도 농민전쟁이 일어났

144 H. Zwingli, "Wer Ursache zum Aufruhr gibt, 1524", *Huldrych Zwingli Schriften I*, (Theologischer Verlag Zuerich, 1995), 331–426.

으며, 1526년 7월 스위스 남부에 이르기까지 농민전쟁이 확장되었다. 이에 뉘른베르크 제국의회(1522–1524)는 츠빙글리를 혼란의 주범으로 지목하여 소환했다. 제국의회는 사회문제를 비판적으로 다루는 '선동적 설교'를 금하되, '순수한 복음'의 선포는 허용하였는데, 교황과 황제에 반대하는 사람들의 입장을 지지하였다. 곧 제국의회는 급진적 종교개혁보다는 온화한 종교개혁을 지지하며, 츠빙글리의 취리히를 스위스 연방에서 제외하려는 움직임을 보였다. 이런 상황에서 물가는 치솟고 경제적 어려움이 가중되었으며, 정치적 상황은 혼란스러웠다. 과연 혼란의 책임은 어디에 있으며, 무엇이 문제라는 말인지 물으며, 여론은 츠빙글리에게 불리하게 돌아갔다. 이러한 때 츠빙글리는 혼란의 근본 원인을 정확히 짚으면서도 비관적으로만 상황을 보지 않고, 종교개혁의 비전을 잃지 않고 적극적으로 대안을 제시하였다.

종교개혁자 츠빙글리는 어려운 상황에서도 문제의 본질을 꿰뚫으며, 성경에 근거한 호소로 비전을 제시하고, 개혁 의지의 분산을 막으며 종교개혁의 에너지를 강화하려 하였다. 이를 위한 츠빙글리의 핵심 이론은 세상 나라와 하나님 나라의 분리는 있을 수 없으며, 이론과 실천도 나눌 수 없다는 것이었다. 츠빙글리는 루터식의 두 왕국을 인정할 수 없었다. 그는 정치, 경제, 사회, 문화도 성경적 관점에서 문제를 찾아 대안을 제시하고자 했다. 그리고 혼란의 이유로 몇몇 이기적 종교 지도자들, 부패한 교회 계급, 강자 중심의 경제 구조로서 토지, 이자 그리고 노동의 문제를 여지없이 파헤친다. 츠빙글리는 자유시장의 적법한 순환을 주장했다. 독일의 종교개혁자 루터와는 다르게, 재 세례파 사람들과 차별화하면서도 그들과 협력할 수 있기를 소망했는데, 그들이 사회 혼란의 이유가 아님도 확신했다. 그들이 문제로 제기했던 유아세례는 츠빙글리에게 종교개혁의 주요한 쟁점이 될 수 없었다. 그렇지만 츠빙글리와 그들 사이에는 원활한 소통이 이루어졌다고는 볼 수 없는데, 재세례파 사람들은 츠빙글리가 그들을 거부한 것으로 생각했기 때문이다.

모든

상대적으로 긴 츠빙글리의 3부로 된 이 글은 1부: '선한 그리스도인'이라 말하며 사회 소요를 일으킨 사람들이 누구인지, 2부: 사회 혼란을 일으킨 장본인들은 누구인지, 3부: 일치와 평화로 가는 길, 곧 복음적이고 평화로운 삶의 성취의 길을 언급한 후, 결론으로 마감한다. 1, 2부에서 혼란의 원인과 문제의 근본을 다룬 츠빙글리는 3부에서 담담한 필치로 대안을 찾는데, 높은 이자의 폐지와 십일조의 활용을 그리고 영주들의 이기심과 공공의 이익이 함께 하는 대안을 위해 스위스 연방의 대표자를 선출해 더욱 탄탄한 민족공동체를 형성할 것을 제안했다. 츠빙글리의 제안은 나름의 성과를 거뒀는데, 1524–25년 수도원과 종신서원이 폐지되었고, 십일조가 교육과 복지를 위한 기금으로 사용되기 시작했다. 당시 시작되는 토지와 재화의 개인 소유권을 시민 사회는 적법한 것으로 인정하였다.

개혁교회의 아버지 츠빙글리는 이 글을 통해 그 어떤 삶도 제외되지 않는 개혁신학의 정체성을 확실히 보여주고 있는데, 하나님 나라의 관점에서 세상을 바라보며, 그 어떤 삶도 제외하지 않은 '민중의 종교개혁자'(Volksreformator) 츠빙글리를 보여준다. 츠빙글리는 어떻게 하면 혼란을 잠재우고 복음으로 하나 되어 평화를 이룰 수 있을 것인지를 보여준다. 성도에게 찾아오는 고난은 성도를 성숙하게 만들고 강한 믿음으로 인도함을 츠빙글리는 확신했다. 확고한 믿음은 오직 하나님께만 소망을 두며 하나님의 말씀을 통해 믿음이 무엇을 요구하는지 분명히 안다. 바른 믿음은 하나님을 위해서 세상의 모든 것을 포기할 수 있을 때 찾아온다. 시련은 바른 믿음의 시험장이기에 시험이 찾아올 때 성도는 기도의 자리에 이른다. 기도는 고난 가운데서 하나님의 뜻을 찾는 축복의 자리이다. 그러면서도 취리히의 종교개혁자 츠빙글리는 문제를 확실히 밝혀야만 했다. 취리히의 폭동이 과연 어떤 이유로 누구에 의해 일어났는지, 그리고 교회 재정의 오용을 밝혀내기를 원한다. 그렇게 할 때 모함에서 벗어나며, 혼란의 원인이 밝혀지기 때문이다. 츠빙글리는 지금까지 하나님의 말씀이 모욕당할 때 아무런 반론도 없이 지나쳤을 뿐 아니라, 도리어 하나님의 말씀이 혼란을 불러오고 있다고 비난을 받는 현실을 진단한다. 츠빙글리는 하나님의 말씀이 진정으로 선포될 때, 모든 음모와 거짓이 밝히 드러나기를 기대한다.

> 우리는 눈을 열어 실제로 누가 혼란을 일으키는 자인지 보아야 합니다. 우리 사회의 혼란을 부추기는 그들 장본인이 실체도 없는 것에 대해 비난하지 않도록 하기 위한 것입니다. 그들은 위장 겉옷을 입고 사회를 혼란스럽게 만드는 자가 있다고

큰 소리로 떠들면서 혼란의 중심부에서 본인들을 은밀히 숨기고 있는 자입니다. … 이제 나는 오직 하나님의 말씀에 의하지 않고는 그 어떤 것도 밝혀내지 않을 것입니다. 내가 밝혀내는 것이 아니라, 오직 하나님의 말씀 가운데서 그들의 죄악을 찾아낼 것입니다.[145]

거짓 그리스도인

제1장은 사회 혼란의 첫 번째 원인이 누구에게 있는지 밝힌다. 그들은 겉으로는 선한 그리스도인으로 행세하지만, 실상은 거짓 그리스도인이라는 것이다. 글은 앞의 소개와는 다르게 요한복음 1:12 "영접하는 자 곧 그 이름을 믿는 자들에게는 하나님의 자녀가 되는 권세를 주셨으니"을 인용하며, 한 편의 설교처럼 그리스도인이 누구인지를 설명하며 경건한 필치로 시작한다. 츠빙글리는 "그리스도인은 다른 무엇이 아니라, 그리스도와 함께 그리고 그리스도를 통하여 하나님의 자녀가 되어, 하나님의 첫째가고 가장 사랑하는 식구로서 하늘 아버지의 뜻을 따라 그리고 그리스도를 모범으로 사는 사람"이라고 정의한다. 이를 위해 요한일서 2:6의 말씀 "그의 안에 산다고 하는 자는 그가 행하시는 대로 자기도 행할지니라"를 가져온다. 문제는 선한 그리스도인이라고 하면서 사회 혼란을 일으키는 사람들이다. 그리스도인이란 세상에 대해

145 *Huldrych Zwingli Schriften I*, 339–340.

이미 죽은 자이고, 하나님의 길을 살아가는 사람이다. 항상 더러운 삶에 머물러 있으면서도 자신을 그리스도인이라 하는 것은 입으로는 하나님을 안다고 하면서도 삶으로 부인하는 거짓 신앙인이다. 츠빙글리는 행함이 없는 믿음은 가능하지 않으나, 믿음이 없는 행함은 가능하다고 보며, 교황제도를 믿음이 없는 위선 위에 세워진 속임수로 정죄하는데, "교황에 대한 증오 때문이 아니라 이웃과 하나님을 향한 사랑을 가지고 교황권이 가진 권력을 제거하자는 것"이다. 츠빙글리는 교황제도야말로 사회를 어렵게 만드는 첫 번째 장본인임을 주장한다. 두 번째 혼란의 원인은 복음을 "자유롭게 죄짓는 여권"(ein Freipass zum Suendigen)으로 왜곡하는 사람들에게서 찾는다. 그리스도인은 마땅히 절제와 손으로 노동을 하며 먹고 살아야 하고, 그러면서도 어려운 이웃을 도울 수 있어야 한다. 사치와 무위도식하는 향락적 삶은 사회를 혼란으로 이끈다. 세 번째 부류의 사람들은 "복음을 가장 증오하게" 만드는데, 도둑질하는 사람들이다. 이자와 조세를 내지 않고, 빚을 갚지 않는 사람들로서 불법적으로 다른 사람의 소유를 가져오는 것으로 도둑질하는 무리이다. 대부업자가 불법적으로 높은 이자율을 요구해서 대출을 받았을지라도 채무자는 약속을 지키기 위해 마땅히 이자를 내야 한다. "하나님의 이름을 더럽히지 않기 위하여" 크리스천은 양심을 따라 약속을 지켜야 하기 때문이다. 츠빙글리가 제시하는 대부업 이자의 상한선은 5%이다. 상대가 죄를 짓기에 그렇게 할 수 없다고 핑계하는 것은 무엇보다 그를 향한 본인의 신용과 믿음을 저버리는 것이며, 일종의 속임수와 사기라는 것이다. 그만큼 사람들이 물질을 소중하게 여기고 있는 반증이라고 역설한다. “조금도 자기 것을 남에게 주려고 하지 않는” 이기심과 탐욕을 제어하지 못하는 크리스천이 하나님의 이름을 욕되게 하는 혼란의 근원이며, 복음을 가장 수치스럽게 만들고 있다고 츠빙글리는 말한다. 돈에 대한 집착 때문에 “공의로운 재화의 분배”라는 제안이 사라졌다고 츠빙글리는 안타까움을 표한다. 츠빙글리에게 재화의 문제는 성경의 눈으로 보면 일반 법정의 업무이다.

오용되는 십일조

츠빙글리는 오용되고 있는 교회 십일조에 대해 조심스럽게 언급하며, 당시 교회법이 규정하는 십일조를 성경에 근거해 살핀다. 신약은 십일조에 대해 아무것도 특별하게 말하지 않는데, “탐욕의 아버지” 교황이 “칙령을 내려서 오늘날 십일조가 완전 다른 방식으로” 오용되고 있다고 비판한다. 교회법은 십일조를 수익세, 또는 가난한 사람들을 위한 기부금으로 규정한다. 그래서 십일조는 출석교회와 세례받은 교회에 의무적으로 내야 한다. 초대교회의 전통에 따르면, 십일조는 가난한 사람들을 위해 사용하게 되었다. 만약 성직자들이 십일조를 생활비로 사용하면 교회의 도둑이 된다. 물론 당시 십일조의 일부를 성직자의 생활비로 지불하고, 그런 후 가난한 사람들에게 사용했다. 다르게는 십일조 전체를 성직자에게 주어, 집사나 성직자 자신이 가난한 사람들에게 나누어 주도록 했다. 물론 이럴 때 성직자는 하나님을 두려워하는 마음과 진실함과 사랑이 충만한 자이어야 할 것이다. 교회법에 따라 십일조가 원래의 좋은 취지인 가난한 사람들과 어려운 사제들을 위해 선하게 사용될 때, 누구도 이에 이의를 제기할 수 없다는 것이다. 문제는 교황이 교회법과는 다르게 십일조를 지역교회에서 빼앗아 징수권을 고위성직자들과 정치권력자에게 팔 수 있도록 허락하였다는 것이다. 십일조 징수권을 얻은 주교좌 성당과 참사회원들과 수도원들과 정치권력자는 교황에게 매년 정해진 액수를 상납해야 했다. 이렇게 십일조는 교황청의 부를 축적하는 수단이 되었다. 심지어 지역의 작은 성당의 십일조도 그들의 소득이 되었고, 지역의 일반 사제들은 적은 생활비 때문에 가난에 시달려야 했다. 게다가 정치가들은 다양한 세금의 종류를 만들어 백성을 힘들게 하니, 그들이야말로 하나님의 심판을 부르고 있는 것이다.

> 그들은 가능한 할 수 있는 대로 많은 십일조세 징수권을 사들였습니다. 그들은 자기들이 그것을 그렇게 소유할 수 있다고 생각했던 것입니다. 그런 식으로 십일조는 법적으로 징수 권한이 되었습니다. 어느새 국가도 그 권리를 불법이라고 선언하지 못하게 되었습니다. 국가는 합법적 모든 계약, 업무변경과 소유권 변경이 그런식으로 성립된다고 여기게 되었습니다. … 만약 그들이 소유한 땅과 십일조 징수권이 무효라고 선언된다면, 이제 그들의 공적 불만과 소요를 불러일으킬 것입니다. … 결국 무소유공동체를 위해 사회적 문제 제기와 법률 불이행을 주장했던 사람들이 결국 아무것도 얻지 못했다는 사실을 깨닫게 된 것입니다. 이렇게 하여 그리스도인은 국가기

관이 십일조를 일종의 부채로 여길 때 마땅히 국가에 복종하고 십일조를 내야 합니다.[146]

당시 왜곡된 십일조 제도는 어떻게 사람들이 성령의 자유를 육체의 자유로 왜곡시키며, 어떻게 헛된 재화 때문에 사회 혼란을 불러일으키는지를 적나라하게 보여주고 있다. 이러한 일에 동참하는 사람은 바른 크리스천일 수 없으며, 그들 때문에 하나님의 말씀이 질식당한다. 십일조가 교황의 전권을 통해 오용되어, 결국 매매되어 십일조 징수권이 정치권력자의 손에까지 들어가게 되었다. 츠빙글리는 잘못된 십일조세 규례의 해결책을 일반법 판결에 관한 권한과 기준에서 찾는다. 그리스도는 세상 재물의 재판관이 아니기(눅 12:14) 때문이다. 세상의 주인이신 주님이시지만 역시 잘못된 성전세를 냈는데, 자신의 행동이 세상 사람들의 걸림돌이 되지 않고, 분노의 동기를 제공하지 않기 위해서였다(마 17:24–27). 복음을 욕되게 하지 않기 위해서 국가가 그것을 요구하는 한 십일조를 내야 하는데, 하나님은 재화에 대해 판결권을 국가에 위임했기 때문이다. 하나님의 편에서 볼 때 사유 재산(Eigentum)은 존재하지 않지만, 현실적으로 그것이 존재하는데, 이는 우리가 그 소유의 선한 청지기로 부름을 받았기 때문이다. 츠빙글리는 도둑질하지 말라는 계명을 실질적으로 이런 맥락에서 이해하였다.[147] 일반 법정이 사유 재

146 *Huldrych Zwingli Schriften I*, 357–358.

147 H. Zwingli, "Wer Ursache zum Aufruhr gibt, 1524", 361: Gott "hat gesprochen: 'Du sollst nicht stehlen!' Daraus folgt in der Tat, dass Eigentum *besteht*, obgleich es in Gottes Augen

산이 아니라고 한 것을 사유 재산으로 고집해서는 안 되는데, 일반법이 채무자로 판결할 경우, 마땅히 십일조를 내야 한다.

츠빙글리에게 십일조는 하루아침에 개혁할 수 없을 정도로 "매우 오랫동안" 오용되는 현실을 부정할 수 없지만, 십일조는 "매우 적법하게 우리에게 전해 내려온 제도"이기에, 어쩔 수 없이 국가와 교회는 인정해야 한다는 것이다. 그래서 일반법을 위반하지 않고서는 그 누구에게서도 십일조 징수권을 빼앗을 수 없는 현실이 되었다. 츠빙글리는 십일조에 대한 새로운 규정을 찾아 적법한 변화를 모색하려고 한다. 이러한 현실을 사회 혼란을 일으킨 원인으로 제시하며, 츠빙글리는 욕망으로 인해 복음을 방해하는 사람들이라고 부른다.

유아세례를 정죄하는 자들

혼란을 부추기는 네 번째 부류는 자기들은 언제나 옳은 삶을 산다고 착각하는 크리스천들이다. 그들은 국가권력을 인정하지 않으면서도 자신들은 국가권력을 소유하기를 원하며, 국가기관에 종사하는 사람들을 진정한 크리스천이 아니라고 하며, 유아세례를 가장 죄악으로 정죄하며, 자기들의 입장을 지지하지 않을 때 욕설과 증오를 멈추지 않고, 인사도 하지 않으며 적대자들을 비난하기를 기꺼이 하는 자들이다. 그들은 논쟁하기를 좋아하며, 은밀한 모임을 즐기고, 다른 사람을 지배하려고 하며, 절제의 미덕을 보여주지 않는 사람들이다. 그렇지만

---

nicht besteht, denn wir sind allein zu seinen Verwalten bestimmt."

츠빙글리는 오직 하나님의 영광을 위해서 하나님 말씀의 능력을 경험하며 온유한 마음으로 평화롭게 함께 사는 양심적 그리스도인들의 정숙한 생활을 강조한다. 그리스도에 대해 말하는 것보다 그리스도인답게 살아가는 것이 먼저 요구된다는 것이다. 여기서 츠빙글리가 일컫는 네 번째 사람들은 명확히 거론하지 않지만 재세례파 사람들임을 알 수 있다.

그리스도인이 지켜야 할 규범을 츠빙글리는 제시한다. 1. 학자들이 논쟁할 경우, 성경에 분명한 근거를 두고 신앙적으로 토론하는 사람의 편에 설 것. 2. 오직 하나님만 높이고, 모든 구원의 행위와 영광과 찬양을 하나님께만 돌리는 말씀을 붙잡을 것. 3. 신약에 명확히 언급되지 않은 경우, 구약에서 어떻게 말하는지 또는 비슷한 내용을 살펴볼 것. 한 예로, 신약의 유아세례와 구약의 할례는 연관 지을 수 있는데, 세례가 할례를 대신했다면, 아기들에게 세례를 베풀어야 한다는 것이다. 특히 츠빙글리는 유아세례에 대한 재세례파의 강한 반대에 대해 초대교회 사도들이 할례의 연장선에서 유아세례를 주었다고 믿는다.

> 나는 할례의 실천으로서 사도들도 유아세례를 주었다고 믿습니다. 유아세례에서 하나님을 모욕한다든지, 크리스천의 생활에 그 어떤 해가 되는 일이 일어나지 않는다면, 내 입장을 변화시킬 어떤 이유도 없다고 생각합니다. 만약 아무런 문제가 없다면, 어떻게 대적자들이 그것이 신앙생활에 전체이며 가장 중요한 문제가 되는 양 논쟁을 할까요? … 크리스천 자

녀들은 하나님에게 속합니다(비교. 마 18:3-5; 고전 7:14). 사도 베드로가 말한 것처럼(비교. 행 10:47), 어느 누가 하나님 자녀들이 표시를 지니는 것을 막겠습니까?[148]

혼란을 일으키는 자

제2부에서 츠빙글리가 근본적으로 혼란을 일으키는 세 종류의 장본인들로 지목하는 자들은 "높은 지위에 있는 주교", "사제, 수사와 수녀, 수도원장", "정치지도자"이다.

주교

츠빙글리는 왜 주교들이 사회 혼란을 일으키는 장본인들인지, 설명한다. 복음을 설교하는 유일한 직무는 주교(감독)로서, 복음은 예수 그리스도의 이름으로 전하는 죄의 회개와 용서이다(비교. 눅 24:47).[149] 츠빙글리는 주교의 자격에 대해 3가지를 말한다. 1. 하나님의 말씀을 가르쳐야 한다. 2. 모든 것에 절제해야 한다. 3. 세상 재화를 완전히 무시해야 한다. 주교의 직무는 복음을 전하는 일로 어린 양을 가르치고 그들이 바른 길을 가는지 살펴야 하는데, 주교들은 재물에 관심을 기울이는 세상 권력의 주인이 되었다는 것이다. 당시 츠빙글리가 열거하는 주교

148 *Huldrych Zwingli Schriften I*, 372.
149 *Huldrych Zwingli Schriften I*, 373.

들의 방탕한 행위들은 마침내 국가권력과 손을 잡는 타락의 길로 나갔다는 것이다. 타락한 주교들을 비판하고 저항하는 사람들이 혼란을 일으킨다고 하지만, 츠빙글리는 바로 그러한 주교들이 사회 혼란의 원인이라고 반박한다.

> 그들은 권력과 부정의 세계로 갑니다. 그들은 거기서 그리스도인들을 망가뜨리기 위해서 국가권력을 삽니다. … 그들의 관심은 하나님이 아닙니다. 그들의 관심은 시리아어로 '맘몬'(Mammon)이라고 하는 그 신일 뿐입니다(눅 16:13).[150] 그들은 모든 일을 돈과 연관시킬 수 있는 능력을 소유하고 있습니다. 그것이 세상의 혼란과 폭동을 불러일으키는 이유입니다. 지금까지 나는 어디서도 그 어떤 거지가 그렇게 많은 부를 축적했다는 이야기를 읽은 적이 결코 없습니다. 예언자의 말을 따르면, 그들은 자신들의 부지런함을 그들의 탐욕을 위해 사용했습니다(렘 22:17). 결국 그들은 하나님 말씀을 떠났을 뿐 아니라, 하나님의 말씀을 거짓말로 왜곡시키고 억누를 만큼 강해지고 부자가 되었습니다.[151]

결국 주교들은 맡겨진 직무와는 다르게 반대로 사는 혼란의 장본인

150 *Huldrych Zwingli Schriften I*, 375.
151 *Huldrych Zwingli Schriften I*, 377.

이라는 것이다. 주교들은 인간적인 생각을 전하고, 성경에 근거해 설교하지 못하도록 방해하며, 그저 자기들이 해온 방식대로 전하라고 강요할 뿐이다. 하나님의 말씀을 따라 주교들은 마땅히 결혼해야 하지만, 결혼을 금지하고, 대신 매춘을 허용하였다.

사제와 수도사

두 번째로 사회 혼란을 일으키는 장본인은 성직자들로서 사제, 수사와 수녀, 수도원장이다. 츠빙글리에 의하면 그들이야말로 "복음을 가장 심하게 박해하고 있는 사람들과 계속해서 편지로 정보를 교환하고" 있는 자들이다. 수도원장은 세상을 등진 은둔자(수도자, monachus)여야 하지만, 세상의 한 가운데 살고 있을 뿐 아니라 세계를 그들의 소유물로 만든 자들이다. 그들은 교황과 군주들을 속여 십일조와 많은 돈을 구걸하여 부자가 되었으니, 그들이야말로 "거지처럼 구걸하는 은둔자"가 되었다. 츠빙글리는 그들을 일컫는 '은둔자'라는 명칭에 동의하지 않는데, 성경에서 찾을 수 없기 때문이다. 한마디로, 그들은 수도복 안에 수많은 부, 사치와 낭비, 명예욕과 무절제를 숨기고 있으니, 그들의 위선적 삶이야말로 하나님과 복음을 그 어떤 못된 망나니보다도 더 경멸한다. 사실 교황이 내린 칙령을 따라서도 수도원은 가난한 자들의 숙소이며, 그만큼 많은 자선을 군 병원으로 흘려보내는 곳이어야 하는데, 그들은 엄청난 탐욕으로 가난한 자들을 모른 체하며, 그들의 창고를 곡식으로 가득 채우고 있을 뿐이다. 이들이야말로 사회 혼란의 원인이라고 츠빙글리는 생각한다.

세 번째로 사회 혼란의 장본인들은 세상 권력과 부를 가진 정치지도자이다. 정치가들은 주 수입원이었던 대주교관구, 대주교 성당, 수도원을 포기해야만 한다는 사실에 무척 화가 나 있는데, 성직자들이 그러한 수입이 자기들의 몫이라는 사실을 알고 매우 쉽게 가져왔기 때문이다. 물론 성직자들은 스스로 가난과 고난 가운데 살아야 한다는 사실을 알지 못한다. 문제는 주교좌 성당과 수도원에 부가 넘치자 제후들과 교황은 엉뚱한 법을 제정했는데, 주교좌 성당의 주교는 반드시 외가 쪽으로 4대가 귀족이어야 하며, 백작이거나 남작이어야 하며, 친가 쪽으로 4대가 귀족이어야 한다는 것이었다. 이렇게 하여 주교좌 성당의 주교직은 돈방석이 목적이 되고 말았고, 그들의 주된 직무인 복음 전파는 사라지고 말았다. 그러한 그들 때문에 하나님의 말씀 진리를 자유롭게 말할 수 없는 상황을 초래하고 말았다. 정치권력이 교회를 장악하여 물질적으로 그리고 영적으로 타락한 교회가 되어버렸다. 이에 츠빙글리는 미가 7:2-4를 인용하며 그들에게 닥칠 심판의 날을 경고한다. 츠빙글리는 그들의 결정적 문제를 하나님의 말씀을 떠나 있음과 하나님의 말씀을 인간의 말로 평가절하함으로 본다. 특히 그들은 하나님의 말씀을 루터 추종자의 말(lutherisch)로 몰아붙이는데, 그들이 하나님의 음성을 듣기 싫어한다는 증거이다. 당시 교황청은 로마교회의 개혁을 주장하는 사람들을 루터파로 매도하며, "루터를 따르는 자들은 모두 악한 자들이다!"라고 정죄하였다. 또한 그들은 높은 이자와 과한 세금을 민중들에게 부과하면서 모든 재산을 착취한다. 이러한 착취에 대해 츠빙글리는 주저 없이 복음적 대안을 제시한다. 복음은 이러한 문제에 대해

"예외 없이 수없이 많이"(Viel, auf jeden Fall!) 다루고 있기 때문이다. 츠빙글리는 이사야 10:1–3, 시편 52:2–5, 미가 3장, 7장, 아모스 8장 등을 제시하며, 고리대금 등 인간의 탐욕과 물질적 죄악은 인간의 타락과 복합적으로 얽혀 있음을 설명한다.

츠빙글리는 이자 문제에 있어 어떻게 정의를 회복할 수 있는지 다룬다. 인간의 탐욕은 하나님 앞에 세울 때 그들의 책임을 물어야 한다는 것이다. 그는 복음은 인간의 죄를, 곧 하나님을 부정하는 행동을 드러나게 하는 독특한 능력을 지니고 있음을 확신하며, 아무리 높은 권력도 신앙을 조작할 수 없다고 말한다. 또한 복음에 어긋나는 얼마나 많은 조작과 사기행각 등, 죄악들을 교황청이 물질적으로 잘못을 범하고 있는지 열거한다. 츠빙글리는 말로 열거할 수 없을 정도로 많은 교황청의 죄악상을 "창녀 바벨론의 불의(die Untaten der Hure Babylon)"로 묘사하며, 교황청을 "적 그리스도적"이라 정죄한다. 그리고 모든 타락의 근원을 물질적 탐욕으로 확신한다.

> 보다 근원적 이유는 너희들이 세상의 모든 재화가 너희 쪽으로 몰려들도록 만들었기 때문입니다. 오직 그러한 이유로 너희는 영적 일들을 사적 일로 둔갑시켜 버린 것입니다. 아모스 9:1에서 말하는 것처럼, 너희는 아니 너희 머리는 탐욕으로 가득 차 있습니다.[152]

---

152 *Huldrych Zwingli Schriften I*, 400.

일치와 평화로 가는 길

종교개혁자 츠빙글리에게 일치와 평화는 개혁의 종착역이었다. 츠빙글리는 죄악 가득한 세상의 치유를 믿어 의심하지 않는다. 제3부에서 츠빙글리는 "일치와 평화로 가는 길들"(Wege zu Einigkeit und Frieden)을 체계적으로 전개한다. 먼저는 교회개혁을, 그런 후 사회개혁을 다룬다. 츠빙글리에게 두 가지 개혁은 불가분의 관계에 있다. 개혁자 츠빙글리의 비전과 열정이 확인되는데, 교회개혁을 위해 츠빙글리가 구체적 대안을 제시하고 있는 점이다. 츠빙글리는 교회개혁을 위해 교회가 혼란에 빠지고 분열되는 것보다 복음으로 하나되고 평화로운 삶으로 나가기를 강하게 갈망하고 있다. 츠빙글리는 평화만이 혼란을 극복하고 행복한 삶을 이룩하게 될 것을 기대했다. 츠빙글리의 기대는 그가 무엇을 추구했는지를 잘 보여주는데, 무엇보다 평화주의 개혁자 츠빙글리를 만난다. 3부에서 강조되는 일치와 평화는 당시 교회개혁을 이끌었던 다른 종교개혁자에게도 다르지 않다. 아쉽게도 종교개혁자들의 이러한 추구는 받아들여지지 않았고, 교황청은 그들을 이단으로 정죄하여 추방하고 말았으니, 교회분열은 어쩔 수 없었다.

> 그들이 국민 봉기에 맞서 백성들과 싸워야만 하는 것보다, 오히려 하나님의 은혜로 백성들에게 뭔가를 행동할 수 있다면, 사람들이 훨씬 더 조용하게 기독교적 삶과 평화를 누릴 수 있을 것입니다. 덧붙이면, 그들이 무엇인가를 시도하려는 마음의 출발점은 하나님으로부터야 합니다. 그렇게 되면 하나님

> 은 그들의 마음을 밝혀 그들이 하나님을 인식하고 두려워하게 합니다. 하나님에 대한 사랑과 두려움이 없을 때, 사람들은 어떻게 하나님의 자녀들을 다뤄야 할지를 알지 못하기 때문입니다. 따라서 모든 사람은 최고 권력자에게 하나님의 빛을 비추어 그들이 하나님을 인식하고 하나님께 순종하게 해달라(요 6:44; 8:12)고, 그들이 강퍅한 마음을 돌이키고, 하나님께 회개하게 해달라(말 4:6; 눅 1:17)고 하나님을 두려워하는 염려로 끊임없이 외쳐야 합니다. … 나는 그들에게 가장 거대한 평안 가운데 이 일을 이루라고 호소하고 싶습니다. 다시 말하면, 단지 사회불안을 불러일으키는 그 어떤 폭력도 사용하지 말 것을 호소합니다.[153]

큰 틀에서 츠빙글리는 국가 전체의 운명이 복음에 달려있음을 인식한다. 믿음은 백성들에게 보물이며, 믿음 이상으로 사람을 기쁘게 하는 것은 없기에 생생한 신앙 체험을 하는 일은 너무도 소중하다. 모든 재산을 팔아 보물을 사는 일은 그만큼 훌륭한 일이다. 믿음을 저버릴 때 하나님의 재앙은 심판으로 찾아온다. 오직 하나님 말씀의 학교만이 교회를 새롭게 할 것을 확신했다. 츠빙글리는 신약과 구약을 원어로 읽고 배우는 모든 농부의 집에서 모이는 학교가 최고의 학문의 전당이라고 높이며, "하나님 없는 모든 고전어와 학문은 거짓되고 일종의 사기

---

153 *Huldrych Zwingli Schriften I*, 401–402.

와 같은 것"이라는 경고를 잊지 않는다.

그런 후 츠빙글리가 제시하는 것은 교회 개혁안이다. 무엇보다 혼란을 잠재우기 위해 "하나의 잘못된 구조물"(eine Fehlkonstruktion)인 교황제도는 반드시 철폐되어야 한다. 오직 하나님의 말씀이 바로 선포될 때 교황제도는 완전히 철폐될 것인데(살후 2:13-17), 하나님을 아는 지식이 공동의 자산이 될 때 복음에 역행하는 모든 것들은 사라지게 된다. 권력은 성직자들에게서 정치가들의 몫으로 돌아가고, 사람들은 고해성사와 면죄부를 위해서 돈을 내지 않을 것이며 그러한 것들을 배설물로 여기게 된다. 하나님의 가장 순전한 말씀은 사람들의 탐욕을 잠재우며, 성직자들이 권력과 부를 내려놓게 만든다. 츠빙글리는 존재하지도 않은 연옥의 불을 서서히, 확실히 끄는 방법은 가장 확실하고 깨끗하게 복음을 설교하는 것이라고 호소한다. 대신 성직자들에게 적정한 생활비를 제공할 것을 요청한다. 그래야 목회자들이 물질의 유혹을 받지 않게 되고, 정치권력의 자리를 탐하지 않는다.

수도원 개혁

수도원은 교황제도를 떠받치는 중요한 축으로 개혁의 대상인데, 츠빙글리는 수도원의 폐쇄라는 입장보다는 단계적으로 수도원의 개혁을 우선 택하였다. 물론 궁극적으로는 수도원은 폐쇄되어야 할 기관이었다. 무엇보다 츠빙글리에게 수도원은 가난한 사람들을 위한 장소가 되어야 한다. 사치와 낭비로 망가지고 있는 수도원은 청빈한 삶을 추구해야 하며, 반드시 노동을 생활화하고, 언제든지 원하면 결혼이 허용되어야 한다. 탐욕적인 사람들은 수도원을 떠나야 하고, 수도원 재산은 부자들의 자녀를 위해서가 아니라, 가난한 사람들을 위해 사용해야 한다. 츠빙글리는 이를 부의 분배라는 차원에서 강조하는데, 이렇게 할 때 가난한 사람이 줄어들어 결국은 그 혜택이 부자에게도 돌아간다는 것이다.

사회개혁

교회개혁에 이어 츠빙글리는 사회개혁을 제시하는데, 사회개혁은 교회개혁과 불가분의 관계에 있다. 하나님이 원하시는 삶이라는 전제에서 교회개혁과 사회개혁은 나눌 수 없었다. 츠빙글리에게 토지 제도와 이자 제도는 마땅히 개혁해야 하는데, 그렇지 않고서는 하나님의 뜻을 저버리게 된다. 이자와 토지로 무거운 부담을 국민에게 부과하고 있고, 나라 사랑의 관점에서도 개혁해야 하는 마땅한 과업이며 의무이기 때문이다. "크리스천은 서로 도와주고 나누며, 이자를 받지 않고 돈을 꾸어주며 살아야 합니다"(눅 6:30-35; 행 4:32). 가난한 농부들이 토지를 담보로 높은 이자로 돈을 빌리면, 결국은 토지를 잃게 되고, 사는 곳을 떠나야 하는 슬픔에 처하게 된다. 츠빙글리는 가난한 사람들이 부자에게 착취당하고, 결국에는 종속되는 신세로 전락하는 현실을 개혁해야 할 비정상으로 보았다. 츠빙글리가 이 문제를 해결하는 방안은 둘이다. 먼저 이자를 낮추고, 다음으로 이자를 없애는 것이다. 이율을 법적으로 규정하고, 10년을 두고 점진적으로 이자가 급격하게 줄어 결국 사라지게 하는 것이다. 그렇게 될 때 농부들은 삶에 기쁨을 누리고 안정적으로 농업에 종사하고, 수공업과 장사하는 일 등 다른 직업은 축소될 것으로 생각했다. 츠빙글리는 자기 손으로 하는 농사가 노동의 기쁨을 줄 뿐 아니라, 도덕적 삶과 평화를 위해 "가장 가치 있는 일"로 평가한다.

츠빙글리는 소작은 인정하면서도 수확량에 따라 토지 사용료를 내는 것을 하나님의 뜻으로 생각한다. 소작농을 향한 고정된 토지 이자, 무리한 지대는 "근본적으로 잘못된 규정"(eine grundfalsche Erklaerung)으로 개혁의 대상이었다. 츠빙글리는 잘못된 소작법에 따른 십일조세를 가장 시급하게 개혁되어야 "하나의 오용"으로 생각했다. 수도원을 위시한 여러 기관이 이러한 토지 십일조를 그들이 가진 "봉인된 서류" 규정에 따라 주장하는데, 하나님의 영광보다는 자신들의 이익을 챙기는 행위로 취리히 시의회를 통해 "평화롭게" 해결하려고 했다. 츠빙글리가 제시하는 십일조 개혁은 두 가지이다. 먼저, 평화적 조치로서 수사와 사제, 수녀들, 곧 기득권자들이 죽는 날까지 평화롭게 살도록 기다리되, 그들의 자리를 더는 계승하지 못하도록 하는 것이다. 다음으로 십일조를 본래의 목적에 맞게 "각 지역공동체 안에 있는 가르치는 자들과 가난한 자들의 생활을 돕는 데" 사용하는 것이다. 이러한 츠빙글리의 태도는 혼란을 멀리하면서 개혁을 향하는 조치로 보이는데, 일면으로는 타협으로, 다른 면으로는 지혜로 평가할 수 있겠다.

십일조 개혁

십일조 개혁은 예루살렘 성전을 재건하는 일처럼 어려움이 많지만,

하나님의 집을 다시 짓기 위해서 상상할 수 없는 거대한 노력을 기울여 돌과 나무, 석회와 시멘트를 운송해야 하고, 수많은 반대를 감수해야 한다는 것이다. 츠빙글리는 갖은 핍박 가운데서도 교황제도를 받치고 있는 네 개의 발을 모두 부러뜨릴 때까지 다양한 지혜를 가지고 투쟁할 것을 다짐한다. 우선 츠빙글리는 교회가 걷는 십일조를 가지고 목회자들의 생활비를 적정하게 책정할 것을 요청한다. 목회자들이 부족한 생활비를 위해 구걸하거나 거짓말을 할 필요가 없어야 하고, 목회자 생활비 명목으로 따로 거두는 헌금은 폐지되어야 한다. 목회자 생활비를 명목으로 헌금을 거둬들이는 탐욕적인 모습을 숨길 수 없기 때문이다. 지역교회의 십일조가 지역교회 목회자 생활비로 바르게 사용함이 탐욕과 사치를 잠재울 수 있기에, 지역교회의 십일조는 마땅히 지역공동체를 위해 사용되어야 한다. 그러니까, 츠빙글리는 두 가지 용도로 십일조 활용을 제안했는데, 목회자의 적절한 생활비와 가난한 자를 위한 구제비인데, 오늘의 교회도 배울 수 있는 지혜라 하겠다.

평화의 개혁

종교개혁자 츠빙글리의 개혁은 분명한 문제 의식과 개혁 방향, 그 목표를 확실히 알되, 무리하지 않고 시간을 갖고 기다리며 폭력을 멀리하고 사랑을 갖고 질서를 따라 안정적이고 평화로운 방법을 택하고 있다. 츠빙글리는 순리적이며 단계적이고 질서정연한 설득력 있는 개혁을 추구하며, 혼란과 무질서를 가져오는 과격함과 서두름은 성공적 개혁을 어렵게 하는 장애임을 알았다. 또한 모든 것을 가능케 하고 실패가 없는 하나님의 사랑 안에서 하나님의 말씀을 따라 작은 발걸음으로 평안 가운데서 교황제도를 서서히 무너뜨리기를 원했다. 서로 격려하며 인내하되, 목표를 향해서는 용감하고 단호하게 나아가야 했다. 게다가 개혁의 대상이 되는 당사자들, 곧 주교들, 수도원장들, 고위성직자들이 노골적으로 개혁에 반대하지 않고 회개하는 마음으로 침묵으로나마 동조해주기를 조심스럽게 기대하며, 그들이 폭압적이지 않고 하나님을 두려워하는 마음을 갖기를 하나님께 기도했다. 그렇지만 개혁을 폭력적으로 막으며 반대하는 성직자들에게는 엄한 응징이 있을 것을 분명히 했다. 츠빙글리에게 "해방자" 예수와 모세는 모델이었는데, 모세에게는 40년이, 예수님에게는 33년이라는 시간이 인내와 기다림으로 주어졌다는 것이다. 츠빙글리는 개혁의 끝에서 형제 사랑과 평화를 덤으로 얻기를 원했다. 수술은 성공적으로 끝냈으나, 가장 중요한 생명을 잃게 되는 식의 비극은 피하고자 했다.

> 당장 몇몇 사람들은 그러한 성직자들이 목숨을 다할 때까지 그렇게 오랫동안 참고 기다려야 하느냐고 유감을 표합니다. … 모든 일은 시간이 필요합니다. 적절한 시간이 소요되지 않으면, 어떤 일도 평화와 안정 가운데 성취할 수 없습니다. … 우리는 평화롭게 수도원장과 고위성직자들의 엄청난 사치를 규제할 수 있으며, 누구도 예외일 수 없습니다. … 요약하면, 무슨 일을 하든지 그리스도의 마음과 하나님을 향한 두려움이 있으면, 사람들은 모든 일을 무리하지 않고, 차분하게, 목

적을 향하여 처리할 수 있습니다. 사랑은 모든 것을 가능케 하고, 결코 잘못을 범할 수 없기 때문입니다(고전 13:7-8).[154]

맺는말

츠빙글리는 1524년 12월 28일 '죄 없는 유아의 날'에 취리히에서 두 종류의 인간에 대해 언급하면서 글을 마감한다. 첫째, 오직 진리와 하나님의 영광만을 추구하면서 돈과 명예를 상관하지 않는 사람, 둘째, 이기심을 복음의 이름으로 위장하고 둔갑시키면서 극단적으로 자신의 이기심을 채우는 사람이다. 후자는 츠빙글리의 종교개혁에 반대하는 사람들이기도 하는데, 이들을 츠빙글리는 "가짜 그리스도인"으로 일컫는다. 그들은 하나님의 영광을 핑계 삼지만, 이사야 29:15-16 말씀대로 언젠가 그들의 더러운 이기심이 세상에 부끄럽게 드러난다. 문제는 교황이 그들이 하나님의 말씀에 대항하도록 충동질하고 있다는 사실이다. 하나님이 허락한 것을 교황은 금하고 있는데, 그 예가 금식과 금혼이다. 하나님은 자신의 백성들을 영적 종살이하는 죄악의 이집트에서 불러내어 해방과 자유를 한없이 누리며 살도록 축복의 땅으로 인도했지만, 중세교회는 신자들에게 역으로 어두운 종노릇을 시키고 있다는 안타까움을 츠빙글리는 토로한다. 이러한 어리석음과 유혹을 이겨내기 위해 크리스천에게 요구되는 두 가지는, 먼저, 매일 영적 양식 하

154 *Huldrych Zwingli Schriften I*, 412-413.

나님의 말씀으로 인간의 내면을 채우고, 다음으로 '멸망의 아들'(der Sohn des Verderbens, 살전 2:3)인 교황제도가 '무조건'(einfach) 무너져야 한다. 츠빙글리는 궁극적으로 하나님께서 친히 교황제도를 무너뜨릴 것(살후 2:8)과 높은 직책에 있는 힘 있는 세력가들이 자신의 종교개혁을 지지할 것을 확신했다. 하나님께서 돌같이 굳은 정치가들의 마음을 풀어주어 이웃을 사랑하는 부드러운 마음(겔 11:19; 36:26)을 채워 그들을 사용하신다는 것이다. 물론 츠빙글리는 자신도 여전히 죄인이고, 육에 속한 삶을 추구했던 과거를 회개하면서, 하나님의 도우시는 손길을 갈망하며(시 127:1), 자신이 추구하는 종교개혁이 오직 하나님께 찬양과 영광을 돌리기를 갈망한다.

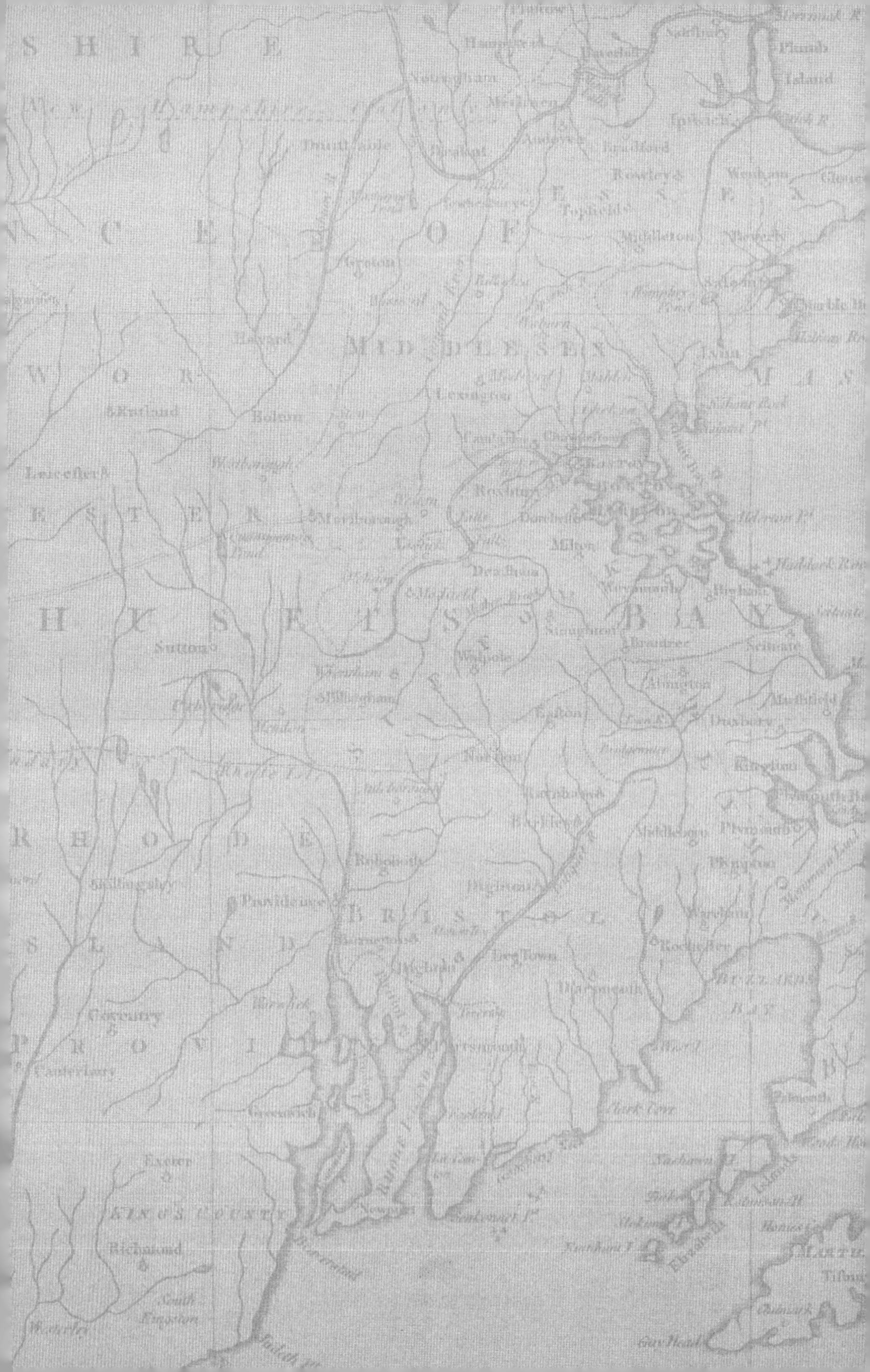

HAMPSHIRE
New Hampshire
Hampstead
Haverhill
Salisbury
Plumb Island
Methuen
Ipswich
Dunstable
Andover
Bradford
Rowley
Wenham
Topsfield
ESSEX
Middleton
Beverly
Salem
Marble Head
Groton
Billerica
Woburn
MIDDLESEX
PROVINCE OF MASSACHUSETTS BAY
Lynn
Malden
Lexington
Rutland
Bolton
Cambridge
Charlestown
Leicester
WORCESTER
Roxbury
Boston
Marlborough
Sudbury
Dorchester
Milton
Dedham
Weymouth
Hingham
Stoughton
Braintree
Scituate
Sutton
Wrentham
Walpole
Abington
Bellingham
Uxbridge
Mendon
Easton
Marshfield
Duxbury
Norton
Bridgewater
Kingston
Attleborough
Raynham
Plymouth
Middleborough
Plympton
RHODE ISLAND
Rehoboth
Killingsley
Dighton
Providence
BRISTOL
Barrington
Swansey
Bristol
Freetown
Rochester
Wareham
Dartmouth
Warwick
Tiverton
Coventry
Buzzards Bay
Portsmouth
Canterbury
Greenwich
Little Compton
Falmouth
Exeter
Elizabeth Islands
KINGS COUNTY
Newport
Seconnet Pt.
Richmond
South Kingston
Westerly
Point Judith
Tisbury
Chilmark
Gay Head

루터를 향한 우정어린 비판

1526

루터와의 대립

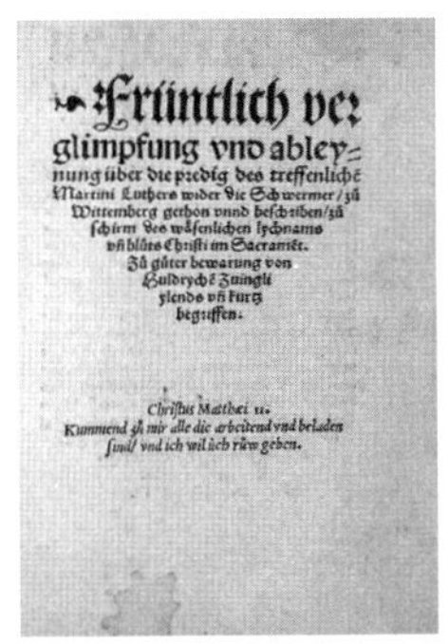

Früntlich ver-
glimpfung vnd ableynung über die predig des treffenlichẽ
Martini Luthers wider die Schwermer/zů
Wittemberg gethon vnnd beschriben/zů
schirm des wäsenlichen lychnams
vñ blůts Christi im Sacramẽt.
Zů güter bewarung von
Huldrych Zuingli
ylends vñ kurtz
begriffen.

Christus Matthei 11.
Kummend zů mir alle die arbeitend vnd beladen
sind/ vnd ich wil üch růw geben.

이 글은 성찬 이해에 있어 츠빙글리를 향한 루터의 비판에 루터를 향한 츠빙글리의 대응이라 하겠다. 이전까지 두 사람 사이 이토록 강한 비판은 보이지 않지만, 비로소 두 진영 독일 종교개혁과 스위스 종교개혁 사이에 균열이 시작되었다.

역사적으로 보면 독일 루터와 스위스 츠빙글리의 차이를 알 수 있다. 가장 먼저는 1523년 나온 츠빙글리의 「67개조 논제」 해제 중 제18조 가운데 나온다. 취리히 종교개혁자 츠빙글리는 본인이 루터 추종자

내지는 루터주의자로 불리는 것을 허락하지 않았다. 츠빙글리는 독일의 종교개혁자 루터를 존경하지만, 자신의 종교개혁은 자신 스스로 성경 연구가 출발점이었지, 루터의 영향을 받지 않고 시작하였다는 것이다. 아직 이때는 두 사람 사이 성만찬에 관한 이해가 문제로 대두되지 않았는데, 츠빙글리는 루터의 이해와 자신의 이해가 근원적으로 다르지 않다고 보았는데, 단지 관점이 다르다는 것이었다. 물론 가톨릭의 화체설은 츠빙글리의 비판을 받았다. 그러던 중 1526년 이 글에서 서로를 향한 비판은 노골화되고 본격화되었음을 확인할 수 있다. 물론 루터가 먼저 츠빙글리를 향해 비판의 총을 겨눔으로써 시작하였다. 3년 후 1529년 마르부르크 종교담화는 결정적이었는데, 성찬 이해에서 일치를 보지 못한 루터가 작별 악수를 거부하며 츠빙글리를 다른 영을 가진 인물로 정죄하기에 이르렀다. 1531년 츠빙글리는 유언과 같은 「신앙선언」에서 루터를 논리가 없는 무신론자로 부르면서 돌아올 수 없는 강을 건너고 말았는데, 같은 해 츠빙글리의 갑작스러운 죽음은 이 땅에서 두 사람이 화해의 기회를 갖지 못하게 했다.[155] 츠빙글리가 세상을 떠나고, 같은 해 츠빙글리의 후계자 불링어(Heinrich Bullinger, 1504–1575)의 화해 시도에도 불구하고 루터의 차가운 반응은 여전히 달라지지 않았다. 1546년 루터도 세상을 떠나고, 1563년 아직 제네바의 종교개혁자 칼빈(J. Calvin, 1509–1564)이 생존하고 있을 때 독일 땅에서 여러 가지

155 참고. Karl Andresen(edt.), *Handbuch der Dogmen und Theologiegeschichte 2,* (Goettingen, 1998), 173–174: "Zwingli und Luther".

를 고려하여 조심스럽게 나온「하이델베르크 교리문답」을 향한 독일 루터교회의 반응은 한마디로 실망적이었다. 여전히 독일 루터교회는 츠빙글리와 칼빈의 신학 위에 세워진 스위스 개혁교회를 향해 매우 부정적이었는데, 앞선 루터와 츠빙글리의 사이 이루어졌던 불화의 복사판이었다.

루터의 비난

독일의 종교개혁자 루터는 1526년 3월 말 부활절, 성찬식을 주제로 세 편의 설교를 작성했다. 같은 해 가을 이 설교를『그리스도의 몸과 피의 성례에 관한 설교. 열광주의자들을 반대하며』라는 제목으로 출판하였다. 츠빙글리는 동료 빌헬름 폰 첼(Wilhelm von Zell)을 통해 루터의 이 설교를 입수하여 세심하게 정독해야 했다. 루터가 지목하는 "열광주의자" 또는 "소란하게 하는 자" 중 한 사람이 바로 츠빙글리였기 때문이었다. 츠빙글리는 루터의 설교를 읽는 중 문제점을 발견하였고, 이에 대한 반박의 글을 써야 했다. 이렇게 하여 츠빙글리의 중요한 성례에 관한 라틴어 논쟁서 *Amica Exegesis*(친절한 해명)가 1527년 4월 1일 세상에 등장하였고, 독일어로 번역되었다.

이 글은 글라루스에 있는 친구들이 보내온 편지 가운데서, 루터의 신학에 대한 우려를 표시할 때, 츠빙글리가 3일 만에 완성한 답변이었다. 그렇지만 츠빙글리는 루터뿐 아니라 친구들 그리고 모든 크리스천을 대상으로 본인의 입장을 쉬운 독일어로 다시 써야만 했는데,「열광주의자라고 비판하는 루터의 설교에 대한 우정 어린 해명」이라는 글이다.[156] 우리가 여기서 주목해야 하는 단어는 "우정 어린"이라는 말인데, 이는 비록 생각이 다를지라도 루터를 향한 츠빙글리의 존경과 사랑은 변함이 없었다는 말일 것이다. 루터가 츠빙글리를 어떻게 생각했는지는 다른 물음으로, 루터가 츠빙글리를 종교개혁의 동역자로 생각했느냐는 것인데, 이에 대한 답은 간단하지 않다.

루터의 거짓말

츠빙글리가 처음으로 루터에게 보낸 이 글에서 등장하는 성경은 하나님의 주권을 강조하는 말씀으로 츠빙글리의 생의 요절인 요한복음 6:44이다. 루터는 하나님의 약속에 대한 영원한 신비로서 그리스도의 육체적 현존에, 반면 츠빙글리는 부활 승천하신 그리스도의 신성에 강조점을 두었다. 루터는 육체로 내려오신 그리스도를, 츠빙글리는 부활 승천하셔서 하나님으로 확증되신 그리스도에게 초점을 맞추었다. 두 사람의 이러한 차이가 루터에게는 교회를 분열시킬 만한 큰 일이었지만, 츠빙글리에게는 전혀 그렇지 않았다. 츠빙글리는 성찬의 떡과 포도주에 그리스도의 육체적 현존을 주장하는 루터에 대하여 다른 입장을 가졌다. 츠빙글리는 "루터는 본인의 말에 진실하지 못하다."라고 생각했다.

츠빙글리는 루터를 향한 자신의 반박문이 일반 성도들에게 "깊은 아

156 Huldrych Zwingli, *Schriften IV*, (Zuerich, 1995), 1–31 : "Antwort auf die Predigt Luthers gegen die Schwaermer, 1527"; 『츠빙글리 저작 선집 4』, 9–41: "열광주의자라고 비판하는 루터의 설교에 대한 답변".

픔을 줄 수도 있을 것" 또는 "불화를 일으키는 것"이라고 안타까워했지만, 어쩔 수 없이 츠빙글리의 루터를 향한 입장은 분명하고 완강했으며, 때로는 공격적이기까지 했다. 루터의 비난을 염두에 둔 츠빙글리는 어쩔 수 없이 자신의 분명한 입장을 "신앙과 성경의 관점에서" 밝혀야 했는데, 무엇보다 성경을 틀리게 해석하지 않기 위해서였고, 다르게는 루터의 "거짓말"을 막기 위해서였다. 츠빙글리에게 중요한 것은 성찬에서 무엇을 먹느냐가 아니라, "우리를 구원하기 위해 자기 생명을 바친 하나님 아들을 믿는 것"이었다. 츠빙글리에게 믿음과 성경은 서로 모순이 되어서는 안 되며, 무엇보다 성경은 신앙 안에서만 이해되며, 바른 신앙은 성경으로만 증명되어야 한다.

> 그러나 나는 성경이 잘못 해석된다거나, 무지가 번져나가는 일을 사전에 차단할 것입니다. 누구에게나 교회 안의 비판은 허용돼야 합니다. 본인의 주장들을 위해 성경적 근거를 대지 못하고, 성경을 틀리게 해석하거나 무리하게 다른 의미를 덧붙여서는 안 됩니다. … 나는 할 수 있는 대로 명료하게, 그 어떤 악한 생각이나 화를 품지 않고, 성례론에 관해 전능하신 하나님께서 마르틴 루터에게 성례의 비밀에 관해 바른 이해를 나타내 보이지 않았음을 증명할 것입니다.[157]

---

157 Huldrych Zwingli, *Schriften IV,* 8.

성령의 조명을 강조했던 츠빙글리는 루터가 여전히 이성에 의존하여 성경을 이해하는 것으로 비판했는데, 물음은 하나님의 말씀을 묵상할 때 어디까지 이성의 역할이 허용될 수 있는지였다. 츠빙글리는 중세교회가 신앙과 무관하게 성경을 억지로 해석하는 것을 비판하면서, 신앙으로는 받아들일 수 없는 연옥이 바로 그 대표적 예였다.

> 사랑하는 형제들이여, 루터가 우리를 대적하여 기록했다고 해서, 조급하게 우리를 의심해서는 안 됩니다. 마치 우리가 궤변을 늘어놓는 것처럼! 그렇지만, 한편으로 하나님의 말씀을 묵상할 때 어디까지 통찰력이 허용될 수 있겠는지, 다른 한편으로는 이성을 맹신하는 사람들을 비판하고 이성에만 의지하는 것을 금지하는 성경 말씀을 깊이 묵상해야 합니다. … 만약 우리가 '이것은 여러분을 위한 나의 몸이다.'라는 말을 '비유' 곧 상징적 표현(Tropus, bildliche Ausdruck)으로 이해하여, 그 말의 의미를 참작하지 않는다면, 그 말을 이해할 수 없습니다.[158]

츠빙글리는 로마서 12:2, 3, 16을 제시하며 지혜 있는 체 말 것이며, 믿음의 분량대로 생각할 것, 하나님의 온전하신 뜻이 무엇인지 분별할 것을 당부한다. 그런 후 마태복음 10:16을 가져와 뱀처럼 슬기롭고 비

158 Huldrych Zwingli, *Schriften IV,* 11.

둘기처럼 순결해야 한다는 것이다. 루터와 츠빙글리 두 사람 사이 핵심 물음은 주님이 하신 "이것은 나의 몸이다"를 어떻게 이해해야 하느냐인데, 츠빙글리는 상징적으로 이해하여 "의미하다"(significat)로 이해하지만, 루터는 글자 그대로 이해하여, 성찬에서 주님의 몸을 실제로 먹고 마셔야 한다는 것이다. 츠빙글리에게 요한복음 6:54가 말하는 "누구든지 내 몸과 피를 마시는 사람은"의 핵심은 어떤 음식을 먹고 마시는 것이 포인트가 아니라, "우리를 구원하기 위해 자기 생명을 바친 하나님 아들을 믿는 것"이다.

누구의 글일지라도

츠빙글리는 종교개혁자들의 글일지라도 몇 가지 원칙을 가지고 읽을 것을 당부한다. 첫째, 모든 글을 비판적으로 직접 읽어야 한다. 그 누구로부터 전해 들은 것은 기준이 될 수 없다. 무엇보다 하나님의 말씀 성경과 일치하는지 확인해야 한다. 둘째, 요한복음 6:44을 통하여 믿음이 무엇인가를 바로 깨달아야 한다. 믿음은 오직 하나님으로부터 하나님의 선택으로 오는 것이다. 바른 믿음은 인간에게서 나오지 않는다. 츠빙글리는 잘못된 진리로 날조된 그리스도의 몸을 주장하여 혼란을 초래하는 광신도(Schwaermer)는 바로 루터 자신이라고 몰아세운다.

츠빙글리에게 하나님의 말씀을 의지하고 신뢰하는 것은 "반드시 그 말씀을 올바르게 이해"함을 전제한다. 잘못 이해된 말씀을 기초해서 믿는다면 스스로 속이게 되며, 교회를 어렵게 하는 중세교회의 로마 교황과 같은 모습이 된다. 츠빙글리는 한 예로 마태복음 16:18에 나오는 반석을 교황이 베드로 사도로 잘못 이해했다는 것이다. 바른 신앙은 하나님의 말씀을 바로 이해할 때 가능하다. 그렇지 않을 때 함정에 빠지게 된다. 츠빙글리는 "믿음은 하나님이 우리를 선택할 때 오직 그분에게서 나오는 것"임을 강조한다. 믿음의 처음과 끝은 하나님의 전적 주권이다. 하나님이 어디까지만 하고, 그 이후부터는 사람에게 맡겨놓는 것이 아니다. 우리가 예수 그리스도의 육체를 먹음으로써 우리가 그 무엇을 얻을 수 있다고 강조한 적이 없다. 츠빙글리에게 요한복음 6:54-56의 주님의 몸과 피를 먹고 마신다는 것은 '우리가 그리스도 예수를 믿는다는 말'이지, '우리는 당신의 살과 피를 먹는 것이 우리의 죄를 사해준다고 믿는다'는 의미가 아니다.

말씀을 향한 신뢰와 믿음

츠빙글리에게 하나님 말씀을 대하는 두 가지 태도, 하나님의 말씀을 신뢰하는 것(vertrauen)과 하나님의 말씀을 믿는 것(glauben)은 "반드시 구별해야" 한다. 성경을 하나님 말씀 그 자체로 받아들이는 것은 신뢰이며, 그 말씀이 우리에게 약속하거나 요구하거나 금지하는 것을 믿는 것이다. 다르게는 하나님 말씀이 진실하다고 믿을 때, 하나님의 말씀이 약속하는 것을 받게 된다. 성찬 이해도 다르지 않게 츠빙글리는 신뢰와 믿음이라는 관점에서 루터의 입장에 이의를 제기한다. 루터는 '우리는 그의 몸을 실제로 먹음으로써 죄를 용서받음을 신뢰하고 의지해야 한다'라고 말하지만, 츠빙글리는 그 말에 동의할 수 없었다. 그 말씀은 어떤 약속도 우리에게 하지 않기 때문이다. 그 말씀은 루터가 말한 것처럼, '우리가 성찬식에서 제정사를 하는 순간, 실제로 그리스도의 실제 몸이 존재하게 된다'라는 약속도 우리에게 말하고 있지 않다는 것이다. 루터는 성찬 제정사가 약속을 포함한 말씀이 아닌데도 마치 약속의 말씀인 것처럼 우리를 미혹하고 있다는 것이다. 츠빙글리에게 하나님의 말씀이 요구하는 것은 단순하고 명확하다.

> 우리는 단지 설명하고, 주어진 말씀을 믿는 것으로 족합니다. 그리스도가 성찬식을 통해 그를 기념하도록 세우신 것이기에 그 성찬식을 통해서 그를 기념하면 됩니다. 우리에게 그리스도의 실제의 몸이 그 성찬식에서 죄를 씻기 위해 제공되었다고 믿어서는 결코 안 됩니다. 그에 관련된 약속의 말씀을 우리가 받은 것처럼 해서는 안 됩니다. 그렇지 않으면 우리는 그리스도인이 아니라, 루터의 추종자일 뿐입니다.[159]

츠빙글리의 주장은 계속 이어진다. 그리스도의 몸이 십자가에서 죽음으로 우리의 구원은 완성했기에, 그리스도의 몸은 죄 용서를 위해 먹으라고 주어진 것이 아니라 예수께서 말씀하신 대로 성찬식을 통해 십자가에서 이루신 그 구속의 죽음을 기념하고 감사하면 충분하다. 성경은 어디에도 그 몸을 먹을 때 우리의 죄가 용서함을 받는다는 약속을 하지 않았다. 아울러 츠빙글리는 성찬식을 통한 신앙의 강화와 보이는

---

159 Huldrych Zwingli, *Schriften IV*, 22.

복음으로서의 성찬식을 인정하지 않는다.

> 그리스도는 요한복음 6:47에서 "누구든지를 나를 믿는 자는 영생을 가졌나니"라고 말합니다. 만약 우리가 하나님의 아들인 예수 그리스도를 믿음으로 영생을 가졌다면, 영생을 주는 것은 그의 실제 몸을 먹는 것에서 오지 않습니다. 나아가 그리스도는 요한복음 6:35에서 "누구든지 나에게 오는 자, 나를 믿는 자는 굶주리지 않을 것이며, 나를 믿는 자는 영원히 목마르지 않을 것이다"라고 말합니다. … 옳고 견고한 순수한 신앙은 예수 그리스도의 신성에 근거하는 것으로, 그의 죽음이 우리의 생명임을 압니다. 예수의 실제 몸을 먹는 것에 대해서는 전혀 알지 못합니다. 그것은 우리에게 전혀 도움이 되지 않기 때문입니다. 그러한 육체적 먹음과 관련해 하나님은 그 어떤 약속도 하지 않았습니다.[160]

분쟁을 일으키는 루터

츠빙글리는 그리스도의 몸과 피가 빵과 포도주 안에 있다는 생각은 "완전히 틀린 생각"이라고 단언한다. 사도신경을 통하여 고백하듯이, 그는 승천 이후 이 땅에 계시지 않기 때문이다. 성찬의 떡과 포도주에

---

160 Huldrych Zwingli, *Schriften IV,* 24–25.

승천하신 예수께서 육체로 함께 한다는 주장은 "정말 고집스럽게 분쟁을 만드는 논리"이며, 바로 루터가 분쟁의 당사자라고 지칭한다.

그럼에도 글의 마지막에 이르자 츠빙글리는 루터와 자기 사이에 격한 논쟁을 할 수밖에 없음에 아쉬움을 토로한다. 앞선 신앙 선조들에게 성찬식은 그 어떤 신학적 논쟁거리가 되지 못했고, 그들은 성찬식에 관한 것을 신앙고백서에 포함하지 않았다는 것이다.

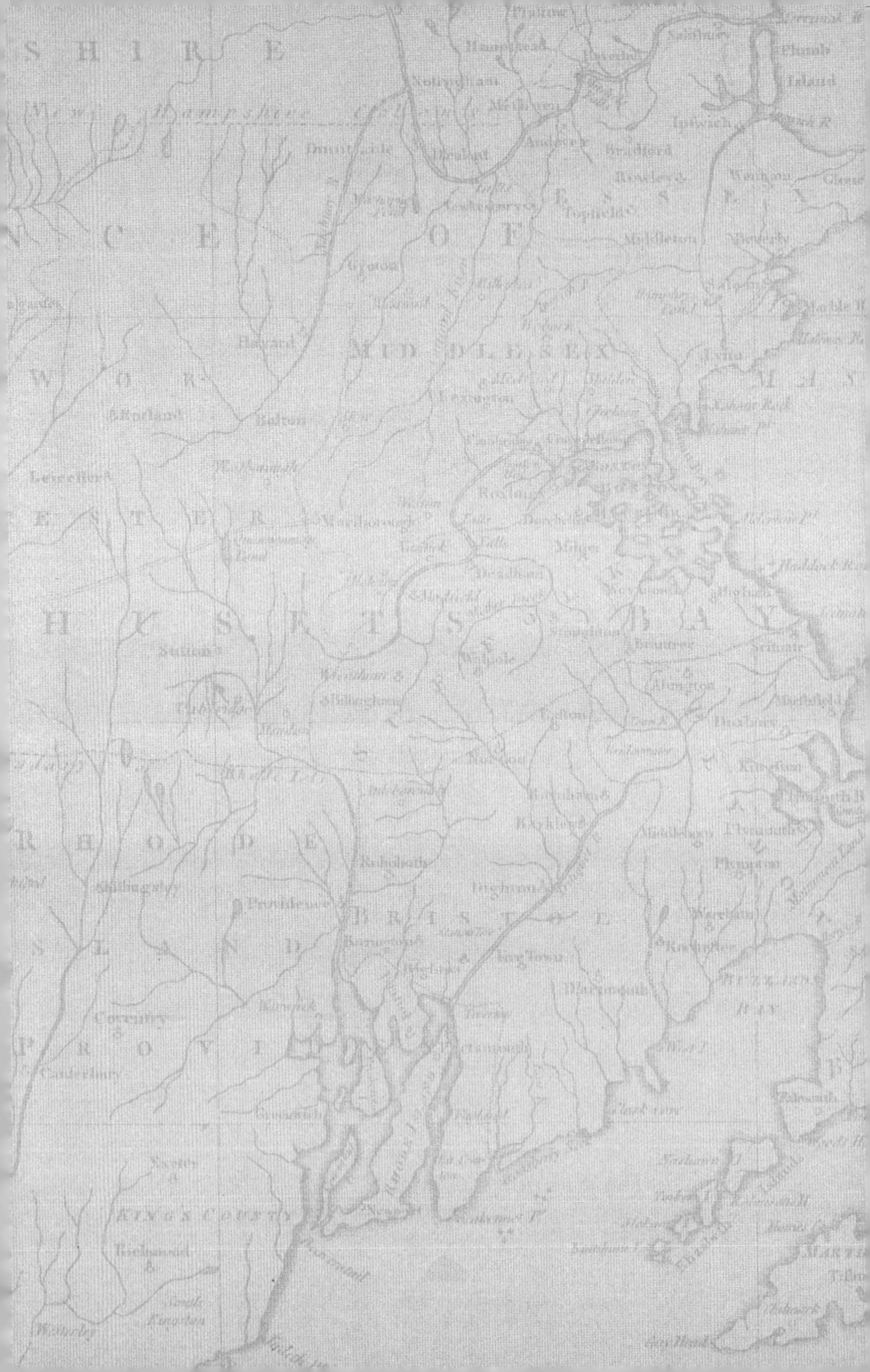

S H I R E

New Hampshire

Nottingham

Methuen

Andover

Bradford

Ipswich

Plumb Island

Dunstable

Boxford

Topsfield

Middleton

Beverly

N C E

O F

Groton

Lynn

M I D D L E S E X

Lexington

Bolton

Leicester

Marlborough

Roxbury

Dorchester

Milton

Dedham

Braintree

Scituate

H U S E T T S

B A Y

Sutton

Walpole

Stoughton

Abington

Marshfield

Duxbury

Kingston

Plymouth

Plimpton

Norton

Raynham

Rehoboth

Dighton

Middleborough

R H O D E

Providence

B R I S T O L

Warham

Rochester

Barrington

Bristol

S L A N D

Dartmouth

Coventry

P R O V I D E

Portsmouth

Canterbury

Greenwich

Newport

K I N G S C O U N T Y

Richmond

Westerly

Elizabeth Islands

Falmouth

베른 설교

1528

두 번의 베른 설교

1528년 1월 6일부터 26일까지 스위스 베른(Bern)에서 신학 전반에 관한 대논쟁이 벌어졌다. 이로부터 취리히 종교개혁자 츠빙글리의 복음에 대한 이해가 지지를 얻어, 복음이 새롭게 서유럽으로 퍼져가는 결정적 계기가 되었다. 이 베른 대논쟁 이후 츠빙글리는 12가지로 기독교 신앙을 정리하여 발표하였는데, 자신을 이단자로 모함하는 사람들에 대한 반박의 글이었다. 츠빙글리의 후계자 불링어(H. Bullinger)는 이에 대하여 츠빙글리가 분명하고 단호하게 입장을 제시하여, 사람들의 뜨거운 격려와 칭찬을 받을 수 있었다고 평가하였다. 이런 일이 있고 난 후 츠빙글리와 입장을 같이한 스위스와 남부 독일의 8명의 종교개혁자는 개인적 신앙 양심과 사회생활 영역에서 종교개혁 진리를 구현하기 위하여 비로소 각 교회 강단에서 설교하기 시작하였다.

츠빙글리는 대논쟁이 벌어지는 기간에 베른 시민들 앞에서 두 차례 설교를 할 수 있었다. 츠빙글리는 일반적으로 원고 없이 설교하는 스타일이었으나, 6개월 후 1528년 7월 그 두 편의 설교는 글로 정리된 후 출판되어 사람들의 손에 들려졌다. 츠빙글리가 기억을 살려 설교를 기록한 것인데, 본래 설교보다 더 명료하게 작성되었다. 루터의 성찬 이해가 확실하게 인용되었으며, 다른 반대자들의 입장도 명료하게 제시되는데, 신학적이고 교리적 설교라 일컬어도 무리가 없다.[161]

첫 번째 설교

그리스도의 영적 현존

첫 설교는 1528년 1월 19일 월요일 요한복음 6장을 본문으로 성찬에 대한 이해를 제시하였다. 츠빙글리가 신학 전선을 형성해, 비판해야 하는 주된 상대들로는 로마교회의 화체설과 공재설을 지지하는 루터주의였다. 츠빙글리가 자신의 신학을 분명히 변호하기 위해 가져온 것은 공적 신앙고백 사도신경이었다. 츠빙글리는 사도신경을 한 구절 한 구절 차분하게 해설하면서 로마교회, 루터교회, 인문주의, 재세례

161 Huldrych Zwingli, *Schriften IV*, (Zuerich, 1995), 33–91 ; "Die beiden Berner Predigten"; 훌트라이트 츠빙글리, 『츠빙글리 저작 선집 4』, 43–102: "두 개의 베른 설교".

파, 다양한 사상들에 대한 논쟁을 본인의 '성령 신학'(Theologie des Heiligen Geistes)으로부터 전개하였다. 츠빙글리는 여타 신학과 사상들을 싸잡아 비판하길, 그들이야말로 피조물을 신으로 섬기는 우상화의 오류(Kreaturvergoetterung)를 범하고 있다고 하였다.

츠빙글리는 성례론에 있어 물질을 신성화하는 사상(Heilsmaterialismus)을 특히 위험한 것으로 보면서, 그것은 구원이 오직 하나님께만 있음을 망각하게 하며 신 인식을 잘못하는 오류라고 지적했다. 츠빙글리는 첫 번째 설교에서 최고선이신 하나님을 말하며, 믿음은 성부 하나님, 인간이 되신 성자 예수, 그리고 성령 안에서 아버지와 아들에 대한 인격적 믿음으로 나아가는 것이라고 역설한다. 그것은 아우구스티누스의 입장에 선 삼위일체 하나님을 믿는 믿음이기도 하다. 츠빙글리는 신약을 근거로 예수의 십자가에서 이루신 역사적 화해를 다룬다. 성찬의 떡과 포도주가 우리의 구원이 아니라, 십자가의 그리스도가 우리의 구원이다. 그러기에 성례의 핵심은 교회공동체가 우리의 구원을 완성하신 십자가의 그리스도께 감사하며 현재화하여 그리스도의 영적 현존을 받아들이는 것이다.

하나님

츠빙글리는 전능하신 하나님을 설명하면서, 그의 관심 주제이기도 한 하나님의 섭리를 무게 있게 다룬다.[162] 하나님은 유일하신 선한 분

162 Huldrych Zwingli, *Schriften IV*, (Zuerich, 1995), 43–45.

으로 어두움이나 무지가 없으며 실수가 없고, 그의 지혜는 완전하다(롬 16:27). 선함이 없는 지혜는 지혜가 아니기에, 하나님의 지혜는 부족함이 없다. 하나님의 섭리는 하나님의 일하시는 지혜(die taetige Weisheit Gottes)로 하나님은 그것을 가지고 모든 것들을 본인의 의지로 다스리며 창조하고 가능하게 하며 또는 중단하는데, 선한 일이 아니면 하지 않고 최상을 성취한다. 여기에 요구되는 것이 하나님의 전능하심이다. 하나님은 자신이 창조하신 모든 것에 고유한 목적을 부여하셨기에, 인간의 상상을 초월하여 놀랍도록 모든 것을 주장하며 이끄시며 사용하신다. 하나님은 자신이 지으신 유일한 그 어떤 것도, 비록 그 도구가 녹 쓸 정도로 한동안 사용하지 않을지언정, 잊지 않는다(눅 12:6). 완전하며 선한 하나님은 자신의 피조물을 속속들이 알고 있기에, 그가 그것을 원할 때가 있고, 손에 가져오며, 사용한다. 하나님은 전혀 잊지 않는데, 만약 잊음은 그의 약점이기 때문이다. 이런 맥락에서 우리는 마땅히 하나님의 섭리를 완전히 다르게 생각하는 습관을 지녀야 한다는 것이 츠빙글리의 주장이다.

어머니 없이 아버지 없이

츠빙글리는 '성령으로 잉태하사 동정녀 마리아에게 나시고'를 설명한다. 세상의 죄를 짊어질 분은 죄의 욕정 없이 잉태되어야 했기에, 그 분을 영원 전부터 하늘에서는 어머니 없이 아버지에게서 태어나야 했으며 땅에서는 육신의 아버지 없이 어머니에게서 태어나야 했다(히 7:3). 순수한 처녀가 하나님의 신부와 배우자로서 하나님의 아들을 낳기 위해서였는데, 그래야만 그리스도 예수가 인간적인 본성을 가진 참 하나님으로서 태어나야 했기 때문이다. 츠빙글리는 당시 파버(Johannes Faber, 1478–1541)을 위시하여 여러 논란에도 불구하고, 예언서를 근거로 하여 마리아를 “영원히 순결한 동정녀”로 묘사한다. 그렇지만 시간이 부족하다고 말하며, 이에 대해 더 이상의 언급을 피한다.[163]

부활은 성도의 높임

츠빙글리는 그리스도의 부활을 성도들의 부활 보증으로 이해한다. 죽은 자들의 첫 열매(고전 15:20)인 그리스도의 죽음은 우리의 생명이고, 그의 부활은 우리의 높임이다. 그리스도는 우리에게 속하며, 우리는 그리스도에게 속한다. 우리는 그의 지체이고, 그는 우리의 머리가 되는데(엡 5:30; 1:22), 이렇게 우리는 한 몸을 이룬다. 그리스도가 몸과 영혼을 가지고 부활했다면, 우리도 몸과 영혼을 가지고 부활할 것이다. 그리스도의 죽음은 우리의 죽음을 죽이기 위해서였다(살전 5:10). 그리스도는 이렇게 그의 형제들과 같아져야만 했다(히 2:17). 아울러 그리스도가 부활을 통해 영광을 취했는데, 우리 역시 부활과 함께 그리스도의 영광에 참여할 것을 보증한다(빌 3:21). 여기서 츠빙글리는 성경을 잘못 해석하는 로마교황청의 대변인이었던 두 인물 파버와 에크(Johannes Eck, 1486–1543)를 언급하는데, 두 사람은 루터를 대적하여 싸운 인물이었다.

---

163 Huldrych Zwingli, *Schriften IV*, 56–57.

편재하지 않는 인성

츠빙글리의 주된 관심은 사도신경 중 "하늘에 오르사 하나님 우편에 앉아 계시다가 산 자와 죽은 자를 심판하러 오리라"는 대목에 있다. 츠빙글리는 상대적으로 많은 분량으로 이 주제를 다룬다. 그러면서도 츠빙글리는 하고 싶은 말이 배가 더 있다고 하면서 어쩔 수 없이 끝낸다.[164] 무엇보다 츠빙글리는 그리스도의 살과 피가 성찬에 현존한다는 주장이 이 고백과 정면으로 대치한다는 것이다. 그리스도의 두 본성은 언제나 어디서나 영원히 함께 있다. 그리스도는 단지 신성으로 승천한 것이 아니다. 그가 승천하여 하나님 우편에 앉았다는 말에 대해 어떻게 그것이 가능한지에 대해 어떤 이들은 궤변을 늘어놓지만, 츠빙글리는 하나님의 능력으로 그의 신성과 인성은 함께 있다고 말한다. 그런데 그의 인성은 제한적이기에 하나님 우편에 있을 때, 그는 어디에나 현존하지 않는다(행 17:29). 츠빙글리는 주의 몸은 어디에나 현존한다는 말을 비성경적이며, 이율배반(Antinomien)으로 규정한다.[165] 요한복음 17:24에서 주님은 나에게 허락하신 사람들과 함께 있게 해달라고 기도한다. 어디에나 있을 수 있다면, 이런 기도는 하지 않았을 것이기에, 그리스도가 하나님의 우편에 그리고 성찬의 빵에 동시에 존재하지 않는다는 것이다. 그리스도의 인성은 원칙을 따라 하나님 우편에 앉아 있다. 피조물인 그리스도의 인성은 모든 곳에 있을 필요가 없고, 그의 신성처럼

---

164 Huldrych Zwingli, *Schriften IV*, 79.

165 Huldrych Zwingli, *Schriften IV*, 64.

모든 곳에 현존하지 않는다. 그러기에 화체설을 주장하는 자들이 그리스도의 인성은 어디에나 존재한다는 것은 잘못이다. 부활하신 그리스도의 몸은 하나님 우편에 앉아 큰 영광과 기쁨을 누리고 있다(요 17:22; 히 2:9). 그리스도의 인성은 편재하지 않으며, 그리스도의 인성은 하나님 안에, 하나님은 그의 안에 있다. 그러기에 성찬에서 그리스도의 살과 피를 실제로 먹지 아니한다고 결론을 내린다.

성경적 성찬 이해

츠빙글리는 화체설을 반대하며 성찬에 대하여 12가지로 본인의 "신앙고백"을 제시하는데, 그만큼 성만찬을 향한 확고한 견해를 특히 요한복음을 근거로 밝히면서, "우리는 이곳 베른(Bern)에서 성경적 근거를 대지 않고는 그 어떤 해석도 인정하지 않는다."라고 말한다.[166]

첫째, 츠빙글리는 요한복음 6:35를 따라[167] 선하신 은혜의 성령께서 하시는 일로 성찬은 '영혼의 양식'(die Seele zu speisen)으로 고백한다. 성찬의 빵과 포도주를 결코 물질적으로 받아들여서는 안 된다. 요한복음 6:44을 따라 츠빙글리는 이러한 일은 아버지께서 인도하는 사람에게만 가능한 일임을 확신한다. 하나님께서 사람의 심령을 밝혀주실 때만, 예수 그리스도 안에서 증거된 하나님의 은혜를 받아들여, 하나님의 사랑으로 나아온다.

---

166 Huldrych Zwingli, *Schriften IV*, 69.

167 요 6:35 – 예수께서 이르시대 내가 곧 생명의 떡이니 내게 오는 자는 결코 주리지 아니할 터이요, 나를 믿는 자는 영원히 목마르지 아니하리라.

둘째, 특히 요한복음을 볼 때, 그리스도는 결코 본인 몸의 육체적 먹음을 약속하지 않았다는 사실이다. 그리스도는 성령에 관해 말씀하는데, 나는 너희에게 진리의 영이신 다른 보혜사를 보낼 것인데, 그가 영원히 너희와 함께 할 것이다(요 14:16–17)고 말씀하셨다. 그리스도는 떠나갈 것을 말하면서, 성령으로 함께하며 우리를 도울 보혜사(Beistand)를 약속하였다. 그의 살과 피로 하는 신체적 누림이 아니라, 순전히 영으로 함께 하신다는 것이다. 그는 진리이며, 영원히 우리와 함께한다. 그러기에 우리에게 필요한 것은 유치한 동화가 아니다.

육은 무익하니

셋째, 요한복음 6:63의 "살리는 것은 영이니 육은 무익하다"라는 말씀이야말로 츠빙글리의 성만찬 이해에 결정적이었는데, 이 말씀이 그리스도 몸의 육체적 먹음을 멀리하게 만들기 때문이다. 이 말씀을 통해 그리스도는 영과 육의 다른 성격을 보여주고 있다. 요한복음 6:52에서 그리스도는 "내가 말하는 것은 생명을 주는 영이다"라고 하기에, 예수의 살을 먹을 필요가 없다는 말이다.

넷째, 마태복음 26:11과 마태복음 28:20은 단순히 보면 서로 모순되는 것처럼 보이지만, 그리스도의 두 속성 인성과 신성을 구별하여 생각할 때 이해가 가능하다. 만약 성찬의 빵에 그리스도의 몸이 있다면 우리가 두 가지 속성의 그리스도를 갖지만, 그리스도는 인성으로 항상 우리 곁에 있지 아니하기에, 신성으로 성찬의 빵에 함께 한다. 요한복음 6:63대로 "그 영은 살리지만" 육은 그렇지 않다.

다섯째, 영과 함께 육도 먹을 수 있지 아니한 지라고 묻는 자에게 츠빙글리는 단호히 '아니오'라고 답한다. 영을 새롭게 하고, 용기를 주며, 살리는 것은 오직 영이어야 가능하기 때문이다(요 6:63). 요한복음 3:6대로, 육에서 난 것은 육이고, 영에서 난 것은 영이어야 한다. 만약 우리가 그리스도의 몸을 실제로 먹는다면, 그리스도는 우리의 영혼을 먹일 수 없는데, 사람의 몸은 그런 음식을 전혀 먹을 필요가 없기 때문이다. 만약 실제로 그리스도의 몸을 먹어야 우리의 영혼을 구할 수 있다면, 그리스도가 십자가에서 죽을 필요가 없게 된다.

재림은 육체적 현존

여섯째, 누가복음 17:20-37은 심판하러 오는 그리스도의 육체적 현존으로서의 재림을 말한다. 이전에 사람들이 그리스도의 몸이 여기 있다 저기 있다고 말한다고 해서, 그것을 믿어서는 안 된다. 구원은 결코 그 어떤 장소나 수도회에 매이지 않기 때문이다.

일곱째, 요한복음 16:28은 그리스도가 아버지에게서 세상에 와서, 다시 아버지에게로 간다고 하는데, 이는 그리스도의 육체가 오고, 떠난다는 뜻으로 보아야 하는데, 그러므로 성찬에 그리스도가 육체로 함께한다는 말은 옳지 않다. 그런데 주님은 성찬에서 이것은 나의 몸이라고 했는데, 결코 그 이해가 어렵지 않다는 것이다. 츠빙글리는 "복잡하지 않고, 밝고 명확한 하나님의 말씀"(unkomplizierte, helle und klare Worte Gottes) 둘 다에 우리는 마땅히 동의해야 한다고 말한다. 먼저 그리스도가 떠났다면, 분명히 그는 더는 육체적으로 세상에 있지 않다는 말이다.

여덟째, 요한복음 17:11은 나는 이제 세상에 있지 않다고 말하는데, 이유는 요한복음 17:13을 따라 그리스도가 아버지께로 가기 때문이다. 이는 이해하기 아주 쉽고 직설적인 말이지만, "이것은 나의 몸이다"라는 말은 비유적으로 또는 상징적으로 이해해야 하는 말씀이라는 것이다. 우리는 그리스도의 몸을 육체적으로 먹을 수 없는 것은, 그는 더는 이 세상에 몸으로 있지 않기 때문이다.

아홉째, 사도행전 1:11의 너희를 떠나 하늘로 올라간 분은, 마가복음 16:19의 아버지 우편에 앉아 있다가, 사도행전 1:11의 그 모습 그대로 다시 오실 것이다. 곧 육체를 가지고, 눈에 보이게 다시 온다는 말로 그가 성찬의 빵 속에 온다고 결코 말하고 있지 않다는 것이다.

열째, "우리는 이제부터 아무도 육체를 보고 알지 아니하노라"(고후 5:16)라고 말하는 것은, 바울이 더는 그리스도의 육체적 현존을 찾지 않고, 그런 방식으로 이제는 그리스도를 알려고 하지 않는다는 말이다. 바울은 그리스도의 육체적 현존을 기대하는 것을 하찮게 여기게 되었다는 것이다. 예수 그리스도의 부활 승천 후 그의 몸에 희망을 거는 것이 아니라, 하나님 성령을 부어주심으로 강하고 담대하게 되기를 소망한다는 말이다(요 14:16-17). 이제 성도는 그리스도를 육체적으로 알려고 할 필요가 없다.

주의 몸의 현재화

열한 번째, "이것은 나의 몸이요, 나의 피다"라는 말씀이 마태복음 26:26, 28과 마가복음 14:22, 24에 근거하지만, 누가복음 22:19과 고린도전서 11:24를 동시에 주목해야 한다. 앞서 마태와 마가가 성찬에 관해 짧게 썼을 때, 나중에 누가와 바울이 이방인을 위해 "전임자들보다 더 신중하게 오해를 방지하기 위해서" 추가하여 더 길고 분명하게 말했다는 것이다. 제자들은 "이것은 내 몸이다"를 "이것은 내 몸의 현재화(Vergegenwaertigung)", 또는 "이것은 너희를 위해 주어진 내 몸을 의미한다(bedeutet)"라고 이해하면서, 그리스도가 말하고자 하는 바를 바르게 알았다는 것이다. 그렇다고 성찬의 빵은 일반적인 빵과는 비교할 수 없을 정도로 높은 위치(Ansehen)를 갖는데, 우리에게 십자가에서 내어준 그리스도의 몸은 엄청난 고통 가운데 주어졌기 때문이다. 그러기에 성찬의 빵을 함부로 다뤄서는 안 된다. 바울은 고린도전서 11:24, 25에서 그리스도의 피로 맺은 새로운 언약이라고 부르는데, 이는 창세기 17:10에서 할례를 계약이라고 부르는 이치다. 바울이 말하는 새로운 언약은 십자가에서 흘린 그리스도의 피로서 죄인들이 대가 없이 받는 죄 용서(렘 31:33, 34; 히 8:12)로서 반복은 없다. 바울은 고린도전서 11:25-26에서 이 빵을 먹고 이 잔을 마실 때마다 주님을 기억해야 하는데, 이유는 그의 죽음을 선포해야 하기 때문이라고 말한다. 로마서 8:24에서도 바울은 "보이는 것을 누가 바라리요?"라고 반문하는데, 츠빙글리는 여기 '보이는 것'을 감각적으로 인식할 수 있는 것으로 해석한다. 바울은 성찬식 제정사에서 살과 피가 아니라, 빵과 포도주라고 밝혔다는 점을 츠빙글리는 강조한다. 바울은 나를 기념하기 위해 나의 살과 피를 먹으라고 말하지 않는다는 점이다. 츠빙글리는 만약 빵이 그리스도의 실제 몸이라면 주를 기억할 필요가 없다고 말한다. 그래서 바울은 주님께 감사하라고 말한다는 것이다. 그리고 그 빵과 포도주를 주의 살과 피로 만들라는 명령도 하지 않는다는 사실이다. 그렇지만 성찬식에 함부로 가볍게 참여하게 될 때 도리어 죄를 짓게 되는데, 주님의 죽음 앞에서 그 어떤 경외도 갖지 않는다면 주님의 몸 된 교회(엡 1:23)의 지체로서 합당하지 않다는 것이다.

열두 번째, 교황 추종자들이 말하는 것처럼, 과연 그리스도의 신성이 있는 곳에 그리스도의 몸은 있는 것일까? 이에 대해 츠빙글리는 마태복음 28:6과 마가복음 16:6을 가져와 반박한다. 주님의 무덤을 찾아온 여인들이 그리스도를 찾을 때, 천사는 말하기를, '주님을 무덤에서 찾는군요, 부활하신 그는 여기에 없습니다'라고 답했다. 같은 맥락에서 츠빙글리는 성경 이해에 있어서 비유 내지는 유비(Analogie)를 제대로 이해할 것을 주문한다. 신약의 성찬식과 구약의 유월절 사이에 시간과 방식에서 유사성이 있음을 발견한 바울은 이스라엘 유월절의 언어를 가져와 새로운 기념일의 언어로 바꾸었다고 확신한다. 고린도전서 5:7에서 바울은 "우리의 유월절 양이신 그리스도가 죽었다."라고 말하면서, '어린 양 그리스도'(Christuslamm)라고 부르고 있다는 것이다. 츠빙글리는 고대 교부들인 암부로시우스(Ambrosius)와 히에로니무스(Hieronymus)도 '이것은 나의 몸이다'를 '이것은 나의 몸을 의미한다(significamus)'로 또는 '이것은 나의 몸을 대변한다(representamus)'로 이해하면서, 공통으로 '이것은 나의 몸을 상징한다'로 해석했다는 것이다. 그러면서 츠빙글리는 수백 년 전 교회 역사를 통해서 보아도 옛날부터 성찬에서 실제로 그리스도의 몸과 피를 먹는다는 신앙이 없었다고 결론에 이른다.

두 번째 설교

휑한 예배당에서

츠빙글리의 두 번째 베른 설교는 대논쟁이 끝난 다음 날 1528년 1월 30일 금요일, 로마서 11:28을 가지고 '선한 마음을 가지고 오래 참음'에 관하여 설교하다가, 결론부에서는 갈라디아서 5:1을 가지고 자유를 주제로 마감한다. 첫 번째 베른 설교가 1월 19일이니, 두 번째 설교는 12일 후 행해진 것이다. 첫 번째 설교는 40쪽이 넘는 신앙고백 형태의 긴 설교였으나,[168] 두 번째 설교는 6쪽 정도로 짧은 설교[169]라 하겠다. 그렇지만, 츠빙글리가 실제로 이 두 번째 설교를 강단에서 짧게 했는지는 의문인데, 설교의 끝에서 "매우 짧게 줄였다"(stark gekuerzt)라고 말하고 있고,[170] 설교 중 여러 예화가 나오기 때문이다. 이 설교를 끝으로 츠빙글리는 베른을 떠났고, 일주일 후 1528년 2월 7일 베른 종교개혁 협정서가 합의를 이루었다. 당시, 예배당은 모든 장식과 제단이 제거된 상태였으니, 분위기는 그렇게 밝지 않았을 것으로, 츠빙글리는 새로운 그러나 어색한 휑한 예배당을 언급하며 설교를 시작한다.

> 여러분이 진리의 승리를 인정한 후, 여러 성화, 제단 등 그 외 다른 물건들이 사라진 예배당에 모였습니다. 나는 이곳을 떠

---

168 Huldrych Zwingli, *Schriften IV*, 41–84.
169 Huldrych Zwingli, *Schriften IV*, 85–91.
170 Huldrych Zwingli, *Schriften IV*, 91.

나기 전에 여러분에게 인내, 선한 마음의 오래 참음(롬 11:22)에 대해 설교할 것인데, 지혜로운 선택이었다고 생각합니다.[171]

인내가 요구되는 개혁

인내, 곧 견고함(Standhaftigkeit)을 공의를 확고히 세우는 가장 중요한 덕목임을 츠빙글리는 강조한다. 지금까지 성상과 성화, 그리고 호화로운 제단으로 꽉 찬 예배당과는 전혀 다른 모습이 되었다. 그러한 낯선 현장에서 츠빙글리는 새 시대를 향한 결단을 향한 설교를 인내를 주제로 해야만 한 것이다. 인내는 사람을 바르게 살도록 한다. 국가도 가정도 인내가 절대로 요구되며, 오래 참음이 없이는 모욕과 멸시도 참을 수 없다고 말하며, 인내의 필요성을 내세운다. 인내는 하나님이 주는 것이어야 하며, 하나님이 주시는 은사가 오래 참음, 인내인데, 예수 그리스도는 인내의 모델이다. 예수 그리스도가 십자가에 죽기까지 인내했으며(빌 2:8) 자신의 시간이 올 때까지 기다렸듯이(요 7:6), 끝까지 견디는 사람은 구원을 얻을 것(막 13:13)을 츠빙글리는 선포한다. 종교개혁자 츠빙글리는 지도자로서 어려운 종교개혁의 현장에서 이처럼 절절하게 인내를 역설하였다. 그리고 진리를 위한 싸움을 독려하며 궁극적으로 인내로써 승리할 것을 강조하였다. 의인은 결코 쓰러져서는 안 되며(겔

---

171 Huldrych Zwingli, *Schriften IV*, 85.

3:20), 쟁기를 손에 잡고 뒤를 돌아보아서는 안 되기에(눅 9:62), 교회개혁을 위해서 중단없이 앞으로 나아갈 것을 설교하였다. 츠빙글리는 구약에서 모세와 다윗을, 세계사의 인물 로마 장군 스키피오도 인내의 사람으로서 가져온다. 모세는 인내에 관해 가장 신실한 하나님의 종으로서 인정을 받았는데, 40년 광야 생활 중 말할 수 없는 어려움 가운데서도 그는 뒤를 돌아보지 않고, 전진했으며(출 16:3; 누가 9:62), 어려울 때마다 주저하지 않고 하나님에게 달려갔다(출 17:4)고 역설하였다. 다윗은 이미 사무엘로부터 왕으로 기름 부음을 받았지만(삼상 16:13), 헤브론에서 왕위에 오르기까지(삼하 2:1–4) 무려 14년 동안 쫓겨 다니며(삼하 5:4–5), 가난과 비참함이 넘치는 큰 고통 가운데서도 하나님을 향한 굳건한 믿음을 잃지 않았으며(삼상 24:26), 사울 왕에 대한 복수도 생각하지 않았고(삼상 24:2–6), 참으로 평화롭고 정의롭게 인내로써 자신의 길을 간 매우 영광스러운 인물이다. 로마 장군 코넬리우스 스키피오(Cornelius Scipio)는 죽음을 던진 놀라운 인내로써 이탈리아와 로마를 지켰는데, 그만큼 인내는 미덕에 미덕을 낳게 한다는 것이다.

더러운 우상

비로소 츠빙글리는 성화, 성상, 미사 등을 더러운 우상(Dreck und Goetzen)으로 정죄하며 개혁의 대상으로 언급한다. 문제는 그러한 것들을 유지하기를 여전히 고집하면서, 하나님 말씀을 잘 안다고 하는 이들이다. 츠빙글리는 개혁의 우선순위를 강조하는데, 먼저 성상을 없앨 때, 마음의 우상을 제거할 수 있다는 것이다. 그렇지만 그러한 개혁을 방해하면서 겁을 주는 자들이 있는데, 츠빙글리는 옳은 일을 할 때 하나님의 능력이 임하고 하나님이 지켜주실 것을 강조한다. 개혁을 위한 그러한 방해와 위험은 하나님이 허락한 일이며 하나님이 도와주신다는 것이다. 츠빙글리의 종교개혁은 인간의 의지나 그 뜻에 의하지 않고, 하나님의 뜻을 따라 하나님의 도우심으로 진행된 일임을 잘 보여준다.

> 나는 어느 때고 하나님의 일이 그토록 목적 지향적으로 앞으로 나아가는 것을 보지 않음이 없습니다. 늘 하나님의 일은 역사의 전환점에 도달하고야 만다는 사실입니다. 하나님 스스로 본인의 은혜와 능력으로 반드시 선한 목적에 이르고야 마는 문제 해결의 신(theos apo mechanes)이라는 말입니다.[172]

지금까지 어리석게 섬겨왔던 더럽고 추한 우상들을 몰아내고, 그러한 우상들을 섬기기 위해 엄청난 돈을 써왔는데, 이제는 살아 계신 하나님을 바로 섬기는 신앙을 가져야 할 것을 츠빙글리는 역설한다. 만약 그러한 성화 성상들이 실제로 하나님과 함께 하는 능력이 있었다면, 성상의 파괴나 그들의 머리가 망가지지 않도록 했었어야 한다는 것이다. 그렇지만 전혀 그런 일은 일어나지 않았다. 이러한 잘못이 일어나는 결정적 이유는 성경을 잘못 이해하기 때문이라는 점이다. 그러기에 분명하고 확실한 성경의 기초 위에서 모든 신앙적 삶은 바르게 행해져야 함

172 Huldrych Zwingli, *Schriften IV*, 89.

을 츠빙글리는 강조한다.

자유하는 신앙

여기서 츠빙글리는 하나님께서 각 성도에게 준 양심의 자유를 일깨운다. 다시는 종의 멍에를 메서는 안 된다(갈 5:1). 그는 새로운 신앙의 인식, 오직 하나님을 믿는 믿음, 예수 그리스도가 부여한 엄청난 자유와 확신이 주어졌음을 강조한다. 절대로 성도는 그 놀라운 영혼의 자유와 구원에서 떨어져서는 안 되며, 주님이 주신 자유 안에 머물러야 한다. 그래야 영원한 기쁨을 누린다. 어려울 때도 하나님은 자신의 자녀들을 바른 길로 인도하신다(요 6:44). 그럴 때 성도는 서로를 진심으로 사랑하고 평화를 누리게 된다는 것이다.

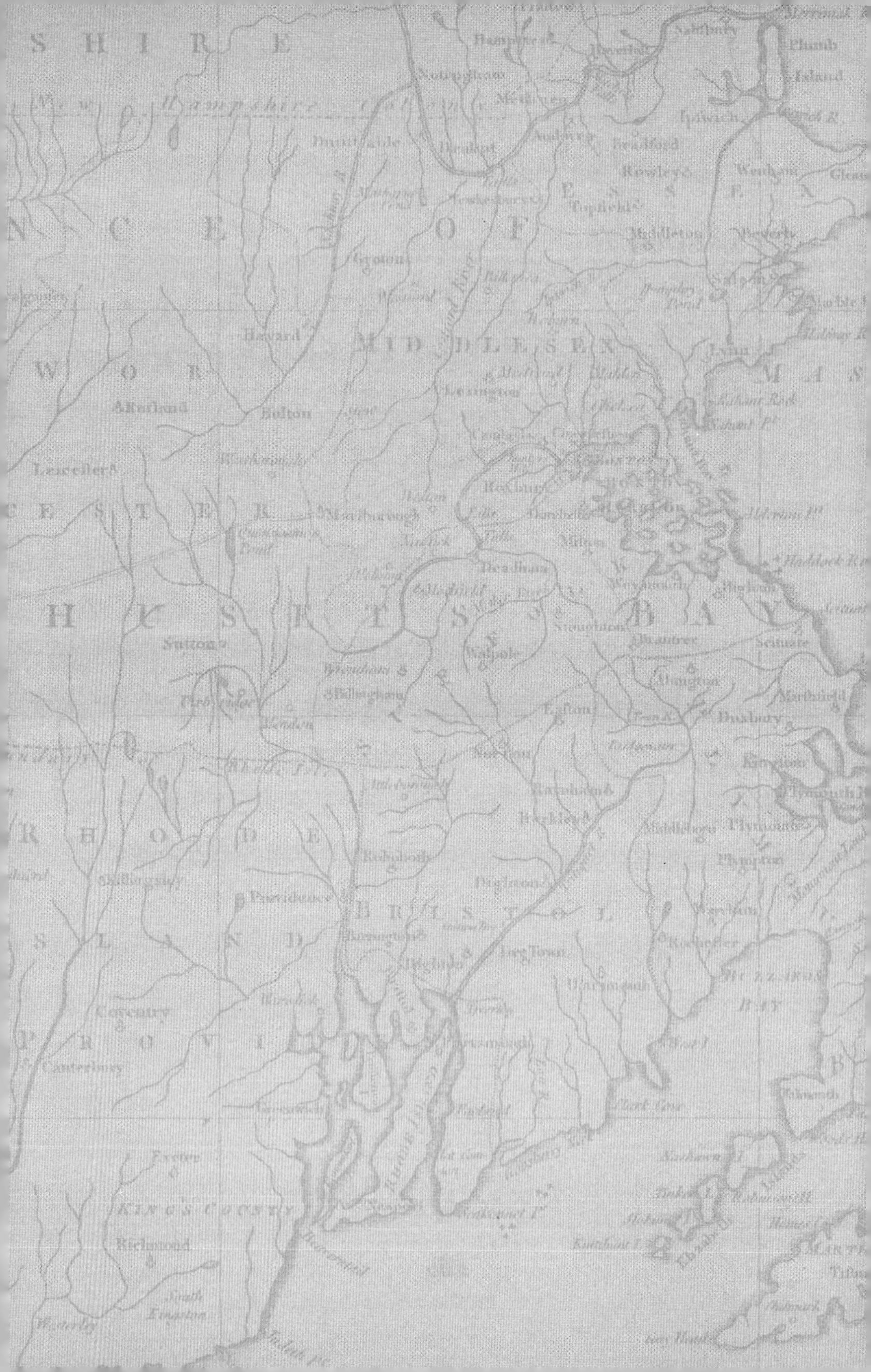

SHIRE
New Hampshire
Salisbury
Plumb Island
Nottingham
Dunstable
Ipswich
Bradford
Rowley
Wenham
Topsfield
Middleton
Beverly
Groton
Salem
MIDDLESEX
Lynn
Havard
WORCESTER
Rutland
Bolton
Lexington
Leicester
Roxbury
Marlborough
Milton
Dedham
Weymouth
MASSACHUSETTS BAY
Sutton
Stoughton
Braintree
Scituate
Walpole
Abington
Providence
Mendon
Easton
Marshfield
Duxbury
Norton
Kingston
Raynham
Plymouth
Berkley
Middleboro
RHODE ISLAND
Rehoboth
Plympton
Killingsley
Dighton
Providence
BRISTOL
Wareham
Barrington
Rochester
Coventry
BUZZARDS BAY
PROVIDENCE
Canterbury
Falmouth
KINGS COUNTY
Newport
Richmond
South Kingston
Westerly

신앙 해명

1530

공적 신앙고백

격동의 종교개혁 시대, 츠빙글리는 자신의 신앙을 대내외에 천명해야 했다. 기독교 신앙은 개인 내면의 문제이기도 하지만, 외적 고백을 통해서 공적 정당성을 확보해야 하기 때문이다. 황제 카를 5세는 자신의 개입으로 종교개혁 시대 구교와 신교로 나누어진 복잡하고 혼란스럽기까지 한 신앙논쟁을 종식하고자 했다. 황제는 1530년 1월 각 교파의 대표자들을 아우크스부르크(Augsburg) 제국의회로 초청해서, 각자가 믿는 믿음의 교리를 해명하길 원했다. 루터파, 로마교회, 그리고 개혁교회 남부 독일과 독일어권 스위스 도시들이 이에 속하였다. 루터교회는 루터가 작성한 '슈바바흐 조항'(Schwabacher Artikel)을, 로마교회는 루터와 츠빙글리의 대적자 요한 에크(J. Eck)를 통해 형성된 「404조」를 제출했다. 신학적으로 루터파와 취리히 사이 있는 스트라스부르 교회는 「테트라폴리타나 신앙고백」(*confessio Tetrapolitana* : 네 도시의 신앙고백)을 제출했다. 취리히를 포함한 독일어권 스위스 도시들은 복잡하게 얽힌 종교적 정치적 상황과 주어진 시간의 촉박함 때문에 황제에게 신앙을 해명할(Rechenschaft ueber den Glauben) 수 없었다. 이런 상황에서 아우크스부르크 제국의회에 초대를 받지 못한 취리히의 종교개혁자 츠빙글리와는 달리, 스트라스부르 교회 대표로 제국의회에 참석한 야콥 슈투엄(J. Sturm)은 의회 소식과 함께 의회에서 다루어지고 있는 신앙고백을 1530년 6월 24일 츠빙글리에게 우편으로 보냈다. 소식을 접한 츠빙글리는 자신의 신앙을 해명하여 제국의회에 보내기로 마음먹었다. 최대 3일간 급하게 신앙을 요약정리한 츠빙글리는 10일 후 1530년 7월 3일 황제와 믿는 자들을 향한 「신앙 해명」(*Fidei ratio*)을 취리히에서 공적으로 발표하였다.[173]

이렇게 세상에 나온 「신앙 해명」은 츠빙글리의 신앙을 선언적으로

173 참고. Ulrich Gaebler, *Huldrych Zwingli: Eine Einfuehrung in sein Leben und sein Werk* (Muechen 1983), 126–132.

보여주는 역사적 문서로서 1530년 8월 20일 발표한 「하나님의 섭리」(*providentia dei*), 갑작스럽게 전쟁터에서 츠빙글리가 세상을 떠나는 1531년 초 작성한 「그리스도교 신앙 해설」(*Christianae fidei expositio*)과 함께 마지막 3대 저술이라 하겠다. 3대 결실은 개혁교회 아버지 츠빙글리 개인 신앙고백임과 동시에 16세기 형성된 개혁신학의 정체성과 함께 종교개혁 시대 핵심 논쟁이 무엇이었는지를 잘 보여준다.

다섯 가지

「신앙 해명」을 통해 츠빙글리는 다섯 가지를 강조한다. 첫째, 츠빙글리는 중세교회의 잘못된 성례 이해에 반해 성령의 자유와 능력을 통한 하나님의 주권적 은혜를 강조한다. 둘째, 그리스도 예수의 인성도 하나님의 본성처럼 언제 어디서나 무소 부재하다는 루터의 입장(Ubiquitaetslehre)에 반대한다. 무엇보다 그리스도 안에서 유일하게 단번에 역사적으로 이룬 십자가의 화해를 무너뜨리기 때문이다. 셋째, 츠빙글리가 재세례파와 호의적 관계라는 세간의 비난에 분명하게 선을 긋는다. 가장 근본적이고 유일한 신앙의 근거는 오직 성경이며, 성령의 도우심으로 성경은 살아있는 하나님의 말씀으로 경험되기 때문이다. 넷째, 하나님 말씀인 성경은 개인적 차원뿐 아니라, 교회, 사회, 정치 차원까지 개혁하고 새롭게 하기에, 츠빙글리는 하나님 말씀과 함께 성령 위에 군림하는 중세교회의 오류와 황제의 잘못을 강하게 대적한다. 다섯째, 정확한 성경해석을 통한 신학적 증언만이 가치를 지니기

에, 츠빙글리는 말씀 속에 드러나는 하나님 약속의 능력을 강조한다.[174]

진리와 평화

12가지로 설명하는 「신앙 해명」은 황제 칼 5세에게 보내는 츠빙글리 개인 신앙고백 형식으로 되어있다. 먼저, 츠빙글리는 황제에게 나름의 유감을 표현하는데, 자신들은 주어진 시간이 촉박하여 제출하지 못했음에도 루터파와 로마교회는 황제에게 제출하기 위해 이미 오래전 충분히 준비하고 있었다는 의구심을 떨쳐버릴 수 없다는 것이다. 그렇지만, "진리에 대한 사랑과 공공의 평화를 위해"(die Liebe zur Wahrheit und die Bemuehung um den oeffentlichen Frieden), 침묵과 무관심의 오류를 범하지 않기 위해 츠빙글리는 「신앙 해명」을 서두르고 서둘러(Eile mit Eile) 제출해야만 했다. 교회가 평가하기를 원하는 "신앙 요약"(die Zusammenfassung meines Glaubens)을 츠빙글리는 "하나님 말씀과 성령"의 인도를 받으며 작성했다고 밝힌다. 「신앙 해명」은 '들어가는 말/신론과 그리스도 본성론/하나님의 뜻/그리스도 안의 선택/범죄와 저주로서의 죄/어린아이의 운명/교회/성례들과 세례/성만찬/교회의 관습과 성화들/선포의 직분/정치권력/연옥/맺는말'로 구성된다. 어떻게 12가지 주제를 츠빙글리가 특정했는지 알 수 없지만, 슈투엄이 보낸 루터파와 로마교회의 두 문서를 읽고 비교하면서, 이전 이후 그들 사이 논쟁점이 된 주제들은 다루었을 것이다.

174 Ulrich Zwingli, *Huldrych Zwingli Schriften IV*, (TVZ 1995), 95–97. Peter Opitz의 서문을 보라.

12가지 주제를 향한 「신앙 해명」을 통해 오늘 우리는 몇 가지를 생각할 수 있다. 첫째, 로마교회와 다름이 무엇인지, 둘째, 루터교회와 개혁교회의 역사적 차이가 어떤 것인지, 셋째, 재세례파와 개혁교회의 차이를 파악하고, 마지막으로 16세기 형성된 스위스 개혁교회 신앙의 정체성을 분명히 인식할 수 있다.

인성과 신성

우선 츠빙글리는 유일무이한 삼위일체 하나님에 대하여 자신의 "믿음과 지식을" 제시한다. 하나님은 선하시며, 참되고, 능력이 있으시며, 공의로우며, 지혜로우신 분으로 보이고, 안 보이는 모든 것들의 창조자이며, 주관자이다. 아버지, 아들 그리고 성령의 세 인격이신 하나님은 본질에서 분리할 수 없는 하나이다. 츠빙글리의 삼위일체 하나님에 대한 '믿음과 지식'은 니케아신조와 아타나시우스 신앙고백을 근거로 하며, 그리스도의 십자가 죽음에 대하여 말할 때 바른 신앙을 가진 교부들과 스콜라주의 학자들을 인용한다. 사람으로 존재하는 사람의 아들이 십자가에서 죽었다고 고백한다.[175] 츠빙글리는 그리스도의 신성과 인성이 어떻게 십자가에서 역할을 하는지 설명하려 집중하지만, 아쉽게도 이 대목에서 성령에 대해서 특별한 언급이 없다.

그리스도의 신성과 인성의 일체성 때문에 하나님의 아들이 고난받

---

175 Ulrich Zwingli, *Huldrych Zwingli Schriften IV*, 100, 102. er stirbt aber nur hinsichtlich seines Menschseins.

았고, 동시에 사람의 아들이 죄를 용서하였다고 정확히 말한다. 하나님의 아들과 사람의 아들이 한 인격 안에서 고유한 인성으로 고난받았고, 하나님의 아들과 사람의 아들의 한 인격 안에서 그리스도는 고유한 신성을 따라 죄를 용서하였다. 그리스도는 영원부터 참 하나님, 참 사람, 하나님의 아들이며, 어느 특정 시점부터 영원까지 사람의 아들이시다. 그는 유일무이한 인격이며, 유일무이한 그리스도이고, 온전한 하나님이며, 온전한 사람이다.[176]

하나님의 결정

하나님은 모든 것을 초월하여 자유롭게 결정하신다. 하나님의 결정은 결코 우연은 없다. 영원에서 영원까지 공의롭고 실수가 없으신 하나님의 결정은 언제나 선하다. 하나님은 선하심을 보여줄 때가 왔을 때 외아들을 세상에 보낼 결심을 하였다. 하나님은 인간의 타락을 태초에 알았음에도 사람을 창조했으며, 독생자를 세상의 구세주로 보낼 것을 결정하였다. 복음은 영혼을 살리고, 살아난 영혼이 하나님을 위해서 살기로 결단하게 하는 유일한 치료제이다. 하나님의 은혜에 대한 확신을 주는 분은 오직 성령 하나님이다. 그리스도 예수는 죄에서 인간을 구원할 유일한 메시아다. 그리스도 예수 외에는 죄에서 인간을 구원할 자는 해 아래 없다. 창조 이전 하나님이 확실하고 분명하게 선택한 사

---

176 U. Zwingli, *Huldrych Zwingli Schriften IV*, 101,102. So ist Christus zugleich Gott und Mensch, Gottessohn von Ewigkeit her und Menschensohn von dem dazu bestimmten Zeitpunkt an bis in Ewigkwit,

람을 하나님의 아들 예수께로 연결하고, 하나님의 사랑과 공의를 깨닫게 한다.[177]

원죄의 노예

원죄는 최초 아버지 아담이 하나님을 대적한 근원적 범죄다. 원죄는 하나의 병과 저주이며, 노예가 되어 노예의 후손으로 태어나며, 하나님의 분노의 자녀로서 죽을 수밖에 없는 저주에 처한다. 원죄에 물든 사람은 하나님의 선하심과 친절함을 상실했다. 죄에서 태어나는 모든 사람은 하나님의 원수이고 대적자이다. 원죄로 인해 저주와 전염을 통해 남자와 여자를 통해 태어나는 모든 사람을 분노의 자식으로 만든다. 아담은 죽음에 넘겨진 자로 죽었다. 두 번째 아담인 그리스도를 통해 은혜로 타락이 회복되고 하나님의 자녀가 된다.

츠빙글리는 그리스도를 믿는 가정의 어린아이도 교회 구성원으로서 하나님의 선택을 받은 하나님의 택한 백성으로 인정한다. 그리스도 안에서 모든 사람이 생명을 얻기 때문이다(고전 15:22). 마태복음 8:11을 위시하여 성경 곳곳에서 이방인으로 이루어진 교회도 천국에서 아브라함과 이삭과 야곱의 하나님과 함께 잔치에 참여한다. 이방인 교회도 유대인교회와 다르지 않으며 도리어 더 커질 것인데, 아이들도 택함을 받은 사람의 수에 마땅히 넣어야 한다.

---

177 U. Zwingli, *Huldrych Zwingli Schriften IV*, 104–105.

성령의 교회

교회와 성령은 밀접한 관계에 있다. 교회는 성령이 역사하는 곳이다. 교회는 하나님의 택함을 받아 영생을 얻어 최초 교회에 속한 사람들이다. 진실로 믿는 자인지 아닌지는 본인 자신만 아는데, 믿음의 사람은 하나님의 택함을 성령의 역사로 확신한다. 믿는 자는 성령을 받고, 헌신의 사람이 되며 인을 받는다(고후 1:22). 그는 성령을 따라 자신이 진실로 자유인이고, 죄의 노예가 아니라, 하나님의 자녀가 되었음을 확신한다(요 8:35–36). 성령이 마음에 부어질 때, 영원한 유산을 확신하며 굳건한 믿음 가운데 거하고, 영생을 누리는 사람들이 된다(행 13:48). 그리스도를 고백하는 모든 사람은 교회에 속하지만, 완전하지 않은 세상에 존재하는 교회에는 버림받는 사람도 있다. 신앙고백을 통한 세례는 교회를 이루는 근본이지만, 세례를 받았다고 해서 진정한 믿음의 소유자라고 확신할 수 없다.

은혜 수단 아닌 성례

츠빙글리에게 성례는 은혜의 수단이 결코 아니다(fest gegruendet). 은혜는 성령으로부터만 오는 것이기에, 은혜를 주는 성령에게 그 어떤 매체도, 지도자도 필요하지 않다. 성경은 성례가 은혜를 준다고 그 어디서도 말하지 않는다. 성례 전에 이미 성령의 은혜가 임하였고 현존한다. 성례는 이미 받은 은혜에 대한 공적 표시이다. 세례를 받기 전에 이미 신앙을 고백한 자가 세례를 받는 것처럼, 이미 은혜로 교회에 받아들여진 아이가 공개적으로 세례식에 임한다. 은혜가 먼저이고, 성례는 그

뒤를 따를 뿐이다. 보이는 예식이 보이지 않은 하나님의 은혜를 불러오는 것은 아니다. 성례는 이미 은혜로 교회의 일원이 된 자를 보이는 교회로 연결한다. 그런 맥락에서 교회는 세례를 경건하게 여긴다. 그렇지만 세례식이 사람을 깨끗하게 한다고 생각하는 것은 제사를 통해 깨끗하게 된다고 믿는 유대교로 돌아가는 잘못이다.

재세례파의 오류

츠빙글리에게 재세례파가 유아세례를 거부하는 것은 완전히 잘못이다. 인간의 공로나 그 어떤 예식이 사람을 깨끗하게 하는 것이 아니다. 오직 하나님의 자유로운 택함에 의해 이미 주어지는 은혜가 성례에서 강조되어야 한다. 이런 관점에서 츠빙글리는 재세례파를 이단으로 정죄하며, "그런 선동적 이단과 나는 멀리 있어, 그 어디서든지 받아들이거나, 가르치거나, 변호한 적도 없다"라고 하며 분명하게 선을 긋는다.[178]

유카리스티아

츠빙글리는 성찬을 '유카리스티아', 곧 감사의 잔치로 내세운다. 츠빙글리는 「신앙 해명」에서도 많은 분량으로 성찬을 다루는데, 츠빙글리에게 얼마나 성례가 중요한지, 그 시대 가장 논쟁적인 주제가 무엇인

---

178 U. Zwingli, *Huldrych Zwingli Schriften IV*, 117. So liegt mir vollkommen fern, irgendwas aus dieser aufruehrischen Sekte zu uebernehmen, zu lehren oder zu verteidigen.

지를 보여준다. 믿음의 눈으로 볼 때, '감사 표시'(Danksagung)를 뜻하는 유카리스티아 성찬에 그리스도의 몸이 함께 함을 믿는다. 그렇다고 이 말은 가톨릭의 화체설이나 루터의 공재론을 인정하는 말은 아니다. 하나님의 아들 예수 그리스도께서 인간의 몸을 입고, 인간의 죄를 짊어지고 십자가에서 고통을 당했으며 죽었고, 우리를 죄에서 구원하였음을 믿고 깨닫고 감사하게 된다는 말이다. 츠빙글리에게 예수 그리스도의 실재 살과 피를 먹고 마신다는 말은 "하나님의 말씀을 대적하는 하나의 오류이다."

공재설의 오류

츠빙글리는 어떻게 그것이 오류인지를 '태양처럼 명확하게'(sonnenklar) 제시하려 한다. 첫째, 성경적 근거를 제시하고, 둘째, 잘못된 주장을 반박하며, 셋째, 자신과 같은 입장을 견지했던 고대 학자들을 소개한다. 그러는 중 츠빙글리는 갑자기 창조의 영이신 하나님께 간절한 기도를 드리는데, 당시 성찬의 논쟁이 얼마나 힘들고 어려웠던지를 잘 보여준다.

> 창조의 영, 하나님이여! 함께 하셔서 당신의 종들에게 성찬의 의미를 밝히 깨닫게 하소서. 당신의 은혜와 빛(진리)으로 당신이 지으신 마음을 가득 채우소서![179]

---

179 U. Zwingli, *Huldrych Zwingli Schriften IV*, 117.

츠빙글리는 성찬의 떡과 포도주에 예수 그리스도가 육으로 함께 한다는 화체설과 공재설을 성경에 근거해 반박한다. "가난한 자들은 항상 너희와 함께 있거니와 나는 항상 함께 있지 아니하니라"(마 26:11; 참조 요 12:8; 막 16:19; 행 1:9)에서 보듯이, 예수 그리스도는 오직 그의 신성과 능력, 선함을 통해서 언제나 어디서든지 함께 함을 강조한다. 츠빙글리는 초대교부 아우구스티누스도 같은 생각을 했음을 밝힌다. '그리스도의 신성이 있는 곳에는 언제나 그리스도의 인성이 함께 한다. 그렇지 않으면 그의 인격은 나누어진다'라는 대적자들의 말은 근거가 없는데, 그리스도의 인성은 특정 장소에 존재하지만, 신성은 어디서나 존재하기 때문이다. "그리스도는 세상을 떠나 다시 아버지께로 간다"(요 16:28). "세상은 다시 나를 보지 못할 것이로다"(요 14:19). "내가 떠나가는 것이 너희에게 유익이라. 내가 떠나가지 아니하면 보혜사가 너희에게로 오시지 아니할 것이요 가면 내가 그를 너희에게로 보내리니"(요 16:7). "나는 세상에 더 있지 아니하오나 … 나는 아버지께로 가옵나니"(요 17:11). 주님이 제자들을 떠나 하늘로 올라가셨다(눅 24:51)는 말씀처럼 예수는 인성으로는 하나님 우편에 계신다.

> 주님은 인성으로는 제자들과 함께 있지 않다. 그는 보이는 것도 안 보이는 것도 아니다. 그가 아버지께로 돌아가는 것처럼, 다시 오는 때 그를 보며, 그가 있음을 우리는 알게 될 것이다. 게다가 그가 산 자와 죽은 자를 심판하기 위해 다시 오기까지 그는 인성을 따라 하나님 우편에 앉아 있다(딤후 4:1). 특

정 장소에 있는 그리스도의 현존을 부인하는 자는 눈이 감겨 명백하게 진리에 반대하고 있음을 인정해야 한다. 그리스도는 태어날 때 말구유에 있었으며, 십자가 위에 있었고, 예루살렘에 있었고, 부모와 여행 중일 때가 있었고, 무덤에도 무덤 밖에도 있었다.[180]

성령, 성례의 핵심

사람들이 성경의 증언을 옳게(rechtmaessig) 따라 말한다면, 당연히 속이는 거짓말을 버리고(solcher betruegerischer Unfug verschwinden) 성경대로 그리스도의 몸의 현존은 단지 하늘에 있다고 인정해야 한다. 누구든지 '하나님이 자신의 말과 거꾸로 행한다'라고 믿게 만든다거나, 성경을 왜곡시켜서는 결코 안 된다. 그리스도는 본인의 실제 몸을 먹지 않는다고 설명하면서, "육은 아무 유익이 없느니라"(요 6:63)라고 말했다. 예수는 영적으로 먹는 것을 말한 것으로, "육에서 난 것은 육이요 영에서 난 것은 영이니"(요 3:6)라고 했기 때문이다.

영적인 것으로부터 태어나는 것이 영이다. 그러기에 영은 영으로부터 태어난다. 그렇다면 그리스도의 몸이 영혼을 구원한다면, 그것은 영이어야 하고, 살을 먹어서는 안 된다. 이것

---

180 U. Zwingli, *Huldrych Zwingli Schriften IV*, 120.

이 바로 성례의 주제이다. 영은 영으로부터 나오는 것이지, 그 뭔가 육으로부터 나오지 않는다.[181]

상징과 비유

"이것은 나의 몸이다"라는 주님의 말씀을 츠빙글리는 문자적 의미 내지는 자연적 의미, 곧 육체적 의미(natuerlich)로 이해해서는 안 되고, 그림처럼 비유적으로(bildlich) 이해해야 한다. 육체가 영적 영양을 공급받을 수 없듯이, 영혼은 육체의 양식을 받을 수 없다. 그렇다면 질문해야 하는데, 그리스도의 자연 몸을 먹었을 때, 그 몸은 육체를 위한 것인가, 아니면 영혼을 위한 것인가? 그리스도가 영혼을 위해 주는 것이라고 할 때, 영혼은 살을 먹게 되는데, 영은 오직 영에서 온다는 말과는 배치된다. 성찬식은 유대인의 유월절 축제에 행해진 식사와 같은 식사였지만, 유월절은 없어지고, 그 자리에 '새로운 감사 표현'(die neue Danksagung)으로 대체되고, 결국 "특성상 모든 기억의 축제"(die Eigentuemlichkeit aller Gedaechtnisfeiern)로 자리 잡았다.[182] 츠빙글리는 대적자들을 세 가지로 반박한다. 1. 만약 실제 그리스도의 몸을 성찬식에서 먹는다면, 과연 그리스도가 주는 것은 영혼을 위한 것일 수 없다. 육은 육이고, 영은 영이기 때문이다. 2. 실제 그리스도의 몸을 먹을 때 죄를

---

181 U. Zwingli, *Huldrych Zwingli Schriften IV*, 121.
182 U. Zwingli, *Huldrych Zwingli Schriften IV*, 122.

용서한다면, 그리스도는 십자가에서 헛되게 죽은 것이다(갈 2:21). 3. 십자가에 못 박하시기 전 유월절에 실제 예수의 몸을 먹었다면, 그 몸은 고통을 못 느끼는 또 다른 몸으로, 이단자 마르키온(Marcion)의 입장과 같다.

교부들의 성찬 이해

츠빙글리는 교부 암부로시우스와 아우구스티누스를 인용한다. 암부로시우스는 고린도전서 11:26을 인용하며 "그의 죽음을 기억하면서 우리를 위해서 드린 그의 살과 피를 기억해야(erinnern) 한다"라고 했으며, 아우구스티누스는 부활하신 그리스도의 몸은 특정한 장소, 지금은 하나님 우편에 있다고 했다. 아우구스티누스는 주님이 "이것은 나의 몸이다"라고 한 것은 상징적으로(symbolisch) 그리고 비유적으로(bildlich) 이해했다. 이처럼 신앙의 선조들은 실제 그리스도의 몸을 먹지 않고, 영적으로 먹는 것으로 이해하며, 언제나 상징적으로 해석했다. 츠빙글리는 동료로서 학구적이며 바젤의 종교개혁자이고 바젤 대학교 신학 교수 외콜람파디우스(J. Oekolampadius, 1482-1531)가 교부의 성찬 이해에 대한 연구서를 곧 발행할 것인데, 이 책이 바른 성찬 이해를 자세하게 보여줄 뿐 아니라, 대적자들의 오류를 확실히 보여줄 것이라고 기대한다.[183]

---

183 외콜람파디우스는 독일 출신으로 개혁교회 종교개혁자 중 한 사람이다. 1529년 츠빙글리와 함께 마르부르크 종교회의에 참석하여 루터의 문자적 해석에 동의하지 않고, 츠빙글리의 입장을 지지했다. 스위스 개혁교회 회장을 지냈다. 하이델베르크, 튀빙엔 그리고 바젤에서 신

그들은 그리스도의 몸은 특정한 장소 하나님 우편에 계신 것을 알았기에, 냄새 나는 인간의 치아로 그를 먹기 위해 그를 아래로 내려뜨리지 않았다. … 아주 분명한 것은 신앙 선조들은 성찬에서 그리스도의 몸을 먹는다고 말할 때, 언제나 상징적으로 말했다. 마치 성찬식의 먹음이 영혼을 정결하게 할 수 있는 것처럼 말하지 않고, 예수 그리스도를 통한 하나님을 믿는 믿음이 그렇다는 것이다. 이는 상징(Symbol)과 암시(Andeutung)를 통해 영적 먹음을 외적으로 보여준다.[184]

성화

츠빙글리는 잘못된 교회 예식이나 성화와 성상에 관해 아주 짧고 명료하게 입장을 제시한다. 잘못은 미신에 근거하고 믿음과 하나님 말씀에 근거를 두지 않을 때로, 츠빙글리가 마음에 두는 사람은 믿음이 없거나 믿음이 약한 사람이다. 그들이 성화와 성상을 숭배하고 섬기는 경

학을 공부하여 1518년 바젤에서 신학박사 학위를 취득한 후, 바젤 대학교 신학 교수가 되어 츠빙글리와 함께 스위스 종교개혁을 이끌었다. 1522년 바젤 시의회의 요청으로 구약 이사야를 문법적이고 역사적으로 설교한 외콜람파디우스는 크리소스토무스의 설교 시리즈를 번역 출간하였다. 1525년 바젤대학교의 성경학 교수로 부름을 받은 그는 츠빙글리와 함께 바젤의 종교개혁을 위해, 1528년 잠시 베른에 머무는 동안 마르틴 부처, 츠빙글리, 카피토와 함께 베른의 종교개혁을 위해 힘을 모았다. 1530년 외콜람파디우스는 획기적인 장로제를 보여주는 교회법을 제정하였다.

184 U. Zwingli, *Huldrych Zwingli Schriften IV*, 124. Weil sie wussten, dass der Leib Christi an einem Ort befinden muss und zur Rechten Gottes ist, haben sie ihn nicht herabgezogen, um ihn den stinkenden Zaehnen der Menschen zum Essen vorzusetzen.

우다. 그들을 사랑으로 설득해서 많은 반대가 있을지라도 오류는 마땅히 폐지해야 한다. 그러나 성화나 성상이 숭배의 대상이 아니거나, 숭배할 그 어떤 위험도 없다면, 그것을 절대로 정죄하지 않고, 하나님의 선물인 예술로 미술과 조각을 생각하면 된다.

성령이 역사하는 설교

츠빙글리에게 말씀 선포자 또는 설교자 직분은 어떤 직분보다도 가장 긴히 요구되며, 누구의 간섭을 받아서는 안 된다. 하나님의 종 예언자의 말씀 선포를 통해, 오직 성령의 역사로만 하나님의 은혜가 드러나는데, 성령의 역사가 없을 때, 사람들의 믿음이 일어나지 않는다. 성령은 가르치는 자와 듣는 자의 영혼의 조력자로서 주의 종들의 다양한 사역에 함께한다. 사역자들을 돕는다는 명분으로 주교의 모자와 지팡이를 들어주는 식의 잡다한 많은 직분은 불필요하며, 이는 불법으로 사람의 몸에 나는 종기와 혹 같은 것으로 제거되어야 한다.

> 우리가 복음의 선포를 받아들이는 것은 오직 성령의 역사다. … 예언자들 또는 말씀을 선포하는 사람들이 파송되는 곳에는 항상 하나님 은혜의 표시가 나타난다. 하나님은 자신이 택한 종들에게 자신의 지식을 알려주길 원하기 때문이다. … 성령은 가르치는 자와 듣는 자의 선생으로서 그 일을 돕는다. … 그리스도의 백성 중에 있는 우리는 그렇게 가르치고, 위로하며, 죄악을 경고하고, 병을 고치며, 어려움 가운데 처한 자들

을 확실히 섬기고 돕는다.[185]

정치인

말씀 사역자에 조금도 뒤지지 않은, 세속 권력은 정당하게 자리에 올랐을 경우 하나님의 대리인(Gottes Vertreterin)이 된다(롬 13:2). 목사가 신실함으로 하늘의 지혜와 선함을 가르쳐 오류에 빠진 사람을 주의 길로 인도하듯이, 정치가는 선함으로 백성의 관심에 귀를 기울이며, 그들의 염려를 해결해주고, 공의로 악한 자를 처벌하고, 착한 사람을 보호한다. 그렇지만 선함도 공의도 없는 정치권력은 무서운 폭군으로서 하나님의 심판이 임할 때까지 백성은 참고 기다려야 한다. 정치권력자의 법집행을 위해 내는 세금과 공과금은 성경 로마서 13:7이 말하는 대로 마땅히 내야 한다.

연옥

연옥은 사람이 고안해 낸 돈을 벌어들이기 위한 수단으로, "거저 받은 구원을 모욕하며", 그리스도의 죽음을 헛된 것으로 만든다. 츠빙글리에게 기독교 역사 가운데 조작된 것 중 연옥은 가장 혐오스럽다. 죽은 후 갈 곳은 천국 아니면 지옥이다. 불신자, 고집불통, 배교자에게는 마땅히 천국이 아닌 영원히 고통받는 지옥의 형벌, 영원한 불의 심판

185 U. Zwingli, *Huldrych Zwingli Schriften IV*, 126.

이 기다린다. 하나님을 경멸하는 자, 진리를 거짓으로 탄압하는 자, 고난 가운데 있는 이웃을 돌보지 않은 자는 심판의 불이 있음을 기억해야 한다.

황제에게

마지막으로, 츠빙글리는 황제를 향해 「신앙 해명」은 인간의 말과 논리가 아니라, 하나님의 말씀에 근거를 두었으며, 성령의 인도를 받았고, 하나님의 뜻으로 실천에 옮길 것을 분명히 약속한다. 올바른 성경 주석에 근거를 두었으며, "공개적으로 그리고 단순하게"(offen und einfach) 작성하였음을 밝힌다. 츠빙글리가 「신앙 해명」을 "타당하고 옳은 것으로 기뻐하고 환영하는"(nicht weniger angenehm und willkommen als billig und gerecht) 것은 성령의 인도를 받아 오직 성경에 근거를 두고, 자신의 지금까지의 견해를 기꺼이 내려놓았기 때문이다. 시간 관계로 "더 자세하게 그리고 더 폭넓게" 설명하지 못한 점은 어쩔 수 없는 아쉬움이었다. 처벌의 위험을 무릅쓰고라도 츠빙글리는 진리를 위해 정면 돌파를 택했다는 사실을 숨기지 않고, 황제와 제후들을 위시한 권력자들이 하나님의 선함과 의로움에서 "아주 작은 한 사람의 경고라도 무시하지 말기를 간곡히 부탁한다." 무엇보다 「신앙 해명」은 성령의 인도를 받은 하나님의 말씀에 근거를 두었다고 재차 강조한다.

츠빙글리는 본인 자신이 어떠한 사람인지도 덧붙이기를 잊지 않는다. 자신은 온유와 겸손으로 남을 포용하며 살아왔고, 신학과 인문학에 오랜 연구를 하여 많은 학식을 쌓았으며, 어느 때고 법을 어기거나 부끄럽게 살지 않았음을 밝힌다. 하나님은 황제와 제후, 권력자를 교회 안에 존재하는 모든 악의 뿌리를 뽑고, 온갖 더러운 오물로 독일을 덮어씌우는 쓰레기 같은 로마교황청과는 결별하라고 부르셨다는 사실을 주지한다. 하나님이 복음의 순수성을 지키기 위해 모든 악한 죄와 싸우라고 황제를 위시한 권력자를 불렀기에 마땅히 자신을 위하는 일이 아닌 하나님의 말씀, 복음이 원하는 일이 무엇인지를 먼저 인식해야 하고, 그것을 실천하여 자신이 하나님의 자녀임을 삶으로 확증하길 바라는 간절한 호소로 글을 맺는다. 독자들은 이 대목에서 16세기 진리를 위한 종교개혁자의 길이 얼마나 험난하고 위험하고 어려웠던 것인지를 실감하게 된다.

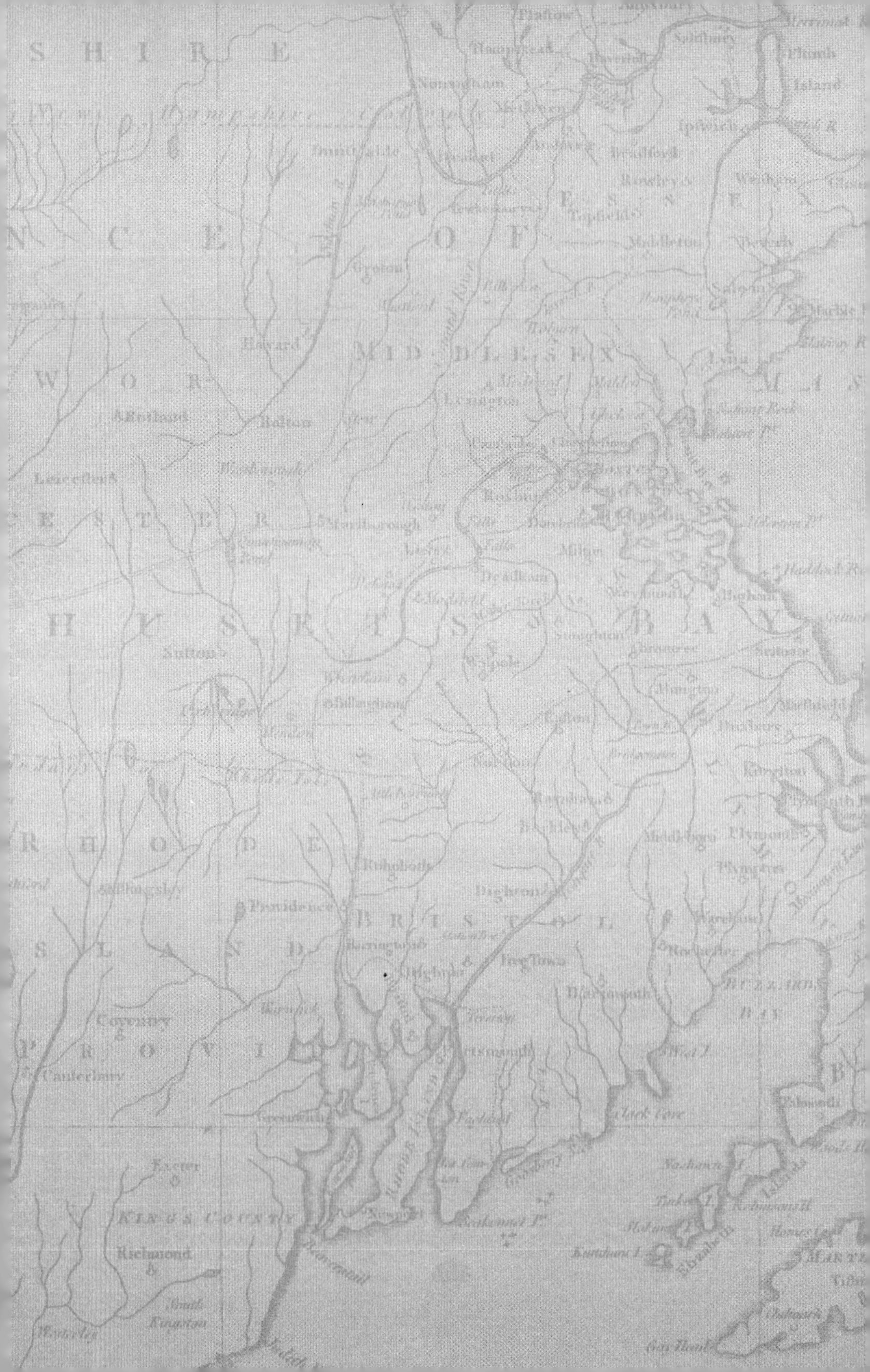

S H I R E

N C E   O F

M I D D L E S E X

W O R C E S T E R

E S S E X

M A S S A C H U S E T T S   B A Y

R H O D E   I S L A N D

P R O V I D E N C E

B R I S T O L

KINGS COUNTY

BUZZARD BAY

Plaistow
Hampstead
Haverhill
Salisbury
Plumb Island
Nottingham
Methuen
Andover
Bradford
Ipswich
Rowley
Dunstable
Dracut
Tewksbury
Topsfield
Wenham
Middleton
Groton
Beverly
Salem
Marble Head
Lynn
Woburn
Malden
Lexington
Harvard
Bolton
Rutland
Leicester
Cambridge
Charlestown
Boston
Roxbury
Marlborough
Dorchester
Milton
Dedham
Braintree
Hingham
Sutton
Stoughton
Walpole
Bellingham
Easton
Pembroke
Duxbury
Marshfield
Norton
Kingston
Plymouth
Raynham
Berkley
Middleborough
Plympton
Rehoboth
Dighton
Providence
Barrington
Free Town
Rochester
Wareham
Dartmouth
Warwick
Coventry
Tiverton
Portsmouth
Canterbury
Greenwich
Exeter
Newport
Richmond
South Kingston
Westerly
Point Judith
Little Compton
Falmouth
Elizabeth Islands
Chilmark
Gay Head

하나님의 섭리

1530

백작 필립에게

츠빙글리는 1530년 1월 25일 독일 헤센주의 백작 필립 1세(Philipp I von Hessen, 1504–1567)로부터 한 통의 편지를 받았다. 26세 필립은 1529년 9월 29일 츠빙글리가 마르부르크 궁에서 행한 설교 원고를 받아보기를 정중하게 간청했다(bitten). 그 소문난 1529년 마르부르크 종교담화를 위해 비텐베르크의 루터와 멜란히톤이 도착하기 하루 전, 9월 29일 행한 츠빙글리의 설교에 필립 1세는 크게 감동했다. 평소 원고 없이 설교하는 츠빙글리는 기억에 의지하여 원고를 만들어야 했는데, 설교라기보다는 서론, 본론, 결론으로 이루어진 하나의 라틴어 논문으로 새롭게 작성하였다. 글의 마감일이 1530년 8월 20일로 제시되는데, 백작 필립의 편지를 받은 지 7개월이 지난 시점임을 기억할 때, 상당한 기간이 흘렀다 하겠다. 그 사이 츠빙글리는 많은 업무로 인해 바로 답을 할 수 없었을 뿐 아니라, 쓰던 글에 집중할 수 없어 내용의 중복이 생기기도 하였으나, 이를 츠빙글리는 삭제하지 않은 채 필립 백작에게 그대로 보냈는데, 그만큼 자신이 바쁜 가운데서도 최선을 다했음을 백작이 인정하기를 원했다고 글의 끝에 쓰고 있다.

진리에 선 인물

츠빙글리는 자신의 신앙론을 부록으로 첨부하였는데, 신앙고백의 차이에도 교파 간 평화를 추구했던 필립의 의지를 높이 평가했던 츠빙글리의 기대가 드러난다. 츠빙글리는 동봉한 편지에서 필립을 "바르게 판단하는 유일한 인물", "지치지 않고 진리에 확고히 서서 중심을 잡는 유일한 인물", "하나님을 두려워하는 성주의 모델"이며, 실수를 덮어주고, 약자를 보호하는 평화의 인물, "가장 용감한 영웅"으로 평가한다. 츠빙글리는 백작 필립을 세 가지 면에서 귀하게 평가했다. 1. 하나님 외에 전지전능한 사람은 없다고 믿는다. 2. 교황 한 사람의 뜻을 따라가는 일은 사려 깊지 못한 것으로 여긴다. 3. 16세기 혼돈은 오류와 인간의 공명심에 근거하고 있다고 이해한다.

> 당신은 학자들에게뿐만 아니라, 모든 백성과 영주들에게 하나의 모범이 되었습니다. 유일하게 당신이 백성들을 절제와 선함으로 다스렸기에, 당신만이 기꺼이 당신에게 순종하고, 정

의로운 명령에 따르도록 만들었습니다. 당신은 아직 젊지만, 높은 인격과 신앙, 신중함을 보이며, 당신의 별의 광채를 볼 때, 사람들은 당신을 존경하지 않을 수 없습니다. 당신은 이 시대 하나님을 두려워하며 신앙을 견고히 지키는 사람들에게 뿐 아니라, 뒤에 올 세대들에게도 고귀한 모범이 됩니다.[186]

신앙의 근본

혼돈의 시대를 향한 츠빙글리의 답은 의외로 간단명료한데, 크고 작은 소소한 차이점에도 불구하고 신앙의 근본(die Hauptpunkte der Religion)을 굳건히 지키는 것이다. 츠빙글리는 최고의 선(summum bonum)이신 하나님의 섭리(die Vorsehung Gottes)를 예정과 선택의 관점에서 인식하고, 그분의 주권을 순종하며 따라야 한다는 것이다. 그럴 때, 로마서 8:28을 따라 하나님의 뜻대로 부르심을 받은 사람들에게는 모든 일이 합력하여 선을 이룬다. 일곱 부분으로 나누어 츠빙글리는 하나님의 섭리를 설명한다. 츠빙글리의 글은 아리스토텔레스와 스토아학파의 영향을 받은 철학적 저술, 신학의 시녀 노릇을 하는 철학, 합리주의의 영향을 받았다는 사실을 보여준다(G. Locher)고 말하지만,[187] 츠빙글리 논증의 결정적 근거는 성경으로, 곧 그의 모든 사고의 흔들리지 않은 기초로 제

---

186 U. Zwingli, *Huldrych Zwingli Schriften IV*, 278.

187 참고. G. W. Locher, *Die Theologie H. Zwinglis im Lichte seiner Christologie*, (Zuerich 1952).

시하고 있다. 츠빙글리가 글에서 비록 철학적 언어를 보이며, 자연신학 요소가 나타나지만 계시신학에 둘러싸여 있는데, 중심축은 기독론이라는 분명한 사실이다.[188] 츠빙글리가 이러한 논증의 방법을 가져온 이유는 복잡하게 신학적으로, 논리적으로 뒤엉킨 마르부르크 종교담화(1529)를 염두에 두었다고 생각할 수 있다. 츠빙글리의 작품 중에서 가장 철학적이고 논리적인 이 글은 이해가 쉽지 않은데, 일반적으로 단순하고 명료한 츠빙글리의 작품과는 차이를 보인다.

최고선 하나님

츠빙글리는 하나님의 섭리를 다루기 전에 '최고선' 하나님을 설명한다. 하나님을 여러 가지로 설명할 수 있지만, 츠빙글리는 "신앙적 이해와 더불어"(mit glaeubigem Verstand) 하나님을 '최고선'이라 일컫는다. 앞에서 언급한 대로, 그의 설명이 철학적이고 논리적임에도 계시 신앙에 확실히 근거한 신앙적 이해를 제시하는데, 츠빙글리는 자신의 논리를 '조금은 너무 철학적이라'(ein wenig allzu philosophisch)고 비판적으로 자각한다.[189] 츠빙글리는 4세기 교부 아우구스티누스도 일컫는 '최고선'으로 하나님을 규정하며, 하나님을 묘사한다. 츠빙글리에게 하나님은 본성적으로 선하며, 최상으로 선하고, 항상 선하며, 스스로 선하며 진실하다. '최고선'이란 하나님은 유일한 선이며, 본성으로부터 선하기(alleine

188 자끄 꾸르브와지에, 『개혁신학자 츠빙글리』, 이수영 역, (서울: 한국장로교출판사, 2002), 58-61.

189 U. Zwingli, *Huldrych Zwingli Schriften IV*, 159.

und von Natur aus gut) 때문이다. 하나님만이 선하시고, 절대적이고 완벽한 선이기에(마 19:17), 하나님이 만드신 모든 것은 매우 좋으며(창 1:31), 하나님이 만드신 모든 것은 좋은데(딤전 4:4), 최고선에서 나왔고, 최고선 안에 존재할 때다. 최고선 하나님은 최상 능력이고, 무한한 능력이며, 최고로 진실하다. 츠빙글리는 최고선을 선의 총합이며, 본질이고, 단순성, 순수성, 빛과 올바름, 불변성으로 인식한다. 최고선 안에 존재할 때, 그 선은 최고선인 하나님께 영광을 돌린다. 최고선 하나님의 섭리는 반드시 존재해야 하고 부정할 수 없는데, 하나님은 반드시 모든 것을 돌보고 질서를 정하기 때문이다. 모든 것을 할 수 있고, 모든 것을 볼 수 있는 최상의 존재는 또한 모든 것을 선하게 다스리고 돌본다.

우연은 없다

최고선 하나님과 상관없이 그 무엇이 우연히 일어난다면, 먼저, 그가 어떤 걸 돌봄을 포기하거나 거부했을 경우, 더 지배할 수도 도울 수도 없는 경우, 불순종하지 않은 사물을 인도도 보호도 하지 않으려고 하는 경우인데, 최고선 하나님에게 그런 일은 일어날 수 없다. 하나님의 섭리가 반드시 있어야 하는 이유는 최고선은 신성한 빛, 바름, 순수, 단순으로 이루어진 진리이기 때문이다. 성부 하나님, 성자 예수, 성령 하나님 삼위일체 하나님은 모든 사물에 대하여 선하고 공평하다. 츠빙글리는 성경에 근거해 최고선 삼위일체 하나님의 섭리를 균형적으로 묘사한다.

성경에 의하면 아버지는 전능하며, 은혜와 선은 아들에게 속하며, 진리는 성령에게 위임한다. … 아버지가 전능하며, 선하고 긍휼의 담보가 된 아들과 진리의 성령은 본질상 유일한 하나님에게서 나왔다. 틀림없이 전능한 하나님은 본성으로 선하고 진리로 가득하다.[190]

츠빙글리는 철학자의 지혜와 구별하여 하나님의 섭리를 이해하며, 지혜와 사려 깊음, 조심성, 예측(Prudentia, Vorsicht)을 나누어 설명한다. 지혜는 철학자의 개념을, 사려 깊음, 조심성과 예측(예견)은 하나님의 섭리에서 생각하면서, 성경은 두 개념을 번갈아 가며 비슷한 의미로 사용한다고 본다. 지혜는 뛰어난 지성이 지니는 능력으로 진리, 빛, 순수를 말하고, 섭리는 그 지혜가 처리하고 주관하는 행위에 무게를 두는 능력으로 구별한다. 지혜를 결정과 행동으로 옮기는 현명한 사람은 사려 깊은 사람이다. 지혜는 파악하는 능력을, 사려 깊음은 행동하는 능력이다. 바람직한 경우는 두 개념이 함께 할 때다. 성경 인물 중 요셉, 모세, 요시야는 지혜를 행동으로 옮긴 사려 깊은 지도자이다. 이 전제를 근거로 츠빙글리는 섭리를 모든 사물에 대한 영원불변한 통치(Herrschaft)와 주관(Verwaltung)으로 정의한다. 통치라는 개념에서 최고의 선 하나님의 힘, 권위, 위엄을 보는데, 하나님의 힘은 폭력적이지 않고 악의가 없으며 폭군의 모습은 생각할 수 없다. 그러한 전제를 가지고

190 U. Zwingli, *Huldrych Zwingli Schriften IV*, 146.

하나님 통치의 권위와 위엄을 묘사한다. 하나님의 통치는 참으로 신실하고, 참으로 치유하며, 참으로 환영할 만하며, 전혀 부담이 없이 편안하다. 하나님의 섭리는 하나님의 본성을 따라 모든 만물을 다스리고 주관하는 것으로, 모든 사람에게 제공되며, 거저 받아 감사와 기쁨을 누리는 것으로 족하다. 하나님은 그 이상 아무것도 요구하지 않는다. 츠빙글리의 섭리 이해는 만물의 창조자 하나님의 사랑과 깊이 상관된다. 하나님의 사랑을 가지고 설교자 츠빙글리는 하나님의 섭리를 확신 있게 이해하고 복된 소식으로 전한다. 그저 메마른 교리적 논리, 신학적 전개, 교리 해설로만이 아니라, 하나님의 섭리는 그 자체로 하나님의 사랑 메시지이다.

> 신성(Gottheit)의 지배를 받지 않는 어떤 것도 세상에 없다. 하나님의 통치를 거부할 정도로 능력 있고 뛰어난 존재는 이 세상에 아무것도 없다. 이 땅에서 주어진 의무를 이행할 수 없을 정도로 낮고 버림받은 존재는 이 세상에 아무것도 없다. 나는 계속해서 이 모든 것을 더 분명하고 자세하게 제시할 예정이다.[191]

만물 스스로 존재하는 것은 없다. 무에서 나온 것은 창조된 것으로, 과거에 존재하지 않았지만, 존재하는 것은 창조된 것이다. 우주는 시

---

191 U. Zwingli, *Huldrych Zwingli Schriften IV*, 151.

간에 종속되어 있고, 영원하지 않다. 땅은 그 어떤 물질로부터 만들어지지 않았고, 무에서 생성되었다. 츠빙글리는 성경을 근거로 세계의 종말이 있다고 말한다(마 24:35; 고전 15:51-52; 벧후 3:10; 히 12:26-27). 만물의 창조에 대해 츠빙글리는 논리적이고 철학적 사유를 제시하면서도, 이성적 이해를 통해 만물의 생성에 대해 추구한다면, 허무맹랑한 일이라고 단언한다. 그렇지만 철학자들이 모든 것은 그 어떤 무한한 존재로부터라고 생각하는데, 츠빙글리에게 최초의 운동자(der erste Beweger)가 바로 우리 하나님이다. 하늘의 별처럼 어떤 사물이 뛰어난 완성도를 가질수록 사물 생성자의 완전함을 보여준다. 츠빙글리가 일컫는 '최상의 인식'(der oberste Verstand)은 우리의 머리털까지 세고 있기에, 어떤 일도 우연히 또는 자의적으로 일어나는 일은 없다. 최고의 오성이 모든 질서를 세우며 먹을 것을 공급하며 주관한다. 최고의 오성은 선하고 전능하기에 모든 필요한 것을 공급하고 질서를 정하며 명령대로 순종하게 한다. 세상에 존재하는 어떤 것도 자의적으로 일어날 수 없다. 하나님 없이 존재하는 세상이라면 거칠고 조잡하고 무능력하며 스스로 종국을 맞게 될 수밖에 없다. 다르게 말하면, 하나님의 섭리 가운데 있는 만물이 되어야 하고, 그 하나님의 섭리 안에 있을 때 만물은 하늘의 별처럼 질서와 아름다움을 갖는다.

섭리와 율법

츠빙글리는 하나님의 섭리가 만물을 통치한다면, 왜 율법이 사람에게 주어져야 했는지 묻는다. 츠빙글리는 아랍인 압달라(Abdala)를 인용하며, 이성을 소유한 사람은 우주 만물 중에서 가장 경이로운 존재(das Wunderbarste)라고 인정하면서도, "모든 피조물 중 가장 희귀하고도 가장 놀라운 가치를 지닌 존재"(das seltenste und bewundernswerteste aller Geschoepfe), 순수한 영인 천사보다도 더 고귀하고 아름다운 존재라고 정의한다. 츠빙글리는 하나님의 형상을 따라 지음을 받은 사람을 하나님과의 교제와 우정, 소유와 참여를 통해서 하나님을 즐거워하는(geniessen) 존재, 이성을 가진 영을 소유한 존재, 하나님을 인정하며, 경험하며, 사귀는 존재가 된다. 하나님이 사람을 위해 있는 것처럼, 사람도 세상을 위해 있다.[192] 사람을 위한 모든 것이며, 모든 만물은 사람을 위해 만들어졌다. 하나님은 동물과는 다르게 사람의 몸을 성령이 머무는 전으로 부드럽고 약하고 아름답게 창조하였다. 하나님의 형상대로 지음을 받은 사람의 영혼은 자연스럽게 하나님을 알고 경외하며, 진리, 정의와 순수를 사랑한다. 율법은 하나님의 본성을 사람에게 보여주는 자연스러운 것이다. 그것은 우리에게 율법이지만, 하나님에게는 율법이 아니다. 하나님은 율법을 통해 자신을 알려주면서 사람에게 가까이 다가왔다. 하나님은 율법을 통해 자신의 특성과 뜻을 사람에게 알려주신다. 그래서 사람이 하나님과의 교제 가운데 살도록 지음을 받았다. 그러나 사람은 죄로 인해 하나님을 대적하고 저주를 받게 되었다. 그로 인해 사람은 율법을 잃어버린 존재가 되었고, 하나님의 뜻을 알지 못하게 되었다.

---

192 U. Zwingli, *Huldrych Zwingli Schriften IV*, 179. Also ist der Mensch fuer die Welt das, was Gott fuer den Menschen ist.

그 결과 하나님과의 교제가 끊어지고 하나님의 사랑 안에 있을 수 없었다. 하나님의 섭리 안에서 율법이 주어지고, 하나님의 섭리가 율법과 상관없는 사물조차도 다스리고 질서를 따라 존재하도록 하였다. 사람에게 주어진 율법은 하나님의 섭리 안에서 사람을 다스리는 하나님의 질서였다. 율법은 하나님을 아는 길이다. 하나님의 섭리는 율법을 통해 사람을 다스리는 것이었다.

섭리와 타락

인간의 타락을 미리 알았으면서도, 하나님은 인간을 만드시고, 인간에게 율법을 내렸는데, 여기에 분명 하나님의 깊은 뜻이 있다. 바로 선하신 하나님의 섭리는 두 가지를 보여주었는데, 세계의 창조와 타락한 세상의 치유이다. 사람의 창조자 하나님은 주권으로 타락한 인간을 구원하기 위해 스스로 구원자가 되는 길을 택했다. 하나님의 선함은 창조와 마찬가지로 피조물의 치유와 회복을 통해서도 찬란하게 빛난다. 하나님의 구원에서도 창조와 마찬가지로 하나님의 선함과 정의를 분명히 보여준다. 하나님의 독생자 예수 그리스도가 사람의 불의를 대속했기에 하나님에게 대항하는 죄는 찾아볼 수 없다. 하나님의 구원 사역이 인간에게 바라는 것은 정의와 순결한 삶을 위한 열정이다. 하나님의 구원은 창조와 마찬가지로 영원 전부터 결정되었다. 하나님의 지혜는 인간의 타락을 치유하는 묘약을 미리 가지고 있었다. 하나님의 지혜는 인간의 처음과 마지막을 알았다. 츠빙글리는 하나님이 하신 일에 대해 논리적 설명은 있어서는 안 되며, 인간은 마땅히 감사하는 마음으로 하나님의 놀라운 지혜와 능력을 찬양해야 한다고 말한다. 하나님은 모든 것을 창조하기 전 이미 모든 것에 대해 알고 있었다. 하나님에게 우연은 있을 수 없는데, 하나님은 불확실한 그 어떤 것을 검토하지도 않고 결정한 적이 없다(전 3:15).

섭리와 선택

츠빙글리에게 하나님의 선택, 예정은 하나님의 선과 지혜가 출발점이다. 시편 31:1이 말하듯 하나님의 의가 죄악에 빠진 인간을 구원했는데, 최상의 개념인 하나님의 정의가 선택과 예정의 출발점이다. 선택은 하나님이 구원하기를 원하는 사람을 향한 하나님 의지의 자유로운 결정으로, 하나님의 권위와 위엄을 제대로 보여준다. 츠빙글리는 처음에는 빠져들었던 토마스 폰 아퀴나스가 생각하는 예정론과는 거리를 둔다. 인간이 나중에 타락할 줄 안 후에야 하나님은 그로부터 인간을 선택하셨다는 토마스의 입장에 츠빙글리는 동의하지 않는다. 토마스야말로 하나님을 인간의 위치로 깎아내리는 잘못을 범했다고 비판한다. 초월적 하나님은 세상을 창조하기 전에 인간의 타락을 알았고, 그 타락을 두려워하지 않았는데, 하나님의 예정은 만세 전에 인간의 악과 선에 무관하게 이루어진 구원하기를 원하는 자들을 향한 하나님의 자유로운 의지의 결정이다. 츠빙글리는 이중예정론보다 하나님의 축복을 받을 사람들을 향한 예정론을 지지한다. 구원과 심판은 오직 하나님의 자유로운 절대 주권이지, 인간의 선행이나 공로와는 무관하다.

성례, 기억과 감사

성찬도 같은 맥락에서 이해되어야 한다. 성찬의 떡과 포도주가 하나님의 능력을 주는 것으로 보일 수 있지만, 그리스도의 십자가의 피만이 속죄할 수 있다. 세례 의식이 죄를 사하는 것으로 보이지만, 이미 십자가에서 속죄가 이루어진 것이다. 성찬식은 오직 십자가의 속죄에 대한 기억과 감사, 하나님이 내리신 구원의 은혜에 대한 감사만이 있을 뿐이다. 오직 성령이 유일하게 죄로 인해 절망하는 우리의 영혼을 위로하며 새롭게 거듭나게 하는 원천으로 인도한다(히 2:10; 12:2). 성찬식 자체에 무언가 능력이 있다면, 첫 성찬에 참석한 배신자 유다에게 마땅히 회개가 일어나야만 했었다고 츠빙글리는 반문한다. 성찬의 떡과 포도주보다는 성령의 감동으로 사람들은 변화한다. 믿음은 성령의 선물이다. 교부들이 성찬의 떡과 포도주를 주님의 몸이라고 부른 이유는 성찬에서 주님의 성육신과 구속의 죽음을 생생히 기억하면서 구원을 최상의 감사로 보답하기 때문이다. 교부들이 성찬을 영혼의 음식이라고 부른 이유는 분명한 소망의 담보물이 되기 때문이며, 실제 그리스도의 몸을 먹을 수 있어서가 아니다. 교부들은 두 가지로 성찬을 이해했는데, 보이는 감각적 표시(das Zeichen)와 보이지 않은 영적 본질(die Sache)이다. 그리스도가 십자가에서 우리를 위해 자신을 내어주어 희생양이 되었다는 사실이 본질이다. 교부들은 성찬을 통해 이 복음을 선포하며 강조했다. 빵과 포도주는 단지 보이지 않는 본질의 상징이다. 보이는 빵은 실제로 빵일 뿐 보이지 않는 그리스도의 실재 몸은 아니다. 그 빵이 마치 감각적으로 인식할 수 있는 실제 빵인 동시에 영적인 능력 자체는 아니다. 성찬에 참여하기 전에 이미 영적 변화가 일어나지 않았다면, 성찬에 참여하는 일은 무의미하다. 고린도전서 11:28에서 바울이 말한 대로 "자기를 살핀 후에" 성찬에 참여해야 한다. 십자가의 은혜로 우리에게 거저 주어진 구원의 믿음을, 성찬에 참여함으로써 우리의 공로에 의한 보상이라고 사람들을 속여서는 결코 안 된다.

섭리와 믿음

츠빙글리는 히브리서 11:1을 가져와 믿음이 정확히 무엇인지 정의한다. 믿음은 근거 없는 피상적 그 어떤 의식이나 생각이 아니라, 영혼의 확고하고 본질적 신뢰로서 소망의 근거가 된다. 츠빙글리는 히브리서 11:1의 "바라는 것들"을 최고의 신적 존재로 이해하면서, "믿음은 영혼의 확고하고 본질적인 그 무엇이고, 우리 영혼은 믿음을 통해서 절대 오류가 없는 소망의 하나님께 나아가는 것이다"라고 번역한다. 믿음은 우리 영혼 속에 있는 본질적이고 확고한 것으로, 하나님이 부여한 우리의 희망과 바람의 진정한 기초며 내용이다. 첫째, 믿음은 참되고 근원적 본질인데, 이는 드러나고 인식된 하나의 빛이며, 영혼의 확신이다. 둘째, 츠빙글리는 성례를 가져와 히브리서 11:1이 말하는 "보이지 않는 것들"을 설명한다. 성찬의 '보이지 않는 것들'이란 '성찬에 보이지 않는 것이 임한다'라는 말이 아니라, 성례에 임하기 전 성령의 빛과 선물로 주어지는 믿음이 이미 그 사람에게 있다는 말로 설명한다. 신앙고백은 세례보다 앞서며, 성찬에 참여하는 사람의 믿음은 보이지 않는 실체로서 이미 마음에 있다. 히브리 사람의 자녀들이 부모와 함께 항상 교회에 속한 것처럼, 크리스천의 자녀들도 역시 교회에 속해 있기에 유아세례는 이 약속으로 행해진다. 분명한 것은 세례 때에는 그 어떤 새로운 것도 덧붙여지지 않는다. 세례식 전에 이미 약속이 이루어진 것이고, 이 약속에 근거해 세례식이 시행될 뿐이다. 어떤 자들은 성찬에서도 마술사의 속임수처럼 하는데, 믿음은 넘치는 확신(die volle Ueberzeugung)으로, 하나님을 향한 분명하면서도 확고한 인식과 소망의 발로이고, 영혼의 빛이며 피난처이다. 사람은 믿음을 통해 하나님을 알고 하나님의 사랑을 깨닫는다. 믿음은 영혼의 양식과 등대, 생명과 능력인데, 믿음은 사람에게서 나오지 않고, 하나님이 내리는 성령의 선물이다. 하나님이 이끌지 않으면 누구든지 하나님께로 갈 수 없다(요 6:44). 하나님의 자유로운 선물인 믿음은 로마서 8:30을 따라, 하나님은 이미 정한 자들을 부르고, 부른 자들을 의롭게 하며, 의롭게 한 자들을 영화롭게 한다. 츠빙글리는 로마서 8:30이야말로 "우리 논쟁에 놀라운 한 줄기 빛"(ein wunderbares Licht in unser Argument)이라고 기뻐한다. 이 말씀이 하나님의 결정과 선택이 모든 일의 최초 근원이고 원인이라는 사실을 보여주고, 성도들이 하나님께 영광을 돌려야 하는지를 분명히 보여주기 때문이다. 믿음만이 의롭다고 인정받는 것이기에, 믿음의 사람은 영원한 영광의 유산을 받은 택함을 받은 자이다(롬 8:17; 딛 3:7). 믿음이 하나의 업적이고, 믿음에서 죄의 용서가 이뤄진다.

믿음의 빛과 능력을 소유한 사람에게 분명한 것은, 그 어떤 운명과 생명도 믿음의 사람에게서 믿음의 선물을 빼앗을 수 없다는 것이다. 바로 여기에 하나님의 선택이 있다. 오직 하나님에게만 선택받은 그들이 알려져 있으며, 선택함을 받은 사람도 자신이 선택을 받았음을 안다. … 택함을 받았지만, 그럼에도 아직 믿지 않는 사람은 믿음의 자녀처럼 구원을 받게 될 것이다. 택함(die Erwaehlung)이 그들을 구원하기 때문이다. 선택받은 영혼은 아주 자유로운데, 위에서 언급하였듯이, 그가 더는 우리의 공로나 선행에 기대를 걸지 않기 때문이다.[193]

섭리와 우연

꽃이 피는 것처럼, 하나님의 선택이 먼저 있지 않았다면 믿음은 따라오지 않는다. 믿음은 하나님의 선택 후에 오는 것으로, 믿음은 선택의 징표(das Zeichen der Erwaehlung)이다. 이런 맥락에서 츠빙글리에게 공로는 본질적이 아니고, 하나의 이름에 불과하다. 하나님의 택함에는 하나님의 넘치는 축복이 함께 뒤따른다. 믿는 자들을 하나님의 상속자로 삼으셔서 하나님의 무한한 보물창고를 열어 제공하시며, 넘치는 풍요와 영광을 누리게 한다. 우리는 우리의 그 어떤 행위를 통해서 그리스도의 형제가 되는 것이 아니고, 하나님의 택함을 받음으로 그리스도를 인정하고 사랑하며 그의 형제가 된다. 반복하지만, 믿음은 우리의 행위를 통해 생기는 것이 아니고, 믿음을 통해서 업적, 선행이 생긴다. 하

193 U. Zwingli, *Huldrych Zwingli Schriften IV*, 232.

나님이 선택한 믿음의 사람의 삶과 성장양식은 출생과 함께 하나님의 섭리에 의한 것이다. 그의 죽음도 이미 정해져 있다. 히스기야의 연장된 15년의 삶은 이미 결정되어 있었다.

수많은 성경의 인물들을 통해 하나님의 섭리를 만나게 되는데, 츠빙글리는 절대로 우연은 없으며, 실수가 없는 하나님의 섭리에 의한 것이라 확신한다. 하나님은 미리 알고 결정을 내리기에 그 결정은 변하지 않으며 확고하다. 하나님의 의도를 막거나 방해하는 어떤 일도 일어날 수 없다. 하찮은 일들도 하나님의 섭리에 의한 일이라는 것이다. 노아시대 홍수를 통해 하나님의 섭리는 비를 통해 악한 죄인들을 죽게 계획하였다. 하늘이 만드는 모든 영향력은 자연이 만드는 것이 아니라, 하나님의 섭리에 의해서임이 명백하다. 엘리야시대 비도 하나님의 섭리를 따라 결정된 하늘 질서에 의한 것이다. 창조 전 하나님의 섭리는 별들의 위치와 사람의 위기를 이미 결정하였다. 자연재앙도 하나님의 섭리에 의한 것이다. 참 종교에서 우연이란 없다. 모든 일이 하나님의 섭리에 의한 것일 때 우연은 절대 있을 수 없다. 요셉의 생애는 하나님의 섭리를 너무도 잘 보여준다. 다윗의 삶도 다르지 않다. 우리의 머리털을 세고 계시는 하나님의 섭리가 없으면 두 마리의 참새도 땅에 떨어지지 않는다. 가장 하찮고, 가장 천대받고, 가장 무시당하는 존재에도 하나님의 섭리가 적용된다. 우주의 주인이신 하나님은 자신의 집의 모든 것을 잘 알고 있으며 항상 돌보고 있다.

하나님은 집의 가장처럼 어떤 도구가 사용하지 않아 녹슬어

> 망가지고 있음을 안다. 그는 어떤 연장이 너무 오래 사용하여 많이 닳았다는 걸 알고 있다. 하나님은 자신의 영광을 위해 그리고 자신의 업무를 위해 연장을 사용한다. 그러나 어느 순간 하나님은 자기가 즐겨 쓰던 연장을 내려놓고 다른 연장을 손에 든다. 그의 손에 들린 연장은 주인이 어떻게 하든지 불평하지 않는다.[194]

츠빙글리는 하나님의 섭리가 선한 것이든지 악한 것이든지 제대로 사용된다고 믿는다. 택함을 받은 자들의 잘못을 선한 것으로 바꾸며, 저주받은 자들이 선한 일을 하는 것처럼 보이지만 그렇지 않음을 보여준다. 그렇지만 사람들은 하나님의 섭리를 잘 알지 못하기에 불평한다. 모든 것은 하나님의 섭리가 명령하고 규정하는 대로 이루어질 뿐이다.

섭리와 사랑

츠빙글리는 글의 마지막에 와서 하나님의 섭리를 "가장 고귀하고 놀라운 가치를 지닌 주제"라고 일컬으며, "마치 측량할 수 없는 깊은 바다를 노의 끝으로 살짝 표면만을 만지는 식으로 다루었을 뿐인데, 벌써 마지막 항구에 이르렀다"라고 아쉬워한다. 하나님의 섭리는 만물을 돌보며, 만물의 행동, 기능, 결정의 과정을 살피고, 이 만물 본래의 목적에 이르는 과정에 관여한다. 세계에 존재하는 그 어떤 것도 하나님의

194 U. Zwingli, *Huldrych Zwingli Schriften IV*, 264.

섭리와 무관한 것은 없다. 이성을 지닌 사람은 가장 뛰어난 하나님의 작품이다. 하나님의 섭리를 인정하는 사람은 생의 최고의 행복과 최악의 불행 가운데서도 그것에 맞서는 가장 놀라운 해독제(das beste Gegengift)를 지닌 사람이다. 인생이 만나는 모든 삶의 축복과 고난 중에서도 하나님의 섭리를 인정할 때, 우리의 영혼은 평안과 기쁨을 누리기 때문이다. 그러한 신적 기쁨과 감사는 항상 남을 배려하며 돕고, 더욱 신실하게 살려는 마음을 갖고, 어려운 질병과 고난도 하나님의 섭리에 의한 것임을 인정할 때, 흔들리지 않은 하나님을 향한 신뢰로 어려움을 넉넉히 이긴다. 사람이 동물들과 다르게 영혼을 가진 존재이다. 사람은 진리, 정의, 권리, 의무, 성령을 아는 이성을 가졌고, 인식능력을 소유하고 있는 뛰어난 존재다. 그런데 사람 위에 최고의 선, 최고의 이성, 최고의 능력인 하나님이 없다면, 사람의 영혼은 평화가 없다. 인간이 가진 이성은 하나님에게로 가는 길로서, 하나님의 섭리를 찬양하고 힘든 인생길에도 하나님의 섭리를 더욱 소망한다.

결론적으로 츠빙글리가 말하는 하나님의 섭리는 가장 뛰어난 피조물인 사람에게 주어진 하나님의 사랑이며 놀라운 하나님의 은혜다. 하나님의 섭리가 죄로 인해 죽음에 떨어진 사람에게 다시 찾아온 십자가의 사랑을 가능하게 했다. 우주 안에 존재하는 인생의 생사화복은 하나님의 섭리 안에 있다. 하나님의 섭리를 믿고 신뢰하며 살아가는 사람은 확실히 참 평화를 누리는 구원받은 성도이다. 이처럼 츠빙글리는 하나님의 섭리를 사랑의 메시지로 기꺼이 들려주기를 원하는 신실한 설교자였다.

우리가 하나님의 섭리를 떠나서 어떻게 거대한 인생의 폭풍우를 견딜 수 있겠는가? 이때 하나님의 섭리는 사람의 영혼에 다음과 같은 말로 용기를 불어넣어 준다. '너는 이것이 우연히 일어났다고 믿어서는 안 된다. 그것은 내 명령에 따라 꼭 일어나야만 했다. 그렇지 않았다면 그 일은 일어나지 않았을 것이다. 그것은 꼭 일어나야만 했다. 네가 이 어려움을 이기면 너는 놀랍고 아름다운 승리를 거둘 것이다.'[195]

---

195 U. Zwingli, *Huldrych Zwingli Schriften IV*, 273.

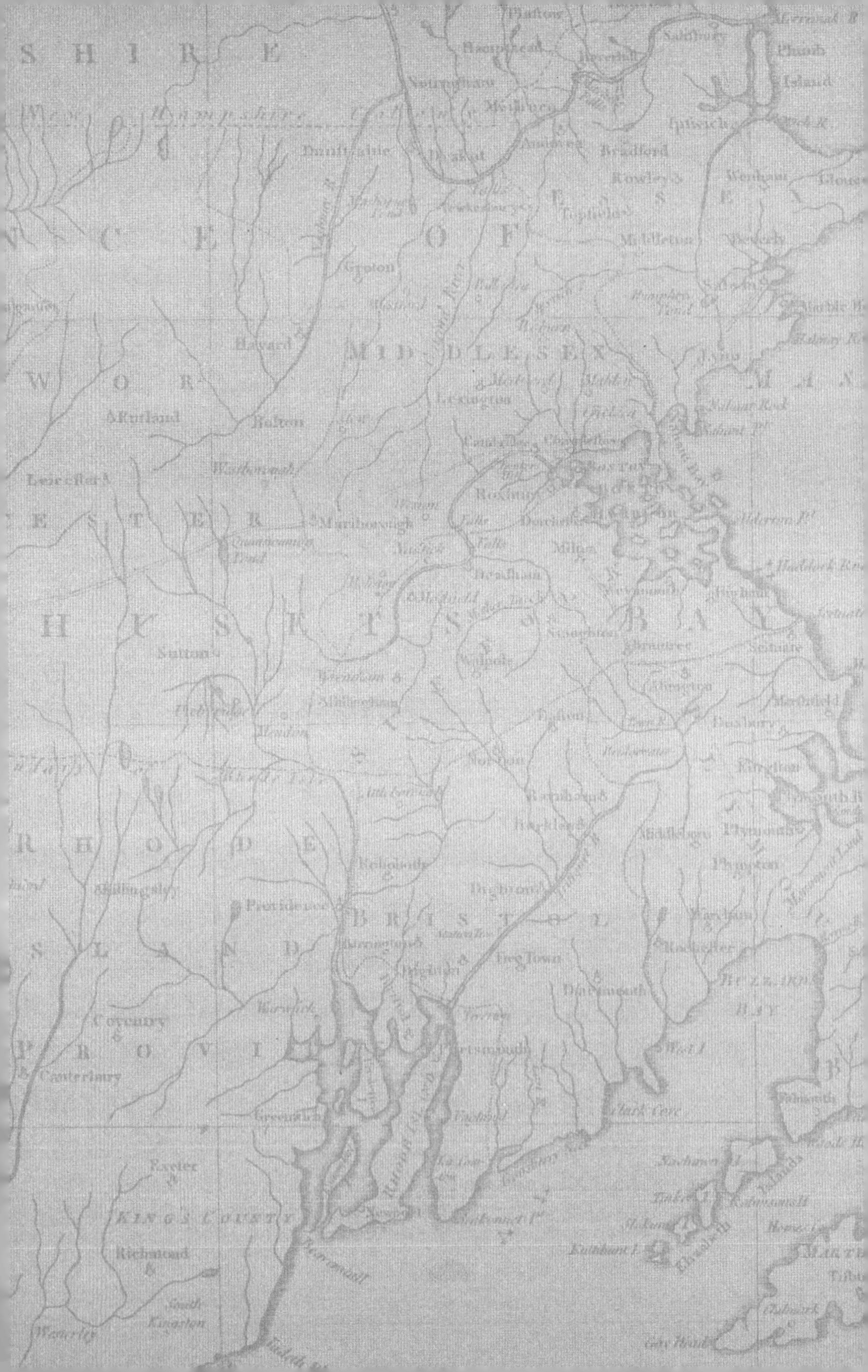

SHIRE

New Hampshire

Haverhill

Salisbury

Ipswich

Bradford

Rowley

Wenham

Topsfield

Middleton

Beverly

Dunstable

Groton

Havard

MIDDLESEX

Lexington

Malden

Lynn

Rutland

Bolton

Cambridge

Charlestown

BOSTON

Roxbury

Leicester

Marlborough

Dorchester

Milton

Braintree

Weymouth

Hingham

Scituate

Sutton

Stoughton

Wrentham

Mendon

Norton

Raynham

Bridgewater

Pembroke

Marshfield

Duxbury

Kingston

Plymouth

Plympton

Middleborough

Rehoboth

Dighton

Providence

BRISTOL

Barrington

Freetown

Dartmouth

Rochester

Wareham

BUZZARDS BAY

RHODE ISLAND

PROVIDENCE

Coventry

Canterbury

Warwick

Portsmouth

Greenwich

Tiverton

Exeter

KINGS COUNTY

Richmond

South Kingston

Westerly

Falmouth

Elizabeth Islands

Gay Head

MASSACHUSETTS BAY

기독교 신앙 선언

1531

예전의 완성

츠빙글리는 1531년 10월 11일 카펠 전투에서 교황청의 군인들에 의해 목 베임을 받아 47세의 나이로 갑작스럽게 세상을 떠났다. 몇 달 전, 그해 여름 츠빙글리는 프랑스 왕 프랑수아 1세에게 「기독교 신앙 선언」(*fidei expositio*, 1531, 이하 「신앙 선언」)으로 자신의 신앙을 설명했다. 유작과 같은 이 글은 츠빙글리 사상과 그 실천을 보여주는 마지막 열매로 이해할 수 있다. 루터와 첨예하게 길을 달리했던 츠빙글리의 성찬 이론은 실천적으로 예전을 통해 제시되는데, 이론과 실천을 통해 개혁교회의 예전의 완성을 보여주는 그의 탁월성이라 하겠다. 반델(L. P. Wandel)은 이 글을 언급하며 츠빙글리의 역사적 의의를 평가하였다.

츠빙글리가 여기서 재정립했던 교회와 공적 생활의 상관성에 대해 당시 동료들은 교회가 너무 정치적이지 않은지 미더워하기도 했지만, 츠빙글리의 사상은 칼빈의 특별한 교회 개념의 근거를 제공했다. 츠빙글리의 성찬 이해 역시 루터가 아주 싫어해서 즉각적으로 받아들여지지는 않았지만 많은 개신교 예전에 스며들었는데, 영국 국교회 예전의 직접적 원천이기도 했다. '츠빙글리 교회'는 형성되지 않았지만, 츠빙글리의 신학은 개혁교회 전통을 근원적으로 형성했다. 정치를 향한 교회의 관심, 적극적 윤리 의식, 속성에 근거한 세상에서의 그리스도의 임재, 세상에서 일하는 하나님의 뜻과 그분의 섭리에 대한 이해를 들 수 있다.[196]

고립된 츠빙글리

앞에서 다루었듯이, 츠빙글리는 1년 전 1530년 아우크스부르크 제국의회에 자신의 신앙을 「신앙 해명」(*fidei ratio*)이라는 글로 제출했었다. 황제 카를 5세는 종교개혁자들의 신앙은 여러 면에서 다름을 확인하였는데, 독일 루터파의 「아우크스부르크 신앙고백」(1530)과 남부 독일과 스위스 츠빙글리의 「신앙 해명」(1530)은 확연한 차이를 보였다. 이러는 사이 독일 루터교회는 반 츠빙글리의 입장을 첨예화했다. 카를 5세가 주도한 아우크스부르크 제국의회 후 교황과 황제는 적대관계에 놓

196 Lee Palmer Wandel, "Zwingli, Huldrych", Hans Hillerbrand(edt.), *The Oxford encyclopedia of the Reformation*, Vol. 4, ((Oxford, 1996), 320–323.

였을 뿐 아니라, 츠빙글리 역시 루터를 위시한 다른 종교개혁자들과의 관계도 어려워졌다. 무엇보다 루터의 성찬 이해에 대한 츠빙글리의 강한 비판은 개신교 동맹에 큰 타격을 주었다. 이때 고립과 위협을 느낀 츠빙글리는 프랑스와 스위스 개신교의 동맹을 위해 두 명의 특사를 프랑스에 보냈다. 1531년 초 츠빙글리와 프랑스 사이 새로운 협상이 시작되었고, 츠빙글리는 1531년 여름, 자신의 신앙을 소개하는 명료하고 간결한 「신앙 선언」을 프랑스 왕 프랑수아 1세에게 보내게 되었다. 이 글을 학자들은 정치적이라 평할 수 있겠지만, 당시의 상황에서 츠빙글리의 입장을 고려한다면, 꼭 그렇게만 말할 수 있을지는 따져봐야 할 것이다. 정치적 이유로 츠빙글리의 신학이 이전과 비교할 때 갑자기 달라졌는지, 곧 신학의 일관성을 물으며 비판이 가능할 것이다.

츠빙글리는 「신앙 선언」을 시작하기 전, "가장 훌륭한 왕" 프랑수아 1세에게 먼저 편지를 썼다. 편지는 왕이 츠빙글리를 대해 혹시 가지고 있을 선입견과 편견을 무마시키고자 하는데, 두 쪽 분량의 간단한 내용이다. 츠빙글리는 자신이 사는 시대 100년을 거짓말이 지배하는 혼란의 시대로 규정하며, 이러한 격동의 위기 가운데도 하나님은 스파르타식으로 윤리적으로 신앙적으로 바르게 사는 사람들을 양성한다고 믿는다. 츠빙글리는 이러한 시련을 하나님이 계획한 일, 하나님의 섭리로 인정한다. 하나님은 "이렇게 힘든 상황에서도 하나님을 바로 섬기는지" 시험한다. 츠빙글리는 거짓말이 난무하는 때에도, 하나님의 사람을 통해 진리가 더욱 찬란히 빛남도 잊지 않는다. 츠빙글리에게 염려가 없지 않은데, 모략꾼들이 왕과 본인 사이를 거짓말로 갈라놓지 않을까

하는 점이다. 츠빙글리가 추측하는 거짓말은 그가 기독교를 파괴하고 있으며 왕을 위시한 정치권력의 권위를 짓밟고 무시한다는 것이었다. 츠빙글리가 정치지도자를 향한 존경을「신앙 선언」에서 특별히 언급했을 것으로 생각하겠지만 츠빙글리의 주된 관심은 자신이 믿고 선언하는 개혁신앙, 흔들리지 않은 하나님을 향한 믿음과 확신(히 11:1)을 분명히 밝힌다.

츠빙글리는 가장 먼저 하나님이 누구신지를 설명하며,「신앙 선언」을 시작한다.「신앙 선언」에서 츠빙글리는 하나님, 그리스도, 연옥, 성찬, 미사, 성례, 교회, 세상 권세, 죄용서, 믿음과 공로, 영원한 생명, 재세례파를 다룬다. 그런데 글은 특이한 형식을 보이는데, 왕을 향한 인사말과 함께 "취리히에서, 당신의 그리스도적 존엄에 전적으로 순종하는 훌드리히 츠빙글리"라고 글을 끝낸 후, 다시금 글이 시작된다. 츠빙글리가 "성찬에 있어서 그리스도의 현존"과 "성례의 능력"을 부록처럼 덧붙이고 있는데, 이미 글에서 언급한 내용으로 어디에 차이점이 강조점이 있는지 눈여겨 볼 것이다.

하나님

하나님은 만들어지지 않았으며 영원하다. 영원하신 하나님은 무한하신 하나님으로 하나님만이 유일무이하다. 이 근거 위에 "천지를 만드신 전능하신 하나님을 우리가 믿는다" 고백한다. 이에 반해 불신의 이방인들과 무신론자들은 그들의 생각에 속고 있다. 세상에 존재하는 모든 피조물은 믿음의 대상이 될 수 없다. 더구나 과거에 존재하지 않다가 어느 시점부터 존재하기 시작한 모든 것은 신앙의 대상이나 근거가 될 수 없다. 존재하지도 않은 것은 신앙의 근거가 될 수 없기 때문이다. 유일한 신앙의 대상은 유일하고 영원하며 무한한 그 누구로부터 만들어지지 않은 하나님뿐이다. 아무리 그 어떠한 것이 거룩하다 할지라도 피조물과 성례를 믿는 것은 맹신이다. 사람이 하나님과 교제하기 위해서는 하나님의 존재를 먼저 믿어야 한다. 츠빙글리가 '성인들과 성례를 경멸한다', '마리아를 모독한다'라고 사람들이 비난하는데, 츠빙글리의 입장은 그것보다는 오용 방지에 의도가 있음을 분명히 한다. 마리아는 자신이 신적 경배를 받는 것을 허용하지 않았고, 아들 예수가 경외 받는 것을 기뻐하였다. '무신론자와 귀신의 미친 짓'인 우상은 자신을 섬기게 하여 세상을 어둠에 빠뜨렸다. 헤롯 왕의 죽음은 이를 잘 보여준다. 성례도 거룩의 표식과 상징으로 존중하지만, 성례 자체가 거룩하기에 숭배하는 것은 아니어야 한다. 성례는 갈보리 십자가에서 이루어진 구원의 역사적 실체를 상징하며, 구원의 역사를 기억하게 하여, 우리의 눈으로 보게 한다. 감사 잔치(Dankfeier) 성찬식은 누가복음 22:19을 따라 그분의 죽음, 하나님의 독생자를 통한 사랑의 행위를 기억한다. 빵과 포도주의 상징을 보면서 그리고 말씀을 들으면서, 청각과 감각을 통해서 그리스도를 보고 느끼도록 하기 위함이다. 이때 성령은 자신이 기뻐하는 그리스도를 느끼게 한다. 츠빙글리는 이러한 이해가 주님 자신의 말씀과 성령을 통해 우리에게 전달된 초대교회의 이해와도 일치하기에, 두려운 마음으로 후대는 마땅히 이를 받아들여야 한다고 말한다. 성인이나 성례가 죄를 용서한다고 성경은 가르치지 않는다.

하나님 외에 죄를 용서할 자가 없다. "온갖 좋은 빛과 은사는 위로부터 곧 빛들을 지으신 하나님 아버지로부터 내려온다"(약 1:17) 세례는 그리스도를 옷 입고 사는 것을 뜻한다. 성찬식은 하나님께 받은 큰 사랑에 감사하며, 함께 살아가는 이웃을 용납하고 사랑해야 함을 말한다. 모든 사물의 원천인 하나님께 속한 것을 피조물에게 돌리는 것은 신앙의 기본을 무너뜨리는 어리석은 짓이다. 하나의 본질이신 삼위일체 하나님은 선하며 온유하며 정의롭다. 하나님을 믿는 사람은 선과 정의를 지닌 공정의 사람이어야 한다. 츠빙글리는 십자가에서 독생자를 통해 죄인을 구원한 선하신 하나님은 구원과 회복의 하나님으로 묘사한다. 하나님의 선하심은 정의와 사랑을 보여준다. 하나님의 정의는 대속을, 하나님의 사랑은 구원을, 하나님의 구원은 새로운 삶을 요구한다. 하나님은 본성을 따라 화해의 사역에서 어떤 죄인도 거부하지 않는다. 마찬가지로 그 어떤 불의와 죄도 하나님의 본성을 따라 심판 없이 그냥 지나갈 수 없다. 하나님의 정의와 사랑은 분리할 수 없다. 하나님의 화해는 자신 안에서만 이루어져야 했다. 죄 없는 순결한 어린 양 예수 그리스도 안에서 이루어야만 했다. 하나님은 자신의 외아들로 죄인의 연약한 육체를 덮어야 했다. 하나님의 아들은 사랑을 확증하기 위해서 용서의 담보물로 자신을 내어놓았다.

그리스도

그리스도는 하나님의 아들이며 하나님에게서 왔다. 그리스도가 인성을 입었는데, 신성을 잃지 않고, 한 인간으로 변화되지 않고, 참사람이 되었고, 참 하나님이 되었다. 그리스도는 진실로 하나님이다. 그는 온전히 아버지와 성령과 함께 계시는 하나님이다. 비록 그가 연약한 인간을 입었지만, 하나님의 특성을 전혀 잃지 않았다. 그는 인성을 입었지만, 죄를 지으려는 성향은 없고, 부족함도 없다. 그리스도의 인성과 신성은 그리스도의 말과 행동에서 드러난다. 인성을 따라 그리스도는 배가 고팠으며(막 11:12), 신성을 따라 병자와 연약한 자를 고쳐주었다(마 4:23). 그리스도의 인성과 신성은 나누어지지 않고, 하나의 인격을 가진 분이다. 그리스도는 세상의 해방자, 영혼의 위로자로서 처녀에게 태어났으며, 영원 전부터 주님이며 하나님으로서 처녀 마리아를 통해 성령으로 태어났다. 그래야만 그가 흠 없는 희생 제물이 될 수 있었다. 십자가에서 빌라도에게 당한 고통은 단지 인간으로서 당하는 고통이었지, 하나님으로서 느낀 고통은 아니었다. 인간으로서 당한 고통은 "나의 하나님 어찌하여 나를 버리시나이까"(마 27:46)이며, 하나님으로서 하시는 말씀은 "아버지, 저들을 용서하여 주옵소서. 저들은 저들이 무슨 일을 하는지 알지 못합니다"(눅 23:34)이다. 사도 교부들은 사도신경에서 "그가 지옥에 내려갔다"를 덧붙였는데, 이는 완곡어법으로 인간 예수의 진정한 죽음을 표현한다. 죽음을 이긴 그의 부활은 인성을 따라 실제로 죽었던 그리스도가 참 하나님임을 확실히 믿게 한다. 그의 부활은 그를 믿는 우리의 부활을 보여주는 죽은 자의 첫 열매가 되었다(고전 15:20).

츠빙글리는 이 대목에서 프랑수아 1세를 "가장 학식이 많은 왕"으로 부르며, "그리스도는 그의 부활의 능력을 우리의 것으로 만들어주었다"라고 말한다. 그의 부활을 통해서 우리의 부활을 확신하게 하는데, 언젠가 이루어질 우리 부활의 몸은 "영혼을 가진 현재와 똑같은 몸으로 다시 살아날" 것으로 믿는다. 죽은 후 우리의 영혼이 하나님과 함께 있다가, 심판이 시작되면 벗은 우리의 몸을 다시 입고 신랑이신 그리스도와 함께 영원한 혼인에 참여한다.

연옥

성경은 "그리스도는 지옥의 고통을 당하지 않고, 죽은 후 하늘로 올라갔다"(행 2:27)라고 말하기에, 그를 믿는 우리도 죽은 후 곧바로 천국으로 갈 것을 믿는다. 죽은 후 연옥에서 고통을 당할 것이라고 말하는 사람들은 이 땅에서 충분히 고통을 당하는 사람들에게 거짓으로 협박하는 나쁜 사람들이다. 그들은 자신들의 욕망을 채우는 자들이기 때문이다. 그들은 그리스도를 쓸모없는 존재로 내버렸다. 구원을 얻기 위해 인간의 공로를 의지하는 사람은 그리스도를 거부하고 모욕하는 사람이다. 그리스도가 십자가 위에서 우리의 죄를 용서하지 않았다면, 그가 굳이 사람이 될 이유가 없다. 어떤 신학자는 죄에서 구원을 받았지만, 형벌에서 자유롭게 된 것은 아니라고 하는데, 근거 없는 거짓말이다. 죄가 없는 곳에 벌을 부과하지 않기 때문이다. 믿는 사람은 영생을 얻었기에, 죽음에서 생명으로 이미 옮겼다(요 5:24). 교황 추종자들이 말하는 세상을 떠난 영혼에게 부과하는 고통의 목록은 거짓말 중의 거짓말이다. 연옥은 조작이며 거짓이다.

성찬과 미사

특히 글에서 츠빙글리는 개혁교회의 초기 예전(liturgy)을 제시한다. 이제까지 이론적으로 성찬을 설명했다면, 비로소 실천적으로 개혁교회의 예전을 제시하는 점은 새롭다. 그는 이론과 실천으로 성찬 이해를 밝히며, 오직 성경에 근거한 이해임을 명확히 한다. 그리고 성찬의 떡과 포도주는 주의 몸을 성례적(sacramental)으로, 영적으로(geistlich) 먹어야 함을 분명히 제시한다. 미사에서 우리의 죄를 위해 그리스도를 제물로 바친다는 것은 진리를 벗어난 거짓말이다. 그리스도는 자원하여 십자가를 짊어졌고(사 53:7; 요 10:18), 죽었으며, 부활하였고, 승천하였다. 미사에서 그리스도를 하나님께 바친다는 말은 허풍이며, 그리스도에게 이보다 더한 모욕은 없다. "나는 내 양들을 위해 내 목숨을 버립니다"(요 10:15). 스스로 희생 제물이 된 그리스도와는 달리 미사에서 그리스도를 바친다는 말은 분명한 차이가 있음에도 불구하고 미사에서 그리스도가 여전히 희생 제물로 드려진다면, 그리스도는 오늘도 고통을 당하고, 그 고통으로 인해 괴로워해야 한다. 믿는 자는 은혜로운 죄의 용서를 이미 유산으로 받았다. 교황 추종자들이 그리스도가 미사에서 '영적으로 바친다'라는 말은 실제 몸이 아니라 영적인 몸을 바친다는 말인데, 이는 말장난이다. 확실한 것은 부활 후 그리스도의 실제 몸이 영육으로 존재하기 때문이다. 그는 그냥 하나의 영으로만 존재하지 않으신다. 그러기에 미사에서 그리스도를 바친다는 것은 먼저 무엇을 바치는지, 어떻게 바치는지를 설명해야 한다. 예수 그리스도는 스스로 희생 제물이 되었기에 누구도 그리스도를 다시 바칠 수 없다. 만약 그리스도를 바친다면, 그리스도를 두 번 죽이는 것이기에, 그리스도를 다시 십자가에 못 박는 것이다. 그리스도는 죄인을 위해 단번에 죽었지, 다시 죽을 수 없다(롬 6:10; 히 9:28). 교황 추종자들은 탐욕에 이끌려 "모래 톱 위에 좌초한 사람"이 되고 있다. "그 누구도 사람에게서 그리스도를 받아 희생제물로 바칠 수 없다. … 그리스도는 더 죽을 수 없다. … 죽음은 그리스도를 지배하지 못한다"(롬 6:9).

> 그리스도는 영원한 대제사장이다. 그는 하나님 앞에서 우리의 영원한 도움이다. 그런데 왜 우리는 다른 구원자를 만들려는지? 그리스도가 덜 죽었는가? 그가 우리를 조금이라도 어려움에 버리고 떠났다는 말인지? … 그리스도는 단번에 희생제물이 되었다. … 그가 단번에 제물이 되어 바쳐졌기에 죄의 구속은 완성되었다. 그리스도를 통한 속죄가 항상 유효하기에 '그리스도를 희생 제물로 바친다'라고 허풍떠는 것은 마치 자기가 세상을 창조하겠다고 말하는 것처럼 쓸모없다.[197]

초기 신학자들은 그리스도를 향한 순수하고 바른 신앙을 가졌는데, 성찬을 감사례 유카리스티아로 불렀다. 물론 아우구스티누스 이후에 미사라는 말이 등장하지만, 츠빙글리는 자신의 경험을 말한다.

---

197 U. Zwingli, *Huldrych Zwingli Schriften IV*, 308.

> 하나님을 잘 섬기는 사람일수록 자신의 말을 절제하면서 진리에서 벗어나지 않는다. … 신앙은 개념의 묘사가 낯선 것을 진리로 받아들이지 못하게 한다. 성 아우구스티누스가 만든 규칙에 따라 신앙은 조심스럽게 말한다. '만약 당신이 말씀을 이해하지 못하거나 그 말씀의 의미를 알지 못한다면, 하나님의 말씀은 성경의 여러 곳에서 의미가 다른 것처럼 보이지만, 서로 모순되지 않는다. 처음 하나님의 말씀을 볼 때, 모순적으로 보이는 것은 우리가 말씀의 의미를 잘 모르거나, 믿음이 부족할 때다.[198]

신앙을 더 정확하게 표현하기 위해 언어학(Sprachwissenschaft)의 도움이 반드시 요구되는데, 언어의 근원과 유래를 아는 일(Methonymie)이 중요하다고 츠빙글리는 말한다. 이는 '원문으로 돌아가라"(*ad fontes*)는 기독교 인문주의의 영향을 받은 츠빙글리의 모습이라 하겠다. 바울이 종종 모세를 구약 성경의 다른 이름, 또는 토라 대신하여 일컫는 점을 예로 든다. 오늘도 주일을 매번 부활의 날로 부르는 것은 거짓말을 하는 것이 아니라, 단지 그 사건이 일어난 지나간 그 과거의 날과 비슷한 날이기 때문이다. 미사와 성찬에 관한 그 언어적 표현에서 오해와 잘못이 벌어지고 있다고 츠빙글리는 말한다. 성찬의 떡과 포도주가 특별한 방식으로 주의 몸으로, 주의 피로 받아들이는 것처럼, 신앙의 성체는 특별한

---

198 U. Zwingli, *Huldrych Zwingli Schriften IV*, 310.

신앙 방식으로 상징(Zeichen)으로 받아들여야 하는데, 중세교회가 미사나 성찬식을 실제 희생제, 즉 실제 몸과 피로 받아서 그 사실 자체(Sache)로 만든 것은 완전히 무지하고 세련되지 못한 잘못된 행위로 본다. 그들의 조작은 거룩함을 모독하는 것이고, 탐욕을 보여주는 쓰레기이다. 있지도 않은 연옥을 내세우는 것은 돈을 향한 탐욕을 보여주는 것이다. 그들의 뻔뻔하고 어리석은 헛소리에 동의하지 않을 때, '너희는 이단이다.'라고 협박한다. 그들은 거짓말로 명성을 쌓아왔으며, 진리를 믿지 못하도록 만들었다. 츠빙글리는 성찬에 그리스도의 육적 임재를 부인하며, 그리스도의 영적 임재를 믿었다.

> 우리는 그리스도가 성찬에 진실로 임한다는 것을 믿는다. 그리스도가 현존하지 않을 때, 그것이 성찬이라고 믿은 적은 단 한번도 없다. "나의 이름으로 두세 사람이 모인 곳에, 나도 너희 가운데 함께 한다"(마 18:20)라는 말씀이 우리의 생각을 확증한다. 교회 전체 회중이 주를 위해 모였다면, 그는 얼마나 자주 우리 중에 있었겠는가! 그러나 교황 추종자들이 성찬식에서 말하는 대로, 실지로 그의 몸을 먹는다고 하는 것은 신앙의 진리와 본질에서 한참 벗어난 말이다. 그리스도 스스로 "나는 더 세상에 있지 않다"(요 17:11), "육은 무익하다"(요 6:63)는 진리를 말했다.[199]

---

199 Zwingli, *Huldrych Zwingli Schriften IV*, 313–314.

츠빙글리는 교부 크리소스토무스를 인용하며, 성찬의 떡을 먹고 포도주를 마시는 일에 대해서 단순하고 명료하게 결론에 이른다. 성찬에서 그리스도의 몸을 육체로 그리고 날로 먹지 아니하고, 하나님을 경외하고 믿는 크리소스토무스 같은 거룩한 성도들은 성찬에서 주의 몸을 성례적(sacramental) · 영적(geistlich)으로 먹는다고 결론에 이르렀다.

개혁교회 예전

츠빙글리는 취리히, 베른, 바젤 등에서 사용하는 개혁 예전(Liturgy)을 제시하며, 프랑수아 1세가 직접 눈으로 보며 실질적으로 확증하기를 원한다. 개혁교회 예전을 보여주며, 이론과 실천을 함께 제시하며 츠빙글리가 왕에게 거는 기대를 확인한다.

1. 예전에서 하나님의 말씀을 변경하지도, 파괴하지도, 왜곡하지도 않았다.
2. 미사에서 반드시 보존해야 할 것은 보존하고 있다.
3. 그리스도의 몸을 성례적으로, 영적으로 먹는다.
4. 그리스도가 정해주지 않은 것은 예전에 넣지 않았다. 성경적이지 않은 산 자와 죽은 자를 위한 헌금, 죄 사함을 위한 헌금은 삭제하였다.

취리히 예전

츠빙글리는 자신이 행하는 성례 예배를 그림을 그리듯이 프랑수아 1세에게 소개한다. 츠빙글리의 성찬 이해가 이론뿐 아니라 실천에서도 틀리지 않음을 확증하려 한다. 이러한 태도는 츠빙글리가 얼마나 자신의 성례 신학이 틀림없음을 확신하고 있는지에 대한 방증이다. 종교개혁자 츠빙글리는 찾아올 본인의 죽음을 몇 달 앞두고 이론과 실천에서 그토록 말이 많았던 성례 신학을 종결짓고 있다. 츠빙글리의 실천신학에 귀를 기울여보자.

먼저, 하나님이 아들 예수 그리스도를 통해서 우리에게 행하신 성례를 라틴어가 아닌 일상 언어인 독일어로 길고 바르게 설교한다. 성도들이 그 축복의 실체가 무엇인지 분명히 인식하여, 감사하며 임하도록 인도한다. 그런 후, 성가대 앞 계단에 하나의 상을 놓아, 천으로 그 상을 덮고, 그 위에 효모가 들어가지 않은 빵을 놓고, 포도주는 잔에 채워 올린다. 그런 후 담임목사가 두 사람의 조력자와 함께 앞으로 나온다. 모든 회중이 그들을 향할 수 있도록, 담임목사나 교회의 책임자는 그들의 중앙에 선다. 그때 그가 입는 옷은 특별히 다른 예복이 아니라, 남자들이나 교회 사역자들이 일상에서 품위 있게 입는 그런 옷이다. 이는 중세교회가 성찬식을 행할 때 입는 의전적 예복은 사라진 것인데, 새로운 결정이다.

그런 후 담임목사는 큰 목소리로 "성부와 성자와 성령의 이름으로" 외친다. 물론 이때도 라틴어가 아닌, 모든 회중이 다 알아먹을 수 있는 일반 언어로 말한다. 이때 조력자들은 모든 회중의 이름으로, 그들의 위치에서 '아멘'이라고 화답한다.

[헌금 기도]

담임목사가 "기도하겠습니다." 말한다. 이때 회중은 무릎을 꿇는다. "전능하며 영원한 하나님, 마땅히 모든 피조물이 당신을 창조자, 원조, 아버지로 경배하며, 섬기며, 찬양합니다. 불쌍한 우리 죄인들을 위해 당신의 독생자 우리 주 예수 그리스도께서 성취하신 일에 영광과 감사를 드립니다. 우리가 바른 믿음으로 우리 주 예수 그리스도께 나아가게 하소서. 성자는 하나님과 함께 살며, 성령과 하나 되어 우리를 다스립니다. 영원하신 하나님이여!"

[서신서]

이제 왼쪽에 선 예배 조력자가 읽는다. "이제 우리가 낭독하는 말씀은 고린도 사람들에게 보낸 바울 첫 편지를 낭독합니다. 고린도전서 11:21-29까지입니다. '너희가 한 장소로 함께 모일 때, 주의 만찬을 먹기 위하는 일은 가능하지 않으니….' 말씀을 끝까지 읽는다. 그런데 바울은 '주의 만찬'을 일반 음식과 구별하지 않습니다." 낭독 후 조력자들은 회중과 함께 "주께 영광을 돌립니다"라고 화답한다.

[영광송]

담임목사 : "높은 곳에 계신 하나님께 영광"

집사 : "땅에는 평화"

부 집사 : "사람들에게 바른 영을 주소서"

집사 : "우리는 하나님을 찬양합니다. 당신을 찬양합니다. … ". 찬송의 마지막까지 부른다. 조력자들은 그런 식으로 돌아가면서 찬송한다. 사전에 훈계한 내용이기에, 회중은 찬송 내용을 모두가 이해한다. 모든 회중 각자가 찬송을 하나님 앞과 회중 앞에서 마땅히 진실한 마음으로 표현해야 한다.

집사는 말한다 : "주께서 너희와 함께할지어다."

조력자들은 답한다 : "그리고 당신의 영과도 함께 할지어다."

[복음]

집사 : "요한복음 7장의 말씀을 낭독합니다."

화답 : "주께 영광을 돌립니다."

집사 : "예수께서 말씀하셨습니다: 진실로 진실로 너희에게 말하노니, 누구든지 믿으면, 영생을 얻습니다. 나는 생명의 떡입니다. 너희들의 조상들이 사막에서 만나를 먹은 것 같이…." 마지막까지 낭독한 후 말한다: "내가 여러분에게 낭독한 말씀은, 영과 생명입니다"(요 6:47–63).

이 말씀 후에 집사는 성경에 입을 맞춘다. 담임목사는 말한다: "당신의 말씀을 따라 우리의 모든 죄를 사하길 기뻐하는 하나님께 영광을 돌립니다."

[신앙고백]

담임목사 : "나는 유일하신 하나님을 믿습니다."

집사 : "전능하신 하나님, 하늘과 땅의 창조자를 믿습니다."

부집사 : "그리고 독생자 예수 그리스도, 우리 주님을 믿습니다." 사도적이라 일컫는 신앙고백을 끝까지 고백한다. 그러면 집사들은 앞의 찬송에서도 했듯이, 큰 소리로 화답한다. "높은 곳에 계신 하나님께 영광을 돌립니다."

[성찬 권면]

담임목사의 초대, 성찬에 합당하게 참여할 것을 설명한다: "사랑하는 형제들이여, 이제 우리는 우리 주님 예수 그리스도의 규례와 원리를 따라 이 빵을 먹고 포도주를 마실 것입니다. 주님은 우리에게 규례를 말씀하셨습니다. 그가 우리 죄를 사하기 위해 고난 가운데 그의 피를 쏟으셨습니다. 우리는 마땅히 이를 기억하며, 그를 높이고, 감사해야 합니다. 이 시간 각자는 사도 바울의 말씀을 따라 자신을 돌아보고, 우리 주님 예수 그리스도를 향해 어떤 신뢰와 확신 가운데 있는지, 물어야 할 것입니다. 그래서 우리 중 그 누구도 불신 가운데 믿음을 함부로 하고, 주님의 죽음을 헛되이 하지 않아야 합니다. 아무도 그리스도의 몸인 모든 교회공동체를 함부로 무시하지 않고, 이런 죄를 대적해야 할 것입니다." 이때 모든 회중이 무릎을 꿇고 기도한다.

[주기도문]

주기도문을 끝까지 암송한다. 집사가 "아멘"(마 6:9-13)으로 화답할 때, 담임목사는 다시 기도해야 한다.

[성찬기도]

"주님, 전능하신 하나님, 당신은 한 신앙 안에서 당신의 영을 통해서 당신의 한 몸인 우리를 하나 되게 하셨습니다."

[제정사]

[배찬]

[감사의 말]

[감사 기도]

[파송]

프랑수아 왕에게

이렇듯 꼼꼼하고 자세하게 성찬 예전을 눈에 그리듯 설명한 츠빙글리는 "가장 용감한 왕" 프랑수아 1세에게 중요한 말을 한다.

1. 성찬의 사도적 바른 집례를 그 어느 부분도 빠뜨리지 않았다.
2. 인간의 욕망으로 인해 첨가한 것으로 의혹을 불러일으키는 것은 삭제했다.
3. 그들이 공적 법규를 무시하고 사적 법을 따라 왕국과 도시를 혼란과 싸움에 빠뜨렸으면서도, 사도의 모범을 따라 만들어진 예전을 새로운 것이기에 이단으로 정죄한다면 얼마든지 인내할 수 있다.
4. 진리와 믿음의 자유를 규명하는 하나님의 법은 인간의 양

심을 다스린다. 하나님의 뜻을 어겼을 때 양심은 성령의 인도로 평안을 잃어버린다.

5. 교회가 바로 서고 진리를 보호하지 못하도록, 세상 폭력을 사용하는 교황은 존재 이유가 없다.
6. 옛 예전은 하나님의 아들 예수 그리스도를 심하게 모욕한다.
7. 사람들이 미사의 오류를 알고, 미사에 참여하지 않자, "어쩔 수 없이 우리는 그리스도적 단순한 규례를 찾아야만 했다." 츠빙글리는 새로운 예전의 필연성을 강조한다.
8. 취리히 교회의 제안에 따라 로마교회 주교들과 1523년 10월 26-28일 제2차 취리히 논쟁, 그리고 계속해서 바덴 논쟁을 했지만, 로마 공의회만이 이 문제를 다룰 수 있다고 미뤘으며, 결국 그들은 뇌물로 진리를 왜곡하려 했다.
9. 취리히 교회는 교황의 미사를 폐지하고, 성경에 근거한 취리히 예전이 가장 옳다고 선언하다.
10. 취리히 예전은 하나님의 말씀에 굳게 의지하기에 말씀의 권위를 절대 무시하지 않는다.[200]

교회와 국가

사람들은 츠빙글리가 어떻게 교회와 국가의 관계를 왕 앞에서 말할

200 Zwingli, *Huldrych Zwingli Schriften IV*, 323-324.

지 주목하지만 특이하고 새로운 것은 없다. 츠빙글리는 하나의 거룩한 보편 교회를 보이는 교회와 보이지 않은 교회로 나누어 믿는다. 보이지 않는 교회는 하늘로부터 내려온 교회(행 21:2)로서, 하나님 성령의 빛을 통해 인식되어 받아들이고, 오직 하나님에게 알려져 있다. 보이는 교회에는 매우 교만하고 분쟁을 일삼는 믿음이 없는 사람들도 함께 있는데, 그들은 교회에서 수천 번 추방되어도 마땅하고, 국가권력은 마땅히 그들을 처벌해야 한다고 츠빙글리는 주장한다. 바울이 말한 대로, 그들에게 국가권력을 부여한 이유가 여기에 있다(롬 13:4). 정치권력자도 예레미야가 말한 것처럼 교회의 목자가 될 수 있다(렘 23:1-8). 정치권력이 역할을 하지 않을 때, 교회는 마비되고 사지를 잘린 형국이 된다. 정치권력은 교회의 몸이 온전하기 위해 꼭 필요하다고 츠빙글리는 말한다.

3가지 정치 권력

츠빙글리는 프랑스 왕 프랑수아 1세에게 정치권력에 대하여, 성경에 근거해 긍정과 부정을 잊지 않는다. 왕이 꼭 들어야 할 말은 숨기지 않고 있는데, 츠빙글리의 곧은 인격을 들여다볼 수 있다. 먼저, 그리스 사람들이 말하는 세 가지 정치권력 형태, 군주제, 귀족제, 민주제를 언급한다. 군주제는 왕권이 중심에 있는데, 왕은 인성과 정의에 근거해 나라를 다스린다. 이 제도가 잘못되면 독재 정치, 로마 사람들이 말하는 폭압과 폭력 정치로 변질한다. 다음에는 로마 사람이 가장 선호하는 귀족제로 우수하고 뛰어난 사람들이 함께 나라를 다스리는데, 타락하면 소수가 자신들의 행복만을 추구하며 독재하는 과두제로 변한다. 세 번째는 그리스 사람이 알려준 민주제로 로마인은 이를 공화정이라 불렀다. 모든 국민이 함께 권력을 갖는데, 타락하면 개개인이 사적 이익만을 추구하는 혼란, 무질서, 폭동으로 드러나고, 무자비한 싸움과 편가름, 반란과 함께 말할 수 없는 악이 등장한다. 츠빙글리는 세 가지 정치 형태가 장단점이 있음을 밝힌다. 물론 프랑수아 1세는 군주제를 시행하는 자로서, 츠빙글리가 말하는 왕정의 장단점에 대해서 귀를 기울였을 것이다.

세금을 내라

츠빙글리는 "가이사의 것은 가이사에게"라는 하나님의 말씀을 가져와, 왕을 "가장 존경할 자"로 묘사하며, 하나님의 말씀을 순종해야 한다고 말한다. 그러나 왕이 잘못된 길로 갈 때, 그를 비판하고 고발할 수 있음도 명확히 한다(딤전 4:2; 렘 1:10). 왕이 잘못을 회개하고 제자리로 돌아오면, 모든 제국과 조국은 "한 명의 아버지를 얻게" 되지만, 왕이 교만하여 자기 멋대로 폭력을 사용하면, 하나님이 그를 권력에서 쫓아버릴 때까지, 또는 그가 회개하기까지 백성은 그러한 무신론자를 인내로 기다려야 하는데, 이를 성경이 분명히 가르치기 때문이다(삼상 15:10; 삼하 12:13; 왕상 21:17–19; 22:34–35; 왕하 9:30–37; 막 6:18). 츠빙글리가 여기서 많은 성경을 가져오는데, 사견이 아님을 분명히 한다.

교회와 정치

츠빙글리 본인의 요약을 따르면, 교회와 정치의 관계는 5가지로 정리할 수 있다.

1. 정치 권력은 예언자 직책처럼 요구된다.
2. 예언자가 정치권력보다 우선한다.
3. 정치권력 없는 교회는 존재할 수 없다. 정치권력은 영을 다루는 교회와는 전혀 다른 성격의 업무, 더 낮고 덜 중요한 몸을 위하는 일을 한다.
4. 교회는 정치지도자를 위해서 반드시 기도해야 한다. 그리스도 안에서 평화롭게 살기 위해서이다.
5. 교회는 철저하게 국법을 지켜야 하고, 각종 교부금과 세금을 반드시 내야 한다.

그리스도의 교회 안에는 설교자 직책이 우선 필요한 것처럼, 정치권력 역시 요구된다. 마치 인간이 영혼과 육체로 존재하듯이, 꼭 그처럼 교회도 정치권력 없이는 존재할 수 없다. 육체가 영혼보다 저급하고 덜 중요하듯이, 정치권력도 영혼과는 거리가 먼 것을 취급하고 덜 좋은 느낌을 주며 저급하지만 그렇다. 특별히 빛나는 신앙적 모델 예레미야와 바울이 정치권력을 위한 기도를 당부했는데, 우리가 그리스도의 평화 가운데 하나님이 원하시는 삶을 살기 위해서이다. 이로부터 우리가 받는 교훈은 공과금, 세금, 이자, 십일조, 지대, 보증금과 약속한 다양한

대출금을 반드시 내어, 국가의 법에 복종해야 한다는 점이다.[201]

죄 용서

츠빙글리는 '오직 믿음'을 통한 죄용서와 성령이 주는 죄 용서 확신의 은밀성에 대해 강조하며, 로마교회의 사죄와 사죄 선포를 거짓으로 정죄한다. 오직 믿음으로 행해지는 죄용서는 당사자 본인이 알고, 죄 용서로 인한 구원의 확신 역시 성령이 당사자 본인에게 주는 확신이기 때문이다. 죄 용서와 죄 용서를 통한 구원의 확신은 보이지 않기에 제삼자가 알 수 없고, 이에 개입할 수도 없는 점을 분명히 한다. 죄인이 오직 그리스도를 통해 하나님께 나아갈 때 믿음으로 일곱 번씩 일흔 번이라도 이뤄지는 죄 용서를 우리는 믿는다(마 18:22). 츠빙글리가 강조하는 것은 그리스도를 통해 하나님께 나아가는 믿음으로, 믿음만이 죄를 용서받은 사람에게 죄 용서에 대한 확신을 주는데, 그 확신은 성령이 준다. 그 어떤 인간의 선포나 행위에 의해가 결코 아니다. 로마의 대주교가 아무리 수천 번 죄 사함을 선언해도, 양심이 안정되지 못하고, 마음에 평화가 없으며, 의심이 일어나는 것은 거룩한 성령 외에는 그런 마음을 주시지 않기 때문이다. 우리를 위해 십자가 위에서 고난을 받은 그리스도만이 우리의 죄를 사하며, 내적 참 만족과 참 화해를 이룬다. 예수 그리스도는 우리의 죄와 모든 세상을 위한 화해의 제물이다(요일 2:2).

---

201 Zwingli, *Huldrych Zwingli Schriften IV*, 328.

영생은 죄 용서를 받은 자만이 누린다. 그리스도를 믿을 때 죄 용서를 받으며, 당사자는 구원의 확신과 영생을 알 수 있다. 당사자 본인이 하나님의 은혜로 구원을 받아 영생에 이르렀음을 확신한다(요 3:36). 죄 용서의 은혜를 믿는 당사자가 모른다는 일은 있을 수 없다. 제삼자의 죄 용서 내지는 죄 용서의 선언은 웃기는 일종의 코미디이며 사기이다. 죄 용서는 선택함을 받은 자들에게만 유효하다. 다른 사람의 믿음과 예정은 숨어 있기에, 주의 영이 그만큼 은밀하게 각 개인의 신앙과 각 개인의 예정을 본인 자신이 확신하게 한다. 죄 용서는 본인 자신에게 그만큼 확실하다. 하나님은 거짓말하지 않으며, 우리를 실망하지 않게 하기에, 은혜로 받은 죄 용서를 전혀 의심하지 않는다. 그 누구도 다른 사람의 죄가 용서받았는지는 알 수 없다. 타인을 향한 하나님의 선택과 믿음이 우리에게 숨어 있기에, 꼭 그처럼 우리의 믿음과 선택을 주의 영이 우리로 확신하게 한다. 이처럼 타인의 죄가 용서받았는지도 역시 우리에게 숨겨 있다. 그런데 어떻게 한 인간이 다른 인간에게 그의 죄가 용서받았다고 확신하게 할 수 있는 것인지? 이런 일에 있어 언제나 로마의 대주교가 자행하는 술책이야말로 순 엉터리 바보 같은 짓일 뿐이다.[202]

선행

초빙글리는 왕 앞에서 자신이 받는 오해에 대해 해명하고자 한다.

202 Zwingli, *Huldrych Zwingli Schriften IV*, 330.

자신을 선행을 금하는 자로 중상모략하는 자들이 있기 때문이다. 그러한 비방은 근거 없는 것으로 전적으로 옳지 않기에(hoechst ungerecht), 츠빙글리는 하나님의 말씀과 이성에 근거해 믿음과 선행의 상관성을 밝힌다. 특히 인간의 그 어떤 결단 없이 선행이 행해져야 한다거나, 또는 결단 없는 선행은 선행이 아니며, 이것이 우연의 결과여야만 한다면, 츠빙글리는 이를 아주 어리석은 것으로 규정한다. 그처럼 사물에 대해 꼭 이루어져야 할 결단처럼 신앙은 인간 영혼 안에 존재한다. 믿음이 우리에게 선한 일을 하라고 명령하지 않는다면, 선행은 하나님과는 상관없는 무익한 것이다. 츠빙글리는 믿음과 함께 하는 선행이야말로 진정한 선행이며, 믿음으로 하지 않은 일은 죄이기에, 하나님은 믿음으로 행하지 않은 선행을 기뻐하지 않는다. 명예 또는 뭔가를 노리고 나온 선행은 나쁜 의도에서 출발할 수 있다. 하나님의 뜻과 무관하게 믿음 없이 행해지는 업적은 죄로서 로마서 14:23을 따르면 하나님이 미워하는 것이다.

이런 맥락에서 츠빙글리는 면죄부, 연옥, 성직자의 독신 서원, 다양한 수도회와 미신들이야말로 하나님에게 참으로 역겨운 죄로 정죄한다. 물론 츠빙글리는 가난한 자, 배고픈 자, 목마른 자, 벗은 자, 감옥에 갇힌 자에게 베푼 선행은 분명히 상급을 받지만, 바른 신앙인은 하나님 앞에서 자신을 무익한 종으로 여길 뿐이다(눅 17:10). 선행이 하나님의 의와 화해를 이루기 위한 그리스도의 죽음을 결코 헛되이 할 수 없다. 착한 행실이 우리의 죄를 용서할 수 없고(롬 3:21-28; 갈 3:11-14), 누구도 십자가에서 흘린 그리스도의 보혈을 통하지 않고는 아버지께로 갈 자가 없다(요 14:6). 우리의 공로와는 상관없이, 하나님은 무한한 자유 가운데서 은혜로 창세 전에 우리를 구원하기로 택하셨다. 마태복음 10:42가 말하는 선행에 대한 상급이란 단순히 인간의 관점으로(in menschlicher Weise) 이해함이 좋다고 하며, 츠빙글리는 이 대목에서 아우구스티누스를 가져온다. 인간은 선행을 통해서 어려운 이웃을 고난에서 건져내고, 선행하는 사람은 그 대가로 존경과 높임을 받는다. 하나님의 은혜가 선행하는 사람에게 앞서 주어지지 않았다면, 그 누가 자신이 가진 것으로 선행을 할 수 있겠는지! 선행이란 은혜로 구원받은 인간을 통해 베푸는 하나님의 사랑이기에, 누가 그 선행에 대한 상급을 받을 것인지 자명하다. 선행은 전적으로 하나님이 하신 일이라는 말이다. 경건한 성도는 선행을 중단할 수 없고, 믿음이 크면 클수록 그만큼 열심히 선한 일에 최선을 다하지만(마 17:20; 막 11:23), 보상을 전혀 기대하지 않는다. 선행을 기뻐하는 하나님이 그 선행의 근거이다. 한마디로 말해 츠빙글리에게 천국에서 받을 상급은 없는데, 성도가 이미 받은 구원의 은혜가 넘치도록 우리의 삶에서 이미 그 상급을 누리고 있기 때문이다. 중요한 것은 성도가 누린 구원이 현세와 내세에서 얼마나 놀랍고 엄청난 것인지를 깨닫는 것이다.

> 신앙은 하나님의 영 성령의 입김이기에, 어떻게 신앙이 가만히 있을 수 있으며, 행동하지 않을 수 있겠는가! 성령은 중단하지 않는 행위와 활약이다. 진정한 믿음이 있는 곳에 역시 행함이 있다. 이는 불이 있는 곳에 따뜻한 열이 있는 이치다. 그

러나 믿음 없이 하는 선행은 선행이 아니고, 가치 없는 선행의 모조품이다. 우리의 영광을 위해 우리의 선행에 상응한 대가를 요구한다거나, 대가가 없으면, 하나님의 일을 중단하겠다고 말하는 자들은 노예의 영에 사로잡힌 자들이다. 노예만이 전적으로 임금을 받기 위해 일하는데, 그에게는 받을 유산이 없기 때문이다. 그러나 믿음이 있는 자는, 마치 한 집안의 아들처럼, 아버지 하나님의 일들을 부지런히 한다. 그 아들은 일의 대가를 바라지 않는다. 아버지가 가진 좋은 것들이 자신의 유산이었으면 하고 바라면서 노력하거나 일하지 않는다. 아버지의 좋은 것들은 이미 태어나면서부터 자신의 유산임을 알기 때문이다. 믿음을 가진 하나님의 자녀들도 이것을 확실히 알고 있다(롬 8:17).[203]

교회 안에는 불신자와 믿음이 약한 자 같은 병이 있기에 착한 행실로 믿음을 나타내야 한다는 권면에 츠빙글리는 동의한다. 예수를 판 유다나 마술사 시몬 같이 성찬에 참여하여 자신의 죄를 먹고 마시는 전혀 믿지 않는 자가 함께하고 있기에, 또는 온갖 세상일로 인해 근심과 걱정에 눌려 전혀 신앙의 열매나 거룩한 일을 하지 못하는 믿음이 적은 자들이 있다는 사실을 인식할 때, 그리스도, 바울, 야고보가 했던 것처럼, 믿는 자답게 살라고 권면해야 한다. 이를 위해 츠빙글리는 많은 성

---

203 Zwingli, *Huldrych Zwingli Schriften IV*, 335.

경 구절을 인용한다. 행함이 없는 신앙은 죽은 것으로(약 2:17), 그들의 행위로 신앙을 증거하고, 좋은 나무가 좋은 열매를 맺히고(마 7:17), 아브라함의 자손이면 아브라함이 행한 일들을 마땅히 해야 하고(요 8:39), 그리스도 안에 있는 신앙은 사랑으로 드러나기에(갈 5:6), 착한 행실을 향한 권면을 잊지 않아야 한다. 택함을 받은 믿음의 사람들은 이러한 성도다운 삶이 하나님의 뜻임을 계명으로부터 배우지만, 불신자들은 도리어 자신들의 유익을 위해서 이웃을 이용한다거나, 자신들의 불신과 하나님이 없는 마음이 들통나는 것에 두려워한다. 그렇다고 조잡한 선행으로 하나님을 기쁘게 할 수 없음도 츠빙글리는 분명히 한다. 믿음으로 행하는 순수한 선행이 하나님을 기쁘게 할 수 있기에, 성령의 인도를 받은 거룩한 성도의 삶, 선행이야말로 올바르다. 결론적으로 츠빙글리에게 선행은 신앙이라는 하나의 원천으로부터 흘러나와야만 한다.

영생

츠빙글리에게 이 땅의 삶은 하나의 포로 생활과 죽음으로 이루어진다. 이 삶이 끝나면 두 종류의 영생이 있다. 경건한 성도들과 믿는 자들을 위해서는 행복하고 기쁜 삶이, 하나님이 없는 무신론자나 불신자들에게는 비참하고 슬픈 삶이 기다린다. 츠빙글리는 재세례파의 견해를 이성에 반하는 오류로 정죄한다. 재세례파는 죽은 자들의 영혼과 육체가 최후 심판까지 무덤에서 잠자고 있다고 주장한다. 츠빙글리는 인간과 천사의 영혼은 살아있는 실체로서 결코 잠들 수 없으며 비활동 상태일 수 없다고 말하면서 재세례파의 영혼관을 "어리석고 의미 없는 거짓

말"로 정죄하며[204] 철학적 · 성경적으로 반박한다. 그리고 사람들을 미혹할 만한 설득력이 없는 수준 미달로 혹평한다. 츠빙글리는 먼저 철학적으로 반박한다. 철학자들은 중단 없는 활동성과 그 능력을 발휘하여 끊임없는 생명력과 깨어 있음을 제시하는 영혼을 하나의 행위와 활동으로 부르는데, 깊은 뜻을 가진 헬라어 '엔텔레키'가 바로 이것을 말한다. 영혼이 바로 인간의 모든 몸 안에 있는데, 꿈은 바로 이것을 보여준다. 인간의 잠은 육체의 잠이지, 영혼은 잠들지 않기에, 꿈은 잠들지 않은 영혼의 활약이라는 말이다. 이처럼 영혼은 몸 안에 있는 동안 한 번도 활동을 멈추지 않는다. 영혼은 언제나 살아 깨어있고, 그 능력을 발휘한다. 츠빙글리는 "천국 삶의 맛보기와 시작을 아는 주님의 참으로 달콤한" 말씀 요한복음 5:24을 가져와 잠들지 않는 영원한 생명을 강조한다. 믿는 자가 죽는 순간 몸은 잠들되, 영혼은 그 즉시 몸을 빠져나와 이 세상 삶보다 나은 삶, 곧 늘 깨어 감각적으로 하나님을 기뻐한다. 츠빙글리는 요한복음 3:36; 17:24; 17:3; 14:3을 가져와 영생이 영혼의 잠으로 중단된다면, 그런 삶은 영생일 수 없다는 것이다. 반면에 신성은 잠들지 않기에 영혼은 잠들지 않는다. 영혼이 무덤에 갇힌 몸과 함께 잠드는 것이 아니라, 영혼은 몸에서 나와 천국으로 날아오르며, 거기서 하나님과 교제 가운데 영원히 즐거워한다.

204 Zwingli, *Huldrych Zwingli Schriften IV*, 339.

권면

이 대목에서 츠빙글리는 프랑수아 1세에게 권면한다. 곧 다윗, 히스기야, 요시아 같은 믿음의 선조처럼 프랑수아 1세도 하나님이 부여하신 왕권을 제대로 사용하여 미래에 전개될 고갈되지 않고 무한한 영적 축복을 사모하고, 하나님과 함께 영생의 축복을 넘치도록 누리기를 축복한다. 츠빙글리는 아담에서부터 프랑수아 1세의 전임자 루드비히를 예로 들며 아름다운 믿음으로 경건하게 세상을 살다 천국에서 영생을 누리는 신앙의 용사인 수많은 믿음의 선조를 일일이 일컫는다. 특이한 점은 신구약 인물들 뿐 아니라, "믿음 안에서 세상을 떠나간" 사람들 안에 소크라테스, 아리스티데스, 스위스 연방에 속한 사람들까지를 일컫고 있는데, "믿음 안에서 세상을 떠나간"이라는 전제를 달아놓는다.

요약하면, 츠빙글리는 영생은 전적으로 하나님의 은혜와 하나님의 긍휼에 의해서만 가능함을 일깨운다. 하나님과 천국의 영생을 마땅히 누릴 그 어떤 선한 사람도, 거룩한 영혼도, 신실한 영혼도 창조 이래 종말까지 없기 때문이다. 재세례파는 지옥에서 영원한 잠에서 헤어나올 수 없는데, 그들은 히브리어로 죽음을 잠으로 표현하고 있음도 모르는 무지에서 연유하고 있다는 것이다. 이러한 표현은 바울에게서도 발견되는데, 바울도 빈번히 죽음을 잠으로 표현하고 있다.

재세례파

앞에서 "우연히" 재세례파의 잘못된 영생을 논하였던 츠빙글리는 다시 "간략하게" 그들의 이단성을 집중적으로 다룬다. 무엇보다 츠빙글리 자신이 이단 재세례파와 함께 싸잡아 공격받는 것을 참을 수 없었다. 사실 이전에 츠빙글리는 다르게 재세례파를 보려고 했었지만, 이제는 분명한 선을 그들과 사이에 그어야 했다. 츠빙글리는 재세례파가 강하게 반대하는 유아세례는 종교개혁의 핵심 문제, 곧 진리의 문제가 아니라고 여겼다. 유아세례는 할례의 관점에서 믿는 자의 자녀에게도 가능하다고 이해했기 때문이다. 게다가 재세례파는 로마교황청과는 다르게 사회 혼란의 근본 제공자가 아니기에 협력의 대상자로 생각하기도 했었다.[205] 그런데 시간이 지나면서 재세례파 문제가 여기서 그치지 않고 "흑사병처럼" 번지면서 츠빙글리 자신이 재세례파로 중상모략을 받자, 이제는 분명한 입장을 제시해야 했다. 츠빙글리는 무엇이 그들의 문제이고, 무엇이 자신이 그들과 다른지를 밝혀야 했다.

츠빙글리에게 재세례파는 '이단'으로 '망가진 인간들', '근본 없는 떠돌이들'로서 '생존을 위해 물질적 욕망으로 늙은 아낙네들을 신적인 것을 가지고 유혹하며, 고대 기독교에서 나타났던 이단 발렌티누스 추종자와 오이노미우스 추종자들과 같은 무리이다. 츠빙글리가 얼마나 강하게 재세례파를 이단으로 정죄하는지를 확인하게 되는데, 그 근거를 눈여겨볼 수 있다. 재세례파야말로 수천 가지의 잘못된 내용으로 하나님의 공의로운 밭에 몰래 잡초를 심듯이 날마다 악을 심는 기독교와 상관없는 사람들이며, 잘못된 진리를 전파하여 사회를 어렵게 하는 '흑사

---

205 H. Zwingli, "Wer Ursache zum Aufruhr gibt, 1524", *Huldrych Zwingli Schriften I*, (Theologischer Verlag Zuerich, 1995), 331–426.

병'과 '잡초' 같은 '적그리스도'라는 것이다.

> 흑사병인 재세례파는 무엇보다도 올바른 그리스도의 가르침이 전파되기 시작한 곳에서 널리 퍼지고 있습니다. 오 왕이시여, 그러기에 더욱 분명히 아셔야 합니다. 그들은 마귀로부터 여기에 보내졌는데, 이제 움터 올라오는 거룩한 생명의 새싹을 질식하기 위함입니다.[206]

츠빙글리는 재세례파의 국가관을 위시하여 신앙적 오류 9가지를 제시한다. 츠빙글리는 재세례파가 반대하는 유아세례에 대해서 여기서는 언급하지 않는다. 츠빙글리가 그들의 잘못된 국가관을 앞세우는 것은 통치자 프랑수아 1세가 주목하는 부분이라 하겠다. 곧 재세례파와 츠빙글리의 종교개혁이 차별화됨을 보여주는 대목이라 할 것이다. 재세례파와 같은 무리로 츠빙글리의 종교개혁을 일컫는 것은 모함이라는 증거이다. 츠빙글리는 사회 폭동을 선동하지 않을 뿐 아니라, 국가의 권력과 권위를 그리고 법을 존중하며 따른다는 사실을 분명히 한다. 그러면서 재세례파의 잘못을 구체적으로 9가지로 나열하는데, 그 외 수를 헤아릴 수 없을 만큼 많아, 곧 그들은 원리적으로 달라 츠빙글리 종교개혁으로부터 떠나고 있다는 것이다. 1. 크리스천은 국가 공직에 들 수 없다. 2. 크리스천은 비록 죄를 지은 사람일지라도 법에 근거

206 H. Zwingli, *Huldrych Zwingli Schriften IV*, 342.

해 사람을 죽일 수 없다. 3. 크리스천은 정당 전쟁도 해서는 안 된다. 4. 맹세를 금한다. 5. 크리스천은 그 어떤 공과금과 세금을 부과해서는 안 된다. 6. 사유 재산을 금하고 모든 재산은 공유한다. 7. 영혼은 죽음 몸과 더불어 잠든다. 8. 영적 일부다처제를 허용하고, 육체적 성관계를 허용한다. 9. 십일조, 소작료, 이자 지불을 금한다.

충언

글의 결론부에서도 츠빙글리는 프랑수아 1세를 향하여 권면한다. 츠빙글리는 프랑수아 1세를 '가장 거룩한 왕'(heiligster Koenig)으로 부르는데, 굳이 왕에게 '거룩한'이라는 형용사를 붙인 이유를 제시한다. "왕이 다시 깨어나, 집으로 오는 그리스도를 영예롭게 맞기에 그리스도적이며(christlich), 신적 섭리로부터 프랑스 왕들이 가장 그리스도적인 일을 행하기에" 그렇다는 것이다. 츠빙글리는 그러한 왕들의 통치로 인해 하나님 아들에 관한 복음의 갱신이 동지에게든 대적자에게든 만방에 넘치도록 선포되어, 하나님을 향한 지식이 강물처럼 넘쳐날 것을 기대한다. 왕이 비진리와 적그리스도, 무신론자를 대적하여 그리스도의 영광을 위해 그의 손에 들려진 칼과 창을 들고 두려움을 버리고, 용감하게 일어나기를 츠빙글리는 강력히 소망한다. 백성들이 잘못된 교리와 미신, 로마교회에 빠지지 않도록 왕이 정의로운 길에 들어설 것을 강권한다. 츠빙글리는 프랑수아 1세가 망설이거나 두려워하며 어정쩡 적당한 길에 들어서지 말 것을 세 가지 이유로 강력하게 요청한다. 첫째, 교회의 주인이신 주님께서 자신의 몸 된 교회를 진리로 지킨다. 둘째, 독일은 종교개혁을 받아들여 정의롭게 밝게 굳건히 선 나라이다. 셋째, 지금까지 이루어진 모든 일은 하나님에 의한 것이다.

특기할 점은 츠빙글리가 독일 종교개혁을 모델로 제시하는 것인데, 비록 종교개혁자 루터와의 사이에 성찬 이해를 두고 불편한 관계이지만, 츠빙글리는 루터의 종교개혁을 긍정적으로 바라보았다는 점이라 하겠다. 그런 후 츠빙글리는 프랑수아 1세를 향한 각별한 존경으로 글을 마감한다. "취리히에서, 당신의 가장 그리스도적인 존엄에 가장 충실한 훌드리히 츠빙글리".

성례의 두 포인트

츠빙글리의 「신앙 선언」은 분명히 논증의 성격이 강하다. 츠빙글리는 먼저 재세례파를 위험한 이단으로 규정하고, 다음으로 성찬에 대한 이해를 명확히 한다. 츠빙글리는 성찬을 다시 언급하는데, 글을 마감하고 난 후 부록으로 덧붙이고 있는 점은 특이하다. 이는 츠빙글리가 성찬 이해에 그만큼 마음을 썼다는 것으로, 본인의 성찬 이해가 로마교회의 화체설뿐 아니라, 루터의 공재론과 어떤 차이가 있는지를 명확히 밝히고자 한다. 츠빙글리는 성례론에 있어서 최후진술처럼 성찬에서의 그리스도 몸의 현존(Die Gegenwart des Leibes Christi im Abendmahl)과 "성례의 능력"(Die Kraft der Sakramente)"을 언급한다.

성령 임재

츠빙글리는 성찬에 그리스도의 몸이 실제로 임한다는 주장을 논리적으로 반박한다. 결단코 그리스도의 자연의 몸이 속성에 근거할 때 성찬에 임할 수 없음을 분명히 하면서, '단지 영적으로'(nur geistlich) 임함을 주장한다. 츠빙글리의 주장은 그리스도가 이 땅에 인간의 몸을 입고 오셔서 펼친 사역 원리를 따라 이해할 때, 그렇다는 것이다.

> 나는 여기서 뭔가 새로운 것을 말하려고 한다. 그리스도의 자연의 몸이 성찬에 존재하는지 하는 점이다. 여기서 고난받고, 하늘에서 하나님 우편에 앉아 있는, 그 몸을 속성상 자연 그대로 먹지 않고, 단지 영적으로 먹는다. 교황 추종자들이 가르치는 것은 무의미하며, 어리석고, 무신론적이고, 모욕적이기까지 하다. 그가 태어나고, 고난받고, 죽은 방식대로, 일관성 있게 그 수준에서 우리는 그리스도의 몸을 먹어야 한다.[207]

츠빙글리는 성찬에서의 그리스도의 영적 현존을 논리적으로 설명한다. 그리스도는 우리 인간처럼 영혼과 육체로 이루어져 있다. 다만 그에게는 모든 사람이 갖는 죄의 속성은 없다. 그의 몸은 사람의 신체가 갖는 속성을 그대로 갖는다. 그의 몸은 우리 몸과 똑같기에 두 가지 속성이 있다. 첫째, 우리 몸의 존재 방식대로 그리스도의 몸도 존재한다.

---

207 Zwingli, *Huldrych Zwingli Schriften IV*, 345.

둘째, 그리스도의 몸이 존재하는 방식은 역시 우리의 몸의 존재 방식과 일치한다. 육체의 특성과 존재 양식을 따라, 성찬에서의 그리스도 몸의 현존을 같게 인식해야 한다. 사도 바울도 그리스도의 부활을 설명하면서도 죽은 자들이 살아나는 일이 없다면, 그리스도도 다시 살아날 수 없다(고전 15:16)고 말한다. 바로 이 대목에서 바울은 그리스도는 신성을 가졌기에 부활하였다고 말하고 있지 않다. 사람이 다시 살아날 수 없다면, 그리스도도 다시 살아날 수 없다는 성경의 말씀을 츠빙글리는 그리스도의 존재 양식과 사람의 존재 양식이 일치함을 보여주는 결정적 말씀으로 가져온다. 따라서 그리스도가 부활했고, 우리도 그리스도를 따라서 부활할 것을 츠빙글리는 확신한다. 츠빙글리는 사도들과 아우구스티누스를 인용하면서, 그리스도 몸은 존재 방식을 따라 하늘에 있어야 하며, 그가 죽음에서 부활했기에 "유일무이한 한 장소에만 존재한다"(an einem einzigen Ort sein). 이는 우리 인간의 몸이 여러 장소에 동시에 존재할 수 없는 이치이다. 사람의 약한 본성을 지닌 그리스도의 존재 양식과 특성은 사람과 다르지 않다(빌 2:7–8).

츠빙글리는 자신의 주장은 "결코 한 단어도"(nie ein einziges Wort) 억지가 아니며, 오직 성경으로부터 그리고 공적으로 교회가 인정한 학자들로부터 가져왔음을 분명히 한다. 츠빙글리가 여기서 가져오는 교회가 인정한 대표적 신학자는 위에서도 언급했지만, 바로 아우구스티누스이다. 츠빙글리는 성찬 논쟁을 기억하며 명료하게 거듭 말한다. 실제로 그리스도의 몸은 한 장소에만 존재하기에, 부활하시고 승천하신 그리스도의 몸은 하나님의 보좌 우편에 있고 성찬식에 있지 않다. 그렇지만 이와 반대로 가르치는 자들은 그리스도를 하늘로부터 그리고 상속 받은 왕의 자리에서 끌어내린다. 다른 자들은 그리스도는 신성을 가졌기에 어디에나 존재한다고 주장한다. 여기서 그리스도는 인성을 가졌기에 제한적이라는 사실이다. 그런데 츠빙글리는 이러한 자신의 논증이 조금은 철학적이라(philosophisch) 생각하면서, 무엇보다 츠빙글리의 모든 논증에는 앞에서도 강조했지만, 그 누구도 "부정할 수 없는 증거인"(unwiderlegbaren Zeugnissen) 성경의 말씀을 가져온다. 츠빙글리가 철학적이라 부름은 철학적 논증으로 끝나면 실패할 수 있다는 생각에서였다. 츠빙글리는 성경을 통해 "온전하고 쪼갤 수 없는 그리스도를" 제시하고자 한다. 무엇보다 츠빙글리는 그리스도의 신성과 인성은 나누어질 수 없는데, 성경은 그리스도의 두 본성을 나누지 않고 진술하고, 무엇보다 그리스도의 두 본성은 나누어질 수 없다는 사실이다.

신적 본성에 속한 것이 인간적 속성으로 여겨지더라도, 또는 역으로 인간 본성에 속한 것이 신적 속성으로 여겨지더라도, 두 본성은 결코 섞일 수 없다. 신적 본성이 인간적 본성으로 퇴화한다거나, 약해지지도 않는 것처럼, 인성이 신성으로 변화하는 경우는 결코 있을 수 없다.[208]

츠빙글리는 예수 그리스도의 승천에 관한 성경 본문들을 가져와 그리스도의 인성과 신성을 설명한다. 무엇보다 승천하신 예수의 인성이 성찬에 함께 할 수 없음을 말한다. 누가복음 24:51의 "예수께서 그들

---

208 Zwingli, *Huldrych Zwingli Schriften IV*, 348–349.

을 떠나 하늘로 올라갔다"라는 말씀을 "중점적으로"(hauptsaechlich) 예수의 인성에 관한 말씀으로 언급하며, 한 장소에서 다른 장소로 옮겨졌다고 해석한다. 이 표현은 한계가 없고 영원한 신성에는 적합하지 않다. 마태복음 28:20의 "보라 세상 끝날까지 너희와 함께 있을 것이다"는 예수의 신성을 보여주는 말씀으로 믿으며, 요한복음 16:28의 "나는 세상을 떠나 아버지께로 간다"라는 그리스도의 인성과 관련되는 말씀으로 보는데, 신적 본성은 그 어떤 장소를 떠나지 않을 뿐 아니라, 한 장소에 매이지 않는다. 예수는 승천을 통해 "무엇보다도, 그리고 자연스럽게 그의 인간적 속성이" 세상에서 떠나갔음을 뜻한다. 그러기에 세상을 떠나가신 그리스도의 실제 몸을 성찬에서 먹을 수가 없다. 성찬에서 우리는 그리스도의 몸을 "실제로 또는 그 몸 자체로" 먹는 것이 아니고, "단지 성례적으로 그리고 영적으로"(nur sakramental und geistlich) 먹는다. 요한복음 17:11 "나는 이제 세상에 있지 않다"라는 예수의 말씀은 명약관화한데, 사람의 몸을 가진 예수의 현존을 이 땅에서 더는 기대하지 말라는 말씀으로, 기대할 것은 오직 영적이고 성례적이어야 한다. 그렇다면 츠빙글리의 성찬론은 상징설, 기념설이라고 부르기보다는 츠빙글리가 그토록 강조하는 영적 임재, 성례적 임재로 일컬음이 타당하다.[209] 사도행전 1:11의 말씀은 그리스도의 실제 몸과 그분의 인성이 하늘로 옮기었다는 것인데, 천사는 여기서 그대로 다시 올 것을 선포했는데, 교회공동체가 성찬식을 행할 때, 주님이 오시는 것이 아니라, 우리

209 무엇이 더 강조되는지를 확인하며, 표현의 무게 중심이 옮겨져야 한다는 말이다.

주님은 세상의 끝에 심판자로 다시 온다는 것이다. 그러기에 성찬식에 우리 주님이 몸으로, 자연스럽게, 실제로 그리고 표준적으로 함께 하여 먹는다는 말은 진리와는 낯선 것으로, 무신론적이고, 신앙에 대적하는 것이라고 츠빙글리는 단호히 정죄한다. 이 대목에서 츠빙글리는 성례전에 관해 저명한 바젤의 신학자 외콜람파디우스를 언급하면서, "성례적으로 그리고 영적으로 먹는다"라는 사실을 재차 강조하며, 주제를 일단 마감한다.

영적 임재의 뜻

츠빙글리는 "영적으로 그리스도의 몸을 먹는다", "성례적으로 그리스도의 몸을 먹는다"라는 뜻이 과연 교회공동체에 실질적으로 어떤 의미를 갖는지를 이어서 설명한다. '영적으로' 먹는다는 말은 "성령 안에서 그리스도를 통한 하나님의 자비와 선하심을 묵상하는 신뢰 가운데서, 하나님께서 그의 아들을 통해 우리의 죄를 용서하시고, 영생의 기쁨을 주실 거라는 흔들림 없는 신앙 안에서, 우리를 위해 자신의 몸을 온전히 희생하신 그의 아들 때문에 하나님의 공의를 통해 우리와 화목한 사실을 깊이 인식하면서 성찬식에 참여한다."라는(롬 8:32) 의미이다.[210]

'성례적으로' 그리스도의 몸을 먹는다는 것은 단어적 의미를 따르면, "성령 안에서 그리고 그리스도의 몸을 생각하며 먹는다."라는 것이다. 츠빙글리는 영적으로 먹는다는 말이 성립되기 위해서, 성찬에 참여하

210 Zwingli, *Huldrych Zwingli Schriften IV*, 350–351.

는 자들이 가져야 할 네 가지 신앙을 제시한다. 1. 죄인을 구원하기 위한 예수 그리스도의 성육신을 모든 의심을 물리치고 믿는다. 2. 죄인을 죄악의 허무함에서 구원하신 주님의 크신 사랑에 감사하면서, 형제들과 함께 성찬에 참여한다. 3. 성찬식에 참여하기 전에 자신을 살펴서, 그리스도를 온전히 하나님의 아들로, 해방자와 구원자로 인정하는지, 그리스도를 죄가 없는 최초의 인간과 구세주로 온전히 믿고 있는지 확인해야 한다. 4. 그리스도가 머리가 되는 교회공동체의 구성원이 된 것을 진심으로 기뻐하는지 확인해야 한다.

성찬에 임하는 자세

끝으로, 츠빙글리는 바른 성찬 참여를 위해 세 가지를 재차 확인한다. 그래야만 영적으로 그리고 성례적으로 성찬에 임하게 된다. 1. 사도 바울의 요구대로, 각 사람은 본인의 믿음을 살핀 후에 성찬에 참여해야 한다(고전 11:28). 성찬에 참석하여 믿음이 생기는 것이 아니라 성찬에 참석하기 전에 이미 믿음이 있어야 한다. 2. "이것은 나의 몸이다(고전 11:24)"가 십자가에서 상하시고 찢기신 그리스도의 몸이 생기게 할 수는 없다. 요한복음 16:28 "이제는 세상에 있지 아니할 것이다"라는 말씀에 근거할 때 주님의 실제 몸은 이곳에서 행해지는 성찬에는 없다. 그리스도는 사도와 교회공동체가 먹는, 죽을 몸과 아버지 하나님의 우편에 앉아 있는 죽지 않는 몸, 곧 두 개의 몸이 아니다. 3. 성도는 믿음이 커지고, 거룩해질수록 영적 음식에 만족한다. 영적 음식에 만족하면 할수록, 자연의 실재 몸을 먹는 것을 혐오한다. 주께 헌신적 여인들은 주님의 몸을 향유로 씻었으며, 경건한 요셉과 니고데모는 그리스도의 죽은 몸을 마포로 싸서 무덤에 장사 지냈다(요 19:38–42)는 사실이다.

성례의 능력

먼저, 츠빙글리는 "성찬과 세례는 그 어떤 능력도 없다"라는 성례 무용론자들을 정죄한다. 그들이야말로 신앙과 진리를 위험에 빠뜨렸는데, 성례는 "아주 거대한 하나의 힘"(eine sehr grosse Kraft)을 가지고 있기 때문이다. 츠빙글리는 성례의 일곱 가지 능력을 설명한다. 첫 번째 능력은 성례는 거룩하고 존귀할 만한 것으로, 대제사장이신 그리스도께서 친히 세우시고, 받아들였기 때문이다. 세례를 도입하신(마 28:19) 그리스도는 세례를 친히 받으셨다(마 3:13–17). 그리스도가 성찬식을 도입하였으며(고전 11:24–25), 자신이 제일 먼저 성찬식을 행하셨다(마 26:26–29). 두 번째 능력은 실지로 일어났던 사건을 증거하고 있다. 세례는 지금 그 의미를 통해 그리스도의 죽음과 부활을 선포하기에, 이 사건이 실지로 일어났어야만 했다. 세 번째 능력은 성례의 이름이 어떻게 유래했으며, 그 의미가 무엇인지를 가르쳐준다. 빵과 포도주를 통해서 우리는 십자가에서 죽은 그리스도의 몸과 그것을 통해 일어난 모든 사건을 본다. 네 번째 능력은 왕비에게 선물한 왕의 혼인 반지가 둘 사이에 "더는 나눌 수 없는 일체감과 믿음의 상징"을 보여주는 것처럼, 성찬식의 빵과 포도주는 독생자를 통한 하나님과 인류와의 우정을 상징한다(die Symbole der Freundschaft). 성찬의 빵은 그냥 빵으로는 부를 수 없는 거룩한 빵으로 그리스도의 몸이라 불러야 한다. 이러한 칭호와 의미 때문에, 신학자들이 "성례적"(sakramental)이라 일컬었다. 다섯 번째 능력은 성찬은 두 가지 유비(eine doppelte Analogie)를 갖는다. 먼저는 그리스도와 관계되는데, 빵이 인간의 생명을 지탱하고 북돋우며, 포도주가 인간을 기쁘게 하는 것처럼, 그리스도는 절망에 빠진 사람들을 일으켜 세워 새 생명을 주고 기쁘게 살도록 한다. 다음으로 우리와 관계되는 것으로, 많은 곡식을 갈아 빵이 되고, 수많은 포도송이가 으깨져 포도주가 되는 것처럼, 많은 성도가 교회공동체를 이루고, 성령 안에서 그리스도의 한 몸이 된다(고전 3:16; 12:12-30). 여섯 번째 성례의 능력을 통해 츠빙글리는 가장 독특하고, 영적으로 풍요로운 성례 이해를 제시하는데, 지금까지 소개된 바와는 분명한 차이를 만난다.

츠빙글리의 성례론이 결코 차갑거나 메마르지 아니함을 보여준다. 성찬은 그리스도께서 잡히시기 전날 밤 성도들 가운데 살아있는 "사랑의 기억과 담보를 위해 예수께서 친히 제정한 감사의 말"이다. 성찬은 성도의 믿음을 북돋아 흔들리지 않도록 붙잡아 준다. 성도는 세상을 살아가는 중 많은 시험과 사탄의 유혹을 경험하지만, 성례는 사탄의 유혹을 막아주어 성도가 순종하는 믿음의 사람이 되게 한다. 사탄은 인간의 약점인 배반하는 마음(Verrat)을 집중적으로 공략하여 무너뜨리는데, 성찬은 육체적 욕망으로부터 성도를 지키면서 성도의 네 가지 감각을 강화한다. 1. 청각이 세상의 온갖 번잡한 소리로부터 멀어지고 "하늘의 음성을"(die himmlische Stimme) 듣는다. 성도는 "하나님이 세상을 이처럼 사랑하사 독생자를 주셨으니"(요 3:16)를 즐겨 들으며, 그 놀라운 사랑에 감사하며 살아가는 자가 되고, 하나님의 명령에 기꺼이 순종한다. 성도의 청력은 믿음이 하는 모든 일에 집중한다. 2. 성도는 마치 그리스도가 우리의 눈앞에 있는 것처럼 보는데, 동시에 사람의 영혼은 그리스도의 찬란한 아름다움에 빠져 그리스도를 흠모한다. 3. 이때 성찬의 빵을 잡는 손의 감각은 빵을 잡는 것이 아니라, 그 의미에 있어 그리스도를 잡는다(es ist in seiner Bedeutung Christus). 4. 그 순간 성도의 미각과 후각은 주님이 얼마나 달콤한지 알며, 그를 의지 하는 사람이 얼마나 복된 사람인지를 인식하는 자리로 초대를 받는다. 성도가 가진 모든 감각으로 성찬의 빵과 포도주를 즐기며, 성도의 영혼은 그 성찬을 통해 새로움을 경험하고, 달콤한 하늘 소망으로 뛰어올라 기뻐 환호한다.

성찬은 믿음이 주시해야 할 곳을 바라보게 해, 영혼의 추구와 하나 된다. 성례를 통하지 않고서는 그토록 높은 차원의 일치와 그러한 하나됨은 일어나지 않는다.[211]

세례를 받을 때 시각, 청각, 감각이 함께 작동하여, 세례받는 자를 믿음의 길로 인도한다. 즉, 보고, 듣고, 만지며, 느끼면서, 인간의 고삐 풀린 욕망을 제어하면서, 사람의 영혼과 믿음을 인도하고 키운다. 일곱 번째 성례의 능력은 서약을 대체하는데, 라틴어 사크라멘툼(*sacramentum*)은 서약을 의미한다. 예수 그리스도의 한 몸인 교회공동체는 거룩한 한 백성으로, 이것을 깨뜨리는 자는 공동체의 맹세를 어기는 자이다. 성도들은 성찬에서 떡과 포도주를 성례적으로 먹으며, 거룩한 교제의 공동체 그리스도의 한 몸이 된다. 이러한 사실을 인식하지 못하

211 Zwingli, *Huldrych Zwingli Schriften IV*, 360.

고 부인할 때 성도는 언약을 깨뜨리는 자가 된다.

우리가 원하든 원하지 않든, "이것은 나의 몸이다"(고전 11:24)라는 말씀을 향한 우리의 인식은 분명해야 한다. 실질적 또는 문자적 의미로 이해해서는 안 되고, 상징적으로, 성례적으로, 의역하든지 아니면 비유적으로 이해함이 마땅하다. 그럴 때, '이것은 나의 몸이다'라는 말씀은 '이것은 내 몸의 성례이다'로, 또는 '이것은 나의 성례적 또는 신비적 몸이다'로 하여, 곧 하나의 성례적 상징과 함께 우리의 대속을 위해 죽음에 넘겨주었고, 그것을 진실로 받아들인 그 몸의 대리를 뜻한다.[212]

천국 맛보기

츠빙글리의 성찬을 향한 서술은 천국 잔치를 맛본 자의 모습을 넉넉히 제시한다. 성찬에 참여하는 성도는 한없이 기뻐하고 즐거워하는데, 인문주의의 차가운 합리주의 틀에 갇혀 있지도 않고, 결코 딱딱하고 밋밋하지도 않다. 그 묘사가 신비에 이를 정도로 풍성하며 넉넉하고 극적이며 최상의 영적 상태로 성도를 끌어올린다. 츠빙글리의 성찬 이해는 구원받은 성도의 풍요로운 영적 세계를 보여주며, 성도가 누리는 구원의 상태가 과연 어떤 자리인지를 넉넉히 상상하게 한다. 츠빙글리의 성찬 묘사는 거룩함과 영적 풍요를 보여주면서도, 지켜야 할 신학적 선을 넘어서지 않는 절제도 잃지 않는다.

마지막으로 츠빙글리는 두 가지를 강조하며 글을 마감한다. 첫째,

212 Zwingli, *Huldrych Zwingli Schriften IV*, 361.

성례 문제를 이렇게 제기하고 설명한 사람은 자신이 처음이다. 둘째, 가톨릭교회와 루터교회의 성례 이해는 모순적인데, 그들이야말로 무신론적이라는 것이다.

마감하며

츠빙글리의 성찬론을 일반적으로 종교개혁 좌파의 합리주의 영향을 받은 메마른 기념설 또는 상징설로 일컫기도 하는데, 츠빙글리의 성례론은 훨씬 따뜻하고 많은 것을 보여주고 있어 이에 동의할 수 없다. 츠빙글리의 성찬론을 츠빙글리 자신이 그토록 강조한 '영적, 성례적'으로 부름이 옳다. 영적, 성례적 성찬 이해는 기념설과 상징설을 뛰어넘어 언제나 성령 안에서 천국 잔치를 연상시키는 생동감이 넘치는 풍성한 감사 예식 유카리스티아를 극적으로 감각적으로 신비적으로 보여준다. 특히 츠빙글리가 여섯 번째 성령의 능력으로 묘사하는 부분에서는 성도의 모든 감각이 성령으로 충만하여 천국을 맛보며 가슴이 뛰게 한다. 츠빙글리의 성례 이해는 그냥 머리로만 이해하는 딱딱한 성례론이 결코 아니다. 성례의 영적 풍요가 천국을 사모하게 하고 성도의 입술에 찬송이 넘쳐나게 만든다. 스위스 종교개혁자이며, '개혁교회의 아버지' 츠빙글리의 성찬론을 단지 당시 주류였던 루터의 신학의 관점에서 떠나, 개혁신학의 원산지 스위스의 종교개혁 사상을 있는 그대로 독자적 · 역사적으로 한국교회가 바르게 이해할 때, 츠빙글리가 강조하는 '성령 안에서' 영적 부흥을 맛보며, 보다 생동감 넘치는 개혁신학을 전개하리라 기대한다.

APPENDIX

부록

츠빙글리의 편지들

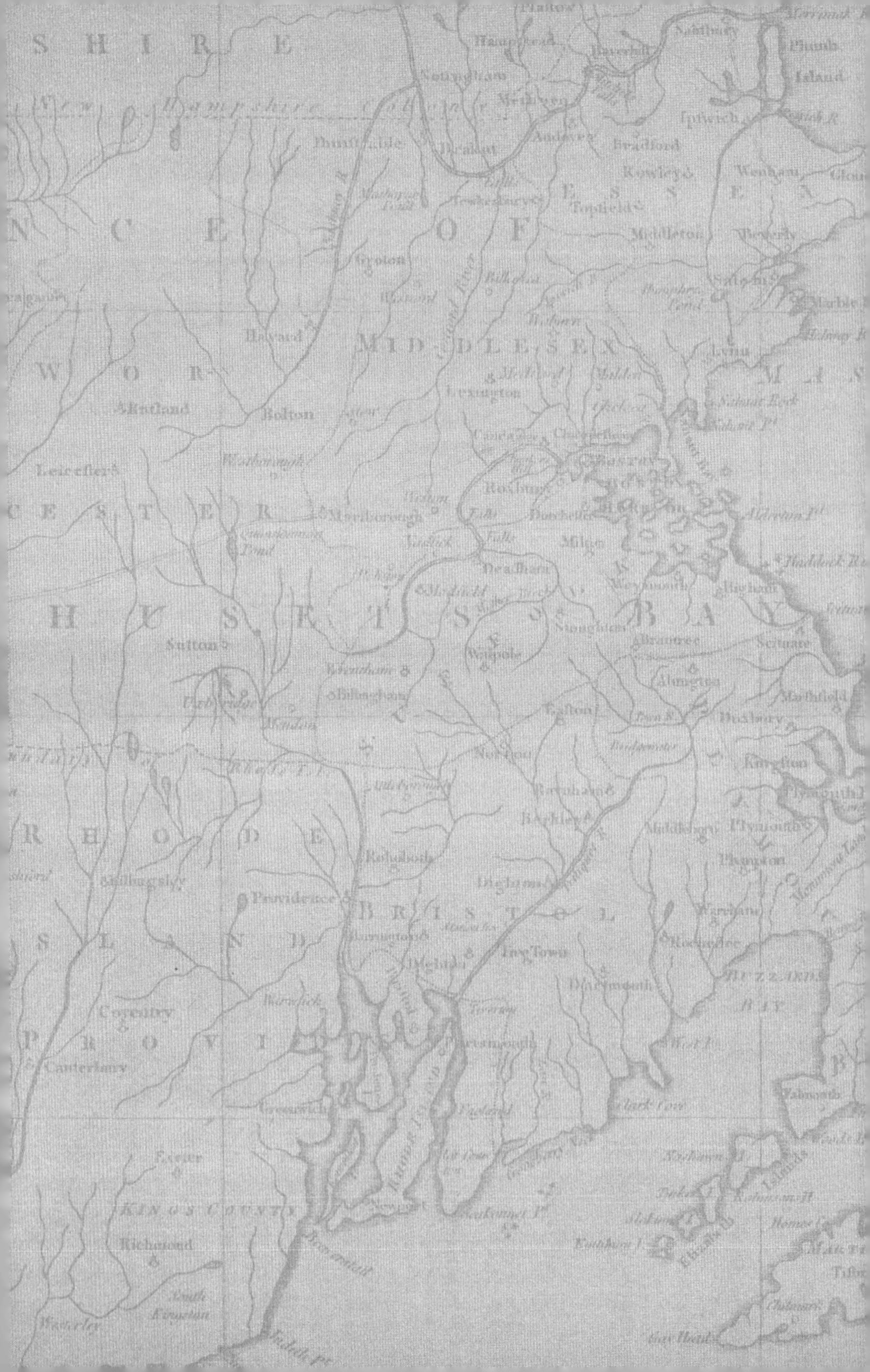

SHIRE

Hampstead

Haverhill

Salisbury

Plumb Island

Nottingham

Methuen

Ipswich

Dunstable

Dracut

Andover

Bradford

Rowley

Wenham

Tewksbury

Topsfield

N C E O F

Middleton

Beverly

Groton

Billerica

Salem

Marble

Harvard

MIDDLESEX

Lynn

W O R

Lexington

Rutland

Bolton

Concord

Charlestown

Leicester

Roxbury

Boston

C E S T E R

Marlborough

Dorchester

Milton

Dedham

Weymouth

Hingham

H U S E T S

B A Y

Stoughton

Braintree

Scituate

Sutton

Walpole

Wrentham

Abington

Bellingham

Marshfield

Uxbridge

Mendon

Easton

Duxbury

Norton

Kingston

Raynham

Plymouth

Berkley

Middleborough

R H O D E

Rehoboth

Plimpton

Dighton

Providence

BRISTOL

Wareham

S L A N D

Barrington

Dighton

Rochester

BUZZARDS BAY

Coventry

P R O V I

Canterbury

Greenwich

Falmouth

Exeter

KINGS COUNTY

Richmond

South Kingston

미코니우스에게

1520

사료로서의 편지

역사 연구에서 편지는 사료(史料)로서 평가받는다. 서로 주고받은 공적, 사적 편지는 발신자와 수신자 사이에 이뤄진 구체적 상황을 인식하며, 신뢰성을 담보할 수 있다. 성경 가운데도 로마서를 위시한 서신들이 있는데, 발신자와 수신자 사이 구체적 정황을 두고 이뤄진 내용으로 무엇보다 사실 확인이 요구되는 역사 연구를 위해서 소중한 자료이기도 하다. 공적 문서나 글에서는 발견할 수 없는 개인의 생각과 의지를 사적 편지에서 만날 때, 신선감과 인간 이해, 숨겨두었던 속마음을 만나는 듯하여 역사적 인물과 친근감과 더불어 특별한 교감을 갖게 한다. 같은 맥락에서 16세기 츠빙글리가 주고받은 편지들을 읽는 일도 정겹고 그 의미가 깊다. 츠빙글리가 주고받은 수많은 편지를 다 소개할 수는 없겠지만, 선택적으로 그의 편지들을 소개하려 한다. 1520년 7월 4일 어떻게 세상이 전개될 줄 아무도 모르는 혼란의 시대 츠빙글리는 루처른(Lutzern)에 사는 미코니우스(Oswald Myconius, 1488–1552)에게 편지를 썼다.[1] 흑사병으로 인한 죽음의 위기에서 구사일생으로 살아난 츠빙글리는 거의 같은 시기에 감사 찬송을 썼는데, 찬송에서 나타났던 종교개혁을 향한 그의 소명 의식은 이 편지에서도 역시 나타나고 있다. 오직 복음에 굳건히 서서 그리스도를 따라 어떠한 고난도 각오하고 교회를 새롭게 할 각오를 츠빙글리는 보여준다.

미코니우스

미코니우스는 1488년 스위스 아름다운 호반의 도시 루체른에서 오스발트 가이스호이슬러(Oswald Geisshaeusler)라는 이름으로 태어났다. 미코니우스는 1510년 오스발두스 몰리토리스(Osualdus Molitoris)라는 이름으로 개명하고 바젤대학교에 입학하여 1514년 학사 학위를 취득했다. 대학 졸업 후 미코니우스는 바젤에서 1514년부터 1516년까지 교사로 일하며 인문주의자 에라스무스(Erasmus von Rotterdam)를 위시한 친구들과 가깝게 지냈다. 여기서 에라스무스는 그를 인문주의 이름 미코니우스(Myconius)라 불렀다. 이후 바젤을 떠나 1516년부터 1519년까지 취리

---

1 Ernst Saxer(edt.), *Huldrych Zwingli Ausgewaehlte Schriften*, (Neukirchen–Vluyn, 1988), 17–21: "An Oswald Myconius in Luzern(4. Juli 1520)".

히 그로스뮌스터 교회가 세운 라틴어 학교 교사와 책임자로서 일하는 중 1519년 츠빙글리를 교인들이 직접 선출한 목회자(Leutpriester)로서 그로스뮌스터 교회로 오게 하는 역할을 했다. 미코니우스는 1519년 고향 루체른에 학교를 세우고 그곳에서 교사로 일하게 되었는데, 1522년 츠빙글리를 따른다는 신앙 문제로 학교에서 물러나야 했다. 그 후 여러 곳에서 일할 가능성을 타진하는 중 미코니우스는 아인지델른으로 옮겨와 스위스 종교개혁자이며 츠빙글리의 동역자 레오 유드(Leo Jud, 1482–1542)의 후임이 되었다. 결국 미코니우스는 1523년 취리히로 돌아와, 1524년 취리히 프라우뮌스터 교회가 세운 학교 책임자가 되었고, 츠빙글리의 가장 신실한 동료가 되었다. 미코니우스는 이곳 취리히에서 츠빙글리와 함께 신약 강의를 했고, 1524년 취리히 종교개혁의 변호(Apologie)를 출간하였다. 츠빙글리가 세상을 떠나자 그의 첫 번째 자서전(1532년)을 쓴 인물이 바로 미코니우스였다. 미코니우스는 츠빙글리가 없는 취리히에 더 머물고 싶지 않아, 1531년 바젤의 성 알반 교회의 전문직 집사(디아콘)으로 활약하다, 1532년 8월 바젤의 종교개혁자 외콜람파드(Johannes Oecolampadius, 1482–1531)의 후임 담임목사와 주교로 부름을 받았고, 바젤대학교의 신약학 교수로도 임용되었는데 1552년 세상을 떠날 때까지였다. 그러는 중 1534년 미코니우스는 '바젤 신앙고백'(Basler Bekenntnis)을 작성했는데, 이를 독일 뮐하우젠에서도 채택하였다. 1536년 미코니우스는 불링어와 그리네우스(Simon Grynaeus)와 함께 '스위스 1차 신앙고백'(Confessio Helvetica prior)를 작성하는 데 힘을 보탰다. 1536년 이후 미코니우스는 교회와 세속정부가 어떻게 독립적이어야 하는지에 대해 글을 썼다. 미코니우스는 마가복음(1538년), 시편 101편, 102편 강해(1546년, 1548년)를 출간하였고, 그의 전임자 외콜람파드의 설교와 강의도 편집 출판하였다. 외콜람파드의 교리문답서도 편집하였는데, 이러한 그의 업적들이 미코니우스를 외콜람파드, 그리네우스와 함께 바젤의 종교개혁자로 평가받게 하였다.

시대 진단

"가장 사랑하는 미코니우스"라는 말로 서두를 연 편지는 답답하고 어두운 시대를 향한 츠빙글리의 묘사로 시작한다. 일반적으로 서구에서는 가까운 사이 성보다는 이름을 부르는데, 츠빙글리는 그를 미코니우스로 칭한다. 츠빙글리는 자신이 사는 16세기를 "원래 모습이라곤 어디에서도 찾아볼 수 없는 거대하고 참담한 혼돈(solch ein Durcheinander)과 황폐(Verwirrung)"만이 가득한 시대라고 그린다. 츠빙글리가 어떤 새로운 것보다 본래 있어야 할 모습을 찾고 있음을 보는데, 15, 16세기 인문주의의 외침 '원전으로 돌아가라'(ad fontes)와 종교개혁의 표어 '초대교회에로의 복귀'가 떠오르는 대목이다. 이런 시대에서 츠빙글리 역시 깊은 위기감이 주는 두려움을 갖지만, 성령의 도움으로 예리하게 시대를 꿰뚫으며 희망을 잃지 않으며, 어두운 시대를 밝히는 지성적 선구자의 모습을 제시한다. 츠빙글리는 맹목적 개혁에로의 추구가 아니라, 지성적으로 잘 준비된 개혁을 소망한다. 츠빙글리는 무지(Unwissenheit)가 폭압적으로 중세교회를 어두움으로 몰아갔다는 인식을 숨기지 않는다.

희망은 다른 한 편으로는 완악한 무지로 인해 짓밟혔다. 지금까지 모든 점에서 고통을 주던 많은 무례함에 대해 입을 열지 못하도록, 그들은 사전에 지성과 정교함을 짓밟는 것을 허락하였다. 말할 것도 없이 물론! 그렇지 않았더라면 그들의 무지의 자국은 이미 들통이 났을 것이다.[2]

복음의 르네상스

로마교황청은 폭력으로 결코 이길 수 없는 영적 지성을 원수로 여겨 짓밟았다는 것이다. 이러한 박해 가운데에서도 츠빙글리의 바른 교회를 향한 희망은 뜨겁게 불타오른다.

그리스도와 복음의 르네상스(eine Renaissance Christi und des Evangeliums)를 향한 우리의 강력한 희망 역시 깊은 잠에서 깨어났고, 진리의 씨앗이 움터 풍성한 열매를 맺도록 노와 돛을 가진 많은 선한 지성인들이 목적지를 향해 항해하기 위해 출발하였다.

희망은 여러 가지 잡초와 장애물로 인하여 뿌리까지 파고들어 약화되었다고 츠빙글리는 아쉬워한다. 이러한 때 츠빙글리는 "가장 사려 깊은 미코니우스에게" 예수 이름 때문에 세상이 미워하고, 죽임을 당할지라도, 불로 황금을, 석탄재로 은을 깨끗하게 만들 것을 꿈꾼다. 어떠한 환난이 닥치더라도 마땅히 하나님이 부여하신 사명을 감당해야, 약

2 Ernst Saxer(edt.), *Huldrych Zwingli Ausgewaehlte Schriften*, 18.

속하신 하나님의 나라에 살게 된다는 것이다. 그러기 위해서 주께서 명하신 바를 실행하는 진정한 주의 자녀가 되어야 한다. 세상과 싸워, 인간적 계율보다 하나님의 계명에 더 순종할 때 하나님은 면류관을 부여한다. 구약이 말하는 하나님의 계명에 불순종하는 다양한 이방인을 대적하여 택한 이스라엘이 전쟁에 참여하는 것처럼 생명을 기꺼이 내어놓아야 한다는 것이다. 사도 바울이 말하는 철저한 무장으로 임한 영적 싸움, 다윗이 골리앗과 싸웠던 전쟁을 상기하며 츠빙글리는 목숨을 건 영적 싸움에 강하고 담대하게 참여할 것을 미코니우스에게 독려한다. 그만큼 츠빙글리는 굳은 각오로 종교개혁에 임하고 있음을 보여준다. 문제는 영적 싸움에 얼마나 많은 사람이 동참하느냐인데, 츠빙글리는 "단지 극소수"(nur eine ganz kleine Anzahl)라 할지라도, 문제가 아니라고 본다. 어떤 사람이 밭에 숨기운 보물을 발견할 경우, 아무도 모르게 홀로 은밀히 덮어두고 돌아가 모든 재산을 팔아 그 밭을 사는 모습이 요구되며, 예수의 비유대로 좋은 밭에 뿌려진 씨는 전체가 아니라, 극히 일부라는 것이다. 츠빙글리는 하나님 나라는 다수가 가는 넓고 큰 길이 아니라, 협착하고 좁은 길이며, 이 길에 창조적 소수가 참여함을 강조한다. 그 길은 결코 안일한 길이 아니며, 이 땅에 불을 뿌리는 것이라는 말씀을 상기한다. 츠빙글리는 불같은 시련에 누가 기꺼이 동참할 것인지를 반문한다. 그러기에 이 시련을 피하도록 부모가 우리를 잘못된 길을 가도록 하고, 형제가 우리를 사망의 길로 이끌고 있다는 말이다. 둘 중 하나를 선택해야 하는데, 세상의 명예를 따르든지, 아니면 그리스도의 영광을 위해 싸우든지이다. 그리스도의 영광을 위해 싸울 때, 그는 견고한 반석 위에 집을 짓는 지혜로운 아버지 같은데, 그가 불 가운데 던져질지라도 그리스도께서 털끝만큼도 그를 상하지 않게 지키신다는 것이다. 사망, 생명, 칼과 어떤 것이라도 그리스도의 사랑에서 성도를 갈라놓을 수 없기에, 세상을 이긴 그리스도만이 우리의 위로가 됨을 츠빙글리는 강조한다. 크리스천은 오직 그리스도 안에서 세상을 이겼다고 확실히 선언한다.[3] 무엇보다 그리스도가 세상을 이겼기 때문이다. 물론 츠빙글리는 인간 스스로 돌아볼 때 세상을 이긴다는 것은 불가능한 일임을 안다. 인간은 더욱 견고히 그리스도를 의지하고 붙잡아야 하는데, 이는 환난의 시대 성도가 누리는 진정한 위로이다. 츠빙글리는 시련이 아무리 강할지라도 이러한 믿음의 확신 가운데 주를 위해 가능한 많은 사람이 주의 군병으로 용감하게 나설 것을 호소한다. 이때 츠빙글리의 순교적 각오와 외침은 절정에 이른다.

> 나는 믿습니다. 교회가 피를 통해 생명에 이른 것처럼, 다른 무엇이 아니라 역시 교회는 순전히 피를 통해서 새로워질 수 있습니다.[4]

---

3 Ernst Saxer(edt.), *Huldrych Zwingli Ausgewaehlte Schriften*, 19. "Ja, freilich, in ihm haben wir ueberwunden, weil er ueberwunden hat; aber nur in ihm ueberwinden wir. Denn wir sind nicht imstand, auch nur etwas zu denken aus uns selber usw."

4 Ernst Saxer(edt.), *Huldrych Zwingli Ausgewaehlte Schriften*, 19.

루터는 옳다

대적자들을 향한 츠빙글리의 전의는 뜨겁게 불타오른다. 마치 죽을 각오를 하고 전장을 향하는 용사처럼 영적 싸움에 동참하지 않고서는 견딜 수 없을 정도로 강력하게 미코니우스에게 호소한다. 세상은 어느 때고 그리스도와 화목한 적은 없고, 하나님은 그리스도의 영광을 위해 자신의 양을 늑대 무리 가운데 보냈다는 것이다. 진정으로 그리스도의 양이 되기 위해서는 죽음을 무서워하지 말고, 할 수 있는 모든 것을 가지고 최선을 다해 싸워야 한다. 이 대목에서 츠빙글리는 루터의 교황청으로부터의 파문을 언급하며, 자신 역시 그러한 출교가 선언되더라도 전혀 두렵지 않음을 고백한다. 교회 파문을 무시해서가 아니라, 정의롭지 못한 그러한 정죄가 결코 영혼에 영향을 주지 못하기 때문이다. 루터가 옳으냐 그른가는 자신들이 판단할 일이 아님을 언급하면서도, 편지를 받는 미코니우스가 츠빙글리의 입장을 익히 알고 있기에, 교황이 루터에게 파문을 내려서는 안 된다는 조언을 할 거라는 것이다. 그렇지만 츠빙글리는 교황이 루터에게 파문을 내릴 것을 예상하면서, 그렇게 되면 독일인들은 교황의 파문을 업신여길 뿐 아니라, 동시에 교황을 조롱하게 될 것이라고 말한다. 여기서 후대가 알아야 할 점이 있는데, 츠빙글리가 루터와의 독자성을 말하지만, 루터를 늘 귀하게 여겼다는 사실이다. 츠빙글리의 독자성은 역사적 사실에 근거한 이야기이어야 하고, 이상의 억측은 조심해야 하겠다.

츠빙글리는 자신에게도 닥칠 환난을 예상하며, 과거 진리를 위해 어려움을 당했던 두 사람을 교회 역사에서 소환한다. 힐라리우스(Hilarius von Poitiers)와 루치우스 1세(Lucius I)인데, 두 사람 다 자리에서 쫓겨난 후 유배를 당했다. "매우 학식이 많고 거룩한 사람" 힐라리우스는 서방교회 니케아신조를 따라 정통을 대변했던 훌륭한 인물이었지만, A.D. 356년 소아시아 지방으로 몇 년간 추방당했으며, 루치우스는 로마의 주교직에서 물러나 A.D. 253년 잠시 유배를 당했지만, 다시 로마의 주교로 명예롭게 복귀했다는 것이다. 츠빙글리는 그들과 자신을 비교하려는 마음은 없지만, 그들을 기억하며 본인 스스로 위로하고 싶다는 마음을 내비친다. 여기서 츠빙글리는 루터를 다시 불러온다.

> 지금 나는 거의 아무것도 더는 루터에 관해 읽고 있지 않지만, 이전에 내가 읽은 그의 것들은 내 입장으로 볼 때 복음적 교리와 일치한다. 아마도 미코니우스 너도 기억할 건데, 내가 루터를 추천했던 유일한 근거는, 루터가 순수하게 그러한 기본적 증언들과 더불어 자신의 주장들을 더욱 견고히 한다는 사실이다.

요약

편지는 종교개혁자 츠빙글리의 고뇌와 위기의식을 생생하게 보여준다. 그렇지만 하나님을 의지하여 강하고 담대하게 교회개혁을 위한 자신의 길을 순수하게 복음의 진리를 따라갈 것임을 제시한다. 곧 츠빙글리의 종교개혁의 뜨거운 소명을 생생히 보여준다. 츠빙글리는 중세교회의 부패가 영적 무지에 근거하고 있다고 보는 점이다. 츠빙글리가 루터를 인정하는 이유는 루터가 오직 성경에 근거하여 교회를 새롭게 하고자 한다는 사실이다. 루터처럼 파문을 당할 수 있는 좁고 어려운 길에 결코 많은 사람이 동참하지 않을 것을 알지만, 밭에 숨겨진 보물을 발견한 이상 은밀하게 다시 숨겨놓고 자신의 모든 것을 투자하여, 그 보물을 살 것을 분명히 한다. 이 길에 미코니우스가 함께할 것을 독려한다. 츠빙글리가 미코니우스의 도움으로 취리히 그로스뮌스터 교회에 온 것을 기억할 때, 츠빙글리는 미코니우스를 교회개혁의 동지로 함께 하고 싶었음을 보여준다. 목숨까지를 내놓아야 하는 위기 상황이 올 수도 있겠지만, 모든 근거는 오직 하나님의 영광을 위해서라는 점이다. 편지는 16세기 종교개혁이 어떤 위기 속에서 이뤄져야 했는지, 왜 교회가 부패했는지, 츠빙글리에게 종교개혁의 소명이 얼마나 강력했는지, 종교개혁이 어디에 근거를 두었으며, 목적이 무엇이었는지, 그리고 동역의 중요성을 보여준다.

비텐바흐에게

1523

화체설을 비판하다

1523년 6월 15일, 스위스 비엘(Biel) 출신으로 비엘 종교개혁자 토마스 비텐바흐(Thomas Wyttenbach, 1472-1526)에게 츠빙글리는 성찬에 관한 의미 있는 편지를 보냈다.[5] 츠빙글리는 편지에서 집중적으로 중세교회의 화체설을 우상숭배로 강하게 정죄하지만, 인상적인 것은 독일의 종교개혁자 루터에 대한 언급은 아직 나타나지 않는 점이다. 편지 서두에서 츠빙글리는 비텐바흐를 "아주 경건하고 깊은 학식을 가진 토마스"로 묘사한다. 비텐바흐가 아주 오래전 츠빙글리에게 편지를 보냈지만, 츠

5 Ernst Saxer(edt.), *Huldrych Zwingli Ausgewaehlte Schriften*, 30-35.

빙글리는 이제껏 답을 하지 못한 실례를 기억한다. 그러던 중 본의 아니게 비텐바흐와의 관계가 멀어졌음을 안타깝게 생각한다. 츠빙글리는 안타까운 마음에도 불구하고 용기를 내어 비텐바흐에게 편지를 쓸 수 있었는데, 그의 친절함과 그리스도적 사랑을 기억하면서다.

비텐바흐

비텐바흐는 1496년부터 1504년까지 독일 튀빙겐대학교에서 인문학과 신학을 공부하여 1498년 문학사, 1500년 문학석사, 1504년 성경학석사를 취득했다. 이곳에서 비텐바흐는 성직자의 부패를 비판하는 두 선생을 만났다. 1505년 비텐바흐는 바젤대학교로 옮겨와 토마스 아퀴나스(Thomas von Aquinas, 1225–1274)에게도 영향을 준 인물 롬바르트(Peter Lombard, 1096–1160)의 문장론을 강의하였다(Sententiarius). 1505/6년 학기 그의 강의를 들은 학생 중에는 츠빙글리와 유드(Leo Jud, 1482–1542)가 있었다. 그렇다면 비텐바흐와 츠빙글리는 사제 간이라 하겠다. 비텐바흐는 1507년 비엘(Biel)의 시 교회로부터 목회자(Leutpriester)로 청빙을 받아 목회하였다. 목회하는 중에도 비텐바흐는 공부를 계속했는데, 1510년 구조학 학사, 1515년 신학박사를 취득하였다. 1515년부터 1520년까지 베르너 강변 뮌스터(am Berner Muenster)에서 설교자와 성가대 책임자로 일하던 중, 1520년부터 고향 비엘로 돌아와 목회하였다. 비텐바흐는 1523년 6월 15일 츠빙글리가 보낸 바로 이 편지 답장에서 가톨릭교회의 화체설을 정죄하였다. 그는 1년 후 1524년 여름 이름이 알려지지 않은 한 여인과 결혼했는데, 이로 인해 비엘 시 교회로부터 면직되었다.

비텐바흐는 비엘의 요한 기사수도회로 옮겨 계속 설교하였다. 1528년 7월 비로소 비엘이 종교개혁을 받아들였지만, 비텐바흐는 이것을 경험하지 못한 채 가난한 목회자로 살다 2년 앞서 1526년 말 54세로 세상을 떠났다. 오늘도 비엘 시를 방문하면 '토마스 비텐바흐 길'과 비텐바흐 개혁교회를 만나게 된다.

믿음으로 받는 성찬

츠빙글리는 비텐바흐에게 성찬에 관한 본인의 입장을 편지에서 털어놓는다. 성찬에 관한 츠빙글리 본인의 생각은 완벽하지 않음을 알기에, 비텐바흐의 도움이 절실함을 츠빙글리는 숨기지 않는다. 둘 사이는 선생과 제자 사이가 아닌가. 그럴지라도 츠빙글리의 언어는 당당하고 거리낌이 없고, 확신에 넘치는 성찬에 관한 이해는 신앙을 고백하는 듯하다.

> 성찬은 신앙이 있는 현장에서 배설되어야 함을 나는 믿습니다. 성찬의 목적은 분명한데, 주가 다시 올 때까지(고전 11:26), 주의 죽음의 열매, 그의 은혜, 그의 선물을 찬양하는 것입니다. … 성찬의 빵은 사람의 마음을 강하게 하고, 다르게는 절망 가운데 희망을 잃은 사람들에게 기쁨을 불러일으키는 용기를 주고, 포도주는 인간의 마음을 기쁘게 합니다. 그렇지만 신앙이 없는 곳에서는 그 어떤 힘과 기쁨도 주지 않고, 사람의 영혼에 도리어 해와 병을 줍니다. 신앙 없이 행해지는 성찬은 참석자에게 위로도 꿈도 빼앗아 갈 것이며, 완전한 저주 자체입니다. 바울이 말한 대로, 그럴 때 죄와 심판을 먹고 마시는

것입니다. … 확실히 믿어야 할 것은 성찬의 양식을 주신 것은, 그로 인해 우리의 영혼이 내적으로 하나님의 성령으로 가르침을 받아 … 보이는 표식을 통하여 더욱 견고하게, 더 기쁘게 되도록 함입니다.[6]

츠빙글리에게 빵이 변하여 주의 몸이 되고, 포도주가 변하여 주의 피가 되어야 하는 물질 본체의 감각적 변화, 곧 화체설은 필요하지 않다. 츠빙글리는 세례 때 사용하는 물의 역할 정도로 성찬의 빵과 포도주를 이해하는 것이 옳다는 것이다. 믿음이 없다면 세례의 물로 천 번 씻어도 소용이 없기 때문이다. 믿음이 있을 때만이 그 물은 역할을 하는데, 특정 장소, 특정 시간, 특정 사람과도 전혀 상관없이 믿음이 결정적이다.

마치 물이 외적으로 몸의 더러움을 씻어내듯이, 그와 같이 나는 신앙을 통해서 내적으로 깨끗하게 됩니다. 같은 이치로 성찬의 빵과 포도주는 있는데, 만약 참석자가 영혼의 양식으로 믿는 확고한 믿음 없이 성찬에 임할 때는 아무 일도 일어나지 않습니다. 성찬에서 빵과 포도주를 먹고 마시는 자는 흔들림 없는 견고한 믿음을 가져야 합니다. 그것은 마귀와 죄와 죽음의 종노릇 가운데 있는 우리를 해방하기 위해 그리스도께서 자신의 목숨을 십자가의 희생제물로 바쳤다는 믿음입니다. 이 유일한 소망과 그로 인한 영혼의 양식이 됨을 확신할 때,

---

6 Ernst Saxer(edt.), *Huldrych Zwingli Ausgewaehlte Schriften*, 31.

비로소 우리 영혼이 견고하고 흔들림이 없는 소망의 양식을 먹고 건강하게 됩니다. 예수께서 빵과 포도주에 관해 요한복음 6장에서 말씀하신 바가 바로 이것입니다.[7]

츠빙글리가 분명하게 말하고자 하는 것은 바른 믿음으로 성찬에 임하는 것이다. 성찬에서 빵이 변하여 주의 몸이 되고, 포도주가 변해 피가 되는 중세교회가 말하는 신비가 일어나는 것은 아니라는 말이다. 츠빙글리는 바른 믿음을 앞에서도 말했지만, 그리스도께서 죄인을 구원하기 위해 십자가에서 돌아가셨다는 사실을 굳건히 믿는 것이다. 죄인을 위해 십자가에서 몸 버려 피 흘려 돌아간 예수 그리스도를 기억하고 확실히 믿으면서 그의 죽음을 보여주는 보이는 증거를 통하여 성찬의 떡과 포도주를 마음을 다해 받을 때, 확신과 기쁨이 넘친다는 말이다. 중세교회가 주장하는 대로, 굳이 성찬의 빵을 주의 몸으로, 포도주를 주의 피로 변화시킬 필요는 없다. 세례 때 사용하는 물이 죄를 씻어내는 것이 아닌 것처럼, 세례받는 자의 전제된 믿음이 결정적이라는 말이다. 만약 성찬의 빵이 실지로 주의 몸이고, 포도주가 주의 피가 되어야만 한다면, 그래서 그 몸과 피가 그런 역할을 꼭 해야 한다면, 영적 기쁨을 위해 믿음이 연약한 자는 할 수 있는 대로 자주 주의 몸을 먹고 주의 피를 마셔야 할 것이고, 강한 자는 멀리해도 상관이 없게 될 것이다. 츠빙글리는 바른 신앙은 사람 편에서 이뤄지는 그 어떤 행위에 근거를

---

7 Ernst Saxer(edt.), *Huldrych Zwingli Ausgewaehlte Schriften*, 32.

두는 것이 아니라, 하나님이 하신 구원의 대사를 믿음으로 받아들이는 것이어야 한다는 것이다. 무화과를 무화과라고 부르듯이, 모든 사람이 수긍하고 이해가 가능한 말을 하듯이, 빵을 빵으로, 포도주를 포도주로 불러야 타당하다는 것이다. 그런데 거꾸로 빵을 몸이라 부르고, 포도주를 피라 일컬으면, 마땅히 성도가 가져야 할 신앙은 위치를 잃게 된다. 그리스도가 요구하는 것은 십자가에서 속죄 제물이 되어 그의 살과 피로 죄인을 살렸다는 믿음이지, 신비한 영적 방법으로 성찬의 빵이 변하여 우리를 자유로 인도하고, 포도주가 변하여 사람을 기쁘게 하는 것이 아니라는 것이다.

주는 하늘에

츠빙글리에게 그리스도는 승천 후 하나님 우편에 계시고, 또는 땅에서는 믿는 자들의 마음에 계셔야만(muessen) 하기에, 그리스도는 영혼의 양식이 될 뿐, 그 어떤 인간의 손에 들려져 그의 살과 피가 먹혀질 수 없다. 요한복음 6:51이 말하는 대로, 우리를 위해 십자가를 지신 그를 믿는 믿음이 중요하지, 하나님 우편에 계신 그를 어떻게 먹을 수 있는지가 성찬의 주제여서는 안 된다. 예수께서 말씀한 대로 사람들은 성찬의 빵과 포도주를 먹으면 된다. "받아먹으라!" 이는 손으로 받아먹는 것이 아니라, 이미 준비된 영의 양식을 마음으로 받아먹으면 된다. 말씀을 주의하여 잘 보면, 먼저 먹도록 허락한 후, 그것이 그의 몸이라고 말한다는 것이다. 그가 그의 몸을 제공한 후, 먹으라고 말하지 않고 있음이다. "자, 보아라. 너희를 위해 제공한 내 몸이다. 그러므로 받아먹으라!"라고 하지 않았다는 것이다. 만약 그런 순서로 주님이 말했다면, 그리스도의 몸은 그가 먹히지 않은 곳에서도 어디든 존재할 수 있다고 생각할 수 있다. 그러나 주님은 이것은 나의 몸이라고 말하기 전에, 먼저 먹도록 제공하셨는데, 곧 주님은 단지 그를 먹는 곳에서만 그 몸을 드러냈다는 사실이다. 믿음으로 먹음이 먼저고, 그의 몸은 후에 따라온다는 말이다. 이는 믿음을 갖는 자가 세례를 받을 때 그 효력을 발휘하는 것과 같다. 믿음 없이는 세례도 성찬도 그 어떤 능력도 없다. 성찬에 참여하는 자에게 강조되어야 할 것은, 십자가에서 우리를 구원하신 그리스도가 우리의 유일한 소망임을 믿는 확고한 믿음이다. 성찬의 모든 것은 믿음에 달려 있다. 거기로부터 성도는 확신과 평안을 갖는다. 그 외 일에 염려하고 머리를 쓸 때, 화체설과 같은 우상숭배(Goetzendienst)에 빠진다. 성찬의 빵이 주의 몸으로 변했다고 해서, 교회 보존함에 그 빵을 두게 될 때, 그 빵을 숭배하는 결과를 가져오기 때문이다.

공표

바로 이 부분에서 열띤 토론을 거쳐 츠빙글리에게 확실하게 해야 할 점이 있는데, 어떻게 유일무이한 하나님과 그리스도를 마땅히 섬겨야 할 것인지이다. 그러면서 츠빙글리는 선생 비텐바흐의 견해를 글을 통해 알기를 원한다. 세상이 비텐바흐의 분명한 성찬 이해를 라틴어로든지, 독일어로든지 공개적으로 알기를 바란다는 간절함을 츠빙글리는 표방한다. 바른 신앙을 세계에 확실히 알려야 함을 종교개혁자 츠빙글리는 강조한다. 이를 위해 비텐바흐가 그리스도의 영광을 위한 어떠한 고난도 받아들일 기쁜 용기를 가져야 한다는 것이다. 이는 어떤 면에서 비텐바흐를 종교개혁의 동역자로 불러내려는 츠빙글리의 종교개혁 외침이라 할 수 있겠다. 츠빙글리는 편지를 마감하며 종교개혁 동지의 안부를 비텐바흐에게 전한다. "그리스도 복음의 조력자" 유드(Leo Jud), 한결같은 복음의 신실한 종이며 퀴스나흐(Kuensnach) 교회의 담임목사이며 목자인 슈미트(Konrad Schmid)에게 전하는 안부이다. 그들은 비텐바흐에게 동역의 용기를 불러일으킬 인물이었는데, 유드 역시 비텐바흐의 제자였다. 그러면서 "적 그리스도 로마의 교황"이 어떠한 압력을 행사하고, 갖은 유혹을 할지라도, 하나님께서 자신의 동역자들에게 담대함과 용기를 그리고 그의 생명의 말씀을 주시기를 기도한다.

아직 루터는 없다

1523년 츠빙글리는 편지에서 루터를 언급하지 않고 있다. 필자가 앞에서 언급한 대로, 츠빙글리는 1523년 나온 「67조 해제」에서 자신이 루터주의가 아님을 6가지 이유로 역설하였는데, 역시 성찬 이해에 있어 루터와의 차이를 말하고 있지 않다는 점이다. 18조에서 츠빙글리는 루터가 말하는 계약으로서의 성례에 대해서 동의하면서, 자신이 말하는 기억으로서의 성례는 다른 관점으로 말한 것임을 밝힌다. 루터는 성찬의 내적 특성과 본질에 대해서, 츠빙글리는 성찬의 외적 사용과 방법, 성찬식의 진행에 대해 정의를 내렸다는 것이다. 그러기에 표현은 다르지만 둘 사이에는 어떤 모순도 없다고 츠빙글리는 말한다. 츠빙글리는 루터의 '계약'으로서의 성찬 이해를 받아들이며, 본인이 말하는 기억과 현재화(ein widergedaechniss, Vergegenwaertigung)로서의 정의를 기꺼이 내려놓을 수 있음을 밝힌다. 이는 1523년 당시 츠빙글리가 비판하려고 했던 대상은 루터가 아니라, 로마교회였다는 말이다.

> 그리스도가 그의 고난과 피를 가지고 우리를 구원하였고 깨끗하게 하였다고 믿는다면, 그들은 하나님의 자녀입니다. 그것이 그리스도께서 자신의 피를 통해서 세운 약속이며 언약이기 때문입니다. 그러기에 언약(Testament)이라는 말은 그리스도의 몸과 피의 본성, 특성, 본질을 보여줍니다. 그러므로 나는 성찬식에 대한 내 정의를 철회할 것입니다. 그렇지만 현재화(Vergegenwaertigung)라는 말은 지금까지 우리가 성찬식을 진행하는 관습에서 온 것입니다. 우리는 단 한 번 우리를 위해 일어난 그 일을 현재화하기 위해, 그리스도의 언약인 그의 몸과 피를 먹고 마시는 것입니다. 나는 하나님의 말씀에 근거해서 이것을 현재화라고 일컬었습니다. 무엇보다 성찬을 하나의 희생 제사라고 주장하는 사람들의 생각을 반박하기 위해서였습니다.[8]

이에 대해 더 언급하면, 성찬 이해에 있어 루터의 이해와 다름이 츠빙글리의 1526년 "우정어린 비판"이라는 글에서 드러나는데, 츠빙글리는 루터를 비성경적이라고 보았다. 그러던 중 두 사람의 긴장 관계는 1529년 가을 마부르크 종교담화에 이르러서 본격적으로 극대화되었는

8 Huldrych Zwingli, *Schriten II*, 164.

데, 루터는 헤어지며 악수를 청하는 츠빙글리를 다른 영을 가진 사람으로 비판하며, 악수를 거절하기까지 했다. 비로소 1531년 츠빙글리는 유작과 같은 본인의 '신앙선언'에서 영적 임재를 내세우며, 로마교회의 화체설과 루터의 공재론을 함께 싸집아 모순적이고, 무신론이라고 정죄하기에 이르렀다.

맺는말

1523년 비텐바흐에게 보낸 편지는 요한복음 6장에 근거한 츠빙글리의 명료한 성찬 이해가 로마교회의 화체설과는 전혀 다름을 보여준다. 츠빙글리는 화체설을 우상숭배로 정죄한다. 그때까지 츠빙글리의 전선은 아직 교황청이었다. 츠빙글리에게 성도가 갖는 십자가의 구원을 향한 굳건한 믿음만이 성찬을 성찬 되게 할 뿐이지, 그 외 다른 어떤 요소가 아니라는 말이다. 그러면서 츠빙글리는 종교개혁을 위한 비텐바흐의 성찬을 향한 공개적 입장표명과 종교개혁의 적극적 동역을 요청한다. 그렇게 할 때 비텐바흐에게 어려움과 박해가 따라올 것이지만, 그리스도를 위하여 이는 마땅히 감당해야 할 것임을 분명히 한다. 비텐바흐는 앞에서 언급한 대로, 츠빙글리의 편지에 대한 답장으로 화체설을 부인하였고, 로마교회와 결국 이별하였다. 편지는 츠빙글리가 종교개혁을 위해 특별한 부름을 받았고, 그를 위해 어떠한 고난도 기꺼이 감당할 자임을 또렷하게 보여준다. 츠빙글리의 가는 길이 험난할 것이지만, 얼마나 확실하고 분명한지를 보여준다. 거기다 시간이 지날수록 츠빙글리가 상대해야 할 대상은 커지는데, 다름 아닌 루터파와 함께 재세례파이다.

프로쉬에게

1524

프로쉬

역사는 프로쉬(Johannes Frosch, 1485–1533)를 루터파 신학자, 종교개혁자로 일컫는다. 그는 밤베르크(Bamberg) 출생으로 그의 유년기는 베일에 가려져 있다. 그는 1504년 에어푸르트(Erfurt) 대학교에 등록하여 신학사를 취득한 그는 1514년 4월 비텐베르크로 왔는데, 그때 그는 이미 카르멜 수도원의 수도사가 되어 있었다. 그는 1516년 1월 29일 비텐베르크에서 석사(Lizentiat)를 취득하였다. 그는 후일 아우크스부르크 성 안나의 카르멜 수도원의 수도원장이 되었다. 카르멜 수도원 원장이었던 프로쉬는 종교개혁에 호의적이었다. 스콜라주의 부활을 추구했던 추기경 카에탄(Thomas Cajetan, 1469–1534)의 심문을 루터가 1518년 10월 12일

~14일 받기 위해 10월 7일 수도원으로 친구 프로쉬를 찾았을 때, 친절한 환대로 루터가 수도원에 머물 수 있게 했으며, 카에탄의 심문을 받기 위해 길을 떠날 때 루터를 동행했다. 루터가 심문을 받고 떠난 후 프로쉬는 비텐베르크로 루터를 찾아갔다. 프로쉬는 1518년 11월 21일 비텐베르크대학교에서 박사학위를 취득하였다. 1522년 아우구스부르크 시의회는 그를 다시 불렀는데, 레기우스(Urbanus Rhegius)와 아그리콜라(Stephan Agricola)와 함께 종교개혁을 위해 일하게 하기 위해서였다. 프로쉬는 1524년 성탄절에 레기우스와 함께 처음으로 두 종류의 성찬을 집례하였다. 프로쉬는 1525년 3월 25일 결혼하였다. 1527년 프로쉬는 재세례파와 토론하였는데, 여기서 츠빙글리의 사상에 반대를 표명하였다. 프로쉬로 인해 수도원이 종교개혁 운동의 출구가 되었는데, 1530년 아우크스부르크 제국의회가 열리는 동안 황제의 압력으로 인해 프로쉬는 결국 그는 수도원을 떠나야 했고, 뉘른베르크 교회의 담임 목회자로 부임하였다. 1531년 루터의 도움으로 아우크스부르크에서 그의 저술이 다시 받아들여졌다. 그렇지만 프로쉬가 스트라스부르의 신학자들과 함께 목회자로 새로이 임명되면서, 마르틴 부처의 성찬 이해에 섰는데, 시의회와 충돌하게 되었다.

결국 프로쉬는 1531년 뉘른베르크 야곱교회로, 2년 후 1533년 같은 도시의 제발드교회로 옮겨갔다. 여기서 그는 1533년 50살이 채 되기도 전에 세상을 떠났다. 프로쉬는 1529년 스트라스부르에서 출판된 독일 시편 46편 찬송가의 인물로 알려졌다.

종교개혁 동지에게

츠빙글리는 1524년 6월 16일 아우크스부르크에 거주하는 요한네스 프로쉬에게 한 통의 편지를 썼다.[9] 편지는 츠빙글리와 프로쉬 사이의 사상적 긴장을 보여주는데, 프뢰쉬는 플라톤적이고, 인문주의적이며, 관념론적이기까지 한 데 반해, 츠빙글리는 오직 성경에 근거하여 본인의 입장을 개진하기 때문이다. 두 사람 사이를 보여주는 편지는 혼란의 시대 하나님 말씀의 진리와 승리를 향한 세기말적 대화를 뚜렷이 보여준다. 거기다 종교개혁자 츠빙글리에게 한 사람의 동지가 얼마나 소중한지를 역력히 보여주는데, 그에게 동지란 오직 하나님 말씀을 순종하고, 말씀의 능력을 확신하는 사람이다. 다르게는 중세의 철학적 신학인 스콜라주의를 물리치고, 규범과 전통을 따르기보다는 오직 말씀(sola scriptura)을 순종하고 하나님의 영광을 위해 새로워지는 사람이다.

츠빙글리는 프로쉬에게 성부 성자 성령의 이름으로 은혜와 평화를 기원하며, 편지를 연다. 츠빙글리는 프로쉬를 "주님 안의 형제", "나의 형제"로 부르며, 편지의 본론으로 들어간다. 프로쉬를 향한 츠빙글리의 존경은 그가 "학식이 깊고, 너무도 경건하고, 신실한 말씀의 종"인데 근거한다. 이러한 존경은 그저 입에 붙은 말이 아님을 확인하는데, 프로쉬를 향한 제삼자의 추천과 1518년 아우크스부르크에서 프로쉬가 따뜻한 사랑으로 종교개혁자 루터를 환대했던 사실을 기억할 때다.

9 Ernst Saxer(edt.), *Huldrych Zwingli Ausgewaehlte Schriften*, 105–108.

육이냐 영이냐

1524년은 독일 종교개혁이 시작한 지 7년째로 교황청과 종교개혁 진영의 싸움은 치열해져 갔다. 쉬지 않고 계속되는 혼란스러운 양 진영의 육과 영의 싸움의 현장에 프로쉬는 함께 있었다. 그렇지만 양편 누구도 서로의 평화를 위해 이제 포악스러운 공격을 중단하자고 제안하는 사람은 없었다. 그러한 때 츠빙글리는 바울 서신을 가져오며, 교회가 성령의 인도와 그리스도의 음성을 듣기를 원한다. 육이 아니라, 영혼이 사는 일이 중요하다고 역설한다. 육체는 영을 흉내 내지만, 육이 하는 모든 일은 자신의 유익을 위하지만, 영은 전혀 다르게 오직 하나님의 영광을 위해 일하기 때문이다. 츠빙글리는 프로쉬가 여러 가지 어려운 상황에 놓여있을지라도 뒤돌아보지 말고, 오랜 시간 지금까지 해왔던 대로 앞만 보고 나아갈 것을 권면한다. 프로쉬가 쟁기를 손에 잡고 뒤를 돌아보지 말고 앞으로 나아갈 것을 권하면서, 그렇지 않으면 용기를 잃고 불안에 빠지게 된다는 것이다. 그러면서 츠빙글리는 프로쉬에게 그리스도의 종으로서 종교개혁의 동지로 주저 없이 함께 할 것을 권한다.

말씀의 능력

츠빙글리는 박해의 불이 점점 더 거세게 타오를수록, 그만큼 하늘에서 내려오는 말씀의 물줄기가 강하게 부어질 것을 잊지 않는다. 지금까지 많은 어려움이 있었지만, 츠빙글리는 이러한 어려움은 시작에 불과하다고 말하며, 프로쉬에게 종교개혁을 위한 긴 호흡을 주문한다. 츠빙글리는 프로쉬가 무엇보다 하나님 말씀에 근거하여 진리의 싸움을 싸울 것을 권면한다. 하나님의 능력은 무엇과도 비교하지 못하고, 모든 원수의 힘을 무력화하고, 육체를 자랑하지 못하도록 한다. 츠빙글리는 모든 것을 건강하고 옳게 만드는 능력 있는 하나님의 말씀을 의지할 것을 다시 강조한다. 그렇게 될 때, 모세가 이집트로부터 이스라엘을 해방했던 것처럼, 하나님의 백성이 풍성한 영적 자유를 누리게 된다는 것이다. 그러기에 그 어떤 박해와 죽음이 몰려와도 프로쉬가 마땅히 신뢰하며, 사명감을 가져 감당해야 할 것은 오직 말씀 사역이다. 이를 위해 하늘 아버지 하나님은 고통으로 세상을 이기셨으며, 자신의 독생자를 아끼지 않고 내놓으셨다. 물론 그럴 때 세상은 스스로 승리자로 여겼고, 그리스도 역시 승리자로 환호하지 않았다는 사실이다. 우리가 감당해야 할 말씀의 신실한 사역은 이와 같다. 많은 핍박과 어려움, 환난이 있지만, 궁극적 승리는 고난받고 죽임당하신 부활하신 그리스도와 하나님의 말씀에 있다. 그러기에 "주님 안에 언제나 가장 바른길을 가는 형제" 프로쉬에게 주저하거나 망설이지 않은 말씀의 사역을 담대하게 계속할 것을 부탁한다.

> 주께서 말할 것이고, 그의 말씀은 찬란히 빛을 발할 것이다! 온 세상은 두려움에 떨고 있다. 그러기에 확실한 것은 세상은 필연적으로 새로워져야만 하는데, 그것은 바로 하나님 말씀을 통해서다. 그러기에 모진 죽음이 협박하더라도 우리는 결코 주저하거나 두려워해서도 침묵해서는 안 된다. 박해가 심

> 하면 심할수록, 우리는 마땅히 더욱 담대히 평안을 누려야 하고, 더욱 확신해야 한다. 그럴수록 하나님의 말씀은 성장하고 풍성한 열매를 맺기 때문이다.[10]

오직 하나님의 말씀을 주장하는 츠빙글리는 형제 프로쉬를 "말씀의 종"으로 부르며 격찬을 아끼지 않으며 편지를 마감한다. 이러한 격찬은 다르게는 프로쉬를 향한 종교개혁자 츠빙글리의 기대였다 하겠다.

> 경건하고 신실한 그리스도의 제자, 요한 프로쉬, 카르멜 수도자, 아우크스부르크에 사는 말씀의 종(Diener des Wortes), 주님 안에서 사랑하는 형제 훌드리히 츠빙글리[11]

헤처를 추천하다

마지막으로 츠빙글리는 프로쉬에게 교황청에 맞선 루드비히 헤처(Ludwig Haetzer, 1500–1529)를 강력한 말씀의 종으로 "그리스도적 사건을 아주 훌륭하게 가르치는 한 사람"으로서 추천한다. 츠빙글리가 말하는 '그리스도적 사건'(die christliche Sache)이란 복음으로 이해해도 좋을 것이다. 그러니까 헤처가 복음을 제대로 전하고 가르치는 사람이라는 말이

---

10 Ernst Saxer(edt.), *Huldrych Zwingli Ausgewaehlte Schriften*, 107.

11 Ernst Saxer(edt.), *Huldrych Zwingli Ausgewaehlte Schriften*, 108.

다. 츠빙글리는 어그러지고 사이비 복음이 판을 치는 중세 말에 종교개혁을 통해 오염되지 않은 순전한 복음이 전해지기를 갈망했다. 그러한 위기의 상황에서 프로쉬가 젊은 헤처의 동역에 힘입었으면 하는 마음이었을 것이다. 아쉽게도 헤처는 나중에 다른 길을 가고 말았는데, 그는 1523년 여름 취리히에 와서 츠빙글리의 종교개혁에 합류하여, 그해 말 성화와 성상 숭배를 반대하는 글을 내기도 했으나, 유아세례를 반대하며 점점 과격해지며 후일 재세례파 무리에 합류하여 영성주의자와 묵시론적 신비주의자로 바뀌었다. 1525년 1월 21일 헤처는 취리히로부터 추방을 당했고, 그해 말 다시 취리히로 돌아와 츠빙글리와 화해를 하는 듯했으나, 헤처 본인은 신앙 세례를 옹호하는 일에 대해서는 거리를 두다, 결국 1526년 초 취리히 종교개혁과는 완전히 결별하였다. 그는 스트라스부르, 비숍스첼을 거쳐 1527/8년 겨울 아우크스부르크에서 한 여인을 만나 결혼도 하고 잠시 정착했으나, 1528년 시작된 재세례파 박해를 피해 다시 비숍스첼에 머무는 동안, 그해 11월 체포되어 오랜 재판 과정을 거쳐 중혼과 이단으로 사형선고를 받아 1529년 2월 4일 콘스탄츠에서 칼로 목 베임을 당해 29세의 이른 나이로 생을 마감해야 했다.[12]

정리

이 편지가 우리에게 주는 것은 몇 가지이다. 첫째, 동역이다. 프로쉬

12 https://de.wikipedia.org/wiki/Ludwig_H%C3%A4tzer.

를 향한 츠빙글리의 편지는 종교개혁이라는 목표를 위해 한 사람의 동지가 얼마나 소중한지를 잘 보여준다. 둘째, 하나님의 말씀이다. 무시무시한 박해 동안 목숨을 걸어야 하고, 그 누구도 의지할 수 없는 무서운 시대에서 츠빙글리는 전적으로 하나님 말씀을 능력으로 붙들었다. 츠빙글리는 말씀이 모든 어려움을 이길 것을 믿었다. 박해가 심할수록 말씀이 능력으로 드러날 것을 츠빙글리는 흔들리지 않고 확신했다. 1521년 바르트부르크에 피신한 루터 역시 내 주만이 강한 성이 되심을 믿었으며, 3년 후 1524년 츠빙글리는 하나님의 말씀만이 궁극적으로 승리의 노래를 부르게 한다고 확신했다. 셋째, 동일한 성령의 인도다. 어떻게 두 사람 루터와 츠빙글리가 독일과 스위스의 다른 곳에 있었어도 이토록 같은 신앙고백을 할 수 있었을까? 종교개혁과 종교개혁자들은 같은 하나님 성령의 인도를 받아야만 했다. 넷째, 말씀의 신학이다. 편지는 츠빙글리의 종교개혁이 얼마나 하나님 말씀 위에 확고히 섰었는지를 잘 보여준다. 스위스에서 태어난 개혁신학이 철저하게 '말씀의 신학'으로 시작되었음을 편지는 분명히 제시한다. 다섯째, 인간의 나약함이다. 츠빙글리가 한동안 함께 했던 동역자들의 실상이 드러날 때, 인간이 얼마나 불완전한지를 잘 보여준다. 물론 위기의 시대에서 29세를 일기로 처형당했던 헤처의 모습에서 짠한 마음이 일지만, 혼돈의 시대를 확인하게 한다.

람베르트와 형제들에게

1524

람베르트와 형제들

츠빙글리는 1524년 12월 16일 스트라스부르에 거주하는 프란츠 람베르트(Franz Lambert, 약 1486–1530)와 믿음의 형제들에게 상당히 긴 편지를 썼다.[13] 람베르트는 1501년 아비뇽에 있는 소수자 수도원인 프란치스코 수도원에 들어갔는데, 그때 나이는 15세였다. 성경을 심취하여 연구한 그는 가톨릭교회 신앙에 회의를 느끼기 시작했고, 1522년 그는 자신이 속한 수도원을 이단으로 정죄하기에 이르렀다. 결국 람베르트는 스위스와 독일에서 종교개혁 지도자로 소문이 나기 시작하였다. 그

13 Ernst Saxer(edt.), *Huldrych Zwingli Ausgewaehlte Schriften*, 108–116.

는 자신을 츠빙글리주의자로도 루터주의자로도 불리고 싶지 않았다. 그가 31살이 되던 1517년 그는 프랑스, 이탈리아, 스위스를 여행하며 순회설교자로서 소문난 인물이 되었는데, 사람들은 그를 "사도적 설교자"(Praedicator apostolicus)라고 존경하였다. 람베르트는 1522년 취리히에서 순회설교자로서 설교한 후, 성인 숭배에 대해 츠빙글리와 논쟁하기도 했지만, 츠빙글리에게 영향을 받았다. 이후 비텐베르크로 옮겨 잠시 공부한 그는 1년 후 결국 수도회를 탈퇴하였다. 1524부터 1525년 사이 스트라스부르에서 프랑스어로 종교개혁 교리를 퍼뜨리며 일하는 중 스트라스부르의 개혁교회 인물 시장 슈투엄(Jakob Sturm, 1489-1553)의 추천으로 1526년부터 독일 헤센의 아주 진취적(the most liberal) 인물 필립 공의 인정을 받아 종교개혁자로, 1527년 새로 시작되는 독일 마부르크 대학교 신학과의 교수와 학장으로 임명되었다.

스트라스부르에서 1523년/ 24년 개혁신학적 설교자들이 담임목사로 임명되면서 설교와 예배 개혁이 시작되었는데, 이를 계기로 람베르트와 동료들의 물음이 여러 차례 서신을 통해 츠빙글리에게 도착했는데, 츠빙글리의 편지는 이를 향한 답장이다. 특히 편지에서 국가권력, 설교, 성찬, 유아세례에 관한 주제가 무게 있게 다뤄진다. 전환의 시대 스트라스부르 정부가 종교개혁에 아직 미온적이었던 것으로 생각되는데, 이를 향해 어떤 자세를 취해야 하는지, 신앙설교와 율법 설교에 대한 츠빙글리의 언급이 흥미롭게 제시되는데, 믿는 자에게 율법은 어떤 의미를 갖는지 하는 것으로, 루터의 입장과 비교할 수 있다. 1524년 11월 중순, 독일 출신으로 스트라스부르의 종교개혁자 마르틴 부처

(M. Butzer, 1491-1551)가 제기한 세례에 관한 질문에 츠빙글리가 답을 하였다. 비텐베르크 초기 종교개혁자요, 비텐베르크대학교의 총장이었지만, 나중 루터와 길을 달리했던 안드레아스 칼쉬타트(Andreas Karlstadt, 1486-1541)와 츠빙글리의 영향을 받은 재세례파 지도자 발타자르 후브마이어(Balthasar Hubmaier, 1480?-1528) 사이에 재세례파의 과격한 입장을 두고 취리히에서 이루어진 '화요일 담화'에 대한 언급이기도 했다. 취리히 4명의 시의원이 참여한 가운데 재세례파 지도자와 취리히 교회의 담임목사 사이에 행해진 비공개 대화로서 합의를 보지 못했다. 결국 1523년 공개 토론이 이루어져 재세례파 입장에 반한 결정을 하게 되었는데, 츠빙글리는 편지에서 앞선 두 논쟁을 성경적으로 재차 정리하고 확증한다.

불신 정부

츠빙글리는 "첫 편지"의 물음, 불신 정부에게 하나님 율법의 일을 행하도록 권하고, 그들의 잘못을 가르쳐야 하는지에 대한 답이다. 여기서 말하는 불신 정부란 종교개혁 편에 서지 않은 채, 여전히 로마교회 입장에 머문 교회라고 생각한다. 츠빙글리의 답은 정부가 제대로 믿지 않는다면, 경고해야 하는데 전혀 율법의 음성을 듣지 않기 때문이다. 하나님이 세운 정부가 아니면, 하나님의 말씀인 계명에 순종하지 않는다는 사실이다. 츠빙글리는 정부가 하나님의 율법에 순종할 수 있도록, 먼저 율법의 기초가 되는 신앙을 줄기차게 설교해야 한다고 강조한다. 츠빙글리는 '율법의 근본이 믿음'이라는 자신의 말이 '이례적 발언'(eine ungewoehliche Rede)이라고 생각하면서도, 누구도 이 말에 이의를 제기해서는 안 될 진리라고 확신한다. 신앙이 전제되지 않는다면, 율법의 작은 부분이라도 깨닫지 못하는데, 목자에게 속한 양만이 주인의 음성을 아는 이치와 같다. 믿음 없이 율법을 가르치고, 율법을 순종하기를 요구하는 것은 마치 강에서 쟁기질하는 어리석은 짓이라고 츠빙글리는 평가한다. 츠빙글리는 신앙의 상이성 때문에 우선 신앙과 율법을 동시에 설교할 것을 주장한다. 츠빙글리는 불신 정부를 억센 황소에까지 비유하는데, 불신 정부에게 하나님 율법의 멍에를 달아, 하나님이 원하시는 일을 행하도록 함은 그만큼 어렵다는 것이다. 믿음은 하나님의 율법을 지키는 원동력으로 신앙을 가진 자는 육은 비록 약하나, 율법을 지키는 일에 다른 자극이 필요 없는데, 신앙이 강하면 강할수록, 예외 없이 모든 율법을 순종하는 일에 흥미를 갖는다. 불신자들이 죄의 늪에 깊이 빠져들수록 율법을 무시한다는 사실이다. 율법이 필요한 것은, 율법을 통해 죄를 깨닫기 때문이다. 우리는 항상 믿음을 설교해야 하지만, 죄악 때문에 결코 율법을 잊지 말아야 하며, 우리의 모든 행위를 인간의 능력이 아닌 하나님의 은혜의 장중에 맡겨야 한다. 참으로 어려운 전환의 시대 온전히 무신론 정부에 하나님과 인간의 마음에 흡족한 어떤 선행을 기대한다는 것은 불가능한데, 하나님을 두려워하지 않는 정부는 궁극적으로 폭정으로 향한다고 츠빙글리는 본다. 츠빙글리에게 무엇보다 중요한 것은 무신론 정부가 만천하에 밝히 드러나는 것이다. 겉으로만 믿는 정부인 체 거짓으로 위장한다면, 그들을 공격하여 깨우치는 일도 언제나 잊지 않아야 한다. 이러한 일은 불신 정부에게뿐 아니라, 교회 안에서도 위장과 가면을 파헤치는 일을 언제나 잊지 말아야 한다.

유아세례 논쟁

츠빙글리는 그리스도께서 친히 세운 두 가지 성례인 세례와 성찬에 관해 아주 명확하게 밝힌다. 당시 거대한 논쟁을 불러일으켰던 유아에게 물세례를 주어서는 안 된다는 주장에 관해, 츠빙글리는 상대편을 진심으로 사랑하는 마음으로 성경에 근거하여 입장을 제시하며 설득한다. 츠빙글리는 조금만 성경을 이해하면, 세례는 이미 믿음을 가진 자와 처음으로 믿음으로 나아올 자를 위한 거룩하게 구별하는 축성(Einweihung)이라는 것이다. 당시 대적자들은 믿음이 없는 자에게 세례를 베풀어서는 안 된다는 것으로, 유아에게 물로 세례를 베푸는 일을 아주 소름 끼치는 일이며, 혐오스러운 짓으로, 지극한 신성모독이며, 참담한 행위로 믿음에 더러운 혈통을 부여하는 것으로까지 비난하였다. 이에 반하여 츠빙글리는 성경적으로 유아세례를 인정하며, 먼저 요한복음 1:26, 27을 가져온다. "요한이 대답하되, 나는 물로 세례를 베풀거니와 너희 가운데 너희가 알지 못하는 한 사람이 섰으니, 곧 내 뒤에 오시는 그이라." 세례 요한이 어떤 권한으로 물세례를 주었는지 하는 것인데, 요한은 오실 그리스도에 대해 전혀 알지 못하는 사람에게 물로 세례를 베풀었다는 것이다. 세례 요한 역시 오실 그리스도를 알지 못했지만, 당시 요한에게 나아와 세례를 받았던 제사장과 레위인은 이에 전혀 반대하지 않았다. 물론 그들은 아직 그리스도를 알지 못하는 상태였다. 세례 요한은 바로 이어 말하였다. "내 뒤에 오시는 사람이 있는데, 나보다 앞선 것은 그가 나보다 먼저 계심이라 한 것이 이 사람을 가리킴이라. 나도 그를 알지 못하였으나 내가 와서 물로 세례를 베푸는 것은, 그를 이스라엘에 나타내려 함이라. 고로 나는 물로 세례를 베풀러 왔노라."(요 1:30-31) 이 말씀과 함께 츠빙글리는 확신 있게 말하는데, 세례 요한은 본인 뒤에 오시는 그리스도를 세례받는 그들 모두에게 분명히 알리기 위해 세례를 베풀었다는 것이다. 츠빙글리는 세례받는 그들에게 메시아를 통해 죄를 인식하도록 하기 위했음을 분명히 한다. 요한은 이스라엘 자기 백성에게 오실 메시아를 선포하기 위해 세례를 베풀어야만 했는데, 하나님의 은혜라 할 것이다. 게다가 츠빙글리는 사도행전 19:4-5를 가져오는데, "바울이 이르되, 요한이 회개의 세례를 베풀며 백성에게 말하되 내 뒤에 오시는 이를 믿으라 하였으니, 이는 곧 예수라 하거늘, 그들이 듣고 주 예수의 이름으로 세례를 받으니."라는 말씀이다. 꼭 오셔야만 하는 그리스도의 이름으로 요한이 세례를 베풀었다는 사실을 츠빙글리는 제시한다. 누구도 세례 요한이 오실 그리스도를 선포하며 베푸는 세례를 불편하게 여기거나, 그 메시지를 이해하지 못하거나, 이의를 제기하지 않았다는 사실을 츠빙글리는 강조한다. 세례 요한은 자신이 얼마나 초라하고, 자격이 없고, 그리스도의 신 들메도 들 수 없는 자임을 숨기지 않지만, 요한이 사람들에게 세례를 베풀었던 것은 그들이 오실 메시아를 믿고 전하게 하기 위해서였다. 세례는 그리스도를 널리 알림을 전제로 했다는 것이다. 츠빙글리는 요한의 세례와 그리스도의 세례는 차이가 없는 같은 성례로 본다.

정리하면, 죽음을 이기신 부활하신 그리스도를 정확하게 알고 난 후 받는 세례와 그리스도의 부활이 아직 이뤄지지 않은 상태에서 오실 그리스도를 믿으며 받는 세례라는 것이다. 세례는 부활의 복사인데, 세례를 통하여 우리는 그리스도와 함께 죽고, 후에 언젠가 믿음으로 마땅히 다시 살기 위해, 그리스도를 알기 위한 목적으로 세례를 받기 때문이다. 그렇다면 유아 세례는 미래 믿음을 향해 베푸는 것이라 할 수 있는데, 이를 위해 츠빙글리가 가져오는 성경은 로마서 4:11로 8일 된 아이에게 할례를 베푸는 것은 그가 수년 후에 비로소 믿음으로 나올 것을 알기에, "할례는 믿음의 징표"라는 말씀이다. 이처럼 유아세례는 할례와 같은 위치여서, 어디서, 누가, 언제, 어떻게 유아세례를 베푸느냐는 전혀 본질이 아니라는 것이다. 세례가 크리스천의 할례라는 말은 다른 설명을 보태지 않더라도 명약관화하다는 것이다. 츠빙글리는 골로새서 2:11 "그 안에서 너희가 손으로 하지 아니한 할례를 받았으니, 곧 육의 몸을 벗는 것이요, 그리스도의 할례니라."를 인용한다. 세례는 그리스도와 함께 장사지낸 바 된 크리스천이 새로운 피조물이 되었음을 의미한다. 이처럼 오직 하나님 말씀의 능력으로부터 이뤄지는 크리스천의 할례는 아브라함의 할례와 같다. 그리스도는 사도들에게 아이들이 본인에게 오는 것을 금하지 말라고 하셨는데, 하나님의 나라가 그런 자들의 것이기에, 주님은 그들을 품에 안고 축복하셨다. 그렇지만 어떤 자들은 주님은 아이에게 성부와 성자, 성령의 이름으로 세례를 베풀지 않았기에, 결국 그는 본인에게 아이들이 오는 것을 금했기에, 유아세례를 베풀어서는 안 된다는 것이다. 이에 대해 츠빙글리는, 그리스도는 누구에게도 세례를 베풀지 않았다고 반론한다. 요한복음 4:2를 따르면, 예수께서는 친히 세례를 베푼 적이 없고, 제자들이 그리스도의 이름으로 베풀었다는 것이다. 베드로는 고넬료의 집에서 성령의 부어주심을 보면서, "이 사람들이 우리와 같이 성령을 받았으니, 누가 능히 물로 세례 베풂을 금하리요."(행 10:47)라고 말하고, 예수 그리스도의 이름으로 그들에게 세례를 베풀었던 것처럼, 츠빙글리는 "하나님의 자녀들이 있는 곳에서, 그들에게 물로 세례를 주는 것을 누가 금할 수 있으리요?" 말하며 유아세례를 베풀 것을 주장한다. 또한 대적자들은 예수께서 어린어를 말하는 것이 아니라, 어린아이 같은 자들을 의미했다는 것이다. 이에 츠빙글리는 예수께서는 아이들을 품에 안으시고, 그들 머리에 손을 얹고 축복하셨음을 간과해서는 안 된다는 것이다. 예수께서는 두 가지를 행했는데, 먼저는 어린이를 본인의 품에 안으시고, 그들의 머리에 손을 얹으시고 그들을 위해 간절히 기도하셨다는 점이다. 그런 후 이처럼 그리스도는 그들로부터 우리에게 오셔서 육체적이고 보이는 세상에 속한 우리를 천국으로 높이셨다는 것이다. 츠빙글리는 예수께서 천국이 어린아이들의 것이라고 말한 것은, 어린이의 순수와 겸손을 염두에 둔 것인데, 기독교적 삶이 바로 순수와 겸손으로 크리스천은 바로 어린이에게서 두 가지를 배워야 한다고 확신한다. 결코 예수께서 어린이를 단지 비유로 일컬은 것은 아니라는 말이다. 츠빙글리는 고린도전서 7:14을 가져오며, 성경은 부모 중 한쪽만 믿어도 자녀를 믿는 자, 믿음의 거룩한 자로 여기기에, 그러한 아이에게 유아세례를 금할 수 없다는 것이다. 세례 요한이 사도들에게 그리스도를 향하여 세례를 베풀었던 것처럼, 신앙 안에서 양육될 아이들에게 같은 원리로 물로 세례를 베풀어야 한다는 것이다.

끝으로 츠빙글리는 유아세례에 관한 적대자의 네 가지 주장에 대해 조목조목 정리하며 답한다.

1. 사도들이 유아세례를 베푼 적이 없고, 유아세례에 관한 어떤 말씀이나 그 예가 없기에, 유아세례를 베풀어서는 안 된다는 이의에 대해 츠빙글리는 답한다. 성경은 세례를 외적 할례라고 하는데, 외적 할례는 내적 할례를 전제할 때만 가치를 인정할 수 있기에, 외적 할례는 앞선 내적 할례를 전제하고 있다는 것이다. 세례 요한 역시 오실 그리스도를 바라보고 세례를 베풀었으며, 바울이 스데반 가문 사람들(고전 1:16)과 간수 가정 모든 구성원(행 16:33)에게 세례를 베풀 때도 유아에게까지 세례를 주었을 가능성이 "매우 높다"(mehr Wahrscheinlichkeit)고 생각한다. 이곳의 어른들 역시 세례를 받을 당시 믿음에 대해 전혀 아는 바가 없었지만, 그들을 주의 복음을 전할 자로 불렀다는 것이다.
2. 사도들은 세례를 베풀 때 언제나 세례받을 자의 신앙을 먼저 점검하였다는 주장에 대해 츠빙글리는 답한다. 츠빙글리는 일면 이 점에 대해 쉽게 사실로 인정하면서도, 때로는 그렇지 않았다고 답한다. 츠빙글리는 한 마디로 아니요! 라고 답한다. 이 말은 얼른 듣기에는 맞는 것 같지만, 일종

의 거짓말이라는 것이다. 사도들은 병자를 고칠 때 믿음을 물을 때도, 그렇지 않을 때도 있었기 때문이다. 마태복음 9:28-29에서 사도들은 보지 못하는 자들에게 믿느냐고 물었고, 그들의 믿음대로 즉시 보게 되었지만, 요한복음 9:1 이하에서 나면서부터 보지 못하는 자는 전혀 하나님의 아들을 알지 못했으나, 보게 되었다. 분명한 것은 이적이 믿음 앞에 왔다는 사실이다.

3. 마가복음 16:16 "믿고 세례는 받는 자는 구원을 받을 것이요, 믿지 않은 자는 정죄를 받으리라."라는 말씀 따라 믿음이 먼저 전제되어야지, 그렇지 않을 경우, 까마귀에게도 세례를 베풀 것이라는 이의에 대해 츠빙글리는 이 말씀은 어린이에게 해당하는 말씀이 아니라고 답한다. 본문의 맥락을 보면, 온 천하에 다니며 만민에게 복음을 전한 후에 나오는 말씀이기에, 유아들이 설교를 이해할 수도 받을 수도 없다면, 그 대상은 설교를 듣고, 믿든지 거부하든지 하는 어른이라는 것이다.

4. 물에 들어가 세례를 받기 전, 공적으로 믿음을 고백하면, 훨씬 힘 있고 강력한 효과를 보게 된다는 그들의 말에 대해, 츠빙글리는 그런 경우 역시 유아들에게는 해당하지 않는다고 답한다. 물론 아이의 부모가 세례받은 신앙인일 경우, 신앙 없는 부모보다는 유아교육에 많은 유익이 있다. 그런 맥락에서 과거 할례처럼 유아세례는 역시 하나의 성

례로서 유아가 주님의 규례를 배우고, 삶을 고상하게 하고, 부모에게 그러한 교육을 책임지게 하려는 것이다. 크리스천 부모로부터 출생한 아이는 정결한 삶을 살아야 하고, 아브라함의 후손들이 할례를 통해 영과 육이 구별된 자가 되는 거와 같다. 그런데 유아들이 자력으로 믿음을 고백하지 않는다고 이의를 제기한다면, 성찬에서 바른 신앙고백을 하게 하면 된다는 것이다. 성찬은 그리스도의 죽음을 통해 생명을 얻은 자의 감사의 기쁜 고백이고, 그리스도를 믿는 신자들의 가장 깊은 속사람의 일치를 기뻐하는 것이기 때문이다. 성도 한 사람, 모든 성도가 그리스도 안에서 진정한 내면의 일치를 함께 감사하고 기뻐하는 성도의 교제가 성찬이기 때문이다. 성찬에서 함께 한 성도들이 떼는 빵은 이음의 수단이고, 일치의 상징이다. 유아세례에서 사용하는 물 그 자체가 영혼을 정결하게 한다고 믿어서는 안 되고, 오직 하나님의 은혜로만이 정결케 된다. 베드로전서 1:20 이하가 말하는 것처럼, 노아의 홍수로도 사람을 깨끗하게 하지 못하는 것처럼, 세례를 통해 육체의 더러움을 씻어내는 것이 아니라, 세례는 하나님을 향한 선한 양심의 간구이다. 인간의 구원은 하나님의 은혜로만 가능하기에 베드로 역시 선한 양심의 간구를 가져오는데, 본문 역시 유아들에게 상관 되는 것은 아니라는 것이다.

편지의 끝에 잊지 않고 츠빙글리는 덧붙여 말하기를, 유아세례를 향한 외적 표식 때문에 서로 격한 논쟁을 벌이고 싸우는 것은 무의미하다고 결론을 내린다. 이러한 싸움은 결국 자존심, 자기애, 명예욕, 분열을 부추기는 사탄의 꼼수로 평가한다. 그러기에 긍휼의 하나님께서 악한 싸움에서 건져주시어 각자에게 안식과 평화의 영을 가득히 부어주길 기원한다. 츠빙글리는 철저하게 성경에 근거한 진리 추구와 진리 확증은 사양하지 않으면서도 언제나 주의 사랑을 잃지 않으려는 평화주의자의 모습을 가지려 노력했음을 본다. 물론 유아세례를 향한 츠빙글리의 성경적 긍정이 후대의 동의를 얻기에 부족함이 없다. 사실 취리히의 종교개혁자 츠빙글리가 스트라스부르에 있는 형제들에게 한 편의 논문 같은 장문의 편지를 쓴 것은 유아세례에 관한 성경적 이해를 분명히 제시하려는 것으로, 무엇보다도 성경적 이해를 분명히 할 때, 불필요한 논쟁이 사라지기를 원했다 할 것이다. 츠빙글리가 논쟁을 통해서 상대편을 정죄하고 편을 갈라 정죄하려는 것이 아니라, 전환의 시대 선한 목적을 향해 한마음으로 하나님의 일을 함께 가려는 의도가 강했다고 판단된다. 앞에 제시한 편지에서도 확인할 수 있었지만, 츠빙글리는 종교개혁에 있어서 동역이 얼마나 소중한지를 너무도 잘 알고 있었다. 유아세례가 16세기 당시 취리히에서 거대한 논쟁점이었던 것을 부인할 수 없었지만, 츠빙글리에게 유아세례 문제가 편을 가르고 이단시할 만큼 근본적(fundamental) 교리였느냐고 묻는다면, 아니요! 라고 답해야 할 것이다. 제네바의 종교개혁자 칼빈(J. Calvin)에게도 비 근본적(nonfundamnetal) 교리는 관용의 문제였다.

코만더에게

1527

편지는 요한서신과 요한복음이 말하는 물, 피 그리고 성령의 일체적 사역에 대한 츠빙글리의 신학적 이해를 보여준다. 츠빙글리는 1527년 3월 1일 초봄에 짧은 편지를 썼는데, 요한일서 5:4-8에 관한 해석으로 츠빙글리의 성령 신학을 제시한다.[14] 특히 전통적 삼위일체 교리에 대한 츠빙글리의 사상을 보여주는데, 나눌 수 없는 셋의 일체적 사역에 대한 이해로 아우구스티누스의 영향을 받은 것으로 본다. 츠빙글리의 이해는 후일 제네바의 종교개혁자 칼빈(J. Calvin, !509-1564)에게 구원과 영생을 믿는 신앙을 불러일으키는 성령의 내적 확신과 사역을 위한 근거가 되었다.

---

14 Ernst Saxer(edt.), *Huldrych Zwingli Ausgewaehlte Schriften*, 121-122.

코만더

스위스 아름다운 호반 도시 루체른(Luzern)의 모자를 만드는 집에서 태어난 요한네스 코만더(Johannes Comander, 1482?–1557)는 후일 그라우뷘덴(Graubuenden)의 종교개혁자가 되었다. 코만더는 1502년 겨울학기 바젤대학교에 입학했으며, 츠빙글리, 바디안(Joachim Vadian)과 더불어 공부했고, 1505년 우수한 성적으로 학사 학위(Baccalaurens)를 취득했다. 학구적이었던 그는 1512년 보좌신부가 되었으며, 1521년 루체른의 에솔츠마트에서 가톨릭 성당의 주임신부로 활약하였다. 1523년 종교개혁에 동참하여 쿠어(Chur) 시의 마틴 교회의 담임목사가 되어, 이곳에서 세상을 떠나기까지 34년 열정적으로 활약했다. 1526년 그는 미사 대신 성찬식을 집례했으며, 1527년까지 이곳에서 약 1500 설교를 통해 종교개혁을 추진하였다. 코만더는 츠빙글리와 뿐 아니라, 불링거(H. Bullinger), 성 갈렌의(St. Gallen) 종교개혁자 바디안와도 깊은 유대를 가졌다. 1525년부터 1528년까지 츠빙글리와 주고받은 편지들이 남아있다. 코만더는 하나님의 말씀이 교회와 신앙의 근본임을 설교를 통해 강조하였다. 코만더는 츠빙글리의 성찬 이해를 받아들였으며, 재세례파를 대적하여 싸웠고, 군대 동맹에 함께 했다. 정치적 입장도 츠빙글리와 같았는데, 종교개혁이 교회개혁으로만 끝나지 않고, 백성과 국가의 삶이 개혁되는데 열정을 쏟았다. 용병제도와 연금제에 있어 온전히 츠빙글리의 정신에 서서 개혁하고자 했지만, 불행하게도 그 뜻을 이루지 못했다. 다른 종교개혁자들과 긴밀한 관계 속에서 그는 18조 종교개혁안을 작성했는데, 여기서 1526년 1월 7일 이뤄졌던 '일란츠 종교담화'를 옹호하였다. 18조는 1528년 할러(Berchtold Haller)와 콜프(Franz Kolb)의 베를린 논쟁의 근거가 되었다. 1531년 츠빙글리가 세상을 떠난 후, 1537년 스위스 교회 총회장으로서 츠빙글리 후계자 불링거와 함께 교회를 이끄는 지도자가 되었다. 그가 세상을 떠난 지 400년이 되었을 때 쿠어 시는 그를 기념하여 코만더 교회를 헌정하였다. 편지의 수신인으로 취리히 교회의 전문 집사와 학교장으로 담임목사가 된 발링(Niklaus Baling, 사망 1553)이 나오고, 독일 바이어른 출신으로 취리히 시민권을 획득한 출판업자이며 츠빙글리의 추종자로서 1522년 취리히에서 금식 규율을 깨뜨릴 때 적극적으로 츠빙글리 편에 섰던 프로샤우어(Christoph Froschauer, 1490–1564)도 편지에 등장한다.

물과 피와 영

"주의 은혜와 평화를 기원합니다!"라는 간단한 인사말과 함께 편지는 요한일서 5장에 대한 츠빙글리의 이해를 제시하며 시작한다. "하나님으로부터 태어난 하나님 세대(Generation)에 속한 지체들은 세상을 이깁니다. 세상을 이긴 승리자와 정복자로서의 승리는 우리의 믿음입니다. 그리스도가 하나님의 아들임을 믿는 자가 아니면 누가 세상을 이기겠습니까!" 다르게는 우리가 사는 현실보다 더 나은 삶으로 부름을 받았다는 말이라고 츠빙글리는 덧붙인다. 우리의 구원을 위해 아들을 내어주셨기에, 아버지는 그 어떤 것도 우리를 그에게서 나눌 수 없음을 츠빙글리는 고백한다. 아들 예수는 물과 피를 통해 왔는데, 요한복음 3장과 4장에서 명백히 말하는 "물", 곧 그는 하늘 지혜를 가르치러 왔다.

"피"는 그리스도께서 친히 우리의 죄를 용서하기 위해 십자가에서 돌아가셨음을 뜻한다. 분명한 것은 그가 성령의 내적 교훈을 통해 진리의 빛을 비추지 않으면, 아무도 그 모든 것을 믿지 못한다는 사실이다. 그리스도가 가르치고, 이루신 일들이 진리라는 사실을 성령이 믿는 자들의 마음에 가르치며 깨닫게 한다. 성령은 실수가 없기에 누구도 실망하지 않은데, 성령 자체가 진리이기 때문이다. 물과 피와 성령, 이 셋이 하나 되어 구원의 진리를 증언하는데, 그리스도를 전하는 제자들의 증거도 다르지 않다. 여기서 츠빙글리는 증거와 증인, 가르침과 선생을 강조한다. 물은 인간으로서는 도달할 수 없는 하늘 진리를, 피는 하나님 아들이 어떤 대가 없이 행하신 화목을, 성령은 하나님께서 우리 마음에 보내셔서, 그와 더불어 우리가 깨닫고 믿도록 한다. "이 셋은 하나이다."(요일 5:8) 다른 둘이 없는 하나는 아무것도 아니다. 하늘 지혜, 구원 자체, 성령 자체로 셋은 하나다. 부연하면, 셋은 사역에서 하나가 되는데, 세상을 이기는 승리 가득한 믿음이 있게 하는 데 하나가 된다.

말을 맺으면서 츠빙글리는 이보다 더 또는 다르게 셋이 하나임을 설명하는 일은 도저히 본인의 능력을 넘어서는 일이라고 말한다. 너무도 많은 업무가 자신을 기다리기 때문이라는 것이다. 그러면서도 츠빙글리는 취리히 출판업자 프로샤우어에게는 다른 면을 언급했다고 말하면서 여운을 남긴다. 편지는 역시 시작처럼 간단한 인사 "잘 사시요 그리고 깨어 있으세요!"라는 인사와 함께 맺는다.

정리

많은 일을 감당해야 했던 바쁜 종교개혁자 츠빙글리의 짧은 서신에서 눈여겨 볼 수 있는 것은 물과 피와 성령은 하나(요일 5:8)라는 말씀에 관한 짧고 명료한 해석이다. 어떻게 보면 쉽지 않은 해석으로 언급을 피할 수 있었겠지만, 츠빙글리는 주저하지 않고 본인의 해석을 제시한다. 중요한 점은 츠빙글리의 고유성이라 할 수 있는 성령 사역의 강조다. 물은 인간이 도달할 수 없는 하늘 지혜로, 피는 보혈을 통한 그리스도의 구원으로 설명하면서, 성령을 상대적으로 길게 언급한다. 성령의 내적 가르침을 통해 진리의 빛을 비추지 않으면, 누구도 구원에 관한 어떤 것도 받아들이지 못한다는 사실이다. 성령이 믿는 자들의 마음 안에서, 그리스도께서 가르치고 성취한 일들이 진리라는 사실을 밝히고 가르친다. 물, 피, 영, 곧 셋의 일체적 사역에 누구도 실망하지 않는 것은 성령은 실수가 없고, 성령 자신이 진리이기 때문이다. 이처럼 츠빙글리는 성령의 강한 사역을 강조한다. 중세교회의 스콜라주의가 이성의 깨달음에 강조점을 두었던 것을 기억할 때, 종교개혁자 츠빙글리의 태도는 확연히 구별된다. 성령께서 진리의 빛을 비추지 않으면, 아무도 그 모든 것을 받아들이지 않는다는 사실이다. 성령께서 믿는 자의 마음속에서 그리스도께서 가르치고, 성취한 일들이 진리라는 사실을 확증한다. 츠빙글리의 성령 신학은 명료하고 분명하다.

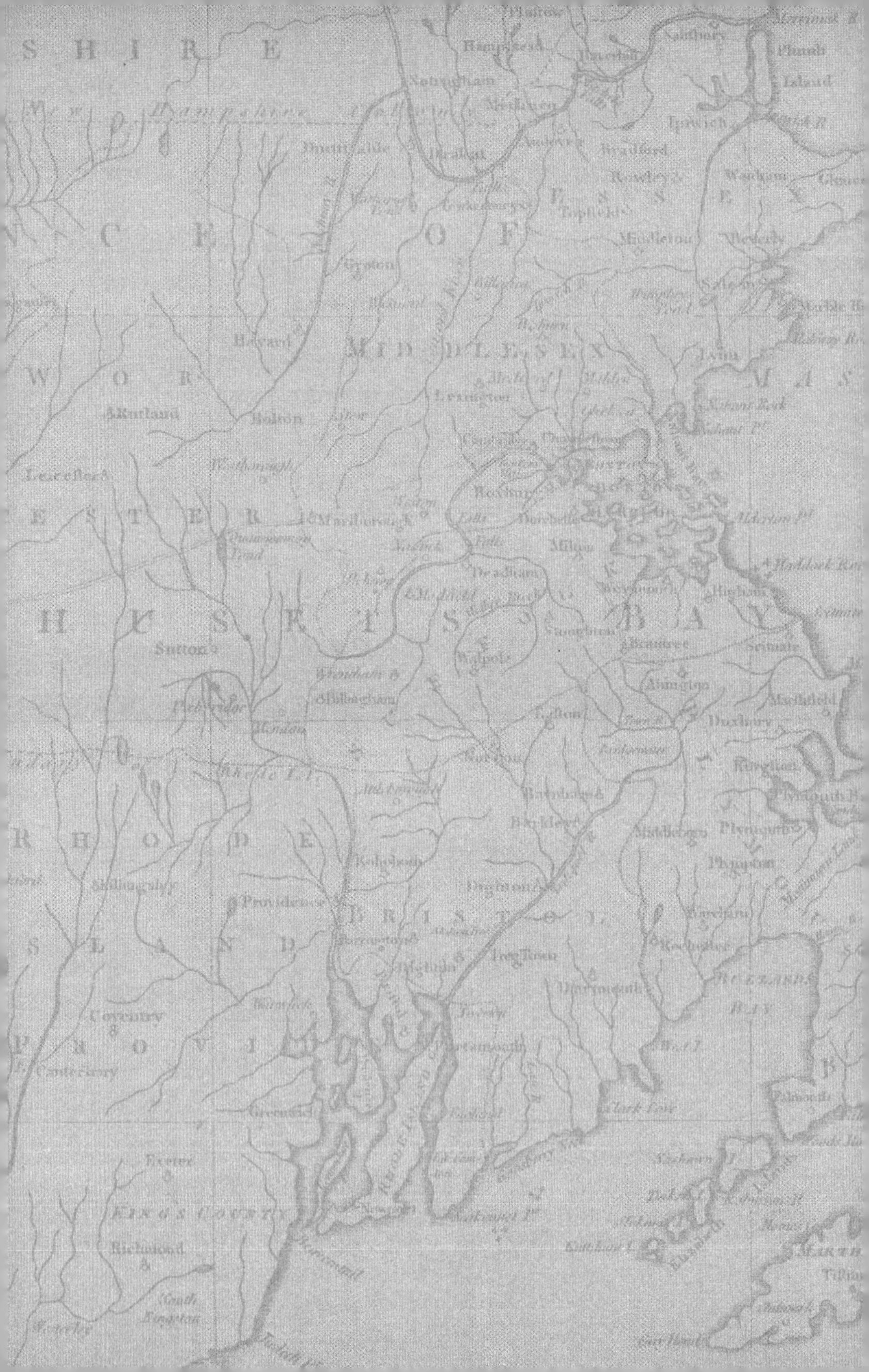

SHIRE
Hampstead
Salisbury
Plumb
Island
Haverhill
Nottingham
Ipswich
Andover
Bradford
Rowley
Dunstable
Dracutt
E S S E X
Topsfield
N C E
O F
Middleton
Beverly
Groton
Salem
Billerica
Marble H.
Harvard
MIDDLESEX
Lynn
W O R
Lexington
Rutland
Bolton
Cambridge
Charlestown
Westborough
Leicester
Roxbury
E S T E R
Marlborough
Dorchester
Milton
Alderton P.
Quinsigamond Pond
Natick
Dedham
Weymouth
Hingham
H U S E T T S
B A Y
Sutton
Braintree
Scituate
Walpole
Abington
Mendon
Bellingham
Marshfield
Duxbury
Norton
Taunton
Kingston
Rhode I.
Attleborough
Raynham
Plymouth
Berkley
Middleborough
R H O D E
Rehoboth
Plympton
Dighton
Providence
Wareham
B R I S T O L
S L A N D
Barrington
Rochester
Bristol
Free Town
BUZZARDS BAY
Warwick
Dartmouth
Coventry
P R O V I D
Tiverton
Portsmouth
Canterbury
Greenwich
Falmouth
Exeter
KINGS COUNTY
Newport
Richmond
South Kingston
Westerley

잠에게

1527

편지는 츠빙글리와 재세례파의 논쟁을 잘 보여주고 있다. 다르게는 재세례파의 삶의 양식과 정신세계에 대한 그림을 제공한다.[15] 특히 츠빙글리는 옥중에 갇힌 그들과의 대화, 그들의 심문조서를 근거로 재세례파를 묘사했다. 1527년 8월, 1527년 9월 1일 편지를 쓰기 바로 얼마 전, 취리히, 베른, 그리고 종교개혁에 동참한 여타 지역들이 재세례파 처리협약을 체결했다. 협약은 재세례파를 어떻게 대적하며, 경고하며, 처벌하며, 외국으로 추방할 것인지, 재범의 경우 처벌로서 물에 빠뜨려 죽게 할 것인지 다루었다. 이미 1527년 1월 7일 취리히에서 실시한 첫 번째 수장 사형자는 펠릭스 만츠(Felix Manz)였다.

---

15 Ernst Saxer(edt.), *Huldrych Zwingli Ausgewaehlte Schriften*, 123–125.

콘라드 잠

역사는 콘라드 잠(Conrad Sam, 1483-1533)을 제국의회가 위치한 도시 울름(Ulm)의 신학자요 종교개혁자로 일컫는다. 잠은 루터와 같은 해 1483년 울름의 남서부 방향 도나우강이 흐르는 지방 로테나커(Rottenacker)에서 태어났다. 1505년부터 1509년까지 독일 프라이부르크대에서 공부하여 법학사 학위를 취득했고, 1509년 튀빙엔대학교로 옮겨 공부하였는데, 이곳에서 후일 바젤의 종교개혁자가 된 요한네스 외콜람파드(J. Oekolampadius)와 가까운 친구가 되었다. 이후 잠은 외콜람파드의 고향 근처 브라켄하임의 목회자로서 1519년 초기 종교개혁에 참여하였다. 1520년 10월 1일 잠에게 종교개혁자 루터는 본인의 몇몇 저술을 동봉한 편지를 보내기도 했다. 1524년 초 브라켄하임을 떠나야 했던 잠은 울름 시의회의 결정으로 울음 뮌스터교회의 개신교 목회자가 되었다. 그 과정에서 그는 세 번의 설교 심사를 받고 '순전하고 명료한 하나님의 말씀을 설교하는' 목회자로 취임하였다. 이곳에서 잠은 루터의 종교개혁 추종자에서, 1524년 츠빙글리를 지지하는 종교개혁자가 되었다. 성만찬 논쟁이 한참일 때, 잠은 츠빙글리, 그리고 절친 외콜람파드와 같은 입장에 섰는데, 이로부터 점점 루터와는 멀어지게 되고, 종국에는 루터를 반대하는 자리에까지 서게되었다. 잠은 확실하게 로마교회와 루터파에 대적하여 본인의 성찬론을 대변하는 인물이 되었는데, 결국 그는 루터파와 가톨릭으로부터 강한 공격을 받기에 이르렀다. 잠은 힘들고 더디게 울름의 종교개혁을 성취하였다. 무엇보다 옛 신앙을 고수하는 소수, 황제와 슈바벤 지방의 동맹을 향한 두렵고 염려스러운 시의회의 정치적 고려가 걸림돌이었다. 울음 시의회는 종교개혁의 모든 변화를 1526년 슈파이어 제국의회의 결정이 이뤄질 때까지 미루려 했다. 특히 새로운 성찬식 집례에서 더욱 그러했다. 다행히도 슈파이어 제국의회는 미사를 폐하고, 성화와 비성경적 관습을 제거하였다. 수도사들은 침묵할 것, 성직자의 결혼을 허용되었으며, 잠 역시 바이에른 출신 여인 엘리자베드와 공개적으로 혼인하였다. 1528년 잠은 울름의 라틴학교 교장 미하엘 브로탁(Michael Brothag)과 함께 츠빙글리 정신에 입각한 신앙교육서(Catechism) '청소년을 위한 기독교 교육'(Christliche underweysung der Jungen und Psalter Davids, 1529)과 찬송가와 독일어 시편 찬송을 출판하였다.[16] 잠은 더욱 열정적으로 울름의 종교개혁을 펼치기를 원했는데, 그런 맥락에서 종교개혁 동료 외콜람파드, 부쳐, 블라러(Blarer)를 한동안 울름으로 초대하기도 하였다. 그들의 도움으로 울름의 종교개혁을 성사시키고자 했던 것이다. 그들이 울름 시를 방문하였을 때, 잠은 츠빙글리의 신학 사상에 근거한 새로운 교회법을 형성하고자 했다. 이렇게 하여 7년 동안의 투쟁으로 잠은 비로소 1531년 6월 31일 비로소 미사를 폐지하고, 울름의 종교개혁을 성취할 수 있었다. 그러나 울름 시의회는 잠의 심적 고통을 잘 알면서도 슈말칼드 동맹을 위해 어쩔 수 없이 1532년 4월 루터교 '아우구스타나 신앙고백'

---

16 참고. Huldrych Zwingli, "Wie Jugendliche aus dem gutem Haus zu erziehen sind 1523", *Huldrych Zwingli Schriften I,* (Zuerich, 1995), 215–241; 훌트라이트 츠빙글리, 『츠빙글리 저작 선집 1』, 임걸 역, (서울: 연세대학교 대학출판 문화원, 2014), 268–289: "어떻게 아이들을 훌륭하게 교육시킬 것인가 1523".

과 '그 변증'에 서명했다. 이렇듯 울름은 잠과 더불어 종교개혁에 동참하였으며, 시민들은 새로운 개혁신앙으로 경건한 삶을 맘껏 누렸는데, 이는 재세례파의 혼란이 암암리에 도시에 퍼지기 전까지였다. 1533년 울름의 신앙지도자 잠은 계속되는 심장마비로 돌연 세상을 떠나야 했는데, 아직 그가 50살이 차기 전이었고 후계자도 없는 상태였다.

재세례파의 정체

주의 은혜와 평화를 기원하며 시작하는 편지는 "신실한 진리의 파수꾼" 콘라드 잠이 재세례파에 의해 어려움을 당한다는 긴박한 소식 때문에 츠빙글리가 여느 때와는 다르게 서둘러 답장하고 있음을 밝힌다. 문제는 재세례파가 점점 더러운 무리가 되어가고 있기 때문이다. 그들에게 나름의 관용을 보였던 츠빙글리 역시 이들과의 이견으로 논쟁하지 않을 수 없는 불편한 사이가 되었다고 밝힌다. 그들의 도를 넘는 뻔뻔함이 사람들의 입에 오르내리며 빈번히 사람들의 조롱거리가 되고 있다는 것이다. 츠빙글리에게 안타까운 사실은 믿는 자들이 그들로부터 유혹을 받고 있는데, 다행히도 정신을 차려 재세례파의 오류를 깨닫고 돌아오고 있다는 것이다. 처음에는 많은 신자가 재세례파와 상종하기를 꺼리지 않았음을 츠빙글리는 밝힌다. 문제는 시간이 갈수록 그들의 거짓, 독한 미움을 품은 위선으로 그들의 실체가 드러나고 있다는 것이다. 이에 어쩔 수 없이 진리의 방패를 들고 그들의 오류와 공격을 막아내고 무찌르기 시작하게 되었고, 그때 마침 진리의 빛이 비쳤다고 츠빙글리는 말한다. 많은 남녀가 이곳저곳 그럴듯한 재세례파의 수다와 번지르르한 유혹에 빠져들었지만, 다행히 그들은 금방 알아차리고 빠져 나왔다. 재세례파는 천국을 손가락으로 만져보고, 4두 마차로 하늘을 오른다는 식의 허황된 이야기로 성도를 현혹하는데, 그럴수록 지도자 잠이 영적으로 깨어 있어야 하고, 그들의 위선이 밝히 드러나도록 최선을 다해야 한다고 강조한다.

수장형

잠이 안드레아스에게 썼던 편지에서 말했던 것처럼, 재세례파로서 농민전쟁의 편에 섰던 목회자 빌헬름(Wihelm Roeublin, ca 1490−1559)을 파렴치한이라고 츠빙글리는 공격한다. 농민들의 요구를 받아들여 세금과 십일조세 의무를 파기한 빌헬름이야말로 재세례파의 문이며, 무모한 사람으로 말은 그럴듯하게 잘하지만, 지혜롭지 못한 자라고 츠빙글리는 비판한다. 그들이야말로 지금까지 받아들였던 그리스도의 복음 진리를 무시하고, 기독교를 부패한 마술로 보는 이단으로서 기독교 전 역사를 통틀어 가장 수치스러운 집단으로 츠빙글리는 공격한다. 수단 방법을 가리지 않은 그들의 공격은 마귀의 어떤 간교보다 지독한데, 도리어 그들은 취리히 시의회가 어떤 악한 무리보다 앞서간다고 비난하기까지 한다는 것이다. 이러한 그들을 향해 츠빙글리는 신명기 13:5를 인용하며, 거짓 선지자와 악한 지도자를 돌로 쳐 죽여야 한다고 주장한다. 취리히와 베른 외에 스위스 연방 다른 곳에서는 과두정치를 통해 그런 끔찍한 무리를 제때 처벌하는데, 복음적이며 시민적 자유를 위해서라도 취리히에서도 그런 자들을 처벌하는 일이 긴급함을 츠빙글리는 말한다. 그들이 다른 이들을 침례로 세례를 다시 주듯이, 그들 스스로 그렇게 수장되었는데, 그들 자신이 만든 사기와 거짓으로 되돌려준다는 것이다.

혼란에 빠진 취리히

츠빙글리는 이전 시의회에서 재세례파를 다룰 때마다 그들의 입장을 설득력 있게 옹호하곤 했다. 시의회가 그들을 관대하게 다룰 수 있었던 것도 그러한 이유에서였다. 그렇지만 그들의 두목 또는 지도자가 추방당할 때, 사람들은 비로소 그들의 실체를 알게 되었다. 사실 츠빙글리만큼 그들에게 관대하게 대한 사람은 없었다. 그들의 범죄에도 불구하고 적법한 판결을 하지 않는다는 소문이 날 정도였는데, 이는 사실이 아니고 전혀 옳지 않았다. 거기다 재세례파는 사람이 사람을 죽일 수 없다고 이의를 제기했고, 어떤 범죄자라 할지라도 감옥에 넣어서는 안 되고 자유롭게 살게 해야 한다는 것이었다. 이에 츠빙글리는 구약의 선지자를 제시하며, 재판관의 존재 이유를 분명히 한다. 여기저기 곳곳에서 재세례파로 인해 범죄와 부정부패가 드러나고, 폭력이 난무하고 법질서가 무너지고 무절제의 삶이 넘쳐난다면 더는 그대로 두고 볼 수 없고, 그들을 향해 어떤 배려도 있을 수 없다는 것이다. 곧 강력한 처벌 수단을 동원하는 것이 츠빙글리의 입장으로 제시된다. 경건한 성도들까지도 그들로 인해 도덕성이 무너지고, 무절제의 방종으로 빠져들기 때문이다. 츠빙글리는 스위스 연방의 번영과 정의, 바른 삶을 위해 재세례파를 통한 분열을 막고, 이를 대적하여 싸워야만 했다. 로마의 주적 카르타고의 하니발과 시라쿠스의 폭군 디오니소스보다 츠빙글리 본인이 더 잔인한 것인지를 반문하는데, 이는 재세례파를 향한 본인의 의지와 판단이 무리하지 않고 정당함을 역설한다. 츠빙글리는 잠이 영적으로 깨어 재세례파를 대적해 엄격할 것을 요청한다.

정리

16세기 당시 재세례파 문제가 시간이 갈수록 심각해감을 본다. 처음에는 츠빙글리를 포함 일반교인들도 그들과 기꺼이 상종하였다. 츠빙글리와 재세례파는 유아세례 등에서 차이가 있었지만, 이는 관용할 수 있는 비근본 교리로 여겼다. 츠빙글리 역시 시의회에서 그들의 문제가 다뤄질 때마다 가능한 그들의 입장을 옹호하였다. 그렇지만 어쩔 수 없이 츠빙글리와 재세례파와의 관계가 나빠졌는데, 그들의 분열, 무절제, 거짓, 위선, 독선, 신비주의 등에서 차이를 보였을 뿐 아니라, 취리히 교회를 향한 그들의 비판과 해악이 도를 넘어섰기 때문이다. 재세례파로 인한 교회분열은 사회문제로 이어졌고, 시의회는 강력한 법의 회초리를 들게 되었다. 먼저 다른 도시들처럼 그들의 지도자를 사형으로 엄하게 다스려야 했는데, 취리히 강에 빠뜨려 죽이는 수장형으로까지 처벌했다. 처음과는 다르게 아주 독한 처벌인 익사형으로 재세례파를 다스려야 하는 종교개혁자 츠빙글리의 모습은 많은 생각을 하게 한다. 재세례파는 16세기 종교개혁 시대 스위스 츠빙글리에게서와 독일의 종교개혁자 루터에게서도 잔인한 처형의 대상이 되었으니, 이는 분명 슬픈 역사라 하지 않을 수 없다.

SHIRE
New Hampshire
Hampstead
Haverhill
Salisbury
Merrimak R.
Plumb Island
Ipswich
Ipswich R.
Dunstable
Andover
Bradford
Rowley
Wenham
Glouces
Groton
Topsfield
Middleton
Beverly
Salem
Marble He
ESSEX
MIDDLESEX
Lynn
Harvard
WORCESTER
Rutland
Bolton
Lexington
Malden
Cambridge
Charlestown
Boston
Roxbury
Dorchester
Leicester
Marlborough
Milton
Dedham
Medfield
Weymouth
Hingham
MASSACHUSETTS
BAY
Sutton
Walpole
Stoughton
Braintree
Scituate
Abington
Marshfield
Wrentham
Bellingham
Easton
Duxbury
Norton
Kingston
Plymouth
Attleborough
Taunton
Bridgewater
Middleboro
Plymton
RHODE ISLAND
Rehoboth
Smithfield
Providence
BRISTOL
Barrington
Free Town
Wareham
Rochester
Coventry
Dartmouth
BUZZARDS BAY
PROVIDENCE
Canterbury
Portsmouth
Falmouth
Exeter
KINGS COUNTY
Newport
Elizabeth Islands
MARTHA
Richmond
North Kingstown
Westerly
Gay Head

바디안에게

1529

마부르크 종교담화

츠빙글리는 동료 바디안에게 1529년 10월 1일부터 5일까지 독일 마부르크에서 있었던 종교담화에 관한 소식을 전하러 한 통의 편지를 썼다.[17] 바디안은 회담이 어떻게 진행되었을지, 매우 궁금했으며 긴장되었다. 이에 츠빙글리는 마부르크논쟁을 사실적으로 전하였다. 츠빙글리는 마부르크 종교담화를 진솔하게 묘사하고 있는데, 특히 멜란히톤과 루터의 태도에 대한 묘사는 사실적이고 망설임이 없다. 이는 뉘른베

17 Ernst Saxer(edt.), *Huldrych Zwingli Ausgewaehlte Schriften*, 125–128: “An Joachim Vadian in St. Gallen(20. Oktober 1529)”.

르크 종교개혁자로서 역시 회담에 임했던 안드레아스 오시안더(Andreas Osiander)의 불친절한 보고와는 대조적이다.[18] 1529년 10월 3일 이룬 15조를 조금도 망설이지 않고 양편이 자기 편의 승리로 파악했다는 점이다. 스위스 쪽 사람들은 언제나 루터를 적대자로 여기지 않았지만, 이와는 다르게 루터는 교회가 분리될 수 있는 심각한 차이로 생각했다. 회담 후에도 스위스는 실지로 루터 종교개혁과 연대를 강화하기 위해 1543/44년까지 노력을 기울였다. 츠빙글리가 정치적 동맹을 위해 성주 필립과 회담하기 위해 헤센을 방문하였는데, 신앙고백의 크고 작은 차이에도 불구하고 개신교가 함께 반 합스부르크 동맹을 추구한 것이 그 예라 하겠다.

바디안

인문주의 이름 바디안(Joachim Vadianus, 1484–1551)은 본명 요아힘 폰 바트(Joachim von Watt)의 개명이었다. 바디안은 1484년 11월 29일 성 갈렌(St. Gallen)에서 포목상을 하는 부유하고 영향력 있는 가문에서 태어났다. 성 갈렌에서 라틴어 학교를 마친 그는 1501년 말 오스트리아 빈대학교에 등록하였다. 여기서 그는 바디안이라는 새로운 이름을 갖게 되었는데, 그가 라틴어 문화와 인문주의에 매료되었음을 확인하게 된다. 바디안은 빈대학교에서 츠빙글리를 같은 학생으로 만났다. 바디안은 빈대학교에서 1504년 문학사를 얻었다. 흑사병이 일자 그는 1506년부

18 Ernst Saxer(edt.), *Huldrych Zwingli Ausgewaehlte Schriften*, 126.

터 1507년까지 대학에서의 학업을 중단하고, 케르텐의 필라라는 지방으로 피신했는데 이곳에서 학생들을 가르치며, 음악 수업에도 참여했고, 한동안 베네딕투스 수도회에서 지내기도 했다. 계속해서 그는 이탈리아의 트리엔트, 베니스, 파두아로 수학여행을 다녔고, 다시 빈대학교로 돌아와 1508년 석사학위를 취득하고, 고향 성 갈렌으로 돌아갔다. 1512년부터 바디안은 빈대학교에서 수사학과 시를 강의하였다. 천부적으로 문학성이 뛰어나고 탁월한 웅변가 바디안은 1514년 3월 12일 린츠에서 황제 막스밀리안 1세가 수여하는 계관 시인(Poeta laureatus)에 등극하였다. 1515년 빈에 모인 국제 제후대회에서 바디안은 폴란드 왕을 위한 인상 깊은 환영사를 했다. 1516년 그는 빈대학교의 수사학과 시학의 교수와 학장에, 1516년/1517년 겨울학기에는 총장이 되었다. 음악을 사랑하는 그는 바쁜 중에도 당대 최고의 음악가들과 교제를 나누었다. 그의 학구열은 식을 줄 몰랐는데, 의학과 자연과학에 특히 지리와 역사학에 심취하였고, 그는 지구가 볼처럼 둥글다고 주장했다. 1517년 그는 의학박사가 되었고, 수학자, 천문학자, 의학자가 그가 사랑하는 선생들이었다. 1518년 고향 성 갈렌으로 돌아온 그는 생의 전환점을 맞이했다. 성 갈렌 시는 그를 자문위원과 의사로 위촉했는데, 이 일을 바디안은 진지하게 수행하였다. 1519년 그는 35살의 나이로 결혼하였는데, 상대는 야콥 그레벨의 딸이며, 콘라드 그레벨의 누이 마르타 그레벨(Martha Grebel)였다. 바디안은 성 갈렌에 살며 인문주의를 후원하는 일에 적극적이었다. 1522년 여름 그는 바젤을 방문하여 인문주의자 공동체와 돈독한 인연을 맺었으며, 그곳에서 당대 최고 인문주의자 에라스무스를 만났다. 그런 일이 있고 얼마 후, 그는 바로 종교개혁에 동참하였는데 루터의 글들을 직접 읽고 츠빙글리와의 우정을 통해서였다. 그의 종교개혁 동참은 츠빙글리에게 보낸 편지와 다른 글들을 볼 때, 1522년 그는 로마교황청과 교황의 수위권을 비판하기 시작하였다. 1523년 바디안은 제2 취리히 토론과 1528년 베른 토론의 의장이 되어 본격적인 종교개혁의 인물로 무대에 등장하였다. 1524년 3월 바디안은 취리히 출판업자 프로샤우어와 함께 츠빙글리의 저서『목자』가 출판되도록 힘을 보태었다. 1526년 바디안은 3년 임기의 성 갈렌의 시장으로 선출되었는데, 본격적으로 성 갈렌의 종교개혁을 정치적으로 신앙적으로 이끌었다. 그는 성 갈렌에 있는 수도원을 개혁하고자 하였지만, 아쉽게도 그 뜻을 이루지 못했다. 어쨌든 바디안은 정치적으로 그리고 신앙적으로 성 갈렌을 개혁신학의 도시로 바꾸고자 했다. 그의 저술로는 그가 비인대학교에서 강의했던 대략 20종으로 대부분 고대 인물들의 글을 주석한 것이다. 바디안은 본인의 폭넓은 인간관계와 탄탄한 개혁신앙을 근거로 종교개혁을 펼쳤는데, 그의 빈번한 서신교환이 이를 잘 보여주는데, 취리히의 불링어, 쿠어의 코만더, 바젤의 미코니우스는 그의 가장 소중한 종교개혁 파트너였다. 바디안이 주고받은 1850 통의 편지가 그의 활약을 생생히 말해준다. 1551년 4월 6일 바디안은 자신이 태어나고 일했던 고향 성 갈렌에서 67세의 나이로 하나님의 부르심을 받았다. 후일 역사는 그를 종교개혁자, 인문주의자, 의사, 학자, 성 갈렌의 시장으로 부르는데, 지금도 성 갈렌에는 그의 동상, 바디안 은행, 바디안 맥주 등을 통해 종교개혁자 바디안을 기억하고 있다.

생생한 회담 풍경

츠빙글리는 1529년 10월 20일 성 갈렌의 종교개혁자 바디안에게 편지를 썼다. "주의 은혜와 평화를!"이라는 간단한 안부는 츠빙글리가 얼마나 많은 일을 감당해야 했는지를 보여주는 동시에 츠빙글리가 조금은 일 중심적이지 않았는지 생각하게 한다. 츠빙글리는 용건으로 바로 들어간다. "당신이 긴장하고 있는 일에 대해 내가 간단히 당신에게 전하려 합니다." 츠빙글리는 1529년 10월 1일부터 5일까지 독일 마부르크에서 루터, 츠빙글리, 멜란히톤, 외콜람파드 외에 마르틴 부쳐(Martin Bucer), 아콤 슈투엄(Jakob Sturm), 카스파 헤디오(Caspar Hedio), 유스투스 요나스(Justus Jonas der Ältere), 안드레아스 오시안더(Andreas Osiander), 요한네스 브렌츠(Johannes Brenz), 슈테판 아그리콜라(Stephan Agricola)가 참석하여 그들 사이에 벌어진 종교담화에 관한 소식을 기다리는 바디안에게 충분한 소식을 전한다. 특히 성찬에 관한 논쟁은 이틀 동안 서로 성경적 근거를 갖고 이루어졌는데, 루터, 츠빙글리, 외콜람파드가 이에 주로 참여하였다. 결실 없는 중재자 역할을 하였던 마르틴 부처는 츠빙글리의 편지에서는 보이지 않는다. 총 15개 조항 중 14개는 합의를 보았지만, 성찬에 관한 15번 조항은 차이를 보이며 합의에 이르지 못했는데, 개혁교회의 신앙고백으로서 성찬이해와는 다르게 성찬에 주님이 실지로 임재하는 루터의 공재론(Realpraesenz)이 특히 그랬다. 양편은 로마교회의 화체설을 반대했으며, 일반 신도들이 직접 성찬의 잔을 잡는 것에는 함께 동의하였다. 처음으로 루터파와 개혁파가 함께하여 성찬에 관하여 대화를 한 역사적 마부르크 종교담화는 헤센의 성주 필립의 제안으로 성사되었고, 필립의 궁전에서 숙식을 제공하였다. 회담은 처음부터 긴장이 나타났는데, 외콜람파드의 제안 때문이었다. 외콜람파드는 루터와 함께, 멜란히톤은 츠빙글리와 함께 분리하여 어떤 중재자도 없이 맘껏 토론이 이루어져야 한다고 제안했다. 그렇게 할 때만 교리에 대한 각자의 생각을 충분히 드러내어야 흡족한 결론에 도달할 것이라는 생각에서였다. 루터는 이러한 외콜람파드가 츠빙글리와 동지라는 사실에 불쾌하면서, 외콜람파드가 대적자 에크(Eck)의 손아귀에 빠져들었다고 비난하였다. 츠빙글리는 이 사실을 바디안이 중요한 사람들에게 알려도 된다고 말한다. 츠빙글리에게 못마땅한 인물은 회색분자 멜란히톤이었는데, "미끈한 뱀장어와 어떤 모습으로도 변신에 능한 바다의 신 프로테우스 같은 멜란히톤"의 애매한 태도 때문이었다. 멜란히톤은 츠빙글리에게 "내 손을 소금으로 무장하고, 말리라."라고 하면서 침묵할 것을 요구했다는 것이었다. 이런 식으로 가능한 방법을 다 동원해서 멜란히톤은 힘든 상황을 벗어나려고 했다고 츠빙글리는 비판한다. 멜란히톤은 힘든 상황이 빨리 지나가기를 바랄 뿐이었는데, 츠빙글리는 그가 내뱉었던 수십만 발언 프로토콜 중에서, 헤센의 필립 공도 역시 가지고 있는 몇몇 증거를 바디안에게 보내면서 중요한 지도자들에게 알려야 한다고 하며 조심스럽게 당시 상황을 전한다. 의사록은 츠빙글리에 의해 만들어졌는데, 필립 공 역시 의사록을 다 살폈으며, 읽었고, 필립은 몇몇 부분을 직접 받아 쓰도록 했다는 것이다. 물론 츠빙글리 역시 새로운 불상사가 일어나지 않기를 바랬다. 서로가 참여한 이틀 동안의 토론은 멜란히톤과 츠빙글리가 각각 6시간을, 루터와 외콜람파드가 각각 3시간을 할애해 총 18시간을 소요했다고 츠빙글리는 전한다. 다음 날에는 필립 공과 중재관이 함께한 자리에서 하루 24시간을 꼬박 다 쓸 정도까지였는데, 루터와 멜란히톤이, 외콜람파드와 츠빙글리가 팀을 이루어 토론장으로 향했는데, 토론은 나아가 세 세션 이상을 넘어서 진행되었다고 츠빙글리는 전한다. 전체적으로 4세션으로 진행된 논쟁은 중재자들의 입회하에 잘 진행되었다고 전한다. 츠빙글리와 외콜람파드는 루터를 상대로 논쟁해야 했는데, 루터는 세 번이나 의미가 분명한 성경 구절을 반복했는데, "그리스도는 그의 신성을 따라 고난당했다"와 "그리스도의 몸은 어디나 존재한다"였다. 거기다 루터는 "육은 무익하다"라는 말씀을 틀리게 해석했다고 츠빙글리는 전한다. "사랑스럽게도"(liebenswuerdig) 루터는 본인이 강조하는 "육은 무익하다"라는 말씀 외에는 어떤 답변도 내놓지 않았다고 츠빙글리는 전한다. 루터는 "츠빙글리, 너도 알다시피, 고대인들처럼 모두는 몇백 년이 흐르는 가운데 해석력이 진보하여 성경 본문을 항상 다르게 해석했다."라고 말했다는 것이다. 루터는 "육으로 그리스도의 몸이 우리의 몸 안으로 들어가게 먹는데, 동시에 나는 영혼이 육체를 먹을 가능성을 보류하고자 해."라고 말했다는 것이다. 이 말을 하기 바로 전 루터는 "입으로 그리스도의 몸은 육체적으로 먹고, 영혼은 그를 육체적으로 먹지 않는다."라고 말했다고 츠빙글리는 전한다. 그리스도의 몸은 "이것은 내 몸이다."라는 주례사를 통해 이루어진다고 루터가 말하는데, 이러한 태도야말로 "나쁜 궤변"이라고 츠빙글리는 반박한다. 그러면서도 루터는 그리스도의 몸은 한계를 가지며, 그리스도 몸의 표식을 성찬(eucharistie)이라고 일컬을 수 있다고 인정했다는 것이다. 루터는 "수를 헤아릴 수 없을 정도로 모순적이고, 비합리적이고 바보 같은 많은 문장을, 마치 해변에서 들려오는 수많은 소음처럼 미성숙한 모습으로 지껄였는데, 그래서 우리로부터 반박을 받았고, 함께 했던 필립 공도 결국 우리편에 섰다."라고 전한다. 그렇지만 필립 공은 다른 제후들이 참석한 공개석상에서는 이를 드러내지 않았다고 츠빙글리는 아쉬워한다. 사실 칼 5세가 이끈 1530년 아우크스부르크 제국의회에서도 이런 식의 필립의 애매한 정치적 태도는 츠빙글리를 힘들게 하지 않았나 생각한다. 어쨌든 이를 계기로 헤센 왕실은 급속히 루터로부터 멀어지게 되었으며, 필립은 사람들이 우리의 책들을 전혀 문제없이 읽을 수 있다고 분명하게 허락했고, 우리의 교리를 동의하는 목회자들을 이제는 파면하지 않고 인정하기로 했다고 츠빙글리는 전한다. 그런 이해 가운데서 바디안이 마부르크 합의안을 읽을 것을 츠빙글리는 권한다.

"이처럼 진리가 공적으로 우위를 점했다"라고 츠빙글리는 기뻐한다. "언젠가 한 사람(츠빙글리?)이 열세에 놓였던 것같이, 이제는 루터가 몰염치와 험담으로 모든 사람이 보는 앞에서 열세에 놓였는데, 무엇보다 마음을 뚫어보는 바른 재판관 앞에서 그렇게 되었다."라고 츠빙글리는 바디안에게 전한다. 이때 츠빙글리는 "루터는 소리치고 싶었을 것인데, 본인은 누구에게도 지지 않는 무적이라고!" 했을 루터를 그린다. 츠빙글리의 계속되는 승전보는 다른 교리에서도 개신교들 사이에서 일치를 보고 난 후, "루터가 장악하게 될 거라고 교황 추종자들이 더는 꿈꿀 수 없게 만들었다"라고 역설적으로 전한다. 이는 루터의 신학과 논리로는 로마교회를 확실히 극복할 수 없다는 말을 우회적으로 전하는 것으로, 개혁교회만이 대안임을 내세우는 것이라 하겠다. 스위스 취리히에서 독일 마부르크까지 오고 가야 했던 먼 여행 그리고 심신을 집중해야 했던 긴장감 넘치는 토론으로 "여전히 아주 지친"(noch ganz erschoepft) 츠빙글리였지만, 소식을 가능한 서둘러 바디안에게 전했는데, 마부르크 종교담화에서 승리감에 젖은 츠빙글리는 후일 바디안을 직접 만나서 "상세히"(vollstaendig) 마부르크에서 있었던 논쟁에 대해 전해줄 것을 기대한다. 츠빙글리는 시간이 주어진다면 신앙의 자유를 위해, 그리고 황제의 횡포를 막아낼 지혜를 바디안과 서로 나누기를 원한다. 편지의 마지막 안부 역시 간단한데, "그간 잘 사시오. 모든 친구에게 안부를 전하시오. 훌드리히 츠빙글리"라는 말로 마감한다.

의의

편지는 1529년 10월 1일부터 10월 5일까지 있었던 역사적 마부르크 종교담화의 분위기와 뒷이야기를 생생하게 전하고 있는데, 귀하고 소중한 사료(史料)라 하겠다. 츠빙글리가 참석자로서 현장 상황을 전하고 있는데, 무엇보다 루터와 멜란히톤에 관한 묘사는 매우 상세하고 직설적이다. 아쉬움이 있다면, 비록 한 사람 바디안에게 보내는 사적 편지이긴 하지만, 츠빙글리가 종교개혁자 루터와 멜란히톤에 대한 묘사가 조금은 달랐으면 어땠을지 생각한다. 츠빙글리의 묘사가 헤센의 성주 필립 공도 확인한 회의록에 근거하고 있지만, 강력한 지도자 루터의 동역자로서 내성적이고 심약한 독일 종교개혁의 제2인자 멜란히톤의 어려움을 고려할 때, 멜란히톤을 향한 묘사가 우회적이었으면 하는 아쉬움은 있다. 물론 생생한 현장을 전해줌에는 이보다 더 사실적 서술은 없기에 교회사를 공부하는 한 사람으로서 통쾌함과 고마움도 가진다. 어쨌든 츠빙글리는 14개 합의를 이룬 역사적 종교담화와 함께 성찬론에서도 나름의 입장에 서게 되었다. 이를 계기로 헤센의 성주 필립이 정치적으로나 신앙적으로 개혁신학을 비로소 지지하게 되었으며, 개혁신학을 고백하는 목회자들이 헤센 땅에서 파면을 면하게 되었는데, 개혁신학이 1529년을 계기로 루터의 땅 독일 헤센에서도 새로운 출발을 하게 되었음을 확인한다. 이는 이제까지의 루터 신학의 독점이 깨어지면서, 개혁신학이 역사의 무대에 본격적으로 활약을 하는 실질적 계기가 되었다 하겠다. 그렇지만 1529년 마부르크 종교담화는 츠빙글리의 개혁교회를 루터파와 로마교회 양쪽에서 공격을 받는 위치가 되게 했는데, 결정적으로 1530년 아우크스부르크 제국의회에 츠빙글리가 루터의 반대로 참석하지 못하게 되는 상황까지 전개되었다는 사실이다. 나아가 이는 결국 1555년 아우쿠스부르크 종교평화의 "성주의 종교는 백성의 종교다"(cuius regio, eius religio)라는 선언에서도 스위스 개혁교회가 빠지는 상황에까지 이르렀다 할 것이다. 이로부터 유럽대륙이 스위스 종교개혁을 공인하기까지는 긴 인내와 함께 한 세기가 넘는 시간이 요구되어야 했다. 1648년 '베스트팔렌 종교화해'가 비로소 스위스 종교개혁을 '개혁교회'(Ekklesia Reformata)라 명명하며 유럽에서 정치적,

신앙적으로 공인하였기 때문이다. 이렇게 하여 17세기에 이르러서야 개혁교회도 루터교회와 함께 공식적으로 역사의 무대에 서게 되었다.

S H I R E
New Hampshire
Salisbury
Plumb Island
Haverhill
Nottingham
Methuen
Ipswich
Andover
Bradford
Dunstable
Dracut
Rowley
Wenham
E S S E X
Topsfield
Middleton
Beverly
O F
Groton
Billerica
M I D D L E S E X
Lynn
Lexington
Medford
W O R
Rutland
Bolton
Cambridge
Charlestown
Leicester
Boston
Roxbury
Dorchester
C E S T E R
Marlborough
Milton
Dedham
Weymouth
Hingham
H U S E T T S
B A Y
Stoughton
Braintree
Scituate
Sutton
Walpole
Abington
Bellingham
Mendon
Easton
Marshfield
Duxbury
Norton
Kingston
Plymouth
Raynham
Berkley
Middleborough
R H O D E
Rehoboth
Plympton
Dighton
Providence
B R I S T O L
Wareham
S L A N D
Rochester
Freetown
Dartmouth
Warwick
Coventry
Tiverton
P R O V I
Portsmouth
Canterbury
Greenwich
Falmouth
Exeter
Elizabeth Islands
K I N G S C O U N T Y
Richmond
South Kingston
Westerly
Chilmark
Gay Head

멤밍엔 시장에게

1530

아우그스부르크 제국의회

1530년 아우크스부르크 제국의회는 종교개혁사에서 중요한 전환점이다. 1년 전 헤센의 필립의 주도하에 1529년 마부르크 종교담화에서 루터교회와 츠빙글리의 개혁교회 사이 신앙고백의 공통점과 아울러 차이는 확연해졌다. 이러한 때 로마제국의 통치자 황제 칼 5세는 제국의회를 통해 새로운 질서를 추구하고자 하였는데, 1530년 여름에 열린 아우크스부르크 제국의회였다. 초대받지 못한 츠빙글리는 1530년 7월 3일 한 통의 편지를 조금은 서둘러 황제 칼 5세(Karl V., 1500–1558)에게 썼는데, 진행 중인 아우크스부르크 제국의회에 보내는 츠빙글리의 '신앙 해명'(Fidei ratio) 서두에 첨부한 것이었다. 1530년 아우크스부르크 제국의회는 혼란의 시대 칼 5세가 정치적, 신앙적 이유로 로마교회 추기경 요한 에크의 공개 토론과 함께 종교개혁 운동의 정착을 공적으로 확정하기 위해서였다. 이미 10년 전 독일 종교개혁이 시작했을 때, 황제 칼 5세는 이러한 일을 시도하려 했으나, 프랑스와 터키 사이 벌어진 전쟁으로 인해 그 뜻을 이루지 못했다. 취리히, 콘스탄츠, 베른, 바젤, 샤프하우젠, 성 갈렌, 비엘, 엘자스 지방의 뮐하우젠이 참여하여 1527년 말 개혁파 동맹을 결성하였고, 스트라스부르는 1531년 동맹에 참여했다. 울름, 멤밍엔, 린다우는 아쉽게도 가입이 이뤄지지 못했다. 루터파는 아우크스부르크 제국의회에 개혁파 동맹이 함께 참여하는 것을 반대하였는데, 달갑지 않았던 츠빙글리와의 1529년 10월 마부르크 종교담화를 떠올렸을 것이다. 아우크스부르크 제국의회에 제출한 신앙고백은 루터파의 신앙고백과 스트라스부르, 콘스탄츠, 린다우, 멤밍엔은 4개 도시 신앙고백 '테트라폴리타나 신앙고백'(Tetrapolitana confessio)이었다. 아쉽게도 츠빙글리의 취리히는 제국의회에 초대받지 못했다. 1530년 6월 21일 스트라스부르의 대표로 제국의회에 참석한 야콥 슈투엄(Jakob Sturm)은 편지와 함께 제국의회에 제출된 여러 신앙고백을 츠빙글리에게 동봉했다. 슈투엄의 소식을 받은 즉시 츠빙글리는 본인의 할 일을 해야 했는데, 며칠 안 걸려 다른 개혁파 도시들을 염두에 둔 '신앙 해명'을 작성하는 것이었다. 츠빙글리의 '신앙 해명'은 7월 8일 제국의회에 전달되었다. 불행 중 다행으로 츠빙글리는 본인의 '신앙 해명'을 이미 의회에 제출된 다른 신앙고백을 목전에 두고 작성할 수 있었는데, '제국의회를 위한 마르틴 루터의 신앙고백'이라는 이름으로 출판된 '슈바바흐 조항'과 요한 에크가 쓴 '404조'로 이루어진 가톨릭 반박문도 볼 수 있었는데, 에크는 츠빙글리의 글에 강한 거부를 보이면서 조잡한 비방의 글을 썼다. 츠빙글리는 편지에서 황제와 제국의회가 신앙고백을 판단하러 들지 말고, 정중히 귀 기울일 것을 요청하는데, 오직 하나님의 말씀과 우리의 눈을 밝히는 하나님의 성령이 신앙 판단의 기준임을 분명히 하였다. 츠빙글리는 다른 신앙고백에는 해명할 기회를 부여했으면서도, 어떻게 본인은 제외되었는지 이해할 수 없는 부당한 현실을 지적하면서, 아주 급하게 개인적으로 신앙고백의 해명을 작성하여 제시할 수밖에 없었음을 언급한다. 무엇보다 진리에 대한 사랑과 모두의 평화를 위해서였다.

멤밍엔에 편지하다

1530년 여름 아우크스부르크 제국의회가 있었던 몇 달 후 가을, 츠빙글리는 10월 10일 멤잉엔(Memmingen) 시장과 시의회에 의미심장한 한 통의 편지를 썼다.[19] 당시 멤밍엔은 '네 개 도시 신앙고백'(Tetrapolitana confessio)의 장본인으로서 아우크스부르크 제국의회의 결정과 그로 인한 결과가 어떻게 전개될지에 관해 마음을 졸이고 기다리고 있었다. 멤밍엔 시는 혹시나 있을 황제의 군대 또는 루터파 성주의 군대들의 예상되는 살벌한 공략을 방어하기 위해 무장까지를 생각해야 했다. 이러한

---

19 Ernst Saxer(edt.), *Huldrych Zwingli Ausgewaehlte Schriften*, 130–132: "An Buergermeister und Rat zu Memmingen(10. Oktober 1530)."

때 츠빙글리의 서신은 멤밍엔이 복음적 그리스도 신앙고백에 굳건히 서서 흔들리지 말 것을 권면한다. 사실 당시 도시들은 다시 옛 신앙으로 돌아가야 할지, 아니면 루터를 지지하며 '아우크스부르크 종교화해'의 법적 안전망 안으로 들어갈지를 고민할 수도 있었다. 그렇지 않을 경우, 상대적으로 열세인 제3의 개혁교회는 양편의 공격을 받아야 했다. 이러한 상황에서 츠빙글리는 역사의 주관자 되는 하나님의 손에 달린 역사이해를 제시하며, 구약의 구원 사상과 심판 사상, 신약이 말하는 그리스도적 실존의 말세의 특성을 제시하며, 16세기 종교개혁 역시 하나님의 심판과 인간의 구원과 정죄가 이뤄지는 말세로 이해한다. 멤밍엔에 보내는 츠빙글리의 편지는 문체나 내용에 있어서 환난을 목전에 두고 있는 성도들에게 하나님의 보호와 인도를 전하는 위로의 설교라 하겠다.

긴장의 1530년

"먼저 하나님의 은혜와 평화를!"이라는 단순한 안부와 함께 츠빙글리는 멤밍엔 시장과 시의원들을 격려하며 조심스럽게 편지를 연다.

> "하나님 안에서 존경하고, 지혜로운, 친절하고 사랑하는 시장과 형제들에게! 우리 주 예수 그리스도를 힘입어 위험 가운데 있는 여러분에게 권면합니다. 내 편지가 여러분의 마음을 상하게 하지 않기를 바랍니다. 내가 여러분에게 편지를 쓰는 것은 그 어떤 월권이나 참견을 하기 위해서가 아니라, 진실로 여

러분을 위한 염려와 신의 때문입니다. 기뻐하는 자와 함께 기뻐하고, 우는 자와 함께 슬퍼하는 우리는 두려움과 염려 가운데 겁에 질린 자들과 동참하기 위해 편지를 씁니다."

츠빙글리는 사랑하는 시장과 형제들에게 "위로의 편지"(Trostbrief)를 보낸다. 츠빙글리는 겸손을 잃지 않는데, "비록 내가 여러분의 고귀함에 비해 실지로 많이 부족할지라도" 권면하는 이유는 "여러분의 신실함과 담력을 의심해서가 아니라, 여러분이 예측하는 시험을 보며 용기를 주기 위해서입니다."라고 말한다. 문제는 덕과 공의는 최고의 선이기에 죽기 전에는 아무도 진정한 의미에서 그것에 도달할 수 없다며 떠드는 이단적 스콜라주의 철학자들의 주장에 흔들리지 말아야 한다고 츠빙글리는 말한다. 상상할 수 없는 잔인한 공격이 올 것이기에 목숨을 죽음에 내놓지 않고서는 두려움 때문에 정의에서 벗어나 잘못된 길에 들어선다고 츠빙글리는 설득한다. 일반적으로 사람들은 시민적이고 보편적 정의를 위해 목숨을 기꺼이 내어놓고 최전선에 또는 꼭대기에 서든지, 아니면 두려움에 도망치게 된다고 츠빙글리는 말한다. 곧 사느냐 죽느냐의 진리를 위한 순교적 결단이 요구되는 싸움이 멤밍엔 시장과 형제들에게 다가오고 있음을 경고한다. 교황청의 군대든지, 루터를 지지하는 성주의 군대든지, 그들 돌격대와 대대적 병력에 맞서 바른 그리스도교와 진정한 그리스도 신앙의 물음에서 육의 진정한 죽음과 영생을 위해 우리의 목숨을 기꺼이 내어놓아야 하는 결단의 상황이라고 츠빙글리는 말한다. 이는 우리의 하늘 대장께서 흡족해할 일에 설

것을 츠빙글리는 강조한다. 멤밍엔은 목숨을 내어놓아야 하는 아주 심각한 상황으로 내몰리고 있다고 말하며, 이런 "비기독교적, 죄악스럽고, 개탄스러운" 현실을 어떻게 개개인이 지혜롭게 처리해야 할지, 아니면 하나님이 주권적으로 개입하셔서 처벌할지를 츠빙글리는 묻는다. 이러한 위기는 무엇보다도 "교황의 바르지 못한 교리" 때문임을 분명히 하며, 먼저 비진리를 떠나야 한다고 강조한다.

> 전혀 의심할 것이 없는 것은, 하나님과 화해하려면 그 어떠한 교리를 따르기보다 하나님의 말씀을 더욱 견고히 붙들어야 합니다. 하나님 본인의 말씀보다 하나님의 뜻을 확실하게 우리에게 알려줄 수 있는 것은 없기 때문입니다.

어떤 상황에서라도 하나님의 말씀을 통해 사람들에게 하나님의 거룩한 뜻이 밝혀지는 것은 선한 목적으로 사람들을 인도하기 위한 하나님의 은혜라는 사실을 인식해야 한다는 것이다.

> 전능하신 하나님이 여러분에게 본인의 거룩한 복음을 계시했기에, 복음과 함께 구원의 확신과 그리스도 예수 안에 있는 바른 삶의 모습을 약속하시고 전달했기에, 여러분은 전혀 의심할 것 없이 마땅히 높은 감사를 하나님께 드려야 할 것입니다. 하나님은 당면한 환난과 몰려드는 분노 앞에서도 길을 보여줍니다. 여러분이 하나님과 화해할 수 있기 위해서입니다. 여러

분을 미워하고, 무시하고, 심지어 죽이기까지 할 때, 세상은 기뻐하는데, 그럴 때일수록 여러분은 환난을 기꺼이 받아들이게 됩니다.[20]

세상이 아무리 어떤 것으로 유혹하고 속삭일지라도 또는 우리의 목숨을 앗아갈지라도 성도는 비교할 수 없는 영원한 것을 추구하는 자로 마땅히 살아가야 한다고 츠빙글리는 강조한다.

"비로소 지금 여러분의 신앙고백을 요구할 때가 왔습니다. 사랑하는 시장님과 형제들이여, 냉정하게 자신을 평가해야 합니다. 우리의 대장 그리스도가 엄히 말합니다. 누구든지 그를 부인할 때, 아버지 앞에서 그도 부인한다는 것입니다."

어떤 어려움이 와도 흔들리지 말고, 그리스도가 주신 빛과 영을 붙잡고 견고히 바른 신앙 안에서 반석과 같은 소망을 유지할 것을 츠빙글리는 멤밍엔에 권면한다. 유한하고 시간적이며 인간적인 것을 바라보는 것이 아니라, 오직 능력의 주를 바라보는 것이 중요하다고 츠빙글리는 강조한다. 주님은 그를 신뢰하는 자를 실망하지 않게 한다는 사실이다. 세상의 어떤 강력한 권세자도 하나님 앞에 엎드러지지 않은 자가 없었기에 츠빙글리는 오직 하나님만을 의지할 것을 역설한다. 그러

20 Ernst Saxer(edt.), *Huldrych Zwingli Ausgewaehlte Schriften*, 131.

기에 서로 나누어지거나 갈라지지 말고 하나로 뭉쳐 오는 환난을 능력의 하나님 안에서 이겨낼 것을 역설한다. 츠빙글리는 멤밍엔이 하나님이 기뻐하는 바, 다른 크리스천들을 돌아보며 지혜로워질 것을 강조한다. 그럴 때 한 성령을 받은 성도들이 같은 일과 하나님을 위한 싸움에서 승리하게 된다는 것이다. 신앙의 싸움에서 멤밍엔이 성도들의 모델이 될 것을 격려한다. 편지의 끝에 이르자 츠빙글리는 "약속한다"(versprechen) "설교한다"(predigen)라는 단어를 사용한다. 형식은 편지이지만, 내용은 하나님의 약속을 상기하는 멤밍엔을 향한 츠빙글리의 강력한 설교라는 말이다.

> 하나님과 함께 내가 설교하며 여러분에게 약속하는 이유가 있습니다. 여러분이 하나가 되고, 그 어떤 하수인 기질과 불성실에 도출되지 않게 될 때, 하나님은 여러분을 확실히 붙드실 것입니다. 무엇보다 중요한 것은 여러분이 분열되지 않는 것입니다.

여기서 말하는 분열이란 환난을 피해 옛 신앙으로 돌아갈 것인지, 루터파를 따를 것인지 하는 흔들림이라 할 것이다. 끝으로 츠빙글리는 1525년부터 멤밍엔의 목회자 짐페르트 센크(Simpert Schenk, 1485 태어남)를 "참으로 신실한 복음의 일꾼"으로 일컬으며, 그를 따라갈 때 옳은 길에 설 것을 확신한다. "언제나 영광스러운 지혜를 가지고 기꺼이 여러분을 섬기는 종이 되기를 바라는 훌드리히 츠빙글리가 경건하고 명예롭고 지혜로운 멤밍엔 시장과 시 의회에게, 높으신 주를 전하며"라는 인사와 함께 편지는 끝난다.

의의

1530년 여름 아우크스부르크 제국의회가 끝나고 몇 달이 흘렀을 때, 참으로 긴박하게 전개되는 1530년 가을 상황을 생생하게 전하는 편지다. 상대적으로 열세인 제3의 개혁교회는 한 마디로 진퇴양난의 어려움, 루터교회와 로마교회의 공격을 대비해야 하는 위기 상황에 몰리게 되었다. 언제 멤밍엔에 양편의 군대가 들이닥칠지, 그들로부터 신앙과 진리의 이름으로 잔인한 살인이 행해질지 두려움에 떨어야 했다. 이러한 때 개혁교회의 아버지 츠빙글리의 편지는 매우 신중하고 조심스러울 수밖에 없었다. 편지는 양면성을 보이는데, 한편으로는 위로와 격려의 편지지만, 다른 면으로는 진리를 위한 순교적 결단을 요구하는 강력한 설교로서 츠빙글리의 외침이 뜨겁다. 분명히 츠빙글리는 위로의 마음으로 편지를 시작했지만, 편지를 읽는 멤밍엔 시장과 형제들의 마음은 어떠했을지, 충분히 상상이 간다. 편지는 당시 개혁교회가 당한 어려움과 위기를 긴장감 넘치게 생생히 전한다. 츠빙글리 역시 이 편지를 쓴 정확히 1년 후 1531년 10월 11일 취리히를 공략한 로마교회 군대를 맞아 싸우다 전쟁터에서 목 베임을 당해 죽어야 하는 처지가 되었다. 이러한 때 성도가 마땅히 해야 할 일은 어떤 위기와 유혹에도 흔들리거나 두려워하지 말고 한마음으로 하나 되어 진리인 하나님의 말씀을 절대적으로 순종하며, 영생을 사모하는 것으로, 하나님의 말씀이 보이는 진리와 길을 따라 담대히 전진하는 것이다. 16세기 진리를 위한 싸움이었던 종교개혁 특히 스위스 개혁교회의 가는 길이 얼마나 험난하고 힘들었는지를 편지는 잘 보여준다. 다르게는 개혁신학이 역사적으로 어떤 길을 걸으며, 어떻게 태동했는지를 후대는 분명히 알아야 할 것이다. 그럴 때 21세기 오늘에도 개혁신학의 역사적 정체성에 대한 분명한 의식과 함께 개혁신학이 보여준 바른 신앙의 길을 당당히 걷게 될 것이라 믿는다.

INDEX
색인

색인

ㅅ

ㅇ

ㅈ

ㅊ

ㅋ

ㅌ

ㅍ

ㅎ